上海金融法院文库

金融审判前沿

FINANCIAL TRIALS VOL.1

第 1 辑

赵红 主编

法律出版社
LAW PRESS·CHINA

金融专业化审判新机制的探索与实践
（代序）

随着中国金融法律体系和金融审判体制的不断完善，中国法院金融专业化审判经历了从无到有，从金融专业合议庭到金融专业审判庭，再到金融专门法院的发展历程。2018 年 8 月 20 日，上海金融法院正式成立，这是中国第一家也是目前唯一一家金融专门法院。设立上海金融法院，是以习近平同志为核心的党中央作出的重大决策部署，是深化司法体制改革、推进全面依法治国的重要实践成果，对于完善金融审判体系，提高金融审判专业化水平，营造良好金融法治环境具有重要意义，标志着中国金融专业化审判进入新阶段。上海金融法院成立一年多来，充分发挥专门法院的专业化资源和制度优势，不断创新专业化审判机制，积极构建与实现金融专业化审判新格局。

一、金融专业化审判是金融市场法治化的需要

金融行业具有鲜明的指标性、集聚性、高风险性、高负债经营性等特征，金融案件具有专业化、涉众性、重大影响性的特点。金融行业、金融案件的特殊性与专业性，需要建立金融专业化审判机制，高效高质解决纠纷，促进金融审判法律适用统一，提升金融司法的公信力，树立符合金融案件特点和金融市场发展内在需求的价值取向，更好地维护金融市场秩序，提升金融市场法治化水平。

（一）金融专业化审判需要平衡金融创新与风险防范

随着社会经济的发展，金融业演化出了三种不同的金融结构：银行导向型、

市场导向型和金融证券化型金融结构。[①] 当前,国内金融科技和赋能金融的新态势以及金融创新的大众化趋势中蕴含的风险,决定了金融专业化审判需要平衡好金融创新与风险防范的关系,应对不断创新发展的金融市场。要合理引导和依法规范金融创新,在审查金融创新交易的合法性时,要准确把握金融创新的立足点和创新目的,对以金融创新为名掩盖金融风险、规避金融监管、进行制度套利的金融违规行为,要以其实际构成的法律关系确定其效力和各方权利义务;对不符合金融监管法规禁止性规则的金融创新交易模式,要及时否定其法律效力;对于法律、行政法规未明确规定的,应当遵循商事交易的特点、理念和惯例,深度把握金融市场的规律性,以维护社会公众利益为原则,既不能简单否定金融创新工具的有效性,又要敏锐洞察金融创新的风险点,与监管形成有效协同,防范化解金融风险,以法治来促进金融市场健康良性发展,服务实体经济。

(二)金融专业化审判需要平衡投资者、金融消费者与金融机构利益

保护投资者和金融消费者的合法权益是金融市场法治化的必然要求。法和金融学派的实证分析认为,法律、司法制度、执法机制支配着金融交易,保护投资者和合同履行的司法体系能更好地激励金融的发展。[②] 在金融业务中,金融机构在信息披露、风险分配和行为能力等方面具有天然优势,相较于投资者和金融消费者处于强势地位,投资者和金融消费者的知情权、隐私权、公平交易权等合法权益容易遭受侵害,涉及投资者和金融消费者保护的纠纷大量涌现,大多集中在涉众性较强的证券、银行、理财、期货、保险等领域,这些纠纷不仅涉及适格投资者和金融消费者的认定标准问题,还涉及金融监管规定的效力层级以及与相关法律法规的衔接问题。金融专业化审判需要通过司法裁判厘清市场规则,规范和引导金融交易行为,切实保障投资者和金融消费者合法权益,依法平等保护各类金融主体,促进金融市场法治化发展,推动金融市场更好地满足实体经济多样化的发展需求。

---

① 参见巴曙松、吴博、刘睿:《金融结构、风险结构和我国金融监管改革》,载《新金融》2013 年第 5 期。

② See R. La Porta, et al., "Legal Determinants of External Finance", 52 (3) *The Journal of Finance* 1131 (1997).

(三)金融专业化审判需要平衡金融交易效率与市场稳定

金融市场发展具有相当的公共性,金融市场参与主体的多样化催生了金融体系中的多元利益诉求。[①] 金融纠纷除当事人利益外还涉及第三人利益及社会公共利益。金融交易的有效性不仅事关契约安排和商业惯例,而且关系市场行为稳定性、市场规律可塑性和金融交易结构有效性。安全、高效的金融市场对经济全局的稳定发展至关重要,一旦金融市场出现危机,很容易在整个国民经济体系中引发全局性、系统性的金融风险,严重影响经济社会健康发展。金融专业化审判在发挥对于金融市场交易行为的规则导向作用时,不仅应基于法律视角,还要充分考量金融维度,实现促进金融市场稳定的目标。金融司法还需要与监管有机协调,既要立足于解决金融纠纷,又要考虑整个金融市场的稳定发展,共同维护市场机制高效运转、经济社会稳定发展。

(四)金融专业化审判需要助力国内市场与国际规则有效接轨

随着我国持续更高水平的对外开放,金融纠纷的诉讼主体、法律适用、判决执行等方面越来越多地呈现跨境化特点,这些发展变化需要中国的金融运行机制、金融监管体制、金融纠纷解决机制、规则适用更加深度地与国际接轨,涉外金融专业化审判工作需要进一步加强,增强金融司法服务保障国家更高水平对外开放和经济社会发展的主动性、自觉性、创造性。金融专业化审判需要具有国际视野和世界眼光,立足中国国情和实践,以更加开放的心态,广泛吸收借鉴域外司法经验和法治文明成果,不断完善国内金融交易制度与规则,平等保护中外金融主体合法权益,提升中国金融裁判的权威性、可预期性和在国际金融市场的话语权,进一步增强上海国际金融中心对全球金融资本的吸引力。

二、金融专业化审判是法治营商环境的需要

随着我国经济由高速增长转向高质量发展,一些结构性矛盾和体制性问题

---

① 参见冯果:《资本市场为谁而存在?关于我国资本市场功能定位的反思》,载《公民与法》2013 年第 6 期。

逐渐显示,国内外经济金融形势更加复杂,我国金融业发展所面临的不确定因素增多,法院受理的金融纠纷案件数量、种类以及复杂程度也不断增长。新形势下,金融专门法院需要充分发挥专业化审判职能作用,依法全面履行金融审判职责,努力形成解决金融纠纷的“中国标准”“上海规则”,使上海成为国际金融纠纷解决优选地,为上海国际金融中心建设营造良好的金融法治环境。

(一)金融专业化审判是服务保障国家金融战略实施的重要前提

党的十九大报告提出要深化金融体制改革,增强金融服务实体经济能力。中央经济工作会议提出抓好决胜全面建成小康社会三大攻坚战中的打好防范化解重大风险攻坚战,重点是防控金融风险。全国金融工作会议确定了服务实体经济、防控金融风险、深化金融改革三项重大任务。习总书记交给上海增设上海自由贸易试验区新片区、在上海证券交易所设立科创板并试点注册制、实施长江三角洲区域一体化发展国家战略三项新的重大任务。在服务保障国家金融战略实施过程中,不仅需要增强金融立法的及时性、针对性,加强金融监管,同时需要公正、高效、专业、权威的金融司法保障。加强金融审判专业化建设,创新金融专业化审判机制有利于金融司法服务保障国家金融战略实施、维护国家金融安全、促进经济平稳健康发展职能作用的发挥。

(二)金融专业化审判是助力上海国际金融中心建设的迫切需要

2020年上海要基本建成与我国经济实力以及人民币国际地位相适应的国际金融中心。近年来,上海国际金融中心建设成绩显著,金融机构集聚,外资机构占比高,金融要素市场齐全,金融市场交易额逐年大幅上升。随着上海国际金融中心建设进入最后冲刺阶段,金融市场对完善的金融法治体系的需求日益迫切。加强金融审判专业化建设,创新金融专业化审判机制,有利于营造与国际金融中心地位相适应的金融法治环境,对服务保障上海国际金融中心建设,服务保障金融市场稳定、有序运行,既具有十分重要的战略意义又具有现实的紧迫性。

(三)金融专业化审判是提升金融司法国际影响力的有效途径

金融法治环境已经成为衡量金融中心是否具备足够竞争力的基本要素。伦敦、纽约、东京等主要国际金融中心形成发展的过程充分表明,法治环境已经成为国际金融中心的软实力,甚至是核心竞争力。一个国家和地区法院的专业审判能力是法治环境的重要内容。目前,世界这些主要的国际金融中心均建立了与其金融体系特点相适应的专业化金融纠纷解决体制机制。因此,加强金融审判专业化建设,创新金融专业化审判机制,确立权威的裁判规则,树立中国金融司法标准,提升国际公信力和影响力,有利于营造良好的金融法治环境。

三、金融专业化审判新机制的探索与实践

作为全国首家金融专门法院,上海金融法院充分发挥集中管辖、专业审判、专业队伍的制度和资源优势,加强工作机制、审判执行机制、防范预警机制、人才培养机制、保障机制建设,大力推进金融审判体制机制改革创新,不断提高金融审判专业化水平,为建立体制健全、机制完备、专业权威的金融审判体制机制破冰探路。

(一)创新专业化工作机制

充分利用专业审判资源优势,重点构建"1+3+3"的专业化金融审判工作机制,即以审判委员会为指导,在院庭层面分设法官专业委员会、专业法官会议和新型审判团队,辅以专家陪审、专家咨询和专家辅助等专家支持工作机制,完善专业化审判模式。

1. 建立"大统小分、一专多能"随机分案机制

根据内设机构精简、扁平化的特点,创新"大统小分、一专多能"随机分案机制,即除特定类型案件如行政、破产等由专项合议庭审理外,其他案件全部采用立案庭电脑系统随机分配至具体法官名下的模式。该分案机制既可均衡法官工作量,实现公平合理绩效考核,也可使法官熟悉掌握所有类型案件,提升审理各类金融案件的能力,并有助于规避固定人员办理专门类型案件可能带来的廉政风险。

2. 建立法官专业委员会工作机制

成立了银行业案件、证券业案件、保险业案件三个法官专业委员会,由全体法官根据专业领域跨庭室组成,定期对重大、复杂、新颖案件进行集中研判,就金融审判热点、难点问题形成倾向性参考意见,对基层法院进行业务指导,强化与

金融监管机构、金融机构的信息互通,有效发挥对内适法统一、对下业务指导、对外沟通协调三项职能,为全方位提升金融审判的专业化水平发挥了积极作用。

3. 建立新型审判团队运行机制

按照法官、法官助理、书记员3∶3∶3的比例,根据审判工作实际需要,分别组建了8个新型专业化审判团队和1个涉科创板案件、1个简案快审专门审判团队,对重大案件组建临时专项审判团队,实现以法官为核心,以审判需求为导向的自主管理模式,优化审判资源配置。根据审判工作的需要,还将增设金融破产案件审判团队。

4. 建立专家支持工作机制

针对金融案件专业性强的特点,建立专家陪审、专家咨询和专家辅助三合一的专家支持工作机制,借脑借力,发挥专家智力支持作用,完善专业化审判模式,提升金融司法裁判的公信力。

(二)创新专业化审判执行机制

遵循金融商事审判规律,根据金融商事案件特点,创新了一系列审判执行工作新机制,提高审判执行工作质效。这些机制的创新为上海国际金融中心建设、党中央交给上海新的三项重大任务、优化法治化营商环境等国家战略提供了有力的司法服务和保障,得到世界银行营商环境咨询团队专家的高度评价。

1. 首创证券示范判决机制

随着证券监管机构对证券虚假陈述、内幕交易、操纵市场等违法行为的处罚力度不断加大,中小投资者维权意识和能力增强,群体性证券侵权损害赔偿案件持续增长。为妥善化解群体性证券纠纷,切实保护投资者合法权益,优化法治化营商环境,上海金融法院制定了全国首个关于证券纠纷示范判决机制的规定,创建"示范判决+专业调解+司法确认"全链条纠纷多元化解机制,选取具有代表性的案件先行审理、先行判决,通过发挥示范案件的引领作用,妥善化解平行案件的纠纷解决。该机制依法公正高效化解涉群体性证券纠纷,切实保护了中小投资者合法权益,在统一类案裁判标准、提高审判效率、节约司法资源、降低诉讼成本等方面发挥了积极作用,得到最高人民法院和中国证监会的高度肯定,形成了可复制、可推广的审判经验,取得了积极的改革示范效果,被评为2019年度上海法治建设十大优秀案例。

2. 创新科创板并试点注册制改革司法保障机制

作为试点集中管辖涉科创板案件的专门法院，上海金融法院积极回应设立科创板并试点注册制的司法需求，制定发布《关于服务保障设立科创板并试点注册制改革的实施意见》，围绕涉科创板相关案件集中管辖，聚焦审判执行工作，从完善专业化的审判机制、健全证券群体性诉讼机制、依法加强投资者保护、强化证券侵权责任落实、加大涉科创板案件执行力度、依法保障证券监管机构行使职权等多方面创新机制。针对证券案件中的难点、热点问题，如证券集体诉讼法律制度，在完善代表人诉讼制度，探索建立公益诉讼制度，发挥证券投资者保护机构的专家作用，建立民事赔偿优先机制，探索建立行政罚款、刑事罚金优先用于证券民事赔偿的工作衔接与配合机制等方面，进行了有益的探索和尝试。强化涉科创板上市公司纠纷集中管辖司法应对，组建涉科创板案件专门审判团队，发挥专业审判优势，统一司法裁判标准，为构建公开透明规范的资本市场法治环境，服务保障资本市场改革创新提供坚实的司法支撑。

3. 首创大宗股票司法协助执行方式

针对金融案件执行标的额大，易引发金融市场动荡的情况，在全国率先探索人民法院处置上市公司股票的全新路径，制定出台了《上海金融法院关于执行程序中处置上市公司股票的规定（试行）》，创新构建了在证券交易所协助下的大宗股票全新处置模式——大宗股票司法协助执行方式，充分利用证券交易所大宗股票执行协作平台进行股票处置，减少执行对股票价格的冲击，防止大标的额案件执行引发金融市场动荡，维护市场交易秩序，防范金融风险，切实保护投资者和上市公司的合法权益。

（三）创新金融风险司法防范预警机制

随着金融改革开放步伐的不断加快以及新的重大改革任务的逐项落实，金融领域内的风险也在不断集聚并传导至司法领域。金融纠纷常涉及多重法律关系，利益相关方众多，易引发连锁诉讼或群体纠纷，可能危及金融机构金融资金安全、企业生存发展甚至社会稳定。为建立健全科学防范、早期识别、依法处置的金融风险防范机制，更加及时地反映诉讼中暴露出的金融市场风险，上海金融法院主动采取措施构建金融风险防范化解预警机制，服务保障中心工作。

1. 建立重大案件处置机制

依法妥善处理对金融市场具有重大影响、事关金融安全与社会稳定的重大、敏感金融案件,增强金融风险防控主动性,将个案风险化解与国家经济政策、金融市场监管和社会影响等因素相结合,全面排查重大敏感金融案件并定期通报,有效防止案件风险的扩散衍生;建立健全审查甄别工作机制,加强对刑民交叉案件的全面排查,与金融监管部门、公安、检察机关形成工作合力,严密防范突出风险点,严格依法处理。

2. 建立金融风险大数据监测预警机制

建设金融案件大数据智能分析系统,密切注意金融案件的主体、数量、标的、类型等重要指标的动态变化,全方位、智能化分析金融纠纷态势和所涉行业发展情况,对金融市场可能出现的金融风险提供在线智能预测,形成金融风险预警报告,与金融监管部门加强合力,共同防范金融风险、维护金融安全。

3. 建立金融风险信息反馈机制

对案件中暴露的金融风险问题采用审判白皮书、司法建议、专题分析等形式强化预警,特别针对金融案件审理中发现的问题,积极运用司法建议促进有关单位科学决策、完善管理、消除隐患、改进工作、规范行为,预防和减少矛盾纠纷,防范和化解金融风险。自建院以来已有多份涉及防范金融风险、规范金融秩序等方面的司法建议被采纳,发挥了良好的预警效果。

(四)创新专业化人才培养机制

按照革命化、正规化、专业化、职业化的要求,创新集法律、金融、外语为一体的高端法律人才培养机制,着力培养一支知识能力专业化、审判思维现代化、司法视野国际化的金融审判队伍。

1. 打造高端法律人才培养模式

与国内顶尖金融学院——上海交通大学中国金融研究院签署战略合作协议,在金融法律复合性高端人才培养、金融法律决策咨询、联合开展金融风险防范专题研究等领域开展全方位合作,打造灵活多样、优势互补的复合型高端金融法律人才联合培养模式。选送法官出境培训,满足金融审判专业化、国际化发展需求。开设“金融大讲堂”,举办“智荟融法”沙龙活动,邀请国内、国际金融、法律专家开展专项培训,加强金融、法律知识储备和技能培养。组建金融审判翻译员团队,公开招录优秀学生担任实习法律助理等,构建丰富多元的应用型审判业务培训机制和综合素养养成机制。

2. 发挥院庭长办案示范引领作用推动精品案件战略实施

实现院庭长带头审理重大疑难复杂案件常态化,加大典型案件审理力度,通过司法裁判厘清市场规则,规范和引导金融交易行为。发布十大典型案例,为同类案件提供裁判标准。6 件案件分别入选 2019 年度人民法院十大民事行政及国家赔偿案件、十大执行案件、金融纠纷多元化解十大典型案例、全国法院系统年度优秀案例等。此外,还入选上海市高级人民法院参考性案例 2 个,上海法院十大典型案例 1 个,上海法院十大优秀裁判文书 1 篇;在上海市高级人民法院"四个一百"评选中,入选精品案例 6 个、优秀裁判文书 4 篇和示范庭审 4 个。

3. 强化金融审判理论应用型研究

围绕审判中的新情况、新问题,科创板与注册制相关法律问题、金融风险防范化解、投资者保护、侵权民事责任完善等实务难点问题分别举办"优化法治化营商环境下的金融审判与投资者保护"金融司法国际研讨会、"金融司法与金融改革开放"学术研讨会,面向全国发布年度研究课题 13 项,承担或中标上海市高级人民法院课题 6 项,2 篇学术论文分别在全国和上海法院系统学术讨论会获奖,3 项课题被评为优秀课题,为解决金融审判疑难问题提供了理论支撑。

(五)创新专业化信息保障机制

主动顺应新一轮科技革命浪潮,强化审判科技支撑,充分运用科技手段提升服务审判综合保障能级和精细化水平,建设信息基础设施完善、司法数据资源汇聚、运维保障能力先进、审判与科技深度融合的智能化法院。

1. 打造四位一体大数据平台

建设"智源平台、智审平台、智管平台、智慧法庭"大数据平台,实现现代科技与金融审判的深度融合,研发具有创新性的金融审判数据分析及风险预警、智能辅助办案等系统,创建全国首个人工智能庭审同步传译系统,借助信息化再造办案流程,建设"智汇多元纠纷解决平台",研发匹配示范判决机制下涉科创板案件智能辅助系统,开发群体性证券纠纷标准化审判模块,突出实际应用,为法官依法裁判提供大数据和智能化辅助,提高办案效率。

2. 运用信息化手段优化管理

综合运用人工智能、区块链、云计算、大数据等现代科技，打通诉讼服务、审判管理、科技法庭、网络庭审以及归档管理等系统之间的边界，加快推进全流程无纸化的网上办公、网上办案，运行文书智能纠错、关联案件检索等应用，在服务法官办案、促进法院管理、便利群众诉讼、协力金融监管等方面发挥综合效能，努力把智慧法院建设提升到新水平。

随着我国金融市场进一步改革开放，良好的法治环境是吸引国际金融资本和市场参与者的基本条件和有力保障，金融专业化审判机制建设对于法治营商环境的营造愈发重要。上海金融法院以高标准、高水平加快推进“专业化、国际化、智能化”世界一流金融法院建设，充分发挥金融审判职能作用，不断创新金融专业化审判机制，为中外当事人提供更加便利高效、公正权威的司法保护，为上海国际金融中心建设营造一流的法治化营商环境。

赵红[*]

2020年8月

---

* 上海金融法院党组书记、院长。

目　录

第一编　金融风险防范化解的司法应对

第二编　科创板注册制相关法律问题

第三编　金融审判专业化

第四编　典型案例

第一编　金融风险防范化解的司法应对

论资本市场金融风险防范中的司法功能

上海交通大学课题组*

引　言

资本市场的竞争力体现在效率、活力和弹性三个方面:效率即社会资源能否在资本市场中得到科学合理地配置;活力即资本市场能否最大限度地调动和发挥微观主体的积极性;弹性即资本市场抵御外部冲击、进行自我修复的能力。① 资本市场的效率、活力和弹性的有效发挥,离不开资本市场的风险治理。同时,资本市场风险治理也只有与国家治理体系的其他治理方式互相合作与紧密配合,才能有效地发挥金融治理在国家治理体系和治理能力现代化中的作用。② 法律本身所具有的内部抽象性与前瞻性以及外部设计性与组织性是良好社会秩序形成的重要因素,司法又是法律实施的重要体现之一,在社会风险治理中处于十分重要的地位。③

为此,强化资本市场法治建设,依法治理成为防范资本市场金融风险的重要抓手。④ 从资本市场金融风险防范体系的主体构成来看,政府监管、行业自律、媒

---

* 本课题由上海交通大学凯原法学院徐冬根教授主持,课题组成员有邵辉、徐达维、韩淼、张超汉、葛其明。本课题节选自中国法学会审判理论研究会金融审判理论专业委员会、上海金融法院2019年度优秀课题。

① 参见徐忠:《新时代背景下中国金融体系与国家治理体系现代化》,载《经济研究》2018年第7期。

② 同上。

③ 参见王孟嘉:《通过司法理性的社会治理——基于社会内部秩序规则引导下的思考》,载《社会科学辑刊》2019年第3期。

④ 参见倪寿明:《构建完善的金融司法体系》,载《人民司法》(应用)2018年第25期。

体监督与司法审判共同构成资本市场多层次风险防范与监管体系的多元主体框架,并成为强化多层次资本市场体系演进效率的制度保障。① 其中,司法是资本市场多层次金融风险防范体系中的一道重要防线,在资本市场金融风险防范中,通过实然层面的裁判功能和应然层面的社会功能的协同,能够有效发挥司法功能的定分止争、规则生成、社会控制等多重价值,从而保障资本市场稳健发展。

一、问题的提出:资本市场金融风险防范与司法功能的关系

在发达的现代体系中,财富的社会生产与风险的产生如影随形。② 风险是指能用数值概率表示的随机性,一般是指由未来信息的不完全或不确定带来的经济损失的可能性,③以及侧重于不确定性和由不确定性引起的不利后果。系统性风险则是指一个事件在一连串的机构和市场构成的系统中引起一系列连续损失的可能性。对金融业来说,完成经济任务就会创造系统性风险——至少在可预见的未来,系统性风险只是我们为金融业在不完整的金融市场中探寻分配投资资本的创新性方法买单,④资本市场也只不过是将人们的财富通过流动性的金融工具转换成对生产的非流动的长期资本投入。⑤ 因此,可以说资本流动的过程也是风险不断分配的过程。

(一)新时代资本市场的金融风险类型化分析

发达国家通过资金的跨国流动机制,推动国际分工体系不断深化和广化;发展中国家则利用这一契机融入世界经济的整体循环,置身其中,寻找自身的优势和经济发展动力。特别是随着一国经济从封闭走向逐步开放,该国金融发展战略在大的方面至少应该包括两方面的问题:国内金融体系的创新发展和金融体

① 参见徐冬根:《国际金融法高级教程》,对外经济贸易大学出版社2009年版,第31页。

② 参见[德]乌尔里希·贝克:《风险社会》,何博闻译,译林出版社2004年版,第15页。

③ 参见张中华:《资本市场创新与风险管理》,中国金融出版社2010年版,第3页。

④ See Bernard S. Sharfman, "Using the Law to Reduce Systemic Risk", *The Journal of Corporation Law* 13, 2011, p. 615.

⑤ 参见韩龙:《金融法与国际金融法前沿问题》,清华大学出版社2018年版,第5页。

系的对外开放。[①] 同时,金融非居间化的发展趋势,使部分公司无须通过金融中介而得以直接跨入资本市场,从而使资本市场本身越来越成为我们研究和考察系统性风险的重要对象。[②] 循此路径,各国资本市场面临的金融风险,虽然本质是一种复合风险,但也可以类型化为内生性风险和外源性风险两大类别。所谓内生性风险,是指由资本市场内在原因导致的风险;所谓外源性风险,则是指由资本市场外部原因造成的风险。[③]

1. 金融体制改革蕴含的内生性风险

从金融体制改革实践中内生出金融扩张和开放的需求,是发展中国家金融扩大对外开放的坚实社会基础和金融深度支持,也是“跨过金融压抑的门槛”的核心所在。内生性的金融体制改革必然产生内生性的金融风险。一般而言,内生性金融风险主要表现在以下五个方面:第一,货币的超发;第二,金融机构滥用国家提供的安全网,容易出现金融机构不能破产或“太大而不能倒”;第三,金融从业人员利用不对称信息,滥用市场对金融机构的信任;第四,金融机构对经济结构扭曲的认识不足,对其进行了不应有的支持,导致宏观经济不稳定;第五,其他不被完全认识的金融创新所产生的金融风险,甚至是表现为由货币政策、金融监管、金融微观行为、外部金融关系这四维系统内的不协调产生的系统性风险。[④] 具体到资本市场领域,内生性风险往往表现为中小投资者权益保护不足风险、资本市场交易行政干预过度风险、资本市场信用体系及惩戒机制不健全风险以及资本市场违法违规成本过低导致的乱象频发风险等。

我国资本市场之所以潜在诸多内生性风险,主要原因在于资本市场发展不成熟,包括不成熟的交易者、不完备的交易制度、不完善的市场体系、不适应的监管制度等。[⑤] 除此之外,资本市场内生性金融风险还包括如何应对金融科技实践带来的风险,即是否在越来越多的新兴科技领域,构建一种参与裁判制,即由各

---

① 参见雷达、于春海:《金融自由化发展战略的内部深化与外部开放的冲突——发展中国家的经验及其对中国的启示》,载《国际经济评论》2005 年第 2 期。

② See Steven L. Schwarcz, “Controlling Financial Chaos: The Power and Limits of Law”, *Wisconsin Law Review* 3, 2012, pp. 815 – 840, 820.

③ 参见张中华:《资本市场创新与风险管理》,中国金融出版社 2010 年版,第 3 页。

④ 参见夏斌、陈道富:《中国金融战略 2020》,人民出版社 2011 年版,第 387 页。

⑤ 参见张红、杨入云:《资本市场系统性风险的法律规制》,中国政法大学出版社 2016 年版,编译说明第 2 页。

行业领域中富有经验和掌握专业知识的同行来进行法律裁判更具合理性?[①] 这个话题的研究,无疑将导致我们对建立在传统层级化理念基础的司法体制的进一步思考。

2. 金融对外开放引发的外源性风险

金融开放通过竞争效应、关联效应、资本配置效应和信息效应四种渠道影响系统性金融风险。但是,金融开放与系统性金融风险之间不是简单的线性关系。金融开放对金融风险的影响与作用,取决于国内金融体制改革和创新过程中的制度设计和方案设计。[②] 实践证明,资本市场的对外开放必须建立在资本市场制度的完善与稳定的基础之上。一国的资本市场如果市场化程度低、稳定性弱、投机性强,将难以有效控制和化解外源性金融风险和国际游资的冲击与影响。[③] 资本市场开放过程中,国际资本流动可能产生三种风险:一是可能危害国民金融财富安全的初级层面风险;二是可能危害主权国家金融制度和金融体系安全的中级层面风险;三是可能危害金融主权安全的高级层面风险。[④] 对于资本市场开放中产生的外源性金融风险,必须深刻认识并全面把握其产生根源。因为只有在不确定的金融风险衍化为现实的金融危机之前即对金融风险的危机源头进行必要监管和控制,才能有效防止外源性风险不断传入并最终诱发系统性金融风险的爆发。

中国资本市场扩大对外开放诱发的外源性金融风险值得我们的重视和研究。中国资本市场的开放可以分为两个方面:一是服务性开放,是指允许外国金融中介机构在本国证券市场上为证券投资、融资提供服务和允许本国金融中介机构在他国证券市场上提供服务;二是投资性开放,属于资本流动范畴,典型表现为资本账户的开放,是允许资金在国内与国际资本市场之间的自由流动,包括融资的开放和投资的开放。[⑤] 外源性金融风险传导至国内的重要途径是通过国

---

① 参见鲁楠:《科技革命与法律演化的两个面相》,载《当代美国评论》2019年第1期。

② 参见孙焱林、夏禹:《金融开放对系统性金融风险的非线性影响——基于金融深化视角的实证分析》,载《金融与经济》2019年第6期。

③ 参见谢百三、王香双:《中国证券市场开放应持审慎态度——风险与后果》,载《上海金融》2003年第1期。

④ 参见王擎:《资本市场开放与金融安全》,中国金融出版社2011年版,前言部分第4页。

⑤ 参见谢百三、王香双:《中国证券市场开放应持审慎态度——风险与后果》,载《上海金融》2003年第1期。

际短期资本的无序流动。① 这就要求我国不但从技术层面建立健全跨境资本流动全过程动态监测预警机制,而且从国际合作层面加强与境外其他国家金融监管体系和国际金融组织之间的金融数据信息共享与合作交流,共同防范跨境资金流动风险。② 从金融开放实践来看,外源性金融风险不断累积的场域主要集中在资本市场高风险金融交易行为,而且具有明显的跨界性和跨国性。例如,风险投资活动,利用远期、期货、期权、互换等衍生工具进行金融交易的法律行为,国际风险投资机构在我国股权投资过程中通过对赌条款追求高风险利润的投资活动等各种高风险金融投资与交易的法律行为,③以及私募股权投资、委托理财、资产管理等新类型金融交易。

(二)司法在资本市场金融风险防范中的基本功能

司法是国家司法机关及其工作人员依照法定职权和法定程序,具体运用法律处理案件的专门活动,具有保护、调整、惩治和教育的功能。④ 金融司法应当以防范金融风险作为重要职能,充分发挥司法机关在国家金融治理体系中的特殊作用。⑤ 如何合理且充分利用金融司法资源,在防范资本市场金融风险的过程中,既促成新秩序生成也保证社会整合的目标,其根本在于有效发挥司法机关内在的的反思性特质,激活司法促成资本市场秩序生成和社会整合的内在机制。⑥金融司法还应当保障多层次资本市场体系的法治化建设,通过金融领域的司法活动,维护资本市场金融秩序,强化对金融机构违法行为的责任追究力度,提升资本市场的有效性和秩序性。⑦

司法权固有的反思性往往隐藏在司法权背后的司法理性身上,其通过在规范与事实之间的交互中获得法律效果与社会效果的统一,使社会治理效用逐渐凸显,最终能够对资本市场内部秩序规则形成有效引导,是维护社会稳定和强化

---

① 参见周琪:《外源性金融风险产生的背景和原因》,载《亚太经济》2010 年第 2 期。

② 同上。

③ 参见徐冬根:《高风险金融交易法律规制的法理学分析》,载《河南财经政法大学学报》2015 年第 1 期。

④ 参见周玉华:《把服务大局落实到司法实践中去》,载《人民司法》(应用)2009 年第 21 期。

⑤ 参见王锐:《金融司法如何助力金融风险防控》,载《人民法院报》2018 年 9 月 15 日,第 2 版。

⑥ 参见韩德明:《风险社会中的司法权能——司法改革的现代化向度》,载《现代法学》2005 年第 9 期。

⑦ 参见王锐:《金融司法如何助力金融风险防控》,载《人民法院报》2018 年 9 月 15 日,第 2 版。

司法认同的“根本性解决路径”。① 司法权和司法理性的充分实现,需要经由司法功能这个制度桥梁,达至权力运行后的规范治理、规则生成、社会控制等理性目的。具体到资本市场金融风险防范的司法实践领域,司法功能的发挥则需要立足于资本市场内生性金融风险和外源性金融风险并存的风险治理格局,探寻能尊重资本市场发展规律与风险治理规律、能维护资本市场公开、公平、公正秩序、能有效保护投资者合法权益的司法功能运行体系。②

1. 实然层面的裁判功能

审判和纠纷解决是司法的基础功能与核心职能,并为司法相关功能的扩展创造条件。③ 司法裁判实质上是两个过程,首先是发现正确裁判的过程,其次是对判断证立以及选择判断证立标准的过程,而这个判断的正当性检验则需要通过“出于理性评判之目的对法律裁决的重新构型”。④ 法律原则和法律规则是司法裁判的重要依据,也是防范与监管资本市场金融风险的制度保障。司法裁判功能的有效发挥,必须资本市场实行的行政主导型金融监管体制相匹配。⑤ 资本市场司法裁判的依据,有时还包括规范性文件或其他政策性文件以及金融政策。⑥

2. 应然层面的社会功能

国内金融市场化进程在催生关系多元化和利益纷争诉求激增的同时,也对司法在以社会资源配置为主要内涵的公共政策形成方面提出了权能要求。⑦ 司法的社会功能,即司法活动所产生的客观社会效果意义上的功能,包括缓解社会

---

① 参见王孟嘉:《通过司法理性的社会治理——基于社会内部秩序规则引导下的思考》,载《社会科学辑刊》2019 年第 3 期。

② 参见杜万华:《最高人民法院专职审委会委员杜万华在金融中心建设司法论坛上的致辞》,载崔亚东主编:《新金融与司法研究》,法律出版社 2017 年版,第 3 页。

③ 参见胡玉桃、江国华:《论现代社会中的司法功能》,载《云南大学学报》(法学版)2014 年第 3 期。

④ 王孟嘉:《通过司法理性的社会治理——基于社会内部秩序规则引导下的思考》,载《社会科学辑刊》2019 年第 3 期。

⑤ 参见田野、向孟毅:《原则监管、规则监管与中国金融监管框架改革》,载《金融经济学研究》2019 年第 1 期。

⑥ 参见李友根:《司法裁判中政策运用的调查报告——基于含“政策”字样裁判文书的整理》,载《南京大学学报》(哲学·人文科学·社会科学版)2011 年第 1 期。

⑦ 参见韩德明:《风险社会中的司法权能——司法改革的现代化向度》,载《现代法学》2005 年第 9 期。

矛盾、引领社会风气以及法治秩序的建构、政治困境的解决等。[①] 司法的社会功能由裁判功能延伸和派生,建立在司法的裁判功能基础之上,通过司法所特有的规则累积和裁判宣示作用,发挥个案或类案裁判的波及效应乃至政策形成功能,无疑有助于发挥金融司法的最大功用。[②]

资本市场司法社会功能的发挥主要有以下三种途径:一是通过搭建金融防范协调、纠纷化解、信息共享、咨询普法等金融风险防范化解工作平台,整合防范化解金融风险工作力量;二是通过创新司法强力推动机制、行业联动机制、企业内控机制、联合普法工作机制,切实加强"政、司、银、企、民"配合,提升金融风险矛盾纠纷预防化解能力和水平;三是通过探索行业金融风险动态排查制度、金融审判白皮书制度、案件信息共享制度、案件矛盾纠纷多元化解告知机制、案件调解司法确认制度、证据规则指引制度,充分发挥司法职能,防控化解金融风险、维护金融安全。

二、资本市场不同风险类别对应的差异化司法功能策略

资本市场在扩大对外开放的同时,要重视防范金融风险,努力使金融监管能力与金融开放度相匹配、金融监管体系与金融战略布局相适应。囿于多方面的制约因素,我国在到2020年前后的战略过渡期内的总体金融战略取向只能是有限的全球化和充分的市场化。[③] 有限全球化要求金融对外开放在一定时期内保持在理性的范围之内,充分市场化则要求国内金融改革应当以实现市场在资源配置中起决定性作用为目标,从而能有效地管控外源性金融风险、防范内生性金融风险。

(一)内生性风险策略:以裁判功能为主,以社会功能为辅

以裁判功能为主、以社会功能为辅的资本市场内生性金融风险策略,致力于

---

① 参见孙笑侠、吴彦:《论司法的法理功能与社会功能》,载《中国法律评论》2016年第4期。

② 参见丁冬:《金融消费者保护的司法视域》,载《上海政法学院学报》(法治论丛)2016年第6期。

③ 参见夏斌、陈道富:《中国金融战略2020》,人民出版社2011年版,第374页。

构建完善的刑事、民商、行政金融司法体系,以及金融纠纷的多元化争议解决机制,形成完整的司法救济、司法惩戒机制,通过依法公正地审理各类金融案件,维护金融交易的公平、秩序和安全,保护金融投资者和消费者的合法权益,对潜在的金融风险予以引导、规制和防范,为金融改革、安全与发展提供有力的司法保障。①

以社会功能为辅可以概括为以下几个方面:一是通过制定发布指导性案例,呈现证券期货市场案件的独特之处,引导市场主体的合规行为;二是开展形式多样的资本市场金融风险预防工作,加强金融风险的事前控制;三是加强对资本市场高风险案件发案原因的分析研判,注重发现案件中暴露出的执法司法工作中的问题和漏洞,积极提出堵塞制度漏洞、建章立制、防控风险的司法建议,共同筑牢防范金融风险的法网,取得双赢甚至多赢的良好效果。

(二)外源性风险策略:以社会功能为主,以裁判功能为辅

完善国际金融体系是治理金融风险的前提。② 外源性金融风险案件要求司法必须高度关注以维持资本市场公开、公平、公正的秩序,但受制于管辖权的属地性和国内法的域外适用问题,难以采取与应对内生性风险等同的司法裁判功能策略,而且跨境资本流动顺周期波动的风险、境内外市场互相传染和互相作用的风险、国内金融政策受到更多掣肘的风险以及境外恶意发起跨市场攻击的风险等外源性金融风险,③具有国际金融案件的独特个性,不适应或者无法适用于司法的裁判功能。

鉴于资本市场涉外司法问题裁判功能的司法成本远远大于社会功能,故可行方案是侧重于司法社会功能的发挥,加强对高风险和新类型金融案件的研究和应对,及时发布指导性案例,通过类案指导,统一裁判尺度,主动配合资本市场外源性风险宏观审慎监管体系,对跨境资本流动中的一些高风险行为进行更有针对性的"逆周期调节"④和市场预期引导。

---

① 参见倪寿明:《构建完善的金融司法体系》,载《人民司法》(应用)2018年第25期。

② 参见肖远企:《国际金融体系的演变研究》,载《国际金融研究》2019年第4期。

③ 参见管涛:《在资本市场开放中提高防控涉外金融风险的能力》,载《中国银行业》2019年第6期。

④ 何英:《中国金融市场开放的历史进程和发展路径》,载《亚太经济》2018年第6期。

三、司法功能在防范资本市场内生性金融风险中的运行机制

(一)资本市场深化改革可能存在的内生性风险

1. 中小投资者权益保护不足风险

资本市场改革逻辑转换的背后折射出我国资本市场发展实践中,一直存在显著的投资者权益保护不足尤其是中小投资者权益保护不足的缺陷。一方面,随着金融产品类型的日益增多和复杂化,一般投资消费者难以分辨其风险,加之信息披露不充分,导致投资消费者的投资风险加大,极易受损;另一方面,金融司法在应对金融投资消费纠纷方面市场捉襟见肘,除了诉讼成本高昂之外,金融投资消费者与金融机构之间在信息、资金、专业等多方面实力悬殊,根本无法获得真正平等的诉讼地位。①

2. 资本市场交易行政干预过度风险

在我国,金融监管制度的特点是通过强化内部治理和激励约束,提高监管质量来回应金融市场监管需求。② 这样的金融市场监管体制存在与结构性管制不相适应的结构性不足,具体表现为行政管制有余而发挥市场效应不足,从指标体系来看,中国资本账户的管制貌似严格,实际上存在不少漏洞。③ 通过司法对金融行政权力行使的监督,推动资本市场金融风险治理,是实现资本市场风险治理法治化和科学化的重要手段。能否形成金融监管善治,保障金融监管的有效性,需要实施以司法权力制约行政权力的控权法治机制,尤其是通过司法权和法院的司法审查制度制约行政监管权力的不当扩张和随意滥用。④

3. 资本市场信用体系及惩戒机制不健全风险

证券市场诚信危机表面上可以归咎于道德危机,实质上则是法律规制的欠

---

① 参见倪寿明:《构建完善的金融司法体系》,载《人民司法》(应用)2018 年第 25 期。

② 参见洪艳蓉:《金融监管治理:关于证券监管独立性的思考》,北京大学出版社 2017 年版,第 10 页。

③ 参见李华民:《金融开放格局下的外源性金融危机:危机源甄别及其政策含义》,载《中国软科学》2007 年第 3 期。

④ 参见洪艳蓉:《金融监管治理:关于证券监管独立性的思考》,北京大学出版社 2017 年版,第 12 页。

缺导致违法获利行为与行为成本付出的比例失衡,违法违规成本偏低所造成的。法律规制是根据一定的法律规则对相应主体行为实行的一种干预,通过干预调整和引导其行为方式,最终实现社会关系的有序状态。[①] 由此可见,在资本市场的金融风险防范好和控制中,依靠良知和道德守则是远远不够的,关键要建立一个有预期的、可以多次交易的互信市场,以及有效的监督管理机制和严厉的违法惩罚规则,通过有效的法律规制、严格的法律适用、严厉的制裁效应,防止市场投资者和交易相对人出现违背诚信和扰乱市场规则的行为。[②]

4. 资本市场违法违规成本过低导致的乱象频发风险

过低的违法违规成本不仅不能遏制市场投资者和交易相对人的违法违规行为,并已成为诱导资本市场乱象频发的重要行为动因。同时,辩证地看,大幅提高资本市场违法违规成本,相当于在一定程度上降低了市场主体在适用资本市场法律制度中的交易成本,能够使资本市场各类主体将更多的资本资源配置到创新创业活动中,从而产生更多的社会效益,同时大大降低资本市场违法违规行为。

(二)司法功能在防范资本市场内生性风险中的主要机制

1. 通过依法裁判内生性风险案件,定分止争,维护资本市场稳定健康发展秩序,保护投资者合法权益。

依法裁判资本市场的刑事案件,主要集中在蕴含资本市场高度内生性风险、极有可能演化为诱发资本市场系统性风险的导火索案件。例如,欺诈发行股票、债券案件,违规披露、不披露重要信息案件,内幕交易案件,利用未公开信息交易案件和操纵证券、期货市场案件。

第一,严格依法惩处操纵市场案件。操纵市场行为扰乱资本市场秩序,损害正常市场机能和有效价格机制,影响资本市场资源配置功能的正常发挥,社会危害性极大,是一种严重违法犯罪行为。司法裁判对操纵市场行为应予以严厉打击和惩处。

第二,严厉打击利用未公开信息交易行为的"老鼠仓"案件。利用未公开信

---

① 参见高旭:《证券市场背信行为刑罚规制比较研究》,对外经济贸易大学法学院2015年博士学位论文,第31页。

② 同上,第30页。

息交易行为(俗称“老鼠仓”)是资本市场中严重的背信行为,不仅损害了委托人的财产利益,也破坏了现有及潜在委托人与证券公司、基金公司等金融机构之间的信任关系,损害了金融行业的信用根基。《证券投资基金法》等法律法规规章均明确禁止“老鼠仓”行为。对于此类行为,司法机关也应予以严厉打击。

2. 发布指导性案例,通过类案指导,统一裁判尺度,促进资本市场秩序控制。

指导性案例的“指导性”不应仅限于确立司法政策或解释法律,并由此指导法官同案同判;还应鼓励和引导法官参照指导性案例中的说理模式在疑难案件中进行判决书说理,并总结出相应的裁判要点以形成规则。[①] 上海市高级人民法院发布的《关于服务保障设立科创板并试点注册制的若干意见》中明确指出要充分发挥典型案例指导作用。

3. 适时提出立法、修法建议,及时制定、修订司法解释,实现通过司法的资本市场防范金融风险规则生成。

在现行的司法体制之下,我国法院通过颁行司法解释以及其他类型的司法文件,从而在事实上行使创制金融法律规则的权力。[②] 尤其是在立法因其滞后性和局限性而无法及时因应金融发展需要时,司法不能守成僵化、机械地套用法律,而应当将金融法律与金融政策相结合,充分尊重当事人的意思自治和市场的理性选择,通过对现有法律的灵活解释,以作出既符合法律规定精神又合乎金融发展客观规律的司法解释,[③]为防范和化解金融风险能动地作用司法功能。

四、司法功能在防范资本市场外源性金融风险中的运行机制

资本市场持续扩大对外开放,在一定程度上会导致外部金融风险的不断流入,加剧本国资本市场安全的不确定性。但是,资本市场对外开放最终是否会引发系统性金融风险或者造成金融危机的出现,在很大程度上将取决于一国在金融开放过程中能否建立有效的保护机制。[④] 资本市场从新兴市场逐步发展成为

① 参见李红海:《案例指导制度的未来与司法治理能力》,载《中外法学》2018 年第 2 期。
② 参见黄韬:《作为金融立法者的中国法院》,载《厦门大学法律评论》2013 年第 1 期。
③ 参见冯果:《营造与国际金融中心地位相适应的司法环境》,载《法学》2016 年第 10 期。
④ 参见叶辅靖:《金融开放与金融安全》,载《国际政治科学》2006 年第 4 期。

成熟市场的过程,必然伴随本国证券市场的逐步开放步伐。这是因为,一国经济从起飞初始阶段到发展成熟阶段是资本市场逐步开放的一个渐进过程,而开放的证券市场是成熟阶段市场经济体系的基本内容,由此观之,开放证券市场是我国证券市场发展必须面临的问题。[①]

(一)资本市场对外开放可能引发的外源性风险

1.宏观战略层面的外源性风险

(1)参与金融业全球竞争和国际金融治理能力不足风险

就参与国际金融治理能力而言,现有的国际金融治理体系、国际货币体系和全球金融监管体制已不能承担全球治理的重任,无论是机构设立还是治理机制运行,以及主要国际金融机构的股权与话语权都由美欧等发达经济体主导和掌控,发展中国家群体话语权严重缺失,在涉及国际金融治理的主要规则制定、关键问题决策、重要岗位人选推荐和任命等方面,我国的作用发挥还远远不够,更谈不上主导性,与我国现有综合国力极不相称。其背后所反映的问题是,我国金融业参与国际金融治理的能力不足,国际话语权和影响力有限。

(2)受外国资本市场和国际金融市场系统性风险传染风险

国际证券市场对我国资本市场风险溢出传导机理依赖于市场的风险集聚状态,高市场风险积聚状态下海外市场与我国资本市场之间呈正相关性,市场的整体风险性强;低市场风险积聚状态下,市场间负相关,市场整体表现出较低的系统风险特征。[②] 通过认真研究国际经济金融周期的变化趋势,建立完善的金融制度和金融政策框架,构建风险管理长效机制,能够有效抵御和降低外国资本市场和国际金融市场系统性风险对我国资本市场的传染。

(3)受国际投机资本冲击而发生危机的风险

国际资本的高速流动性增大了一国宏观经济的不稳定性,与国际收支危机的发生有密切的关系。金融全球化为国际游资提供了投机基础和投机空间,国

① 参见许磊行:《我国证券市场开放的风险与控制研究》,中国矿业大学2009年博士学位论文,第3页。

② 参见丁治国、苏治、杜晓宇:《溢出效应与门限特征:金融开放条件国际证券市场风险对中国市场冲击机理》,载《管理世界》2007年第1期。

际金融投机已经成为实质经济的不稳定和破坏性因素。① 国际投机资本常以其强烈的投机性、破坏性造成资本流入国市场的动荡不安，削弱了流入国金融监管能力，形成泡沫经济，干扰市场的健康发展，增加宏观经济运行的不确定性，极易诱发系统性金融风险。② 故应对跨境资本流动的冲击，应从解决对外经济失衡入手，采取“一揽子”措施。

2. 微观主体层面的外源性风险

(1)企业境外发行上市风险

自我国提出“一带一路”倡议以来，我国的国有企业与民营企业在境外发行上市的过程中，还面临着多方面的国际金融市场与国际货币约束，在国际资本市场主要表现为四个方面：一是国际资本市场资本供给不足，中国“一带一路”企业难于从国际金融机构获得长期贷款，长期大规模投资国际借贷困难；二是国际资本市场缺乏灵活性，中国海外投资企业从国际金融机构获得的长期贷款成本高，长期资本借贷条件苛刻、手续烦琐；三是国际资本市场西方国家主导，西方国家往往对中国某些金融机构采取不当干涉与制裁，长期资本借贷受到西方国家不断干预；四是国际证券市场波动风险大，中国海外投资企业进入国际股票市场、债券市场取货市场面临高风险，即在国际证券市场投融资的高风险。

(2)跨境证券投资风险

在金融扩大开放的大背景下，跨境证券投资也随之增多，很有可能诱发资本流动冲击风险。总体上看，跨境证券投资诱发的资本流动冲击风险主要存在四种类型，分别是跨境资本流动的顺周期波动风险，境内外资本市场互相传染、互相作用的风险，国内金融政策受到更多掣肘的风险以及境外恶意发起跨市场攻击的风险。未来国外流动资本或外国游资基于资本逐利的天性，会利用境内各个市场甚至金融扩大开放背景下境内外资本市场的联动性，对中国资本市场从股市、期市、汇市发起立体性攻击。

---

① 参见刘国风：《国际投机资本冲击风险引致中国金融风险的测度》，载《中央财经大学学报》2008年第5期。

② 参见管涛：《关于加强对跨境资本流动均衡管理的思考》，载《中国货币市场》2010年第1期。

(二)司法功能在防范资本市场外源性风险中的主要机制

1. 资本市场风险预警机制

在我国资本市场扩大对外开放的时代背景下,资本市场风险防范体系应该综合研判海外和国内市场的在特定时期的风险积聚状态,以市场风险溢出效应的门限特征为理论依据,①建立起高风险积聚状态下的市场风险预警机制,制定有弹性的国际市场资金流动监管和保护措施,②缓冲金融扩大开放下海外资本市场剧烈动态给我国资本市场可能带来的重大冲击,防范和化解资本市场宏观层面蕴藏的参与金融业全球竞争和国际金融治理能力不足风险、受外国资本市场和国际金融市场系统性风险传染风险以及受国际投机资本冲击而发生危机的风险。

2. 资本市场跨境司法合作

资本市场对外开放过程中,除了需要适用有限的统一性国际证券法律制度之外,更多的是适用国际社会各主权国家规制本国证券活动的国内法,加之证券法偏重以公法性规范维护资本市场所在国的重大经济利益,证券法中的私法性规范往往体现着公法性规范的需要。③ 因此,资本市场跨境司法合作显得尤为重要,特别是在沪伦通运行过程中,要强化司法系统与监管部门协调合作,重视金融制度选择的主权运用,在坚持中国资本市场对外开放政策的独立性的同时,完善金融监管信息共享机制和宏观金融风险危机处置机制。④

---

① “门限特征”(Threshold Effect),是指经济变量之间的关联特征内生的依赖于“门限值/临界值”的现象,即在门限值两侧经济变量之间的关联特征截然不同。因为市场经济的发展有其内在规律,任何市场条件的形成总是经过长期的量变过程最终实现质变升华,门限值即为从量变到质变的关键拐点,任何超越市场条件门限值的获得者都不可避免地受到市场规律的惩罚。

② 参见丁治国、苏治、杜晓宇:《溢出效应与门限特征:金融开放条件国际证券市场风险对中国市场冲击机理》,载《管理世界》2007年第1期。

③ 参见韩龙:《金融法与国际金融法前沿问题》,清华大学出版社2018年版,第258页。

④ 参见贵丽娟、胡乃红、邓敏:《金融开放会加大发展中国家的经济波动吗——基于宏观金融风险的分析》,载《国际金融研究》2015年第10期。

五、我国资本市场金融风险防范中的司法功能完善建议

良好的司法环境是建成强大资本市场的基本前提,[①]司法功能的科学配置、合理发挥是防范资本市场金融风险的重要保障。根据资本市场防范金融风险的实践需求,针对差异化的风险类型采取区别化的应对方案,在能动性和谦抑性的动态平衡中审慎发挥司法功能,是当下我国资本市场金融风险防范的务实选择。

(一)司法功能在防范资本市场内生性风险方面的完善建议

在防范资本市场内生性金融风险方面充分发挥司法裁判和示范功能,能够保障实体经济高质量健康发展,保障积极的财政政策、稳健的货币政策的逆周期调节作用顺利发挥。

1. 充分实现司法裁判功能,依法裁判资本市场违法违规案件,严厉打击非法交易、内幕交易、证券欺诈等不法行为

在防范资本市场金融风险的过程中,司法机关要严格依法办事,[②]通过发挥司法的裁判功能,防范和化解资本市场内生性风险,主要是依法审理和裁判资本市场不同性质的刑事、民事、行政及其交叉案件。同时,要不断强化资本市场案件的执行机制,为建立一个规范、透明、开放、有活力、有韧性的资本市场,提供更加有力的法律保障。

司法机关依法对资本市场违法违规案件进行裁判时,从规制成本考量,规范机构行为比规范个体行为更经济,也更具有可行性。[③]

从我国资本市场发展实践来看,因违法违规成本过低导致的乱象频发领域主要集中在刑事方面的发行人与中介机构合谋串通骗取发行注册,发行审核、注册工作人员以权谋私、收受贿赂或者接受利益输送案件,以及民事方面的证券欺

---

① 参见韩朝炜:《证券交易所自律司法介入研究》,上海人民出版社2015年版,第63页。

② 参见周玉华:《把服务大局落实到司法实践中去》,载《人民司法》2009年第21期。

③ 参见丁冬:《金融消费者保护的司法视域》,载《上海政法学院学报》(法治论丛)2016年第6期。

诈民事诉讼、上市公司虚假陈述纠纷案件。[①] 对此,司法必须充分实现其裁判功能,依法裁判上述资本市场违法违规案件,严厉打击非法交易、内幕交易、证券欺诈等不法行为。

2. 完善证券期货纠纷多元化解机制,推广证券纠纷示范判决机制

(1)完善证券期货纠纷多元化解机制,依法保护投资者合法权益

依法裁判资本市场的内生性风险案件,需要司法裁判与其他资本市场争议解决机制协同作用。要以全面推进证券期货纠纷多元化解机制试点工作为抓手,做好证券案件矛盾化解工作。[②]

总体而言,构建体系化、全覆盖的证券领域多元化纠纷解决机制,可以从以下五点进一步完善:第一,将所有类型的金融纠纷都纳入金融纠纷多元化解机制中来,实现金融纠纷多元化解的行业全覆盖;第二,逐步实现金融纠纷多元化解方式的全覆盖,包括诉讼内外、诉调对接、委托调解、委派调解和人民调解等;第三,注重对调解规则的探索和总结,在充分尊重金融交易规则和意思自治的基础上,以维护金融交易规则和交易秩序为价值目标,寻求纠纷化解途径,形成一套可复制、可推广的调解经验,从整体上推动多元化解机制的落实;第四,总结完善涉众性纠纷案件的化解机制,与相关机构密切合作建立一套有效的纠纷调处机制,尽可能将涉证券期货的集团诉讼化解在诉讼前、诉讼外;第五,细化法院诉调对接的制度设计,包括加强对调解员的人员管理,探索调解员的选任机制、培训机制和考核机制,提高调解员的业务素质,完善调解员的薪酬和经费保障机制等。[③]

(2)推广证券纠纷示范判决机制,妥善化解群体性证券纠纷

示范判决机制主要适用于证券市场虚假陈述、内幕交易、操纵市场等行为引发的民事赔偿群体性纠纷,其制度功能在于通过审理程序安排与支持诉讼、诉调对接等机制相结合,实现群体性证券纠纷的适法统一,可以明显缩短诉讼周期、节约司法资源、提升审判效率,降低诉讼维权成本、增强投资者诉讼能力、有效解

---

① 参见2019年6月20日最高人民法院印发的《关于为设立科创板并试点注册制改革提供司法保障的若干意见》(法发〔2019〕17号)。

② 参见杜万华:《最高人民法院专职审委会委员杜万华在金融中心建设司法论坛上的致辞》,载崔亚东主编:《新金融与司法研究》,法律出版社2017年版,第3页。

③ 参见陈亚娟:《构建体系化、全覆盖的证券期货类纠纷多元化解机制》,载崔亚东主编:《新金融与司法研究》,法律出版社2017年版,第14~15页。

决投资者维权难的问题，为促进矛盾化解，保护中小投资者合法权益，营造法治化的营商环境发挥积极作用。[①] 不同于域外示范诉讼制度，我国证券期货纠纷示范判决机制是一种将诉讼审判镶嵌在调解制度中的纠纷解决系统，具有混合型ADR的性质。[②] 证券示范判决机制如何有效运行，首要问题就是解决如何把示范判决形成一个机制化、体系化、规范化的运作机制，充分发挥示范判决的效应，以解决目前审判实践中面对的困境问题。[③] 同时，也要看到证券示范判决机制既不当限制了当事人的民事处分权，示范判决效力扩张也缺乏权利保障机制，也就是说，示范判决机制在扩大诉讼效益的同时忽视了对诉讼影响者的权益保障，导致职权色彩隆重，正当程序理念淡化，存在一定程序上的瑕疵，[④]还需要从受理程序、管辖规则、权益保障、费用分担等方面加以完善。

3. 强化司法裁判与行政监管的有机衔接机制，形成监管合力，协同化解资本市场重大金融风险

司法在防范资本市场金融风险中的功能发挥，离不开行政机关的协同配合，行政机关应畅通与司法机关的交流渠道，建立起治理信息的共享与反馈机制，积极地将司法理性融入社会治理中。[⑤] 金融司法专业性强的特点，也要求建立司法机关与专业监管机构的沟通与合作机制，加强信息互通和经验交流，及时分析金融领域中的风险隐患及产生原因，提出预防和化解金融风险的司法建议和对策，以形成监管合力并推动金融体制的变革。[⑥]

资本市场监管部门与司法机关的协同工作意味着更好的调查、起诉和审判，也有利于司法机关依法裁判行政过度干预资本市场案件，保护和规范资本市场纠纷当事人依法行使行政诉权，从而通过完善法律执行和法律适用过程中部门间的合作与协调机制，充分发挥各自的专业优势，实现部门联合行动和强制措施

---

① 参见2019年1月6日上海金融法院审判委员会第1次会议讨论通过的《上海金融法院关于证券纠纷示范判决机制的规定(试行)》第2条、第3条、第4条。

② 参见倪培根：《论我国证券期货纠纷示范判决机制的制度化展开》，载《河北法学》2019年第4期。

③ 参见单素华：《证券支持诉讼示范判决机制综述》，载郭文英、徐明主编：《投资者》(第4辑)，法律出版社2018年版，第97页。

④ 参见尤洁：《证券示范诉讼的程序构建》，载《福建法学》2019年第2期。

⑤ 参见王孟嘉：《通过司法理性的社会治理——基于社会内部秩序规则引导下的思考》，载《社会科学辑刊》2019年第3期。

⑥ 参见冯果：《营造与国际金融中心地位相适应的司法环境》，载《法学》2016年第10期。

的互补性,增强司法活动的威慑力和执行力。[①] 例如,建立重大金融风险案件常态化沟通机制,采取个案会商制度、联席合作制度、类案分析制度、法律法规及政策研讨交流制度等及时沟通、加强协调。

(二)司法功能在防范资本市场外源性风险方面的完善建议

1.强化资本市场风险治理跨境司法合作与政策协调,保障资本市场有限度的、渐进式的对外开放

资本市场的高度连通性和竞争性,要求各国证券监管者不断提升证券监管服务能力,包括其证券法律制度执行和适用的能力,以增加本国资本市场的吸引力和制度竞争力。[②] 故强化资本市场风险治理跨境司法合作与政策协调,首先,需要从实体法、程序法、冲突法和部门规章四个方面多管齐下,[③]尽快构建我国证券法域外适用制度,赋予证券法适度的域外管辖效力,有必要在其中增加有关域外适用的条款,但是,此种域外管辖必须保持在合理的限度之内,以避免美国式的过度管辖;[④]其次,要加强国际证券统一实体法层面的国家合作,通过国家之间的谈判或者国际组织示范法实现各国证券实体法律制度的协同,利用证券法律趋同化减少各国因法律差异产生的监管套利;最后,构建以冲突法为主要模式的跨境证券司法合作体系,包括管辖权的确立、法律规则的选择以及外国法院判决或外国仲裁机构裁决承认与执行等内容。

2.构建中国特色的资本市场跨国司法治理权,探索外源性风险案件中国法的域外适用

随着中国资本市场扩大对外开放,如何通过司法功能的适当发挥,提高中国在国际资本市场的影响力和话语权,改变金融垄断利益集团对国际资本市场与国际货币体系的不当干预,消除国际金融市场“敌意风险”产生的内在激励机制

① 参见高旭:《证券市场背信行为刑罚规制比较研究》,对外经济贸易大学法学院2015年博士学位论文,第138页。

② 参见张彩萍:《中美跨境证券监管机制比较研究》,外交学院外交学2018年博士学位论文,第122页。

③ 参见崔孝和:《跨境证券监管协作机制的中美比较》,载《上海金融》2019年第1期。

④ 参见石佳友:《我国证券法的域外效力研究》,载《法律科学》2014年第5期。

并形成外部约束环境,成为一个亟待研究的重大课题。[①]

(1)构建中国特色的资本市场跨国司法治理权的现实考量

目前,发达国家通过国内法的域外适用积极行使域外管辖权,已对我国上市企业产生显著影响。外国法的域外适用对我国资本市场涉外法律体系的不断完善客观上具有一定的倒逼作用。诚然,我国有关涉外管辖权的规定和国际私法制度还存在管辖规范僵硬不够灵活、自由裁量和不方便法院原则适用受限、管辖权法规体系零散、部分管辖权规范过于宽泛等问题。但外国法在中国的适用也在一定程度上刺激了我国司法管辖权制度在多维时空下的有效探讨,有助于我国反思和借鉴发达国家域外管辖权在国际反洗钱、反偷逃税、反恐怖融资和反腐败等领域的可行经验和做法,起到"学以致用"、反制对方的功效。

(2)构建中国特色的资本市场跨国司法治理权的对策与方略

为有效应对外国法的域外适用对我国企业和人员实施域外管辖,我们应做好战略预判,宜采取"长短期兼顾、内外部配合、一体化管控"的应对策略。

第一,长短期兼顾,为我国企业境外上市发展拓展法治空间。

鉴于我国越来越接近世界舞台的中央,为了维护我国企业和人员的合法权益,必要时可采取积极的反制措施和手段,以彰显捍卫国家利益的决心。例如,及时表明我国的坚定立场,由外交部持续积极发声表态,明确反对任何国家根据其国内法对我国企业和个人实施域外管辖;依国际法赋予主权国家的报复性权利,正当、对等地向对我国企业和人员实施域外管辖的国家采取反制和报复措施。

长期来看,发达国家频频对我国企业和人员实施域外管辖,实质上已形成对我国法治的公然挑战。我国政府应适度松动长期以来对外国政府运用外国法的域外适用原则所持保留态度,[②]可以此为契机,适时抓紧制定适应我国对外开放大局的资本市场对外开放法律,在完善法律制度的同时,争取国际话语权,积极参与国际规则的制定,灵活利用国家实力基础上自主建构的制度话语权的生成

① 参见保建云:《论我国"一带一路"海外投资的全球金融影响、市场约束及"敌意风险"治理》,载《中国软科学》2017 年第 3 期。

② 参见武艺、杨艳:《防控国际金融制裁风险》,载《中国金融》2017 年第 24 期。

机制,[①]主动将我国的大国司法理念经由制度话语权的准备、萌发、初创及制度化,转化为具有约束力的国际规则。

针对外国法的域外适用对非本国居民行使的域外管辖,我国可采取两种策略进行制度对冲:一是通过在我国相关涉外法中作出功能等同的制度安排,如参考欧盟的“阻断法令”,[②]形成具有中国特色的反制措施;二是创建功能重叠的新的管辖制度,如通过创设“跨国司法治理权”的概念,[③]发挥我国国内法院在全球治理体系中的权能。因为在全球治理体系中,国内法院通过国际司法活动可以在国家之间、国内机构与国际机构之间、政府机构与非政府组织之间分配治理权。经此过程,国内法院不仅决定跨国行为主体的权利与义务,还以传导性与渐进性的方式影响全球治理的整体效果。故国内法院在全球治理体系中的权能可称为跨境司法治理权,该权能具有广泛性、间接性与相对独立性等特征,这决定了我国人民法院对中国参与全球金融治理具有重要作用。[④]

第二,内外部配合,为我国境外上市企业形成非对称竞争优势。

针对无效的外国法的域外适用,我国可以从国家和企业内部入手,即在国家层面采取完善国内法、制定国际证券监管双边司法合作协定、积极推动国际证券监管多边立法,完善国际宏观经济政策协调的国内协调机制;企业层面考虑建立涉外业务域外管辖风险评估与应急机制,通过交易结构与合同条款设置来防范域外管辖风险等。

在洞悉外国法的域外适用进行域外适用的实质与运作机理基础上,若能善于利用外国法的域外适用制度内部之间的利益冲突和对外政策的分歧,及时进行挪腾转移和动态调整,为自身发展争取更长的战略空间,同时坚持弘扬多边主义和经济全球化,坚持以人类命运共同体构建为价值引领,求同存异,寻求利益契合点,不断发挥国际社会的集体推动力,即使存在实力上的绝对悬殊,最后也

① 参见李新烽、冯峰、张萍:《美国新生大国转型期的国际话语权建构》,载《世界经济与政治》2018年第7期。

② “阻断法令”(Blocking Statute)经1996年《欧洲阻断法令》[European Blocking Statute (Regulation EC 2271/96)]引入欧盟,当时旨在为反制美国“域外法权”(extraterritorial jurisdiction)。依此法令,如美国对别国(如伊朗)的制裁殃及欧盟企业,则欧盟涉事企业无须遵守相关制裁法案,还可索赔损失及冲销外国法院基于制裁法案所作判决的影响。

③ 参见霍政欣:《论全球治理体系中的国内法院》,载《中国法学》2018年第3期。

④ 同上。

可能为我国企业走出去形成独特的竞争优势和生存空间。

第三，一体化管控，完善我国国内法域外适用体系，为企业走出去境外投融资建立全过程风险防控体系。

就外国法的域外适用对我国企业和人员实施的域外管辖而言，我国企业和人员走出去对外投资消费，需要在风险评估和实证调研的基础上，主动探索应对东道国法律风险、政治风险、外交风险的路径与方案，积极进行事前布局、事中管控和事后救济，建立全过程、全方位的风险防控体系。

首先，从空间上发挥国家、社会、企业等多元主体的力量。一是要完善我国国内证券法域外适用体系，允许我国法院基于域外管辖权保护我国境外投融资企业。从长远角度看，完善本国国内法域外适用体系，是各国应对他国国内证券法域外适用的有效制衡措施。① 二是强调企业层面的合规风险管控。

其次，从时间上做好全过程风险防控，做好事前布局预防，认识到国外执法环境和司法运行中的潜在风险。同时，要寻求全面救济，多元支持，充分利用东道国对投资者的国际国内保护义务，如通过母国保护投资者的条约网络，充分、及时、有效地维护在东道国的合法权益。通过一体化管控，利用我国社会主义体制的优势，为我国企业走出去建立全过程、立体化的风险防控体系。

3. 加快设立中国法院国际金融司法(上海)中心及其三个子中心，建立完整的国际金融司法功能体系

完整的国际金融司法体系包括国内金融司法和国际金融司法两部分，其中，国际金融司法功能主要通过国际金融纠纷解决、国际金融司法研究、国际金融司法交流三大模块得以实现。构建完整的中国法院国际金融司法体系，就是要加快设立中国法院国际金融司法(上海)中心和国际金融纠纷解决中心、国际金融司法研究中心以及国际金融司法交流中心三个子中心。

(1)加快设立中国法院国际金融司法(上海)中心，增强中国金融司法的国际影响力

国际金融中心的发展史表明，国际金融中心的高级形态必然是国际金融法律中心。从国际金融中心的发展史来看，无论是自然形成型还是政府推动型的

---

① 参见廖诗评:《国内法域外适用及其应对——以美国法域外适用措施为例》，载《环球法律评论》2019 年第 3 期。

国际金融中心,都将金融法律作为金融中心形成和发展的内生机制予以不断强化。①

国际金融司法(上海)中心是上海国际金融中心的重要组成部分,上海金融法院申请设立中国法院国际金融司法(上海)中心,将有利于通过资本融通和管理来实现资源优化配置,从而发挥金融中心巨大的资本集聚和辐射功能,有利于增强中国金融司法的国际影响力,有利于国家金融战略的深入实施,有利于上海国际金融中心的发展建设。

(2)建立完整的国际金融司法功能体系,掌握国际金融交易规则的话语权

中国法院通过强化参与对外关系能够有效助力中国的和平崛起,从而实现中国法院的功能再造。② 中国法院近年来之所以明显强化参与对外关系,存在三大深刻的时代背景:一是中国和平崛起的新态势使中国法院更有可能且有必要强化参与对外关系;二是法治化的对外关系实践新思路使中国法院更有可能与必要参与对外关系;三是增强我国在国际法律事务中的话语权和影响力之法治新战略使中国法院更有可能与必要强化参与对外关系。③

良好的国际金融中心法治环境的营造须从金融法律法规体系、金融监管体系和金融司法体系的完善入手。④ 鼓励法院适当参与全球金融治理,扩大资本市场法治化治理的新领域,维护境内外资本市场主体的合法权益,是中国金融司法的重要制度竞争力。面对资本市场金融风险防范的客观要求,司法需要通过自身功能的能动匹配,发挥国际金融司法中心在争议解决、理论研究、对外交流方面的积极作用,将其打造成为具有较大国际影响力和公信力的国际金融纠纷解决中心、国际金融司法研究中心、国际金融司法交流中心,努力形成解决金融纠纷的"中国方案"和"上海实践",提升我国在国际金融市场的规则制定权和话语权。

例如,通过设立国际金融司法研究中心,促进国际资本市场司法数据共享,可以加强国际资本市场金融风险防范司法功能比较研究,积极借鉴其他国际金

---

① 参见冯果:《营造与国际金融中心地位相适应的司法环境》,载《法学》2016年第10期。

② 参见蔡从燕:《中国崛起、对外关系法与法院的功能再造》,载《武汉大学学报》(哲学社会科学版)2018年第5期。

③ 同上。

④ 参见冯果:《营造与国际金融中心地位相适应的司法环境》,载《法学》2016年第10期。

融中心风险防范的有益经验。在深入研究资本市场开放引起的系列国际法律问题的同时,努力促进前瞻性研究成果及时转化为可被吸收采纳的立法或司法文件。针对金融证券犯罪呈现出智能化、专业化和网络化的特点,借鉴美国的金融犯罪执法网络、澳大利亚的交易报告和分析中心的设置,在我国建立由专业化的人才组成司法型金融情报机构,负责金融情报的收集、整理、保存、分析和移交等工作,专门服务于我国的金融证券刑事司法活动。①

结　　语

世界近代史表明,经济强国必然是金融强国。我国要从经济大国迈向经济强国,掌握国际金融交易规则的话语权至关重要,而金融法治环境是其中的基本要素和重要保障。新形势下,司法机关要主动把握机遇、及时发挥优势,以国际视野和战略思维,尽快构建能够有效协调国内司法和国际司法良性互动、平等及时有效保护中外投资者合法权益、具备较高国际公信力和影响力的司法服务保障机制,为上海国际金融中心建设营造更加优质、高效、便利化的法治化、国际化营商环境,增强中国金融司法的国际影响力。

---

① 参见高旭:《证券市场背信行为刑罚规制比较研究》,对外经济贸易大学法学院 2015 年博士学位论文,第 141 页。

债券违约风险防范问题研究

华东政法大学课题组*

引　言

在一国资本市场中,债券市场是一个重要的组成部分。对于现代市场经济国家而言,债券融资对稳健金融体系的作用越来越受到关注。① 近年来,我国债券市场的发展引人瞩目,然而与此同时,债券市场也深受偿付危机与违约事件的困扰。在经济新常态的宏观背景下,未来债券违约问题可能将越发凸显。与债券违约相伴而生的风险问题引发了社会各界的担忧,如何有效防范和化解债券违约风险成为当下我国债券市场健康发展面临的重大问题。债券市场的勃兴在带给投资者更多机会的同时,也裹挟着大量风险,尤其是债券违约的风险。投资者保护是资本市场发展的永恒命题,本文以投资者保护的一般理论为基础,在债券违约常态化带来投资者危机的背景下,结合债券的特殊属性,对债券投资者保护问题进行系统研究,从投资者保护的一般理论推演出债券投资者保护的特殊性,实现课题研究在理论层面的升华。此外,本文融通了经济法学和经济学等不同学科关于债券融资、违约风险以及投资者保护的共性,希望通过这种沟通为学术界尤其是法学界进一步研讨打开思路,促使形成关于债券违约及风险防范问

---

* 本课题由华东政法大学窦鹏娟助理研究员主持,课题组成员有胡改蓉、周珺、段丙华、谢贵春、张东昌。本课题节选自中国法学会审判理论研究会金融审判理论专业委员会、上海金融法院2019年度优秀课题。

① 亚洲金融危机的教训之一就是,当经济体处于需要大量长期融资的发展阶段之时,依赖于银行融资容易在资产负债表的两端产生严重的期限错配问题。参见鲁政委:《打通中国债券市场发展的"半截通途"》,载《金融市场研究》2014年第1期。

题研究的新起点、新局面。本文旨在研究探索契合于债券市场特性的违约风险防范机制，促使破除债市刚性兑付、寻求债市治理的治本之策。

一、我国债券市场偿付违约与违约常态化

自1981年恢复国债发行以来，我国的债券市场已经走过了近40年的发展历程。进入21世纪以后，我国债券市场开始驶入发展的快车道，改革与创新成为这一时期债券市场的重要特征。然而，创新就意味着新能量与新变量的引入，市场的扰动性将会因此增强，如何在创新的同时又保持市场的稳健发展，对于我国债券市场无疑是一个考验。

（一）我国债券市场发展的新变化

1978年改革开放之后，国家因治理通货膨胀之需重新恢复国债，以解决政府财政赤字和支持国家经济建设。随着国债的恢复发行，沉寂多年的债券市场渐趋活跃，开始出现企业债券和金融债券，打破了由国债一统天下的债券市场格局。经过20世纪80年代的初创和形成、90年代的改革之后，债券市场蓄积多年的潜力获得了前所未有的发展契机。

21世纪的到来，驶入快车道的债券市场发生了革命性的变化，这些变化突出地表现在五个方面。

第一，形成了以银行间市场、交易所市场和商业银行柜台市场组成的统一分层的市场体系，银行间市场债券存量和交易量在整个债券市场所占比重高达90%以上，逐渐取代场外柜台市场和交易所市场成为债券流通市场主板，这与国际上债券市场一般由场外市场主导相符合。①

第二，市场规模不断扩大，发行量、托管量和交易量在进入21世纪以来的10

① 从国外成熟债券市场发展的历程来看，绝大部分的债券交易是在场外市场上进行的，场外交易量在整个债券市场交易总量中一般占据90%以上。

余年间增长迅速,[①]在国际债券市场中的地位与影响力日渐增强。数据显示,截至2019年7月末,我国债券市场托管。余额为93.1万亿元,成为仅次于美国的全球第二大债券市场。[②]

第三,债券类别不断丰富、品种推陈出新,交易模式渐趋多元。1997年以前,我国的债券市场仅有国债和企业债,而现在已经形成了国债、地方政府债、政策性银行债券、央行票据、企业债、资产支持证券、商业银行债券、政府支持机构债等组成的多样化的债券类别体系,各个类别的债券品种更加繁多。在交易方式上,也从现券买卖和质押式回购两种基本工具发展为买断式回购、债券衍生工具以及债券借贷工具等多元化交易模式,丰富了投资者的选择,也促进了债券市场功能的进一步发挥。

第四,投资者日益多元,债券市场投资者结构趋向科学、合理。20世纪90年代以前,我国债券市场以国债为主,主要销售给个人,机构投资者几乎不存在。随着银行间债券市场主导地位的确立,机构投资者逐渐成为中国债券市场的主体,这些机构投资者的类型包括商业银行、特殊结算会员、信用社、非银行金融机构、证券公司、保险机构、投资基金、非金融机构以及境外机构等。尽管商业银行仍然是债券市场最大的持债主体,但保险公司、基金类集合投资者、境外机构的持债量近年来上升显著。[③]

第五,市场逐渐走向开放,国际化程度明显增强。从2005年开始,我国债券市场迈出了对外开放的坚定步伐。从发债主体来看,越来越多的企业和金融机构在我国发行熊猫债。国际投资者进入我国债券市场的途径也更加多元,既有传统的通道如合格境外机构投资者(Qualified Foreign Institutional Investor,QFII)、人民币合格境外机构投资者(RMB Qualified Foreign Institutional Investor,RQFII),也有债券通、中国银行间债券市场(China Interbank Bond Market,CIBM)等通道。尤其是2017年7月开通的债券通,是我国债券市场扩大对外开放的一个重要举

① 2003年中国债券市场的发行量仅约1.5万亿元人民币,而2014年则约为12.28万亿元人民币;2003年中国债券市场的托管量约为3.76亿元人民币,而2014年的托管量则约为35.64亿元人民币;2003年中国债券银行间市场和交易所市场交易量总和尚不足5万亿元人民币,而2014年仅银行间债券市场的交易量就达302.4万亿元人民币。以上数据来自《中国金融市场发展报告(2012)》以及中央国债登记结算有限责任公司。

② 参见赵洋:《中国债券市场国际影响力不断提升》,载《金融时报》2019年8月22日,第1版。

③ 参见张璨、李秋菊、程东旭:《中国债券市场投资人结构》,载《金融市场研究》2013年第4期。

措。2019 年 4 月 1 日,中国债券市场正式被纳入彭博巴克莱全球综合债券指数,这无疑是我国债券市场对外开放的又一里程碑事件。①

(二)我国债券市场偿付危机与违约的常态化

然而,随着债券市场发展进程的加快,一些新的问题也逐渐浮现出来,其中最突出的问题之一,就是债券偿付危机以及引发的违约风险。2006 年的福禧事件是我国债券市场第一起信用风险事件,事件发生后其由其主承销商工商银行代理维权,加之金融主管部门和当地政府的推动,最终足额兑付,危机得以解除。可以说,这场风波第一次给投资者敲响了债券信用风险的警钟。这是债券市场上信用风险的初露端倪。随着债券市场的不断扩大,更多的发行人获得了债券发行资格,发行人整体资质下沉,再加上宏观经济形势的影响,债券市场上的偿付危机事件开始逐渐增多。据不完全统计,在 2011 年至 2014 年的 3 年间,我国债券市场发生了 10 起债券偿付危机事件,②在 2014 年"11 超日债"之前,其他的偿债危机事件最终都通过各种途径得以化解,唯有"11 超日债"成为"中国首例债券违约事件"。③ 似乎魔咒一般,继"11 超日债"之后,债券市场连续爆发数起偿债危机,"13 中森债""12 华特斯""12 金泰债""ST 湘鄂债"……④截至 2015 年 10 月底,在信用债市场,违约已扩展至所有债券类型,无论发行方式是公募还是私募,无论流通场所为交易所还是银行间,无论发行人属于国企、央企还是民企,

① 参见赵洋:《中国债券市场国际影响力不断提升》,载《金融时报》2019 年 8 月 22 日,第 1 版。

② 详见周大胜:《"11"超日债违约事件》,载《债券》2014 年第 3 期。

③ 2014 年 3 月 4 日,深圳证券交易所对外披露了《上海超日太阳能科技股份有限公司 2011 年公司债券第二期利息无法按期全额支付的公告》,称由于各种不可控的因素,上海超日太阳能科技股份有限公司(以下简称超日太阳)于 2011 年 3 月 7 日发行的上海超日太阳能科技股份有限公司 2011 年公司债券(以下简称"11 超日债")将无法于原定付息日按期全额支付共计 8980 万元人民币利息,仅能够按期支付 400 万元人民币的利息。2014 年 3 月 7 日,这一公告所披露的事实最终兑现,"11 超日债"正式违约,成为中国资本市场上首例债券违约事件。然而这一违约事件的后续发展却出现了转折。*ST 超日的重组方案获得高票通过,根据重组方案,"11 超日债"的普通债权人最终都获得了偿付。*ST 超日以 2014 年 12 月 22 日作为还本付息日,对每手面值 1000 元人民币的"11 超日债"派发本息共计 1116.4 元人民币,其中甚至包含欠息所引起的复利和罚息,在扣除个人所得税之后,债券个人持有人的实际每手面值 1000 元人民币获得派发本息共计 1093.12 元人民币。

④ 2015 年 4 月 7 日,中科云网科技集团股份有限公司发布第 13 次风险提示公告,声称其发行的"ST 湘鄂债"因公司未能及时筹集到足额偿债资金用以支付第三期利息及回售款项,因而发生实质违约。参见邓圩:《"ST 湘鄂债"成首单本金违约公募债》,载人民网:http://finance.people.com.cn/stock/n/2015/0410/c67815-26823935.html,最后访问日期:2019 年 9 月 21 日。

均已发生多起违约案例。①

据统计,2014～2018年,债券市场共有102家发行主体发生违约,这些发行主体违约时待偿付债券金额高达2479.28亿元(见表1)。自我国进入经济新常态以来,债券市场违约也逐渐"常态化"。2014年作为债券市场的"违约元年",当年共有5家发行人发生违约,其中除超日太阳能之外全部为中小企业私募债发行人;2015年债券违约开始进入常态化阶段,违约数量明显增加,同时天威集团成为首家发生违约的国有企业;2016年受宏观经济下行压力、上游行业景气度下降等因素影响,违约事件集中爆发,单起违约事件所涉及的债券金额增加,首次出现地方国有企业违约与连环违约;2017年伴随供给侧改革推进下主要产能过剩行业景气度回升,违约事件的数量和金额明显回落;2018年由于受到市场环境信用收缩影响,违约事件的数量和规模大幅攀升并远超往年水平,造成较大的市场影响。②

表1 2014～2018年债券市场违约情况③ 单位:亿元

年份	违约债券只数	违约规模	平均违约规模
2014	6	13.4	2.23
2015	23	125.5	5.46
2016	79	398.94	5.05
2017	49	375.9	7.67
2018	27	271.27	10.05
合计	184	1185.01	6.44

从发行主体来看,民营企业违约事件的发生先于国有企业,之后蔓延至央企及其子公司。违约发行人主要集中于产能过剩行业,例如,"11超日债"是光伏产业,之后,钢铁、煤炭、化工等也都成为违约高发区。随着债券种类的增多,违约的行业也开始涉及各行各业。关于违约事件的类型,从投资者角度,分为实质性违约和无损失违约事件。前者是指投资者投资债券后,因为发行人违反合同

① 参见李宇飞、吴志武:《2015债券市场与评级发展现状与未来展望》:载中证鹏元资信评估股份有限公司网:http://www.cspengyuan.com/zh-cn/n/1001649,最后访问日期:2019年9月21日。

② 参见新世纪评级研发部:《违约研究:2014～2018年中国债券市场违约综述(2019年2月)》,载搜狐网:http://www.sohu.com/a/296512801_120055288,最后访问日期:2019年10月16日。

③ 根据Wind数据整理。

约定而遭受损失,包括投资金额的损失和时间成本。而无损失违约事件则是发行人虽然无法承担支付,但由于设置了担保条款,担保人可以按时完成支付,则投资人就没有发生损失,即为无损失违约。从债务人角度来看,债券违约又分为非正常违约、技术性违约和一般性违约。非正常违约是指债务人没有偿还意愿,试图逃废债务。技术性违约则是仅仅由于技术性错误而导致未能按时偿还,一般会在一个合理的宽限期内偿还,不会给投资者带来实质性损失。另外就是最常见的一般性违约了。

关于违约的原因,简单来说,从主观上来看,公司内部经营治理出现错误或重大失误,就会对企业运行造成不利影响,进而可能会出现违约状况。客观上来说,就是产能过剩的行业经济不景气所导致的,如东北特钢集团、四川省煤炭产业集团等的违约。

在我国经济新常态的背景下,债券市场违约也进入了新常态。债券违约从无到有是债券市场发展的必然规律,发现问题就可以使市场变得更加成熟健全,但是投资者并不希望也不能容忍违约的发生,就算发生,政府也应该来进行兜底。

进入21世纪以来,违约的隐患就在悄然滋生。2014年的“11超日债”未按期付款最终成为国内债券市场违约的先河。从此以后,债券违约事件接踵而至。违约从无到有再到频繁发生,终于进入常态化。

二、我国债券市场违约处置的传统范式

我国规范化的债券流通市场大约形成于20世纪80年代中期。在债券市场发展的初期,我国就曾出现因企业无序发债而引发大面积的债券无法如期兑付的情况。[①] 大规模的债券违约给投资者(大多为居民个人)带来了不小的损失,因而造成一系列社会事件,甚至出现投资者冲击政府和代销银行的行为。最终,为避免债券违约引发更激烈的社会冲击,由政府出面在银行、债券承销商以及财

① 20世纪90年代初,源于我国经济的快速发展,企业资金需求加剧,因1987年《企业债券管理暂行条例》的颁布而渐入正轨的企业债券市场为企业融资开辟了新渠道,由此启发了一轮企业发债高潮。然而,从1993年起便陆续发生债券不能如期兑付的情况,至1997年年末全国约有30亿元的企业债券逾期未能兑付。

政部门之间进行协调,协调的结果是违约债券中的一部分由银行代为偿付,一部分由承销商垫付,另外的部分以财政拨款的方式进行偿还。① 通过这种政府兜底式的解决办法,最终平息了这起早期债券违约事件。但政府兜底却给债券市场发展留下了严重的后遗症,以至于在长达30余年的发展历程中竟无一起实质性债券违约,所有债券都完美地实现了"刚性兑付"。但事实并非如此。这种"债市无违约"不过是一种假象,造成这种假象的重要原因就在于债券市场的不成熟以及人们对债券违约零容忍的观念。②

导致债券违约的原因是多方面的,最直接的还是产能过剩引起的行业经济不景气,以及公司内部经营等问题。违约是债券市场走向成熟的必经之路,有其存在的合理性。根据《布莱克法律词典》对债券(bond)的解释:一是指"一种义务、承诺";二是指"一种约定将于某些既定情况发生时或于一段时间后支付钱款或为某种行为的书面承诺"。③ "债券的特质在于它是一种将于某个确定时间以固定利率支付一定数额钱款的义务。只要拥有此种属性皆属债券,无论它被称为'债券'抑或被冠以其他名称。"④可见,债券在法律上实质为一种承诺,是发行人为满足资金需求向投资者发行并承诺以一定利率支付利息并按约定偿还本金的债权债务凭证,具有证明发行人与债券持有人之间存在债权债务关系的作用。⑤

债券是证券的一种具体类型,与同样作为直接融资工具的股票相比,债券的最大区别就在于发行人需按照约定条件还本付息,其债务履行不以发行人未来盈利与否以及盈余增长情况为条件。债券持有人即使在发行人没有盈余的情况下依然享有要求发行人偿还利息与本金的权利。⑥ 即持有人对发行人的给付请

---

① 参见陶丽博:《我国债市违约事件透析》,载新浪财经网:http://finance.sina.com.cn/money/bond/20140404/135818715164.shtml,最后访问日期:2019年10月12日。

② 关于债券违约零容忍的进一步分析,可参见洪艳蓉:《公司债券违约零容忍的法律救赎》,载《法学》2013年第12期。

③ Bryan. A. Garner, *Black's Law Dictionary*(Tenth Edition), Thomson Reuters, 2014, p.211.

④ Silvester E. Quindry, "Bond and Bondholders: Rights & Remidies §2, at 3-4(1934)", quoted in Bryan. A. Garner, *Black's Law Dictionary*(Tenth Edition), Thomson Reuters, 2014, p.211.

⑤ 参见冯果:《债券的证券本质与债券市场法制化——〈证券法〉修订背景下的债券法律体系重构与完善》,载桂敏杰总编,黄红元、徐明主编:《证券法苑》(第17卷),法律出版社2016年版,第8页。

⑥ See James J. Park, "Bondholders and Securities Class Actions", *Minnesota Law Review* 99, 2014, p.590.

求权不是建立在发行人盈余的基础上,发行人对其债务的履行不附加其他条件。债券要求发行人必须履行兑付承诺的特点使得债券的兑付具有法律上的“刚性”。但这种“刚性”并不等同于实践中对债券违约事件处理的“刚性兑付”做法。

“偿还性”是债券的根本特征之一,按照约定条件偿还本金并支付利息是债券发行人的基本义务。但是,债券市场作为资本市场的一部分,当然同样具有资本市场的所有风险特性,其中就包括债券发行人不能履行还本付息义务的可能性。影响债券市场收益的一般风险因素主要包括两个方面,即到期日(maturity)与违约(default)风险。① 违约风险的存在是债券投资者必须接受的客观事实,更何况在公司债券和企业债券中债券持有人获得收益的对价主要就是其所承担的信用风险,即融资主体的违约风险,以及因企业信用事件造成的评级下调风险和连续亏损不满足上市条件的暂停上市风险等。②

在境外成熟的债券市场上,发行人违约其实并不鲜见。根据标准普尔的统计,在2007年至2011年的5年间,美国共发生债券市场违约事件400余起,日本发生8起。美国对于违约行为的处理一般采取两种方式:一是如对协议条款的违背不算严重,则双方可就合约问题重新协商;二是如发行人严重违背了协议,则债权人可迫使发行人破产,而破产又分为清算和重组两种解决办法。通过破产程序,由专门的破产法庭保护公司资产和保障债权人权利。但是,我国债券市场对于发行人违约的态度却是“零容忍”,目前为止所有的债券违约风险事件最终都“有惊无险”地得到了化解。面对此种状况,我们实在不应首先指责债券投资者的不成熟、刚性兑付的心理预期以及通过各种方式对监管部门、发行人和担保机构所施加的压力,而是应该追问养成投资者这种习惯性心理和行为的外在原因究竟何在?

在“11超日债”事件中,层层剥开重组*ST超日的股权结构不难发现,这些帮助*ST超日脱困的公司都有着共同的“国有”背景,因此从整体上来看“11超

① See Eugene F. Fama, Kenneth R. French, “Common Risk Factors in the Returns on Stocks and Bonds”, *Journal of Financial Economics*, Volume 33, Issue 1, February 1993.

② 参见黄文涛:《中国债券市场新格局新挑战》,中国金融出版社2014年版,第45页。

日债”所谓的完美兑付实际上还是源于政府所扮演的“救火队”角色。① 追根溯源,我国债券市场建立的初衷之一就是为了解决国有企业融资问题,国企背后的政府背景使其所发行债券的信用不容置疑。在债券市场发展的近40年间,这一传统理念并没有因为市场化的推行遭到抛弃。事实上,每当债券市场出现风险、产品可能违约或无法达到预期收益时,总能看到其后发行方或渠道方所属地方政府的影子。私募债券的发行企业虽然缺乏国有资产背景的大型企业作为保障,但是在出了风险之后往往也能通过某级政府的牵头斡旋化解危机。因此从实践来看,以政府斡旋的方式实现危机债券的刚性兑付是中国债券市场解决违约风险的依赖性路径。②

地方政府对其辖区下的公司和企业所发行债券提供隐性担保几乎成为中国债券市场的一种潜规则。近年来,地方政府隐性担保的对象除了主要涉及城投公司和国有企业的债务以外,还扩展至一些被视为地方龙头企业的民营企业。政府之所以愿意为公司和企业债券提供隐性担保,其动机主要在于避免区域信用的下降,保护地方的金融生态环境,使政府在地方竞争中获得更多的金融资源。但是我们必须承认,这种政府提供隐性担保所形成的债券市场刚性兑付惯例违背了市场经济的要求,偏离了债券发行应遵守的商事信用基础,不仅助长了市场参与者的逆向选择和道德风险,而且为金融体系埋下了系统性风险和财政风险。③ 中国债券市场刚性兑付至今无法打破,债券投资者迟迟不能树立正确的风险意识和接受客观存在的投资风险,可以说在很大程度上应归责于政府对于债券市场的担保和救助。

作为固定收益工具,④债券产品的风险性相对较小但并非没有风险,其风险主要来源于信用风险(credit risk),这与发行人还本付息的意愿与能力密切相关。可以说,发行人还本付息的意愿与能力是决定债券违约风险的关键因素。债券

---

① 参见覃苏:《“11超日债”兑付债民相约抢食垃圾债》,载《第一财经日报》2014年12月18日,第A10版。

② 参见徐红娟、姜子彧:《我国债券违约处理机制探讨——基于资产打包处理模型》,载《浙江金融》2015年第1期。

③ 参见洪艳蓉:《公司债券违约零容忍的法律救赎》,载《法学》2013年第12期。

④ 债券是固定收益工具的说法起源于其每年支付固定息票的特征。如今,债券的息票支付已经有所变化,如资产支持证券就是同一发行人发行的一系列不同档次的相关证券,每一档次支付不同的固定或浮动利息。但是通常意义上债券仍被纳入固定收益市场。

违约是市场经济发展的客观规律,也是债券市场化运作的必然结果。[①] 成熟的债券市场并不排斥和惧怕债券违约,因为违约风险是债券定价的关键因素,没有违约就意味着无法进行有效的风险区分和确定合理的风险溢价,这会使无风险收益率水平被错误抬高,从而导致债券市场风险的累积。债券兑付法律上的"刚性"在实践中必然会被打破,这是由债券作为资本市场投融资工具必须承受的风险性所决定的。而现实中的"刚性兑付"行为,是对债券市场客观发展规律的人为扭曲,这一现象无益于真正市场的形成。[②]

三、违约常态化背景下的债券市场信用风险

违约风险是债券投资中需要首要考虑的信用风险。在成熟债券市场上,违约率控制在一定水平的债券违约被认为是债券市场的正常表现。在债券市场发达的美国,其债券违约率通常保持与贷款违约率相当的水平,除 2008 年全球金融危机期间及之后的一两年内债券违约率上升为 8% 左右外,其余年份基本都控制在 1% ~3% 。[③] 但近几年来全球债券市场的违约率有上升趋势,标准普尔统计的公司债券违约数据显示,2014 年发生公司债券违约的数量是 60 家,2015 年这一数字上升到 113 家,这一水平仅次于 2009 年金融危机之际的 268 家,2016 年的公司债券违约发行人总数增加到了 157 家,其中,美国是债券违约主体最多的国家,达 103 家。[④]

在全球经济低迷时期,债券市场出现违约频发、违约率上升的情况是可以理解的。因为世界各国的经验表明,在经济下行阶段债券市场违约率上升是一种

---

① 参见吴伟央:《债券违约应对处理法律机制探析》,载桂敏杰总编,黄红元、徐明主编:《证券法苑》(第 13 卷),法律出版社 2014 年版,第 189 页。

② 参见郭田勇、徐梦琳:《健全金融市场违约处置机制的政策建议》,载《中国金融家》2014 年第 7 期。

③ 参见严弘:《违约将成中国债市新常态》,载 FT 中文网:http://www.ftchinese.com/story/001061889,最后访问日期:2019 年 9 月 27 日。

④ 参见《标普:今年迄今全球债券违约公司数量已升至 157 家》,载新浪财经网:http://finance.sina.com.cn/stock/usstock/c/2016-12-23/doc-ifxyxury8245069.shtml,最后访问日期:2019 年 9 月 27 日。

正常现象。[①] 20世纪以来的多次经济和金融危机都表现为债务性危机。在宏观经济下行时期,发行人的信用风险会逐渐暴露。[②] 信用风险会随着宏观经济的变化而反向变化,这是信用风险的周期性表现。当宏观经济恶化时,信用事件或违约情况就可能成倍增加。[③]

通常,债券违约风险的高低可以参考专业评级机构对发行人或债券产品的评级结果。评级结果反映的是发行人或受评产品的信用程度,也就是未来发行人或债券产品发生违约的概率大小。信用程度越高,表示违约概率和违约风险越小,那么债券产品将会获得一个有利的定价。反之亦然。正是因为在违约风险和债券定价之间存在这样一种密切的关系,债券市场上才有按照风险程度划分债券产品的必要性,如投资级债券和投机级债券。而刚性兑付这样规避违约,从长远来看,恰恰是违背了市场发展的规律。市场本应让违约风险成为重要的定价指标,而刚性兑付却让这种影响降到了最低。违约有利于让债券投资回归到风险定价,实现风险与收益的匹配。政府进行违约兜底却会让一些经营不善的企业无法通过重组获得结构上的优化。违约事件的发生,也能够使一些不良企业退出,使市场资源得以优化,这也是市场出清的一种途径。

随着债券违约的常态化,我国债券市场信用风险也发生了一些改变。如果将2014年以前的违约情况比作"零售市场",那么2014年之后的违约则相当于"批发市场"。此间的债券违约也呈现出阶段性的特点。首先,2015~2016年违约事件的主要特征表现为违约债券只数大幅增加,但平均每只债券的违约规模却小幅下降,这表明新增违约主体的资质在下降。分析发现,此阶段新增违约主体多属于景气度低迷和产能过剩行业企业,行业环境不佳是造成企业经营不善、发生资金链断裂并最终导致违约的主要原因。其次,2017年以来,新增违约主体较前一时间段明显减少,但平均每只债券的违约规模却持续上升,由2016年的5.05亿元/只上升到2018年的10.05亿元/只,平均违约规模扩大了近一倍,这

---

① 参见张骏超:《冷观债券零违约》,载新浪财经网:http://finance.sina.com.cn/stock/t/20120816/022912862062.shtml,最后访问日期:2019年9月29日。

② 参见高国华:《经济下行债券市场风险不容忽视》,载《金融时报》2015年12月7日。

③ 参见张骏超、蒋敏杰:《经济下行与债务违约:美国的案例》,载《金融市场研究》2012年第6期。

表明新增违约主体的资质在大幅提升,是债券市场信用风险进一步释放的信号。①

债券市场信用风险的凸显,除了频繁发生的债券违约事件,评级下调的次数也呈增多之势。仅2018年6月以来就发生了46次主体评级下调,涉及39家债券发行主体,有10家企业更是被下调至A级以下。这表明,我国当前债券市场信用环境整体偏负面,信用风险环境发生了实质性的变化,信用风险的积聚与加深已是不争的事实。

习近平总书记指出:"防范化解金融风险特别是防止发生系统性金融风险,是金融工作的根本任务"。可以说,债券违约已成为我国当前金融领域需重点警惕和防范的突出风险点之一。必须承认,违约是债券市场无法避免的正常情况,任何一个债券市场的发展都会经历债券违约从无到有的阶段。合理范围内的违约是债券市场走向成熟的标志和必经阶段。只要违约率保持在一个合理的水平,对于违约应以平常心对待。那么,我国当前的违约率是否尚在合理水平?根据中国人民银行数据,截至2018年5月末我国债券违约累计违约率为0.39%。这一水平低于我国商业银行1.71%的不良贷款率,也低于1.2%~2.08%的国际债券市场违约率。② 根据Reilly,Wright & Gentry(2009年)的统计数据,美国债券市场1985~2009年的投资级债券10年平均累积违约率为2.1%,倒推最低年违约率0.21%。而高收益债券(垃圾债)10年平均累积违约率为26.6%,倒推最低年违约率3.05%。因此,我国当前的债券违约率相当于美国债券市场上投资级债券违约率水平,显著低于美国公司类债券总违约率。另外,2018年以来虽然债券违约表面看来气势汹汹,但与2017年相比,违约率并没有明显升高。③ 因此总体上,我国债券市场违约率仍处于较低水平,违约风险处于完全可控的合理范围。

当前我国宏观经济下行压力较大,债市违约风险呈上升趋势,个体的违约事件将成为常态化现象。信用风险更多的是通过评级下调的方式表现出来的,未

---

① 参见苏莉:《首席谈违约 2018年债市违约展望》,载搜狐网:http://www.sohu.com/a/241523319_780319,最后访问日期:2019年8月24日。

② 参见罗曼:《央行副行长潘功胜:应冷静客观看待债市违约》,载《证券时报》2018年7月4日。

③ 参见天风宏观团队:《2018债券违约盘点》,载https://www.135995.com/153/121152.html,最后访问日期:2019年8月24日。

来企业降级持续增加的可能性比较大,这也是我国债券市场下一阶段主要的信用风险考量因素。[①]

四、我国债券市场违约处置的范式转换

自2014年我国债券市场“零违约”的神话被打破之后,在宏观经济进入下行调整的大环境中债市违约也呈现出“常态化”现象。在暴露和揭示了债券违约的风险之后,也许有人会陷入对债券市场深深的悲观之中。尽管存在种种问题,但是债券市场在短短30余年间取得的成就不容置疑。我国债券市场从零起步到发展为在国际资本市场上具有重要地位和影响力的市场,这种变化不仅是基于量的积累更是源于质的改变,而促成这些变化的重要推动力是债券市场的创新能力。比之一般的金融市场创新,我国的债券市场创新是一种典型的超常规创新,这种创新的动力并非源于市场自身力量的驱动,也不是一种渐进式的演变,而是以政府作为创新推动力的、自上而下的,市场呈现跳跃式演变的制度创新。[②]综观中国之改革,大多属于政府推动型的制度变迁。中国债券市场的建立和发展就是政府主导的制度变迁取得成功的一个范例,尤其是20世纪90年代由政府机构发起的债券市场改革最终使中国债券市场实现了超常规创新。

作为新兴市场,我国债券市场对于市场发展有着迫切需求,而后发优势又使我们可以借鉴国外发达债券市场发展的经验与教训,正是这种超常规创新才使我国债券市场得以在较短时间内取得显著成就。从发达国家债券市场的发展历程来看,其债券市场出现的新的创新趋势一般表现在新的债券市场工具的开发、新的债券市场投资者的培育、债券市场交易方式的完善、债券市场监管制度的重构、债券市场技术创新的推动等方面,[③]而我国债券市场的新变化正好与这种创新的趋势相吻合。然而,创新即意味着新能量与新变量的引入,我们在享受创新带来的巨大收益的同时,也要承认创新附随的消极影响,即市场的扰动性将会由

① 参见唐旭:《中国债券市场信用风险分类及特点》,载《债券》2015年第11期。

② 参见王开国:《中国债券市场超常规创新的理性思考》,载《中国社会科学》2000年第1期。

③ 参见何德旭、高伟凯等:《中国债券市场:创新路径与发展策略》,中国财政经济出版社2007年版,第9~14页。

于创新的加剧而增强。[①] 因此从这个角度来看,发生在债券市场上的违约和风险问题,也是创新发展中的市场难以避免的一个阶段性写照。当然,这样说并不是为我们存在的这些问题进行开脱,相反,是为了更好地解决问题而挖掘埋藏在更深层次的矛盾。

长久以来,我国债券市场的发展也深受市场规模偏小、品种结构单一、流动性缺乏等问题的困扰,但是从性质上来讲,这些是属于经济范畴的问题。源于政府主导下的推动,债券市场虽然在较短时间内实现了制度变迁,然而真正能够带动市场发展的内在的自发力量还未得到充分蓄积,因此市场规模小、品种单调以及流动性不足等问题是由市场本身所处的发展周期所决定的,这些问题的解决可能更多地依赖于市场自身发展的驱动力量。债券市场迟迟不能打破刚性兑付的惯例,在于政府对债券市场的过度干预和救助,这与法制密切相关。我国债券市场的刚性兑付或许还未被彻底打破,但债券市场的健康发展确实对信用风险的有序释放提出了要求。信用违约并非洪水猛兽,相反,不能得到释放的信用风险对于市场发展而言才更加有害。信用风险是债券市场的固有风险,如何有效地进行事前防范、事中控制和事后处置,如何合理地进行风险定价、信息披露和信用评级,才是债券市场发展的核心要素和制度保障。[②]

令人欣喜的是,这一问题已经受到了重视,一些具有重要意义的改革举措正在不同的层面以不同的方式进行。最根本的改革,来自执政党关于经济体制改革的核心在于处理好政府与市场关系的重大认识的提出。在社会资源配置系统中,市场配置与政府配置是两种最重要的子系统,对于两种配置定位、范围、冲突与协调的讨论形成了关于"政府与市场关系"问题的历久弥新的话题。[③] 我国经济体制改革的过程,就是一个不断调整政府与市场的关系并将其调整结果予以体制化和机制化的过程,"使市场在资源配置中起决定性作用和更好发挥政府作用"[④]的提出,清晰地展示了对于政府作用与市场作用在认识上的不断深化。[⑤] 厘清政府与市场的关系,对于解决中国债券市场上政府的介入和干预问题无疑

---

① 参见戴文华:《证券市场创新与系统风险的若干问题》,载《证券市场导报》2013 年第 3 期。

② 参见杨农:《强化债市信用约束机制》,载《中国金融》2014 年第 13 期。

③ 参见张守文:《政府与市场关系的法律调整》,载《中国法学》2014 年第 5 期。

④ 《中共中央关于全面深化改革若干重大问题的决定》(2013 年 11 月 12 日中共中央十八届三中全会通过)。

⑤ 参见陈甦:《商法机制中政府与市场的功能定位》,载《中国法学》2014 年第 5 期。

意义重大,这为政府得以从债券偿付危机中解脱出来提供了良好契机,也为投资者走向成熟和债券市场市场化的真正实现创造了条件。关于债券市场发展的另一个重大政策利好,是2014年5月国务院发布的《关于进一步促进资本市场健康发展的若干意见》中“规范发展债券市场”的提出,这既是对中国债券市场改革发展的顶层设计,也为其下一步的发展指明了方向。这表明在中国全面深化改革进入新时期的背景下,推动债券市场的创新发展已经成为中国资本市场改革的定局,而债券市场创新发展的未来方向就是法治化市场的培育与形成。

除了这些来自顶层的改变之外,债券市场也发生了一些实质性的制度变革。例如,进行地方政府自行发债以及自发自还模式的探索,通过修改《预算法》赋予部分地方政府发行地方政府债券举借债务的权利,①这促成了债券市场真正意义上的地方政府债券的诞生,也使原来地方政府依靠城投债融资,为其违规担保、提供隐性担保或将融资资金挪作他用的现象有望逆转。对于饱受诟病的企业债券发行审批制,目前已经由更为市场化的核准制所代替。发改委继2013年将企业债券的预审工作委托给省级发改部门负责而将其工作侧重点转向政策指导、业务培训和资格管理方面之后,2015年又再将预审权下放至中央国债登记结算公司,这意味着作为企业债券监管部门的发改委已经改变了以往计划经济管理模式下的审批模式,也为核准制下力图走出权力寻租进行努力尝试。另外,曾经“三分天下”、市场分割严重的公司债券市场也有望获得突破。2015年1月,证监会发布《公司债券发行与交易管理办法》以取代此前的《公司债券发行试点办法》,《公司债券发行与交易管理办法》将公司债券的发行范围扩大至所有的公司制法人,还取消了公司债券公开发行的保荐制度和发审委制度,同时建立了投资者适当性制度,将投资者群体作出了公众投资者与合格投资者的区分。这对于企业债券的渐趋式微、公司债券的兴盛、投资者的成熟化乃至公司债券市场的最终形成,无疑意义重大。

这些改革的举措无不向我们传递出中国债券市场向好发展的信号。因此,尽管改革之路道阻且长,但我们有充分的理由乐观看待债券市场,相信我国债券市场的发展会越来越好。

---

① 2014年修订的《预算法》第35条第2款规定:“经国务院批准的省、自治区、直辖市的预算中必需的建设投资的部分资金,可以在国务院确定的限额内,通过发行地方政府债券举借债务的方式筹措。”

五、我国债券市场违约风险防范的法治机制

在经济新常态的语境下，债券违约及其带来的风险已经是影响债券市场健康发展不容忽视的现实问题，这一问题的产生有其不可忽视的根源。对此，我们不能再沿袭传统的思维和做法，而应当用法治化的思维方式重新思考如何更有效地进行债券市场违约风险的防范。

（一）我国债券市场违约处置的法治转型

如前所述，政府行为对于债券违约问题的介入，会对市场的商事信用融资基础造成破坏。债券在法律性质上是一种债权债务关系，以信用为基础，约定在未来一定期限按照债券协议的规定还本付息。债券市场零违约实质上并不利于其健康发展，而政府信用的介入也已经无法实现维持地区经济稳定争取地方经济优势的初衷。政府兜底可以让企业的困境暂时得到缓解，却并不能改变企业经营能力和资金流状况恶化的本质，长此以往，非但企业困境得不到妥善处理，整个债券市场的发展水平亦无法提高。

对于政府在应对债券违约问题上的定位，不应是为违约主体无限兜底。债券市场的法治化发展，应当遵循"债券违约是债券市场化运行的必然结果"①这一铁律，强行扭转处置逻辑只会让形势愈演愈烈。结合境外处置经验，债券违约的事后处置应更多交由自主和解结算及破产重整、破产清算等程序正常进行，政府的力量，应当更多地发挥在事前预防机制、事中应急处理的引导、监管与制定配套规则上。

（二）债券违约处置的基础——债券契约

1. 债券的契约本质及其特有属性

传统观点认为，契约是债券的本质属性，债务合同关系以私人自治为生效前

① 窦鹏娟：《新常态下我国公司债券违约问题及其解决的法治逻辑》，载《法学评论》2016年第2期。

提,[1]而私法自治理念的实现正在于契约。[2] 因此,债券契约作为解决债券违约问题的基础与前提,重要性不言而喻。首先,从本质属性上看,债券契约是商事合同,体现债权人与债务人的权利义务关系,约束双方在债券市场的投融资行为,不确定的社会主体作为债权人购买债券,债务人则应当按照契约履行相应的兑付义务。出现违约纠纷时,各类市场主体应当严格依照债券契约进行相应的磋商处置,此时契约不仅是双方主体进行仲裁、诉讼、和解等处理方式的重要依据,而且是对债券市场采取行政措施所应围绕的核心。此外,契约的规制对于在市场化发展要求下下债券市场采取自救措施也发挥着重要的作用。

债券契约的本质属性是商事合同,除此债券还具有公司治理属性与金融投资属性。投资者们在市场进行债券交易后将以公司债权人的身份与公司产生一定的身份关系,进而获得参与公司治理的相关权利。在处理债权人、股东及公司之间的债券违约关系时,债券契约所具有的公司治理属性,通过确认债券持有者与公司及其股东之间相应的权利义务关系,对债权人实施充分的保护。债券契约的金融投资属性反映了债券市场的公共性和涉众性,表明了在进行违约处置时,不应仅将债券契约作为简单的民事合同进行分析,还应当看到其中所体现的以信赖关系为基础的开放性与可协商性。

2. 债券违约的认定及其法律后果

对于债券市场上违约频发的现象,在研究如何采取合理的法治措施加以处置之前,应先对法律事实予以认定。债券违约的类型与程度不同,其所导致的法律后果也必然不同。因此,在债券契约属性的理论基础上,仅仅通过审查契约条款,运用“违约”来界定债券纠纷是远远不够的。应当对债券违约的构成和类型作更为深入的分析与界定,同时结合违约事件的风险评价机制,将债券契约特有的市场风险性及涉众性纳入考量范围,合理认定债券违约的法律后果,采取处置违约事件的有效措施。

债券违约一般分为一般性违约和根本性违约。从理论上看,基于债券的契约属性,对于债券契约的一般性条款和重要条款的违反均构成债券违约。一般性违约属技术性违约,常表现为对于契约中一般条款的违反。对于一般性违约,

---

① 参见[德]迪特尔·梅迪库斯:《请求权基础》,陈卫佐等译,法律出版社2012年版,第50页。

② 参见王泽鉴:《民法学说与判例研究》(第7册),北京大学出版社2009年版,第15页。

可以通过增信机制对其进行补救。一般性违约并不必然阻碍债权人取得其应得利益,但会增加产生根本性违约的可能性,反之,对于一般性违约的规范治理,则能够起到有效防范根本性违约的作用。根本性违约是对债券契约重要条款的根本性违反,发生根本性违约后,如发行人无法按照约定进行偿付,债券持有人可迫使其进入破产程序。对于债券违约的类型化区分,有助于提高处置效率和科学采取具有针对性的手段。①

债券违约的法律后果方面,从责任主体的角度,违约事件的发生将导致发行主体的违约责任、市场中介的侵权责任与市场监管下的行政责任。此处的违约责任不同于简单的民事违约责任,从属性上看当属商事责任,这是由债券市场的涉众性与公共性所决定的,一旦发生违约事件,国家力量需要积极介入,即该违约责任具备一定的国家强制性。由于市场信息的不对称性以及投资者在债券市场获取信息方面的弱势地位,违约事件的产生,很可能还涉及市场中介机构,如明知自己的行为将导致债券交易失败,仍故意侵害其他市场主体利益。此外,对债券市场的引导、监管与违约处置等,都将不可避免地涉及行政责任的产生。

债的关系具有发展性,其权利义务是动态演变的,准确认定债券违约的类型及其法律后果,有利于从事前、事中、事后对违约问题进行合理处置,为建立合理的债券违约应对处理机制奠定基础。实际上,投资者风险意识缺失的根源仍来自政府的隐形担保问题。由于政府进行"刚性兑付"的兜底救市行为,破坏了债券市场应当遵循的商事信用基础,投资者在政府的行为中对债券发行人产生不以风险评估为合理依据的盲目信赖,形成"债市无风险""风险有兜底"的认识误区。② 久而久之,不良的投机心理和道德风险取代良性的理性投资决策,对债券违约的处置形成极大的干扰。此外,我国债券市场在立法上对于投资者的事前保护力度较为薄弱,这也促使了投资者在危机出现后运用各种手段进行自我保护以达平衡,而政府出于维持地方经济稳定、保证经济竞争优势地位等多重因素的考量,恰恰在无形中通过隐性担保等过度干预市场的措施对此作出了回应。

由此,每当发生违约事件,投资者必然拒绝接受债券违约,而同时政府的过度干预,保护了投资者不受损失并由此营造了债券市场无风险的假象,在这样的

---

① 参见冯果、段丙华:《债券违约处置的法治逻辑》,载《法律适用》2017年第7期。

② 参见周梅、刘传哲:《信用类债券的政府信用及违约承担机制研究》,载《经济问题》2013年第12期。

假象下,投资者的风险意识仍旧处于薄弱甚至是缺失的状态,当其继续投资高风险债券并再次遭遇违约事件后,政府又不得不再次出手继续承担救市的责任。如此一来,二者共同作用循环往复,债券市场违约的处置逻辑陷入恶性循环。

(三)债券违约的事中处置:债券投资者的权利行使机制

治理债券违约、防范违约风险的根本思路并不在于抑制违约的发生,而在于如何以恰当的方式处理好违约问题,简言之就是宜疏不宜堵。我国利用行政力量采取非常规方式处理债券违约问题,其实与一味地堵住债市违约闸门是一样的逻辑,疏通债市违约的理智思维应该是运用法治机制解决好债券违约事件。

债券违约是一个从违约风险暴露到违约事件实际发生的动态过程,在发展为最后的违约事件之前,债券发行人的财务经济状况往往已经出现严重问题甚至恶化。从域外经验来看,为维护自身权益,债券持有人通常依托债权人会议或债券信托制度,采取行使抵押权、财产保全、要求发行人追加担保等措施积极干预事件的发展,最大限度地促使债务人兑付债券本息。只有在这些措施未能奏效的情况下,才可能导致启动事后的债券违约处理机制,[①]即违约事件发生后的了结处置机制。

1. 债券持有人会议

债券持有人会议是由债券持有人集体行使权利的、临时性的决策机构,是违约问题爆发时债权人主动采取救济措施的重要手段。但是,公司债权人会议的缺点也不容忽视,即某些债权人通过不当控制,将会以变成多数债权人压迫和排挤少数债权人的便利手段。[②] 因此在进行会议时,应当严格防止多数决原则的滥用,防止多数派债权人为实现自身利益,滥用表决权形成不利于少数派债权人利益的决议。对此,在债权人会议的触发、召集及表决程序的具体规则上,应当合理设计予以细化,同时划清债券持有人能够行使权利的界限,明确在个别债券持有人对会议结果不服时的救济途径,充分保障每一位债券持有人的合法权益。

从我国债券市场违约事件的处置来看,债券持有人会议制度并未切实保护持有人利益。对此,应该完善债券持有人会议触发条件,降低会议门槛,让更多

---

① 参见吴伟央:《债券违约应对处理法律机制探析》,载桂敏杰总编,黄红元、徐明主编:《证券法苑》(第13卷),法律出版社2014年版,第189页。

② 参见刘迎霜:《论公司债券投资者的利益保护》,载《社会科学研究》2010年第4期。

的投资者参与其中。明确持有人的权利义务范围,明确不同意表决的部分持有人的补偿方式。债券持有人会议是个集体,而表决反映的是一个集体利益,不可能全部一个声音的,对于少数派也应该给予一定的补偿。

2. 债券受托管理人制度

债券托管人制度的有效实施,能够敦促债券受托人承担相应注意义务行使管理职责,保障债券持有人利益,但现行法律规范对债券受托管理人制度的规定较为原则,在应对债券违约事件中存在较大的法律风险,应加以完善。

首先,明确债券持有人在债券托管人制度下的行权权限,通过在债券认购协议及债券募集说明书中的载明条款,赋予债券持有人以自己的名义直接或者授权受托管理人提起诉讼或参与破产重整及随时接触或变更受托人权限等相应权利。

其次,在受托管理人的身份上,选择承销商以外的机构作为债券受托管理人,防止承销商"分饰两角"所带来的利益冲突;建立相应的风险防范机制,防止受托管理人在履职时出现可能存在的利益冲突,对托管人应尽的注意义务与管理义务做出强调并对侵害债券持有人的责任承担进行细化规定。

再次,对于受托管理人的义务予以充分明确,受托管理人应对托管人尽忠实勤勉义务,同时由于债券市场的风险性和不确定性,受托人的义务与职责应当更加灵活机动,目的则是最大限度地争取投资者的利益,而不止限于消极保全现有价值。

最后,建立相应的配套制度,加强受托人在程序和实体上的诉权,赋予受托管理人实质谈判权限。为敦促受托人积极行使职责,可适当建立相应的履职激励机制。

(四)债券违约的事后处置机制

尽管表面来看,我国债券市场似乎违约频发,债市似乎已经步入了一个违约"常态化"阶段。然而从数据进行分析,我国债券市场的整体违约率仅为0.2%,这一水平远低于国内银行不良贷款率,因此债券违约风险总体上处于可控水平。但有序打破刚性兑付已经成为共识,在这样的背景下,无论是债券发行人、投资人、主承销商,还是债券受托管理人和监管机构,都要逐步形成以市场化法制化为原则的债券违约处置路径。从国外成熟市场来看,其法治化的债券违约处置机制主要包括自主协商、诉讼求偿和破产偿债程序三种。例如,美国对于违约行为的处理一般采取两种方式:若对协议条款的违背不算严重,则双方可就合约问题重新协商;若发行人严重违背协议,则债权人可迫使发行人破产。破产又分为清算和重组两种解决办法。通过破产程序,由专门的破产法庭保护公司资产和保障债权人权利。①

1.债券违约处置的自主协商机制

自主协商机制,即债券持有人与发行人及担保机构等相关方以自主协商的方式就违约债券的本息偿付问题达成令各方都能接受的解决方案的一种机制。②在这种机制下,债券持有人一般会通过给予债务人一定的宽限期来争取偿付目的的最终实现,债务人亦可就后续的偿债安排与债券持有人进行磋商谈判,以避免债权人提起求偿诉讼或启动破产处置程序。

就债券持有人而言,在自主协商机制下实现债券兑付目的的具体方式包括行使担保权、利用偿债保障条款和进行债务重组等。若违约的债券已经设定了担保包括抵押与质押,则债券持有人可通过行使抵押权或质押权实现债券的优先偿付。偿债保障条款是债券发行人在债券募集说明书中就发行债券日后可能出现的违约问题赋予债券持有人的相关权利以及提出的解决措施。通常,债券持有人可以要求发行人提前兑付债券或要求行使回售权。另外,债券持有人也可以以债权人的角色参与债券发行人的公司治理,通过干预公司运营治理的重大决策,间接实现债权保障的目的。在自主协商机制下,债务重组是促使违约债券得以兑付的一种最为核心的方式。自主协商机制下的债务重组不同于破产程序,它是一种庭外债务重组模式。在英国和我国香港特别行政区,这种模式被用来挽救陷入财政困难的企业得以重生。债务重组实质就是债权人与债务人建立起新的债权、债务关系的过程,这一过程主要涉及债务人如何筹措偿债资金以及双方就债务偿还的延展期、利率与本金的削减或采取其他多样化的偿债方式达成协议两个方面。

---

① 参见佚名:《境外债券违约处理方式》,载中金在线网:http://bond.cnfol.com/130117/106,1306,14209798,00.shtml,最后访问日期:2019年9月26日。

② 自主协商与我国破产程序下的和解在目的上并无二致,区别在于前者没有法院的主持或参与。但之所以将自主协商作为一种债券违约处理的法治机制,原因在于各方仍然是按照相关法律规定以及债券合约等依法处理违约债券的本息偿付问题。

与债券求偿诉讼或破产偿债程序相比,债券违约处理自主协商机制的优势主要体现在节约时间成本以及形式灵活便利方面。一般是债权人预测债务人财务经济状况上的困难只是暂时性的、债券最终获得兑付的可能性较高的情况下所采取的一种途径。2015 年 4 月,佳兆业集团(Kaisa Group Holdings)在香港交易所发布公告称,未能对公司发行的 2.5 亿美元境外债券支付预定利息,也未能在付息日之后的 30 日内作出有关利息付款,因此构成所发行海外债券的实际违约。违约事件发生后,佳兆业首先采取了自主协商的处理方式,致力于就未偿债务与债权人进行债务重组的谈判,债务人提出的具体方案包括在保护本金的前提下给予其 5 年的债务展期,同时削减 28.9% ~66.3% 的利率。尽管这一方案并没有顺利使债权人接受,公司债券评级的下调曾导致债权人要求立即偿还债务,但无论如何自主协商机制使债券持有人和债务人在诉讼求偿与破产偿债之外多了一种债券违约处理途径,如能以此解决违约债券的兑付问题,则双方均可能获得更为有利的处理结果。

2. 债券违约处置的诉讼求偿机制

作为债权人,债券持有人如预期发行债券的公司经营状况严重恶化并将长期持续,但在债务到期时债券发行人又具有一定的债务偿付能力,尚未达到资不抵债需要启动破产程序的地步,债券持有人也可以通过诉讼机制来处理债券违约问题。债券违约诉讼与一般的诉讼案件在程序上并无实质区别,只是提起诉讼的主体有所差异。

面向公众投资者发行的债券由于持有人一般比较分散,正如美国《1939 年信托契约法》(Trust Indenture Act of 1939)所言,"债券投资者分散在很多州,当投资者想选出代表维护自己利益时,往往很难知道彼此的姓名和地址"。① 因此,分散的债券持有人通常会陷入集体行动(collective-action)困境,即单个的债券持有人由于投资额相对较小难以如有凝聚力的集体那样行动,故其采取行动或合作的经济动机遂被最小化。②

对分散的债券持有人统一意志进行集体行动以维护其权益故而成为必要,而这一般依托于债券受托管理人或类似制度。实践中,债券受托管理人一般由

① 刘迎霜:《论公司债券投资者的利益保护》,载《社会科学研究》2010 年第 4 期。

② See Steven L. Schwarcz, Gregory M. Sergi, "Bond Default and the Dilemma of the Indenture Trustee", *Alabama Law Review* 59, 2008, pp. 1037 -1038.

债券发行公司指定,拥有签订、修改和补充债券信托合同乃至提起诉讼等权利,其主要作用在于强制债务人履行债务以保护债券持有人利益。① 当发生债券违约事件时,债券持有人如欲通过诉讼机制解决违约问题,往往需通过债券受托管理人而不是自己直接对发行人提起诉讼。鉴于债券持有人的分散性,有这样一个能"积极参与诉讼标的之权利关系的发生以及管理"的主体可进行授权并代替其进行诉讼担当,无论对于债券持有人还是法院都具有提高诉讼效益的积极作用。② 由于债券违约求偿诉讼一般适用于债务人还具有一定偿还能力的情况,因此债券持有人通过此种渠道获得偿付的概率还是比较高的,但是不足之处在于需要承担相应的诉讼成本,包括时间成本以及经济成本等。

3. 债券违约处置的破产程序

通常,当债券违约发生后,当事人一般会先采取自主协商的方式解决,若协商解决无效而债务人资不抵债的情况又比较严重,则往往会导致启动破产程序。破产是在债务人丧失清偿能力时的一种债务特别清偿程序,既包括破产清算模式下的市场退出程序,也包括重整、和解模式下的企业挽救程序。③ 债权人与债务人均可以提起破产申请,许多国家皆是按照破产清算或重整来了结公司债务,在债券违约中破产程序的应用也十分广泛。

破产清算制度是按照法律程序对债务人财产进行清算,并将可分配财产在债权人之间进行公平清偿的一种法律制度。事实上,作为一项程序性极强的制度,在破产清算程序中并没有过多的措施可供采用。但是需要强调的是,在破产财产的分配顺序上,债券持有人相比于股东通常享有优先受偿权,这是破产制度对于债券持有人的一种特别保护。例如,《美国破产法》(American Bankruptcy Act)对于公司破产的清算程序就规定了清算财产在债权人之间分配必须遵循的"绝对优先权原则"(Absolute Priority Rule, APR),即只有在债权人得到足额偿付后,股东才能得到偿付,高等级的债权人优先于低等级的债权人得到足额偿付。④ 作为一种强制程序,破产清算是通过逐一出售公司资产获得偿债能力,这

① 参见李莘:《美国公司债券受托人法律问题研究》,载沈四宝主编:《国际商法论丛》(第6卷),法律出版社2004年版,第257页。

② 参见杨宏芹、王兆磊:《中小企业私募债券受托管理人诉讼地位研究》,载《证券法苑》(第14卷),法律出版社2015年版,第203页。

③ 参见王欣新:《破产程序与诉讼时效问题研究》,载《政治与法律》2015年第2期。

④ 参见徐光东:《破产法:美国的经验与启示》,载《西南政法大学学报》2008年第5期。

种极端方式不仅意味着公司法人资格的终止,且从债务了解的结果来看债权人尤其是那些无担保债权的受偿率往往偏低。因此在更多的时候,了结公司债务采取的是重整而不是清算的方式。破产重整是在法院主持以及相关利害关系人参与的情形下,对债务人公司进行业务重组与债务调整,以期帮助债务人走出债务困境、恢复营业能力的一种法律制度。[①] 由于破产重整公司在破产期间与之后都能保持持续经营,因此企业价值将大于资产清算的价值,债券持有人的利益将会因此得到更大保障。

在美国,处理破产案件的法律基础是《美国破产法》,属于美国联邦法律体系,由美国联邦法院执行。因此通常情况下,美国各州的法院并不审理破产案件,破产案件是由联邦法院专门设立的破产法庭进行审理的。破产法庭将保护债务人的资产,指定专人来负责公司经营,以免公司资产的消失和债权人权益受到侵害。破产法庭的作用在于减轻因分散的债权人单个采取诉讼方式寻求法律救济而可能引起的"公共池塘问题"(common pool problem),[②]由于能够协调处理债权人的偿付请求,破产法庭在一定程度上避免了债权人为各自利益而侵害对方利益的现象。关于公司破产的规定主要体现在《美国破产法》第7章"清算"(Liquidation)和第11章"重组"(Reorganization)两个部分中,在破产程序中有由律师、会计师、审计师等专业人士组成的转机管理组织(Turn-around Management Association, TMA)作为破产财产的管理机构。近年来,美国利用破产程序了解公司债务的经典案例包括在2007年次贷危机中陨落的贝尔斯登、美国国际集团、通用集团以及雷曼兄弟等。

破产程序在解决公司债务问题上的主要缺陷在于程序性较强,债权人在其中的地位比较被动、能动性较低,而且无论是清算还是重组一般都会造成一定的价值损失。另外,美国的研究者还发现,在一些大型公众公司的重组过程中大约

① 参见吴伟央:《债券违约应对处理法律机制探析》,载桂敏杰总编,黄红元、徐明主编:《证券法苑》(第13卷),法律出版社2014年版,第189~214页。

② 假设一家面临破产的公司须对10名债权人履行偿付义务,如无破产法庭则这些债权人偿付的优先权将以各自开始起诉的时间来决定,即第一个采取法律行动的债权人将享有第一求偿权,第二个采取法律行动的债权人将享有第二求偿权,以此类推。这就形成了一种竞争性的优先权体制,而这将促使债权人之间就获偿利益进行竞争,其结果是由于债权人的单一行动而降低了债权人整体获得的偿还总额。参见[美]迈尔斯·利文斯顿:《债券与债券衍生产品》,周琼琼、李成军译,上海财经大学出版社2015年版,第143~144页。

2/3 的案件都存在对绝对优先权原则的违反:一般来说,无论债权人是否能够得到偿付,股东都能得到至少相当于债权数额 5% 的偿付。而债权人为避免重组延迟与价值损失,只能被动接受这种对 APR 的违背。此外,破产程序对于公司债务的了结也颇耗费时日,研究发现进入重组程序的案件平均耗时为 2~3 年。[①] 当然,世界上没有完美的制度,尽管破产程序存在这样那样的缺陷,但当债券违约事件发生时,破产程序依然是域外处理债券持有人与发行人之间债务问题的主要途径。

结　　语

债券违约是债券市场化运作的必然结果,但我国债券市场的投资者对于这一问题常表现为拒绝和抵触,并习惯性依靠政府的力量获得救济。同时,政府出于债券市场稳定运行的目标,曾尽力为违约债券进行斡旋和兜底,如此一来,债券市场违约的处置逻辑被人为扭曲,债券市场的违约风险也被掩盖,这无疑对发展健康有序的债券市场极为不利。当前,我国经济发展进入新阶段,从高速增长转变为高质量发展,这成为经济新常态的基本特征,随着宏观经济下行,我国债券市场的违约风险呈现出不断加剧的态势。此外,尽管我国的商品市场化程度很高,但在市场要素配置和投融资领域,政府的干预程度依然强大,其中也反映在对债券违约及其风险防范问题的应对思路方面。

随着市场经济的不断发展,政府与市场之间的关系正逐渐被厘清,去产能、清理"僵尸企业"、严控政府财政收支等,弱化着政府兜底的能力与兜底的意愿。在这一趋势下,债券市场需要对债券违约问题有更加清晰的认识,并采取更加积极合理的措施予以应对。对当下债券违约风险防范问题进行合理的法治化研究,既是新常态经济发展阶段的必然要求,也将成为解决违约问题化解债券偿付风险的根本手段。因此,建立一个完善的法治机制,对于处理新常态下我国债券违约及其风险问题尤为重要。

我国处于经济新常态时期,这对于债券市场的发展来说,既是机遇又是挑战,债券违约危机的爆发便是表现之一。面对债券违约这一"新常态",债券市场

---

① 参见徐光东:《破产法:美国的经验与启示》,载《西南政法大学学报》2008 年第 5 期。

急需转变对违约的传统态度，打破以往违约处置和风险防范模式。债券违约的常态化发展，需要政府破除“刚性兑付”，需要市场各主体的通力配合，更需要以商事信用为核心的债券违约处置机制，以及市场化的风险约束机制。在当前我国债券市场的重要过渡期，法治化的治理态度与思路将是促进债券违约走入良性循环、有效防范违约风险的关键所在。

证券虚假陈述民事赔偿责任若干问题研究

国浩律师(上海)事务所课题组*

引　言

近年来,证券市场上发行人、上市公司信息披露违规、虚假陈述问题频发,前些年的“万福生科案”、近两年的“欣泰电气案”都对证券市场造成了极大的影响,该系列违规事件不仅破坏了证券市场的交易秩序,也给投资者带来了极大的损失。

根据2020年3月1日生效施行的《中华人民共和国证券法》(以下简称《证券法》)、最高人民法院《关于审理证券市场因虚假陈述引发的民事赔偿案件的若干规定》(法释〔2003〕2号,以下简称《虚假陈述若干规定》)的规定,所谓虚假陈述行为,主要包括虚假记载、误导性陈述、重大遗漏和不正当披露,其发生时点不仅包括在首次公开发行上市阶段,还包括在上市公司日常临时信息披露和定期报告等各阶段的信息披露行为之中。

早在2003年1月9日,最高人民法院就颁布了《虚假陈述若干规定》,对因虚假陈述引发的民事赔偿责任问题作出了基本规范,而2020年《证券法》第85条、第163条也在原法第69条、第173条规定的基础上对虚假陈述民事赔偿责任的责任主体和归责原则进行了修改和完善。其中,第85条规定:“……发行人的控股股东、实际控制人……应当与发行人承担连带赔偿责任,但是能够证明自己

* 本课题由国浩律师(上海)事务所朱奕奕律师主持,课题组成员有吕红兵、刘维、黄江东、施蕾、邵锴、公惟韬。本课题节选自中国法学会审判理论研究会金融审判理论专业委员会、上海金融法院2019年度优秀课题。

没有过错的除外”，与原《证券法》对发行人控股股东、实际控制人规制的“过错责任”不同，2020 年《证券法》将其修改为“过错推定责任”。在“过错推定”规制下，投资者在起诉发行人的控股股东、实际控制人时并不一定要具备其有“过错”的相应证据，而是应由发行人的控股股东、实际控制人对自己“无过错”承担举证责任，如果其举证不能，则法律推定其有过错，此时发行人控股股东、实际控制人应和发行人承担连带责任。显然，2020 年《证券法》第 85 条将“控股股东、实际控制人”的“过错责任”转变为“过错推定责任”，降低了对投资者的举证难度，拓宽了投资者实际可求偿的责任主体范围，是 2020 年《证券法》修订中强调保护投资者的重要体现，也旨在通过归责原则的转变，进一步落实控股股东、实际控制人对发行人信披义务的督促责任。

目前通说认为，因虚假陈述引发的民事赔偿责任在性质上属于侵权责任。根据《虚假陈述若干规定》第 6 条第 1 款的规定，在相关处罚决定书、刑事裁判文书前置的情况下，法院更为关注的是与虚假陈述民事责任成立和责任范围相关的因果关系的判断和损害赔偿的计算。然而囿于目前已有规范的抽象性及原则性，在司法实践中，针对该些具体问题之认定仍存在较大争议，各地各级法院缺乏统一裁判标准，不同裁判观点亦层出不穷。基于此，围绕虚假陈述损害赔偿之主题进行相关实证和理论研究实具重大意义。本文第一、第二部分将从法律规定和实证分析的角度，重点分析虚假陈述民事赔偿责任中的因果关系认定和损害赔偿计算问题。除此之外，《虚假陈述若干规定》还提出了虚假陈述中的共同侵权问题，而与投资者损害赔偿密切相关的先行赔付目前在我国亦有了一定的制度实践，本文第三、第四部分将就这两个问题进行分析和论述。

一、虚假陈述民事赔偿责任中因果关系的认定

（一）因果关系的认定：以实施日、揭露日、更正日的确定为核心

1. 规范分析

《虚假陈述若干规定》第 18 条以“推定信赖”原则确定侵权行为（虚假陈述）与损害后果（投资者损失）间是否存有因果关系。换言之，投资者只要证明证券交易满足所规范的条件，法院即推定因果关系成立。根据上述规定，推定因果关系成立与否主要基于实施日、揭露日或更正日等时间之界定。准此以言，在涉及

虚假陈述损害赔偿问题中,首先需明确的是实施日、揭露日、更正日等重要时间点,盖其所涉者乃因果关系之始也。

而《虚假陈述若干规定》第20条对实施日、揭露日及更正日进行了定义性规范,自汉语语义观之,规范表达明确,但自实务操作而言,却颇具抽象性,有必要在法律、司法解释规定的基础上对司法判决进行实证研究。

2. 实证归纳

(1)实施日

顾名思义,实施日描述的是虚假陈述行为作出或发生之时点,虚假陈述的实施行为主要表现为积极的作为与消极的不作为,前者如虚假记载、误导性陈述,后者如披露信息时发生重大遗漏。

在积极作为中,应把握以披露"明确、确定"信息之日为实施日的原则。而在消极不作为中,实施日的确定则取决于信息披露的法定时限,法定时限的最后一个期日即为消极虚假陈述的实施日。[①] 例如,上海市第一中级人民法院在审理"陈某某等诉鲜言证券虚假陈述责任纠纷案"中认为,根据《上市公司收购管理办法》的相关规定,被告应当在2012年5月21日股权转让协议签订后的3日内编制权益变动报告书,履行公告、报告等信息披露义务,并通知上市公司。鉴于被告的不正当披露行为性质上属于消极虚假陈述,故该虚假陈述实施日的确定取决于信息披露的法定期限,即法定期限的最后一个日期应当为消极虚假陈述的实施日,故2012年5月23日应当为被告虚假陈述行为实施日。[②]

针对非例行信息披露,如在《证券法》中规定的"立即公告"等,应从两个方面理解:一是在合理的期间内及时公告;二是在公告之前的合理期限内,有关重大事件的信息应予保密且不得为内幕人所利用。[③]

(2)揭露日

目前,我国对虚假陈述行为的揭示主要从两个角度进行界定:一是"被动式",谓监管机关、媒体或其他人针对虚假陈述行为的揭露,称之"揭露日";二是

---

① 参见李国光主编:《最高人民法院关于审理证券市场虚假陈述案件司法解释的理解与适用》,人民法院出版社2003年版,第263页。

② 参见上海市第一中级人民法院(2014)沪一中民六(商)初字第43号民事判决书。

③ 参见李国光主编:《最高人民法院关于审理证券市场虚假陈述案件司法解释的理解与适用》,人民法院出版社2003年版,第263页。

“主动式”,谓义务人主动披露自身虚假陈述的相关事宜,称之“更正日”。

关于揭示时点的具体确定呈现出多种的司法裁判意见,尤其是针对被动式的揭露日。具言之:

①以公告证监会的《立案调查书》为揭露日

此种意见认为,上市公司对监管机构发布的《立案调查书》进行公告,只要揭露内容相对一致,构成对虚假陈述的揭示以及对投资者的警示,符合法律的规定,即应将此公告时点认定为虚假陈述揭露日。[①] 例如,浙江省杭州市中级人民法院在审理“潘某与浙江祥源文化股份有限公司、西藏龙薇文化传媒有限公司证券虚假陈述责任纠纷案”中认为,2017 年 2 月 28 日,万家文化公司发布复牌提示性公告。同日,万家文化公司发布了《关于收到中国证券监督管理委员会调查通知书的公告》……万家文化公司复牌后的当日股价下跌 10.02% ……经审查,该院认为,上述实施日、揭露日(2017 年 2 月 28 日)、基准日以及平均交易价格均符合《虚假陈述若干规定》中的相关规定,该院予以确定。[②]

②以公告证监会的《处罚事先告知书》为揭露日

此种意见认为,确定虚假陈述揭露日应当着重考虑两个因素:一是揭露的内容应与监管机构行政处罚决定书中认定的虚假陈述行为相一致;二是此揭露行为的力度应当足以引起市场内一般理性投资者的警示,因此,《处罚事先告知书》公告之日认定为揭露日更为合适。例如,上海金融法院在审理“展桥伟业(北京)科技有限公司与上海安硕信息技术股份有限公司证券虚假陈述责任纠纷案”中认为,2015 年 8 月 17 日,被告安硕公司发布的关于收到中国证监会立案调查通知书暨股票复牌的公告,仅提及“公司涉嫌违反证券法律法规”……未明确揭示被告违反证券法律法规的内容,不具有足够的警示强度,不应以该日作为揭露日。2016 年 6 月 14 日,被告安硕公司发布关于收到《行政处罚事先告知书》的公告,全面、充分地披露了安硕公司进行误导性陈述的违法事实,其内容与此后中国证监会作出的(2016)138 号行政处罚决定书高度对应,充分揭示了投资风险,足以警示投资者重新判断股票价值,故应以 2016 年 6 月 14 日为本案虚假陈述的

---

① 参见曹明哲:《立案调查通知公告之日作为虚假陈述揭露日的正当性解释》,载黄红元总编,蒋锋、卢文道主编:《证券法苑》(第 26 卷),法律出版社 2019 年版,第 341 ~ 358 页。

② 参见浙江省杭州市中级人民法院(2018)浙 01 民初 4178 号民事判决书。

揭露日。[1]

③以公告证监会的《行政处罚决定书》为揭露日

此种意见认为,上市公司对监管机构发布的《行政处罚决定书》进行公告,此时方才对虚假陈述事实进行了充分彻底的揭示,故应将公告《行政处罚决定书》的时点认定为虚假陈述之揭露日。然而,根据《虚假陈述若干规定》对揭露日的界定,此时的公示往往已不满足"首次揭示"的要求,故在司法实践中,将公告《行政处罚决定书》的时点认定为虚假陈述揭露日的判决甚为罕见,反而,对此进行否认的判决已司空见惯。

例如,在审理"陈某诉上海神开石油化工装备股份有限公司证券虚假陈述责任纠纷案"中,上海市第一中级人民法院认为,虚假陈述行为一旦被揭示,即向证券市场发出了警示信号,投资人由此可以对所投资股票的价值作出重新判断,而股票价格将不可避免地因此受到影响,故在判断虚假陈述行为揭露日或更正日时,该揭露或更正行为是否对所涉股票价格产生影响,是一个重要的考量因素。从原告主张的被告虚假陈述行为被揭露之后的第一个交易日的股票价格来看,当日本案系争股票以跌停价收盘,跌幅远高于同日深证成指和中小板指数的下跌幅度,也远高于被告主张以公告收到行政处罚决定书之日作为揭露日后系争股票的价格跌幅情况,故该院认为,应以原告主张的时点即2013年11月21日作为系争虚假陈述行为的揭露日。[2]

④以媒体报道时间为揭露日

此种意见认为,若相应媒体对虚假陈述行为进行了首次揭露报道,应将媒体公开报道日认定为虚假陈述揭露日。例如,湖南省长沙市中级人民法院在审理"马某某与岳阳兴长石化股份有限公司证券虚假陈述责任纠纷案"中认为,马某某在岳阳兴长虚假陈述实施日(2007年1月11日)后至《每日经济新闻》刊登《大股东被注销岳阳兴长股东大会合法性生疑》即岳阳兴长虚假陈述揭露日(2009年5月26日刊载财经新闻)前,先后买入岳阳兴长股票。[3]

正是囿于媒体报道追求的时效性,在司法实践中,对以媒体报道时点认定为虚假陈述行为的揭露日,显得格外慎重。首先,《虚假陈述若干规定》要求报道媒

① 参见上海金融法院(2018)沪74民初946号民事判决书。

② 参见上海市第一中级人民法院(2015)沪一中民六(商)初字第40号民事判决书。

③ 参见湖南省长沙市中级人民法院(2015)长中民四初字第00451号民事判决书。

体发行或播放维度应覆盖全国,具有权威性。其次,报道首次揭露的虚假陈述事实与监管机构认定事实的关联性。① 再次,报道真实性的判断,尤其是现代媒体在刻意追求点击量(流量)的背景下出现的大量所谓转载性"报道","据知情人获悉""独家获悉"词眼频繁出现,消息准确性存疑。② 最后,报道对证券市场交易一般理性投资者的警示程度,尤其是在上市公司发布"澄清"事宜后,应结合证券市场的交易进行判断。③

⑤小结:立足于"揭露"的立法本意

虚假陈述导致损害的本质在于,虚假陈述行为人以作为或不作为的方式违反信息披露义务,导致投资人在对股票价值产生误判的情况下对偏离了真实价值的股票进行投资,其后因虚假陈述行为被揭露,股票价格向真实价值回归,投资人因股票价格的异常涨落而产生投资损失。

鉴于不同的揭露途径,作为对于市场的警示信号,其强弱程度是有差别的。一般言之,监管机构披露的关于虚假陈述行为的调查处罚,其确定性高,具有最高的警示程度,此即为在司法实践中各地裁决大部将公布《立案调查通知书》的时点认定为揭露日的根本原因。④ 一言以蔽之,无论以何种途径揭露,关于揭露日的确定均应立足于立法的本意——揭露日是在虚假陈述行为被确认后,为认定因果关系而追溯的一个首次时间点,在揭露事实相对一致的情况下,其意义在于发出警示信号,提醒投资者重新判断股票价值,故能否引起理性投资者警示应为判断是否构成揭露日的根本标准。

最高人民法院《全国法院民商事审判工作会议纪要》(法〔2019〕254号)中关于"揭露日和更正日的认定"规定:"虚假陈述的揭露和更正,是指虚假陈述被市场所知悉、了解,其精确程度并不以'镜像规则'为必要,不要求达到全面、完整、准确的程度。原则上,只要交易市场对监管部门立案调查、权威媒体刊载的揭露文章等信息存在着明显的反应,对一方主张市场已经知悉虚假陈述的抗辩,人民法院依法予以支持",该规定也完全印证了以上论述的正确性。

---

① 参见广东省广州市中级人民法院(2015)穗中法金民初字第2012号民事判决书。

② 参见上海市高级人民法院(2015)沪高民五(商)终字第62号民事判决书。

③ 参见上海市第一中级人民法院(2016)沪01民初65号民事判决书。

④ 参见李国光主编:《最高人民法院关于审理证券市场虚假陈述案件司法解释的理解与适用》,人民法院出版社2003年版,第264页。

(3)更正日

更正日,系指虚假陈述行为人自行公告更正相关的虚假陈述信息,以"自我勘正"的形式揭示自身的虚假行为,从而向投资者发出警示的信号。因此,自我更正与被动揭露在功能上殊途同归,更正日的确定与揭露日的确定法律意义一致。恰如上海市高级人民法院在审理"上海康达化工新材料股份有限公司与徐某某证券虚假陈述责任纠纷案"中认为,结合本案案情,发布公告的主体均为虚假陈述行为人即上诉人,本案所涉公告的发布均系信息披露义务人主动进行信息披露的行为,与被动的由他人"公开揭露"的情况不同,且"更正"和"揭露"所产生的法律后果并没有不同之处,对案件的处理结果并无实质性影响。①

自我更正可揭示虚假陈述行为,但并非所有的自我更正均已达到揭示的程度,判断的关键点仍在于虚假陈述揭示的立法本意,无论是自我揭示还是他人揭示,最终的落脚点均在于向市场发出警示信号,提醒投资者重新、审慎判断后续股票投资行为。所以,虚假陈述行为人的自我更正信息应是对虚假陈述事实准确、充分的更正。例如,在《最高人民法院关于审理虚假陈述侵权纠纷案件有关问题的复函》(〔2003〕民二他字第22号,以下简称《虚假陈述纠纷复函》)中,关于更正日的确定,最高人民法院明确答复到:①1999年4月20日,大庆联谊仅就利润虚假、募集资金使用虚假等行为进行了自我更正,没有涉及发行阶段的虚假陈述行为。2000年4月27日,中国证监会行政处罚公告后,大庆联谊虚假发行的事实才首次得以公开披露。②2001年5月19日,圣方科技就所收购的圣方显示器公司虚假注册资本500万元作出了更正,中国证监会事后主要就该虚假陈述内容进行行政处罚,故认定2001年5月19日为更正日,符合客观事实。

3. 余论

在虚假陈述损害赔偿的认定中,因果关系的认定是确定损害赔偿的核心,而因果关系判断之首要因素在于实施日、揭露日或更正日等时间之界定。其中,揭露日与更正日的确定均系对虚假陈述涉及的事实进行充分的揭示,基于相同的功能,针对虚假陈述行为揭露日或更正日的判断不可能重复进行。易言之,针对同一虚假陈述行为,倘若相关监管机构已经对虚假陈述所涉事实进行了立案监管甚至处罚并予以公告,至此,虚假陈述行为即已被揭示,行为人后续对此虚假

---

① 参见上海市高级人民法院(2015)沪高民五(商)终字第35号民事判决书。

陈述所涉事实进行公告勘正的时点则并不构成真正意义上的更正日。

（二）因果关系的排除——以“系统风险”的认定为核心

1. 规范分析

正如前述，从实施日、揭露日及更正日的确定来进行因果关系的认定实际上是一种法律推定，因而并非不可排除。所谓“反证”或因果关系的排除，在《虚假陈述若干规定》第 19 条中亦有其根据。笔者在本部分主要以该规定第 19 条第 4 项“系统风险”这一抗辩理由的提出和认定为例，分析因果关系的排除。

2. 实证归纳

（1）系统风险的定义和特征

目前，在金融法律规范中对系统风险尚无明确统一的定义。不过从笔者对司法判例的考察来看，不少法院已经对系统风险形成了较为一致的认识和理解。例如，北京市第一中级人民法院在审理“汪某某与钱某某、北京无线天利移动信息技术股份有限公司证券虚假陈述责任纠纷案”中认为，无论是系统风险还是其他因素，均应是指对证券市场产生普遍影响的风险因素、对证券市场所有的股票价格产生影响，且这种影响为个别企业或行业所不能控制，是整个市场或者市场某个领域的所有参与者所共同面临的，投资人亦无法通过分散投资加以消除，因而投资者发生的该部分损失不应由虚假陈述行为人承担。[①]

如果我们抓住上述认定中的关键就可以发现，法院认为系统风险应当具备以下几项特征：一是证券市场主体共同面临、对证券市场产生普遍影响；二是无法为个别企业或行业所控制；三是投资者无法通过分散投资消除。

（2）系统风险的具体认定

按照法院理解，引发系统风险的事由主要包括经济政策以及突发性的政治事件，在“莫某某与山东德棉股份有限公司、山东德棉集团有限公司侵权责任纠纷案”中，原审法院审理认为，审判实践中，一般由于汇率、利率等金融政策、国内和国际的突发事件、经济和政治制度的变动等所引发的系统风险，是整个市场或者市场某个领域所有参与者所共同面临的，投资者发生的该部分

① 参见北京市第一中级人民法院（2017）京 01 民初 104 号民事判决书。

损失不应由虚假陈述行为人承担,①这一点得到了二审法院山东省高级人民法院的支持。

笔者经过总结发现,在相关判决中引用的事由包括2001~2005年我国股票市场长达5年的大熊市、2008年美国的次贷危机及其引发的全球金融危机、2008年汶川地震对我国经济发展的创伤、2011年欧洲债务危机、国内紧缩性的货币政策或行业政策调控,等等。

而在司法实践中,法院认定系统风险更加重要的考量因素是证券市场是否受到重大影响。在诉讼中,法院主要依靠证券交易所的大盘指数、行业指数以及同类个股价格走势来综合判断这种普遍性的重大影响,在一些判决中甚至直接通过相关指数与案涉个股价格的变动关系来反推引发系统风险事由是否存在。例如,吉林省长春市中级人民法院在"曹某某与吉林紫鑫药业股份有限公司证券虚假陈述责任纠纷案"中就直接指出,如个股价格均下跌,该种发生绝对影响力的因素即为系统风险……在系统风险与个股价格之间的因果关系不能通过其他途径明显体现时,应当参考同一证券市场、同一板块、同一行业的股票价格的综合走势,以确定是否存在系统风险及系统风险对于股票价格下跌的影响程度。②

二、虚假陈述民事赔偿责任中损害赔偿的计算

(一)损害赔偿计算的主要影响因素

1. 因素一:"投资差额损失"的计算方法

按民法原理关于侵权损害赔偿之"填补原则",投资者损害赔偿以实际损失为限。对此,《虚假陈述若干规定》第30条规定,投资者的实际损失包括三个部分:一是投资差额损失,二是佣金和印花税损失,三是利息损失。佣金、印花税及利息损失均以投资差额损失为其基础,并且从实践情况来看,也是投资差额损失占到最终赔偿数额的绝大部分。因此,投资差额损失的计算是损害赔偿计算的"重头戏"。

① 参见山东省高级人民法院(2012)鲁商终字第18号民事判决书。

② 参见吉林省长春市中级人民法院(2015)长民四初字第271号民事判决书。

2. 因素二:因果关系的认定与排除

在虚假陈述民事赔偿案件中,因果关系的作用不仅在于论证侵权责任的成立,而且由于因果关系要件能够起到识别和划定与虚假陈述行为有关的损害范围的作用,对损害赔偿的计算也有莫大的影响。

有关因果关系的认定与排除的核心问题前文已详细说明,此处不再赘述。下文将主要对系统风险在投资者的损害计算中如何排除进行说明。

(二)投资差额损失的计算方法

1. 规范分析

有关投资差额损失的计算方法,《虚假陈述若干规定》第31~33条给出了原则性规定。根据规定,投资差额损失的核心实际上是将可索赔股票的买入均价(买入总价÷买入总股数)与卖出均价(卖出总价÷卖出总股数)或揭露日/更正日至基准日期间每个交易日收盘价的平均价(以下简称基准价)两相比较,若买入均价大于卖出均价或基准价则投资者存在差额损失,将差价与可索赔的股票数相乘即可得到投资差额损失。

不过上述规定在适用时通常局限于一种较为简单的投资状况,即投资者在实施日至揭露日/更正日期间购入上市公司股票后,仅在揭露日/更正日或基准日之后卖出或继续持有,其中并未包括投资者在实施日至揭露日/更正日期间还存在多次买入、卖出上市公司股票的情况,而这正是实践中相关司法认定的分歧所在。为此,仍然要仔细对司法案例进行实证研究,在总结各地法院判决的基础上,寻找出相对合理的解决之道。

2. 实证归纳

(1)买入平均价的计算

①实际成本法

实际成本法,是指在计算股票买入成本时用投资人在实施日至揭露日/更正日期间买入股票的总成本减去在此期间卖出股票的总金额后再除以揭露日/更正日或基准日后卖出或尚持有的股票数量。例如,辽宁省大连市中级人民法院在审理“大连大福控股股份有限公司、于某某证券虚假陈述责任纠纷案”中认为,投资人在虚假陈述实施日及以后至揭露日或更正日之前存在多次买进卖出的情况时,其在此期间卖出股票收回的相应资金,属于投资人提前收回的投资成本,应在总投资成本中予以扣除。即买入证券平均价格为在揭露日或更正日之前以每次买进价格和数量计算出投资人买进股票总成本,减去投资人此期间所有已卖出股票收回资金的余额,除以投资人尚持有股票数量。①

据笔者统计的案例来看,在遇到复杂投资行为时,实际成本法是司法实践中比较常用的一种买入均价计算方法。以该种算法判决索赔数额的案例曾被刊载在《最高人民法院公报》上可见,实际成本法已获最高人民法院的肯定。在地区司法实践中,则以北京、上海两地法院尤其青睐实际成本法的运用。

②先进先出法+加权平均法

所谓"先进先出法",在会计学上是一种根据先购入的商品先卖出这种假设在存货和商品销售成本之间摊销成本的方法。② 换用到股票交易领域,投资者在实施日至揭露日/更正日期间多次买入、卖出上市公司股票时,若上市公司的股价处于持续下跌中,上市公司通常愿意以先进先出法推算投资者的买入平均价,因为按照先进先出法总是最晚购入的股票被投资者最后卖出或继续持有,而此时由于股价的持续降低,就能够缩小买入价与卖出价之间的差距以此降低公司的赔偿成本。

司法实践中,法院通常将先进先出法与业已确定的实施日、揭露日/更正日相结合,用来划定可索赔股票的范围区间,再进一步按"加权平均法"(买入总价÷买入总股数)计算该区间内股票的买入平均价。③ 例如,山东省济南市中级人民法院在审理"曲某某与恒天海龙股份有限公司证券虚假陈述责任纠纷案"中认为,只有在实施日至揭露日期间买入并且未被卖出的股票所产生的投资损失才与虚假陈述具有因果关系,才能纳入计算,对于实施日至揭露日期间买入但在揭露日前即被卖出的股票所产生的投资损失,与虚假陈述没有因果关系,不能纳入计算。"先进先出加权平均法",即先以先进先出的原则(先买入的股票也先被卖出),将实施日至揭露日期间买入但被卖出的股票进行剔除,确定可索赔的股票范围,再按照可索赔股票的实际买入价格以加权平均的计算方法计算平均买

① 参见辽宁省大连市中级人民法院(2018)辽02民初1143号民事判决书。

② 参见[美]约翰·J.怀尔德等:《会计学原理》,崔学刚译,中国人民大学出版社2012年版,第171页。

③ 加权平均法又称平均成本法,加权平均成本等于待售商品成本总额除以待售商品总数量。参见[美]约翰·J.怀尔德等:《会计学原理》,崔学刚译,中国人民大学出版社2012年版,第173~174页。

入价。上述计算方法,符合《虚假陈述若干规定》的相关规定,并且计算方法简便,计算结果合理,应当作为该案平均买入价的计算公式。①

③直接加权平均法

所谓直接加权平均法,即不以先进先出法先排除实施日至揭露日/更正日期间卖出的股票数,而直接按加权平均法将该期间内买入股票的总价除以买入的总股票数得出买入平均价。目前,江苏地区的司法实践中多采用此种计算方法。在"郝某与海润光伏科技股份有限公司证券虚假陈述责任纠纷案"中,江苏省高级人民法院审理认为,一审法院认为,根据《虚假陈述若干规定》的文义和制定目的,对郝某买入平均价的计算宜采用实施日至揭露日期间投资人所买入股票的总金额除以买入总股数的方法,而对于投资人在揭露日前卖出的股数,不论是亏损还是获益,均属于正常的商业风险,不予评价,更加符合郝某投资证券买入平均价格的客观情况……该案中,郝某在实施日至揭露日期间就案涉股票存在多笔买卖,且并不能够一一对应,据此,一审法院以实施日至揭露日期间买入的股票总金额除以该期间内买入股票总数量的方式计算买入平均价,合法适当。②

分析上述判决可见,江苏地区的法院认为,直接加权平均法最符合《虚假陈述若干规定》的文义,同时认为先进先出法所使用的假设和推定并无法使投资人在实施日至揭露日/更正日期间买入卖出的股票一一对应,因此对此间状况均认定为正常的商业风险不予评价,并选择直接以法定期间内的全部买入情况作为计算买入平均价的依据。

④先进先出法+移动加权平均法

移动加权平均法在会计学上是指以每次进货的成本加上原有库存存货的成本,除以每次进货数量与原有库存存货的数量之和,据以计算加权平均单位成本,作为在下次进货前计算各次发出存货成本的依据,将其运用到证券均价计算上,即在计算股票买入平均价时,用本次购买成本加上库存证券成本,除以本次购买数量加上库存数量,按照实际买入成本重新计算该证券的加权平均买

① 参见山东省济南市中级人民法院(2016)鲁01民初889号民事判决书。其他类似判决可参见广东省深圳市中级人民法院(2018)粤03民初24号民事判决书。

② 参见江苏省高级人民法院(2017)苏民终641号民事判决书。

入价格。[①] 可以看出,与加权平均法按整段时间内发生的总额和总数来计算成本的方法不同,移动加权平均法在每一次发生进货行为(买入股票)时,都要进行一次加权平均计算,并将此结果作为下一次进货时买入平均价计算的依据。

司法实践中,也有结合运用先进先出法和移动加权平均法计算买入平均价的例证。例如,福建省福州市中级人民法院在审理"刘某某与兴业证券股份有限公司证券虚假陈述责任纠纷案"中认为,对于投资差额损失的具体计算,《虚假陈述若干规定》第31条规定……、第32条规定……只是原则性地规定以平均价格之差来计算投资人的实际损失,但具体应当采用什么计算方法,现行法律法规未作出明确规定。现双方对于投资差额损失的计算方法存在争议……被告认为应按移动加权平均法计算,如在计算买入均价时将投资者每笔买入与下一笔买入进行加权计算,将得出的结果再与下一笔买入进行加权计算,如此循环,直至计算至最后一笔买入……移动加权平均法……其计算过程更为复杂,计算结果也更接近客观真实。综上比较,该院对被告所主张的计算方法予以采纳。[②]

(2)卖出平均价或基准价的计算

根据《虚假陈述若干规定》第31条、第32条的规定,投资者在揭露日或更正日至基准日期间卖出股票适用卖出平均价,在基准日之后卖出或继续持有股票适用基准价。实际上,前文买入平均价的计算方法对卖出平均价也同样适用,司法实践中通常依照"加权平均法"或按"先进先出法+加权平均法"来计算卖出平均价。

(3)具体计算方法的选择

由于缺乏明确统一的规范依据,判决中最终会采用哪种计算方法计算投资差额损失并没有确定的结论。法院通常从公平和保护多数投资者的角度出发确定具体的计算方法,例如,黑龙江省高级人民法院在审理"陈某某等23名投资者诉大庆联谊公司、申银证券公司虚假陈述侵权赔偿纠纷案"中认为,由于证券交

---

① 计算的具体操作流程为:本次买入平均价=(原有库存证券成本+本次购进的价格×数量)÷(原有证券数量+本次购进数量)→卖出证券成本=卖出数量×本次买入平均价→新库存成本=原有库存证券成本-卖出证券成本→新买入平均价=(新库存成本+新购进的价格×数量)÷(新库存数量+本次购进数量),若再次卖出、买入,更新的买入平均价计算以此类推。参见投服中心:《权益360:证券支持诉讼的投资差额损失计算(二)》,载"投服中心"微信公众号,2017年5月17日。

② 参见福建省福州市中级人民法院(2017)闽01民初456号民事判决书。

易的复杂性,目前用于计算投资人投资差额损失的方法有多种。只要这些方法符合《虚假陈述若干规定》第 30 条、第 31 条、第 32 条确定的原则,结果公平合理,使用哪种方法计算,就在法院的自由裁量范围之内。原判采用的计算方法符合《虚假陈述若干规定》,有利于保护多数投资人的利益,故不予变更。①

由于实际成本法通常能计算出较高的买入平均价,因此客观上存在扩大可索赔投资者范围的作用,对于保护投资者利益有一定的积极作用。近几年,不少法院已经发现了实际成本法存在的扩大买入成本的问题,除北京、上海的法院仍较青睐"实际成本法"外,不少地方法院对当事人提出的"实际成本法"的计算方法未予支持,并在判决中指明了该种计算方法存在的问题。例如,山东省济南市中级人民法院在审理"曲某某与恒天海龙股份有限公司证券虚假陈述责任纠纷案"中认为,"(被告主张的)先进先出加权平均法"符合《虚假陈述若干规定》的相关规定,并且计算方法简便,计算结果合理,应当作为本案平均买入价的计算公式。曲某某对平均买入价采用的计算方法,事实上将导致将实施日至揭露日期间卖出股票所产生的投资损失纳入计算,不符合《虚假陈述若干规定》的相关规定,不予采纳。② 由此可见,即便存在保护投资者的价值判断,法院在判决过程中仍能恪守公平公正的底线。在类似诉讼中,如果原告提出以实际成本法计算损失对被告上市公司的利益产生较大影响,被告上市公司可提出更为合理的计算方法并充分论证,亦有希望得到法院的支持。

笔者考察发现,会计学原理上认为移动加权平均法可以避免存货成本发生较大的波动。③ 中证中小投资者服务中心有限责任公司(以下简称投服中心)也认为:"移动加权平均法下,卖出证券的成本以此前买入证券的加权平均价格来确定,并且每买入一次都会重新计算平均价格,卖出证券的成本以前一次计算所得买入平均价格为计价依据,因此卖出证券的成本确定最合理,买入平均价的计算也就最科学……若在虚假陈述揭露日至基准日期间,存在投资人多次买入又

---

① 参见《中华人民共和国最高人民法院公报》2005 年第 11 期(总第 109 期)刊载的黑龙江省高级人民法院二审的陈某某等 23 名投资者诉大庆联谊公司、申银证券公司虚假陈述侵权赔偿纠纷民事判决书。

② 参见山东省济南市中级人民法院(2016)鲁 01 民初 889 号民事判决书。

③ 参见[美]约翰 · J. 怀尔德等:《会计学原理》,崔学刚译,中国人民大学出版社 2012 年版,第 173 ~ 174 页。

卖出的情形,这时卖出平均价格的核算可以采用与买入平均价格相同的方法。”①经过对几种计算方法的比较,笔者也认为,“先进先出法 + 移动加权平均法”符合《虚假陈述若干规定》的规范意旨,也能够很好地平衡各方的利益,在领会其算法后,可以作为诉讼请求以及审判实践中常用的一种计算平均价格和索赔数额的方法进行推广。

(三)系统风险在投资差额损失中的去除

在本文第一部分中,已经具体介绍了关于系统风险认定的相关实证研究。但由于《虚假陈述若干规定》并没有直接规定如何计算或排除受系统风险影响的投资者损失数额,因此,笔者对涉及此问题的相关案例进行了研究。根据笔者研究,法院在投资差额损失中去除系统风险的方法通常分为以下几种:

1. 酌情确定

有地方法院在判定系统风险在投资者损失中所占的比例时,并不在判决书中展现其具体确定过程,仅在综合考虑案件中所涉所有影响投资人损失的因素后,充分发挥自由裁量权,以“酌情确定”的方法判定比例大小。例如,浙江省宁波市中级人民法院在审理“许某某与宁波富邦精业集团股份有限公司证券虚假陈述责任纠纷案”中认为,原告投资股票的损失与被告的虚假陈述行为存在一定的因果关系,综合考量证券市场系统风险因素及被告实施虚假陈述行为的性质以及原告自身投资的风险因素后,酌情确定被告的虚假陈述行为对原告造成的差额损失承担20%的责任。②

2. 时间范围排除法

也有部分法院在进行判定比例的工作时,采用划定时间范围的方法进行损失确定。不过同一时间内的投资者损失是由系统风险和虚假陈述两种因素共同造成的,采用时间范围排除的方法即人为地否定了这种关系,这与投资者损失产生的实际情况并不完全符合。不过这种方法相对而言简便易行,也有法院采用。例如,湖北省武汉市中级人民法院在审理“张某与湖北武昌鱼股份有限公司证券

---

① 参见投服中心:《权益360:证券支持诉讼的投资差额损失计算(二)》,载“投服中心”微信公众号,2017年5月17日。

② 参见浙江省宁波市中级人民法院(2014)浙甬商初字第38号民事判决书。类似判决参见上海市高级人民法院(2018)沪民终181号民事判决书。

虚假陈述责任纠纷案"中认为,2006年6月1日至2010年9月7日,武昌鱼公司股票的下跌存在证券市场系统风险影响的因素,张某应自行承担因证券市场系统风险导致的股票交易损失。①

3. 比例计算法

除上述方法外,还有不少法院以判定系统风险存在的相关指数及案涉个股的涨跌幅度为基本素材,对系统风险比例进行更加科学的数理计算。实践中,比较常见的计算方法有两种:

一是指数计算法。指数计算法仅以法院选定的指数为依据,以投资者买入卖出的大盘指数比作为计算系统风险的比例数值的依据。例如,广东省高级人民法院在审理"佛山电器照明股份有限公司与汪某某证券虚假陈述责任纠纷案"中认为,一审根据本案实际情况,确定以深成指数作为参数,以买入平均价×损失计算数(1-卖出时的深成指数÷买入时的平均深成指数)计算系统风险致损金额,认定原告的投资差额损失在扣除系统风险致损金额后的部分由佛山照明承担,并无不当。②

二是指数个股比较法。指数个股比较法在判决中更为普遍,系以指数变动幅度与案涉个股变动幅度之比作为计系统风险的比例数值的依据。例如,福建省福州市中级人民法院在审理"刘某某与兴业证券股份有限公司证券虚假陈述责任纠纷案"中认为,在扣减市场风险所致损失时,被告兴业证券主张采用个体投资者在买入至卖出欣泰电气股票或股票暂停上市期间,欣泰电气股价涨跌幅与对应的相同区间的创业板综合指数涨跌幅,以个体市场风险相对比例修正法扣减市场风险所致损失,即投资差额损失=扣减市场风险因素之前的投资差额损失×(1-证券买入卖出或暂停上市日期间指数加权平均跌幅/证券买入卖出或暂停上市日期间股价加权平均跌幅),该计算方法公平合理,予以采纳。③ 还有法院将大盘指数、行业指数等多项指数参数与个股变动幅度之比分别计算后进行算数平均,以求比例计算的精准和公正。④

---

① 参见湖北省武汉市中级人民法院(2014)鄂武汉中民商初字第00061号民事判决书。

② 参见广东省高级人民法院(2015)粤高法民二终字第13-967号民事判决书。

③ 参见福建省福州市中级人民法院(2017)闽01民初456号民事判决书。

④ 参见吉林省长春市中级人民法院(2015)长民四初字第271号民事判决书。类似判决还可参见山东省济南市中级人民法院(2016)鲁01民初889号民事判决书、四川省成都市中级人民法院(2017)川01民初1291号民事判决书。

(四)小结

虚假陈述诉讼中投资者损害赔偿的数额计算有两个重要方面需要考虑:一是投资差额损失的计算方法,二是系统风险在投资差额损失中的排除,明确这两个重点后可依据排除系统风险的投资差额损失进一步计算具体的赔偿数额。在投资差额损失的计算方法问题上。笔者认为,"先进先出法+移动加权平均法"更加符合《虚假陈述若干规定》的规范意旨,也能够很好地平衡各方的利益。在系统风险认定及排除上,法院通常需要考虑引发系统风险的事由及对证券市场产生重大影响两个方面,实践中一般通过大盘指数、行业板块指数与案涉个股股价的变动关系来认定,并以指数及股价作为参数计算系统风险在投资差额损失的占比。

三、虚假陈述民事赔偿责任中的共同侵权

(一)证券承销商、保荐人、证券服务机构的共同侵权责任

1.规范分析

《虚假陈述若干规定》第27条规定的共同侵权是除《证券法》第85条、第163条外,投资者可要求证券承销商、保荐人或者证券服务机构与上市公司在虚假陈述中承担连带责任的另一条法律路径。

共同侵权的认定重点是在于主观过错方面,关于此点,最高人民法院在《虚假陈述纠纷复函》中认为:"上述负有特定义务的各类行为人如没有对虚假陈述内容予以纠正或保留意见,又没有证据证明其无过错(包括故意和过失),则其与发行人或者上市公司构成共同侵权",其中包含了过错(包括故意和过失)推定的归责思路,因此,这就要求相关中介机构有充分的证据进行举证来证明自己已勤勉尽责或完全合乎相关执业规则、管理办法的要求但仍无法对发行人、上市公司的虚假陈述内容予以纠正或保留意见,否则按照最高人民法院的上述规定就有可能与发行人、上市公司构成共同侵权。

此外,针对会计师事务所的业务活动,最高人民法院在《关于审理涉及会计师事务所在审计业务活动中民事侵权赔偿案件的若干规定》(法释〔2007〕12号,以下简称《会计师事务所审计侵权若干规定》)第5条和第6条第1款中规定,对

会计师事务所认定承担赔偿责任的场合,在"故意(恶意串通、明知、推定明知)"情况下应与发行人、上市公司承担共同侵权的连带责任,而在过失情况下仅应按其过失大小承担赔偿责任,该点与《证券法》《虚假陈述若干规定》《虚假陈述纠纷复函》的规定存在一定差异,也常常成为涉会计师事务所的虚假陈述诉讼实践中的争议问题。

2. 实证归纳

从目前的案例来看,《虚假陈述若干规定》第27条在司法实践中的适用率并不高,该条文使用最多的场合系涉会计师事务所的虚假陈述纠纷案例。

例如,上海市高级人民法院在审理"上海大智慧股份有限公司、立信会计师事务所与孙某证券虚假陈述责任纠纷案"中认为,即使依据《会计师事务所审计侵权若干规定》,立信所的行为也完全符合该规定第5条第2款规定的情形,足以认定其按照执业准则、规则对于大智慧公司的违法行为应当知道,应认定其明知。虽然立信所的违法行为与大智慧公司的虚假陈述行为并非完全一一对应,但根据中国证监会的处罚决定内容,两者的虚假陈述行为的主要方面基本吻合,足以认定构成共同侵权……可将立信所和大智慧公司的共同虚假陈述行为视为一个整体,对外统一承担连带赔偿责任。[①]

自该判决以观,一旦会计师事务所违反相关业务准则、监管规则,其根据《会计师事务所审计侵权若干规定》主张过失和补充赔偿责任的观点并无法得到法院的认可,反而可能被法院依"推定明知"或"推定故意"而符合《会计师事务所审计侵权若干规定》第5条的相关规定。在《虚假陈述若干规定》第27条的适用和共同侵权的认定上,上海市高级人民法院也仅仅抓住对会计师事务所的"过错"以及与发行人、上市公司虚假陈述结果的相关性上进行考察,从而显示了共同侵权路径对于责任认定、判决说理的重要意义。

(二)其他主体的共同侵权责任

1. 规范分析

《虚假陈述若干规定》第28条,同样是从共同侵权的角度出发去阐明其他相

---

① 参见上海市高级人民法院(2018)沪民终120号民事判决书。其他类似判决,参见上海金融法院(2018)沪74民初504号民事判决书、四川省成都市中级人民法院(2018)川01民初1480号民事判决书。

关责任主体在虚假陈述民事赔偿中的连带责任问题。

2. 实证归纳

(1)直接适用:发行人、上市公司、证券承销商、证券上市推荐人负有责任的董事、监事和经理等高级管理人员

从目前已有的案例来看,法院主要将《虚假陈述若干规定》第28条适用在发行人、上市公司的董事、监事、高级管理人员的连带责任认定上。

例如,浙江省高级人民法院在审理"宋都基业投资股份有限公司为与李某证券虚假陈述责任纠纷案"中认为,虽然证监会处罚的主体是7个自然人,但行政处罚决定中认定了构成虚假陈述的主体为国能公司(宋都公司前身),且披露信息的义务人也是国能公司。因此,根据《虚假陈述若干规定》第7条的规定,国能公司是虚假陈述行为人……根据《虚假陈述若干规定》第28条的规定,结合查明的事实,宋都公司与潘某某、周某某等7个自然人属于共同虚假陈述,对投资人的损失依法承担连带责任。①

(2)参照适用:其他相关责任主体

除了直接适用在《虚假陈述若干规定》第28条规定的相关主体上,近年来,也有法院将该条规定参照适用在与发行人、上市公司有关的其他责任主体上,并据此要求相关责任主体对投资者损失承担连带赔偿责任。

例如,浙江省杭州市中级人民法院在审理"周某某与浙江祥源文化股份有限公司、西藏龙薇文化传媒有限公司证券虚假陈述责任纠纷案"中认为,赵某知道虚假陈述而未明确表示反对,在具体的信息披露行为中未尽勤勉尽责、谨慎注意的义务,故其应当承担相应的民事责任。参照《虚假陈述若干规定》第28条之规定,赵某于该案中应当对周某某的相应投资损失承担连带责任。② 上述判决中,法院首先认定收购人西藏龙薇文化传媒有限公司为本案信息披露义务人,赵某作为信息披露义务人的法定代表人和控股股东,与《虚假陈述若干规定》第28条规定的责任主体在规范要求和规范目的上具有一致性,从而将该规定参照适用于对赵某的责任认定中。

---

① 参见浙江省高级人民法院(2016)浙民终949号民事判决书。

② 参见浙江省杭州市中级人民法院(2018)浙01民初4805号民事判决书。

（三）共同侵权路径与《证券法》中虚假陈述民事责任规定的对比

其一，从诉讼过程来说，相较于直接适用《证券法》第 85 条、第 163 条的法定连带责任，适用共同侵权路径可能对投资者的举证责任要求相对更高。

其二，从诉讼结果来说，站在投资者的角度，不论是《证券法》中虚假陈述民事责任规定还是共同侵权路径，其最终的结果都是由相关责任主体承担连带责任。但从相关责任主体的角度来说则可能有所不同。共同侵权路径下，由于各责任主体对于投资者的损失具有共同的意思联络，因而其连带责任属于真正的连带责任，各个责任主体的责任承担均符合“责任自负”原则，而《证券法》中的法定连带责任从属性上来说更倾向于不真正连带责任，因而实际承担连带责任的主体若存在超出其责任范围的赔偿则有权向终局责任人进行追偿。①

四、先行赔付的理论与实践

（一）证券市场先行赔付制度产生的背景

先行赔付制度并非属于证券市场的首创机制，证券市场先行赔付制度源于证券经济发展实践，是市场主体在纠纷解决试错中摸索出来的替代性机制。在我国证券市场中，先行赔付的最早实例是 2012 年万福生科财务造假案，其保荐机构平安证券设立专项基金先行赔付投资者损失而创设的。之后，创业板公司海联讯因连续 3 年“算错账”，于 2013 年被证监会立案调查，该公司 4 位大股东设立补偿专项基金先行赔付。同样是创业板公司，欣泰电气因欺诈发行于 2016 年受到证监会的处罚，成为新退市制度实施以来首家被强制退市并不得重新上市的创业板公司，其保荐机构兴业证券设立创历史规模的先行赔付专项基金。

（二）证券市场先行赔付制度的立法现状

本文所述证券市场先行赔付制度，是指在证券市场中发生虚假陈述、欺诈发行案件时，在对发行人、上市公司等市场主体据以承担赔偿责任的行政处罚、司

① 参见王利明：《试论虚假陈述民事责任制度的完善》，载桂敏杰总编，黄红元、徐明主编：《证券法苑》（第 14 卷），法律出版社 2015 年版，第 29 ~ 31 页；孙培贤：《虚假陈述侵权责任形态评析及完善》，载张育军、徐明主编：《证券法苑》（第 3 卷），法律出版社 2010 年版，第 492 ~ 495 页。

法裁判作出之前,由虚假陈述民事赔偿责任的可能连带责任人之一先行垫资向投资者承担赔偿责任,然后再由先行赔付者向未参与先行赔付的发行人、上市公司以及其他责任人进行追偿的一种措施。

2020年《证券法》第93条是国家层面立法中首次出现"先行赔付"制度,由于"先行赔付"的重点是"先行",所以立足于相关责任方的意思自治,法律不可强人所难,该法第93条"可以"性质的赋权性规定是一项重要的立法技术,值得赞赏。2020年《证券法》中以明文规定的形式提高先行赔付规则的法律位阶,助力其实现制度化,以更有力地保护证券投资者合法权益,顺应证券发行市场化改革的趋势。

(三)证券市场先行赔付制度的实践检视

1. 先行赔付的主体

先行赔付制度在一定程度上有助于高效解决基于证券市场虚假陈述而产生的纠纷,其中,确认具体的先行赔付主体是制度运行的第一步。

在前述万福生科案(保荐机构为平安证券)和欣泰电气案(保荐机构为兴业证券)均是由保荐机构作为先行赔付人,海联讯案则是由大股东作为先行赔付人。值得注意的是,作为欣泰电气的保荐机构,兴业证券在欣泰电气首次发行上市时并没有作出先行赔付的承诺,而海联讯的大股东也显然没有关于先行赔付的承诺。因此,先行承诺与否本身并不构成能否成为先行赔付人的前提条件,真正发挥决定作用的是:先行赔付人(保荐机构、控股股东、实际控制人、其他中介机构等)明确作出了愿意承担先行赔付责任的意思表示。

2. 先行赔付的对象

先行赔付的目的在于当发生欺诈发行、虚假陈述或其他重大违法行为时,给予投资者高效便捷的损失补偿。因此,哪些投资者能够获得补偿是该项措施目的实现的关键。为了确立可识别、可判断的客观指标,尽量涵盖各类受损投资者,已有案例均仿照《虚假陈述若干规定》的相关规定,采用买卖股票的时间段标准,以虚假陈述实施日、揭露日、更正日为重要时间点,判断先行赔付对象范围。

3. 先行赔付的资金

先行赔付的资金问题涉及从哪里来、到哪里去两个方面,即需要考虑资金来源和资金分配两个层面。资金来源是先行赔付能够顺利进行的前提,资金分配是先行赔付目标达成的手段。

从资金来源来看,3 个案例均是通过专项补偿基金的方式处理,基金规模均是在参考以往案例预估投资者损失并加算管理费用以及预留一定余量的基础上确定的,且均为先行赔付人"自掏腰包"。

再就资金分配来看,3 个实例在补偿金额的计算方面都采用交易价差额计算法。在万福生科案中,如果投资者只符合其中一种时间段情形,那么就按照投资差额损失及相应部分的佣金和印花税外加资金利息计算补偿金额。由于时间段的划分上存在重合的部分,如果投资者同时符合两种以上时间段情形,那么分别计算每一种情形下的补偿金额,选择其中金额较高的一种作为补偿标准。在海联讯案中,投资者受偿金额的计算同样是围绕交易价差额展开,加算相应的佣金、印花税及利息。由于该案时间段的划分前后衔接,所以投资者的损失可以单独计算,无须比较选择。如果投资者在不同时间段多次交易,那么分别计算每种情形下的受偿额并加总。这两个案例的补偿额计算均体现了"充分补偿"的理念,本着有利于投资者的原则确定具体的计算方法,简便易行。① 而在欣泰电气案中,投资者补偿金额的计算表现出一些特殊之处:一是考虑到欣泰电气因欺诈发行退市,所以先行赔付不设基准日;二是区分一级市场和二级市场,以发行价为基础计算新股投资者的损失;三是二级市场投资者损失计算需扣减市场风险因素所致的损失。相比前两个案例而言,兴业证券给出的补偿方案更加精准,对各种情形及不同因素的考虑更加周全,但对投资者的补偿力度随着计算精确度的提高有所下降。

(四)证券市场先行赔付制度的理论基础:以保荐机构为视角

证券市场"先行赔付"中"先行"是首要特征,"赔付"是法律后果。法律不可强人所难,所以"先行赔付"立足于相关责任方的意思自治,保荐机构承担先行赔付责任立足的是保荐机构的承诺,并非基于法律的明确规定,此点通过《证券法》第 93 条规定的用语"可以"一词展现得淋漓尽致,"发行人的控股股东、实际控制人、相关的证券公司可以委托投资者保护机构,就赔偿事宜与受到损失的投资者

---

① 两个案例在补偿额计算上略有差别,万福生科案的补偿金额均按照与卖出或最后持有证券最为接近的揭露日或更正日及其对应的基准日计算,而海联讯案的补偿金额按照与股票买入时点最接近的揭露日或更正日及其对应的基准日计算。

达成协议,予以先行赔付”。因此,该法第93条属于赋权性的规定,其立足的是相关责任主体的意思自治。

根据《证券法》及《虚假陈述若干规定》的规定,在行政处罚后,相关责任主体应向遭受损失的投资者承担连带赔偿责任,因此,在理论上,法律规定的责任主体均可成为先行赔付的主体。基于此,若以保荐机构为主体视角进行分析,可以发现,保荐机构应依法承担连带赔偿责任以及作出先行赔付的意思表示是启动保荐机构承担先行赔付责任的法理基础。

换言之,保荐机构基于在招股说明书扉页载有的“保荐人承诺因其为发行人首次公开发行股票制作、出具的文件有虚假记载、误导性陈述或者重大纰漏,给投资者造成损失的,将先行赔付投资者损失”承诺,一旦出现虚假陈述行为,便在受损投资者与保荐机构之间形成单方允诺之债,投资者可据此请求保荐机构先行赔付。当然,根据《证券法》及《虚假陈述若干规定》的规定,在行政处罚后,投资者本就有权向包括保荐机构在内的相关主体要求承担损害赔偿连带责任。易言之,即使没有先行赔付的承诺,投资者亦可在虚假陈述行为发生后要求保荐机构就其所遭受的损失承担赔偿责任,故承诺最大的价值在于为赔付的“先行”提供了法理基础,正是基于该承诺或意思表示,投资者才可在寻求司法救济(提起诉讼)之前“先行”要求赔偿,从而及时弥补自身的损失。

同时,保荐机构应依法承担连带赔偿责任也是监管机构力推“先行赔付”制度的基础所在,基于此,《证券法》第93条也明确规定,在相关责任主体先行赔付后,可以依法向发行人以及其他连带责任人追偿。虽然保荐机构作出承诺,更多的是基于监管规则、遵循监管的要求,但我们也必须清晰地看到,保荐机构事前作出的承诺与事后的积极赔付行为,客观上必然会使其赢得良好的社会评价与商业信誉;当然更多的是通过积极赔付行为试图谋取酌定的从轻或减轻处罚的可能性。该点我们可以从2018年7月27日证监会发布的《关于改革完善并严格实施上市公司退市制度的若干意见》(2018年修正)(以下简称《意见》)中加深对保荐机构承诺动机的理解,《意见》第4条第二段规定,“……涉嫌欺诈发行的公司或其控股股东、实际控制人,在受到证监会行政处罚前,按照公开承诺回购或者收购全部新股,赔偿中小投资者经济损失,及时申请其股票退出市场交易的,可以从轻或者减轻处罚。”

最后,遵循监管要求所做出的承诺是否会导致承诺因违背保荐机构的意愿而出现效力瑕疵？对此，笔者认为，只要保荐机构的承诺不违反我国《民法总则》等法规的相关规定，该承诺就应当归于有效。即便保荐机构是应监管部门要求作出承诺，但对保荐机构而言，其仍然有选择是否作出上述承诺的权利与自由。这与合同法的格式条款类似，保荐机构既然愿意作出先行赔付的承诺，即意味着接受规则的约束，事后自然也不能以违反其原意而否定承诺的效力。因此，一旦保荐机构作出先行赔付的承诺，则该承诺就构成其承担先行赔付责任的理论基础。

操纵证券市场民事责任的司法认定标准

中证中小投资者服务中心课题组*

引　言

操纵证券市场行为对证券市场的危害性极大,包括我国在内的绝大多数国家或地区的法律都将其列为禁止性行为,①操纵证券市场主体将承担行政责任、民事责任,甚至刑事责任。我国《证券法》规定,操纵证券市场给投资者造成损失的,应当依法承担赔偿责任。然而,从法律实施效果看,我国对操纵证券市场主体的处罚仍以行政处罚和刑事处罚为主,民事责任的承担至今尚未实现。在证券市场,仅追究刑事和行政责任,对违法者的威慑作用不足,因为没有对其釜底抽薪,违法成本太小,无法达到应有的效果。"只打不罚"收效甚微,必须"既打又罚"才能起到遏制作用。②

本文通过考察域外国家或地区对操纵证券市场民事责任相关立法与司法实践,参考国内专家学者的相关理论研究文献,结合中证中小投资者服务中心(以下简称投服中心)证券支持诉讼实践经验,对操纵证券市场民事赔偿诉讼中的相关问题进行了认真研究,包括操纵证券市场民事责任的构成要件、操纵证券市场民事责任承担中的若干重大具体问题,以及完善我国操纵证券市场民事赔偿诉

---

* 本课题由中证中小投资者服务中心有限责任公司董事长郭文英主持,课题组成员有唐茂军、荀晨露。本课题节选自中国法学会审判理论研究会金融审判理论专业委员会、上海金融法院2019年度优秀课题。

① 参见贾纬:《操纵市场行为的认定及其民事责任》,载《人民司法》2007年第17期。

② 参见李国光主编:《最高人民法院关于审理证券市场虚假陈述案件司法解释的理解与适用》,人民法院出版社2015年第2版,第97页。

讼模式的建议等,理论结合实际,重在解决问题,以期为司法机关审理操纵证券市场民事赔偿案件提供一套可供参考的司法认定标准,完善我国证券投资者保护制度。

一、操纵证券市场民事责任的构成

(一)操纵证券市场民事责任的性质

研究操纵证券市场民事责任的性质,根本目的在于确立研究范式和责任要件的基础上,解决民事赔偿中的实际问题。不同民事责任性质的观点,会导出不同的构成要件,细化到司法实践的角度则会导致原被告双方举证责任承担的差异。

从传统学理角度看,关于证券不当交易特别是操纵证券市场民事责任的性质,主要有三种观点:合同责任说、侵权责任说和法定责任说(或称独立类型说)。合同责任说认为,合同法系解决证券市场中违法行为的救济途径。"英美学者认为,合同法成为证券法上民事责任基础的原因主要有两个,一是依据对方的虚伪意思表示而要求其承担民事责任,即解除合同;二是依据违反条件和保证的不同请求承担民事责任,即解除合同和赔偿损失。大陆法系国家证券法上民事责任的基础主要是缔约过失责任。"①按此说,发行公司的招股说明书、操纵市场和内幕交易中掌握信息一方的行为等都可构成缔约过失责任。② 侵权责任说在当前理论界是主流学说,该说认为,"证券法中民事责任必须是违反了证券法规定的义务而产生的侵权损害赔偿责任"。③ 法定责任说(或称独立类型说)认为,以民法的契约责任或侵权责任来解释证券交易的民事责任类型均有所偏颇。证券法有其独立的目的,其所规定的民事责任当属于一种独立类型,应依证券法的立法目的妥为解释而不必强行纳入民法所规定的责任类型中。

从司法实务域外比较的角度看,目前司法实践中通行的观点主要为普通民事侵权和特殊民事侵权。例如,日本法采普通民事侵权责任说,实务操作中,如果原告根据该条款提起诉讼,只能根据民法侵权的一般规定证明因果关系。因

---

① 王利明:《我国证券法中民事责任制度的完善》,载《法学研究》2001 年第 4 期。

② 同上。

③ 同上。

操纵市场行为涉及金融证券专业知识,损害产生的因素众多,因果关系证明难度大,而操纵证券市场案件又异常复杂,原告很难胜诉,导致日本操纵证券市场民事赔偿案件很少被受理。特殊侵权责任说认为,证券集中交易市场中的投资人,以集中交易市场中的各种有价证券交易资讯,作为股票买卖的依据。而操纵人在特定期间就某特定股票以人为方式操纵股票价格,将破坏证券市场决定价格的机能,扭曲市场价格。故而操纵行为人于特定期间操纵某特定股票的价格,其行为便与该特定期间买进股票的投资人所受之损失具有因果关系。普通民事侵权和特殊民事侵权在实际操作上最终体现为举证责任分担和原告举证负担的差异。

笔者认为,应采特殊侵权责任说。首先,合同责任说在学理和实践方面均难以适用。第一,合同责任说系传统民法说所衍生的观点,与复杂的现代金融交易并不完全匹配。“证券的流通性和证券交易的频繁性往往导致证券违法行为人与受害人之间没有直接的缔约关系,若以违约责任论,很难得到救济。”[①]第二,合同相对性理论将合同法所能保护的投资者限制在很小的范围,证券交易的特殊性使侵权责任更利于保护投资者。正如有学者所述,“与侵权责任相比,违约责任最大的特点也是最大的局限就在于合同‘相对性’”。[②] 第三,以合同法为基础无法合理解释众多不当行为人之间的连带关系。[③]

其次,采纳特殊侵权责任说而非普通侵权责任说,具有理论和实务双重角度的科学和理性。第一,虚假陈述等证券欺诈行为作为一种侵权行为,与传统意义上的一般侵权行为有重大的区别,即侵权行为人与受害人并无“面对面”的接触,而这种“面对面”事实的缺失,对于侵权责任性质具有根本影响。换言之,由于证券交易主要采用集中竞价、交易所主机撮合成交的方式进行,所以不可能将侵权人、行为受益人以及受害人之间的联系特定化。[④] 故而,证券欺诈行为应当是一种特殊侵权责任。第二,从域外已有司法实务经验来看,采纳一般侵权责任理论的国家往往最终因举证实操难,而导致操纵市场民事赔偿难以成案或难以有突

---

① 刘应民、成明珠:《证券民事责任若干问题剖析》,载《法学评论》2003年第1期。

② 陈洁:《证券欺诈侵权损害赔偿研究》,北京大学出版社2002年版,第40页。

③ 类似观点可参见程啸:《证券市场虚假陈述侵权损害赔偿责任》,人民法院出版社2004年版,第70页;许玉祥:《证券虚假陈述侵权民事责任研究》,武汉大学2004年硕士学位论文,第5页。

④ 参见李国光主编:《最高人民法院关于审理证券市场虚假陈述案件司法解释的理解与适用》,人民法院出版社2015年版,第241页。

破和进展,有一定市场操纵民事赔偿实践的国家往往都采纳特殊侵权责任说。

(二)操纵证券市场民事责任因果关系

在理论界和实务界,域内外对操纵证券市场民事责任应适用何种因果关系各有意见。目前,理论界主流观点包括相当因果关系理论和因果关系两分法(交易因果关系与损失因果关系)。简言之,大陆法系基于传统民法侵权行为理论中的条件理论,采用相当因果关系理论。英美法系国家的法官和学者在长期的司法实践中对因果关系采用了两分法(Bifurcated Approach)来确定案件中的因果关系,两分法在证券侵权案件中逐步演变成交易因果关系与损失因果关系。基于市场欺诈理论(Fraud on the Market Theory)发展出的信赖推定原则(Principle of Trust Presumption)是美国司法实践中针对交易因果关系所进行的阐释。笔者下文主要就相当因果关系理论、交易因果关系与损失因果关系和信赖推定原则(市场欺诈理论)分别进行分析,以确定适合我国国情的因果关系理论。

1. 相当因果关系理论

相当因果关系是在大陆法系条件理论基础上发展而来的。该理论最早由奥地利刑法学家格拉赛所创,后由德国弗莱堡大学冯·克里斯(VonKrie)于1888年发表的《论客观可能性的概念》一文中确立基础。[①] 德国学者在此基础上对"相当性"如何判断进行了深入研究,形成了侵权法上判断因果关系的相当因果关系理论。德国帝国法院以及第二次世界大战后的德国联邦法院先后在判例中确认了相当因果关系理论。[②] 直到现在,相当因果关系理论仍在德国等占据主导地位。

相当因果关系理论认为,对因果关系的判断应当分为两个步骤:第一步,判断行为与损害之间是否存在条件关系,即只需要证明是否具有引发结果的可能性;第二步,若具有可能性的条件关系,则进行相当性的判断。[③] 我国台湾地区学者王泽鉴认为,相当因果关系是由"条件关系"及"相当性"所构成的,故在适用时应区别两个阶段:第一阶段是审究其条件上的因果关系;如为肯定,再于第二

---

① 参见范利平:《侵权行为法中的因果关系理论和实践》,中山大学出版社2004年版,第57页。

② 参见叶金强:《相当因果关系理论的展开》,载《中国法学》2008年第1期。

③ 参见刘信平:《侵权法因果关系理论之研究》,法律出版社2008年版,第79~81页。

个阶段认定其条件的相当性。[①] 也有学者认为,操纵证券市场民事责任中的因果关系认定,由原告承担一定的举证责任,即证明其损害事实与操纵行为之间具有相当的因果关系,之后由被告承担因果关系不存在的举证责任。相当因果关系理论适用于操纵证券市场民事责任中的因果关系,相比于一般侵权责任,需根据操纵市场行为的特殊性设置举证责任倒置的规则。[②]

但从实际操作角度来看,证明损害事实与操纵行为之间具有相当的因果关系,具体如何证明?相当性的标准又是什么?相当因果关系理论都难以提供一个相对现实可行的思路,实践难度较大,故笔者认为不宜采用。

2. 交易因果关系与损失因果关系

英美法系国家侵权责任因果关系中的交易因果关系与损失因果关系源于两分法(Bifurcated Approach)。即对因果关系分两步进行考察和认定:一是运用事实上的因果关系理论(cause in fact),确定行为人的行为或者依法应当由其负责的事件是否在事实上属于造成损害发生的原因;二是运用法律上的因果关系理论(legal cause),确定已构成事实上原因的行为或事件是否在法律上成为应对该损害负责的原因。[③]

在美国,因果关系两分法反映在证券侵权案件中,逐步演变成交易因果关系与损失因果关系。操纵市场与损害之间的因果关系包括两个方面:一是交易方面的因果关系,即投资者对操纵市场造成的市场假象信赖并作出了投资决定;二是损失方面的因果关系,即损害的后果是由市场操纵行为引起的。[④] 这两个因果关系是递进关系,投资者要获得赔偿,首先需证明交易因果关系,然后再证明损失因果关系,两者缺一不可。

证明交易因果关系主要适用信赖推定原则,至于损失因果关系的证明,美国各法院的具体做法与标准不尽相同,时松时紧,具有判决主张多元化的特征。一些法院要求原告证明投资者之损失正是市场操纵者之操纵行为所导致的,但有些法院只须证明损失与操纵行为在投资者的损失中具有实质性作用。在认定损

① 参见王泽鉴:《侵权行为法》(第1册),中国人民大学出版社2001年版,第191~192页。

② 参见傅长禄:《证券民事赔偿诉讼——最高人民法院证券民事赔偿司法解释的评述与展开》,法律出版社2003年版,第157页。

③ 参见范利平:《侵权行为法中的因果关系理论和实践》,中山大学出版社2004年版,第1页。

④ 参见曾世雄:《损害赔偿法原理》,中国政法大学出版社2001年版,第96页。

失因果关系时，法院结合以下参考因素进行判定：操纵行为发生的时间和损失发生的时间、操纵行为的潜在作用、连续性、影响股价变动的其他因素及其各自的作用力、作用范围等。同时还有一些技术上的分析，如对比其他股价变动的情况及全行业的情况。①

3. 信赖推定原则（市场欺诈理论）

信赖推定原则（市场欺诈理论）是美国司法实践中针对交易因果关系所进行的阐释与发展。美国司法实践中交易因果关系与“信赖”一词紧密联系，在美国法院，“信赖”为交易因果关系的另一表述，二者关系紧密。② 在交易因果关系的证明中，信赖是证明的核心，证明交易因果关系就是要证明投资者是基于对市场操纵者的信赖才决定买入或卖出股票。

但作为一种具有主观性的判断标准，投资者很难通过外部可展示的证据来表现和证明自身作出投资决策的整个心理过程。改变此种因果关系认定困境的正是笔者在前文中提及的贝思克公司诉列文森案（Basic, Inc. v. Levinson）。信赖推定规则的基础正是该案所确立的“市场欺诈理论”，该法理的假设前提是，在有效市场中开展证券交易的投资者有权信赖自由市场力量确定的证券市场价格，而自由市场力量不受欺诈或者虚假陈述的影响。③ 该理论认为，在一个高度发展的证券市场上，证券的价格反映的是所有普通投资者可以通过一般渠道获取的信息，即公众信息，其中也包括重要的不真实信息，投资者有理由相信证券市场的规范性和证券价格的公平性，但是由于投资者可以获得的信息中包含了重要的不真实信息，证券价格会受到证券欺诈行为的影响，因此，当投资者根据公众信息和证券价格变化作出交易决定时，就有了信赖关系的存在。在交易因果关系的证明中，信赖是证明的核心，而这种信赖证明“通常是通过对未公开信息的重要性的证明来认定的”。④ 简言之，在该理论中，投资者不再需要证明“信赖”或交易因果关系，只要其在对应的期间进行了证券买入或卖出，就能推定其投资决策受到了欺诈行为的影响，从而与投资者的损失之间具有因果关系。贝

---

① 参见杨峰：《操纵证券市场民事责任因果关系认定规则之完善——对美国、日本的相关规定的比较出发》，载《法商研究》2006 年第 6 期。

② 同上。

③ 参见[美]R. W. 汉密尔顿：《公司法》（第 4 版），刘俊海等译，中国人民大学出版社 2001 年版，第 484 页。

④ 马其家：《证券民事责任法律制度比较研究》，中国法制出版社 2010 年版，第 459 页。

思克公司诉列文森案确立了“欺诈市场理论”在证券欺诈因果关系认定领域的运用,虽然该案属于虚假陈述案件,但对于市场操纵因果关系的认定同样具有借鉴意义。

笔者认为,我国司法实践在认定操纵证券市场民事责任因果关系时,应当采用交易因果关系与损失因果关系的两分法,并在认定交易因果关系时采纳信赖推定原则。理由如下:

第一,有利于保护投资者的合法权益,符合立法目的。根据我国《侵权责任法》和《证券法》的规定,[①]对市场操纵行为规制的目的在于保护证券投资市场上投资者的利益和制止证券违法行为,维护证券市场的正常交易秩序。如前文介绍,我国目前尚未投资者获赔的操纵市场民事赔偿案例,投资者保护有一定缺位。此外,因市场操纵行为具有复杂性和隐蔽性的特点,相较于具有资金和信息优势的操纵市场违法行为主体,投资者在举证方面明显处于弱势地位。在考虑采用何种因果关系时,应当充分考虑对投资者合法利益的保护。因果关系两分法所引出的信赖推定原则,有效地减轻了投资者的举证负担,简化了证券侵权中因果关系认定的复杂度。

第二,与目前国内已有司法解释的观念较为契合。实际上,最高人民法院原副院长李国光在答记者问时就曾指出,最高人民法院《关于审理证券市场因虚假陈述引发的民事赔偿案件的若干规定》(以下简称《若干规定》)是按照我国民法侵权赔偿诉讼的因果关系理论,参考国外普遍采用的市场欺诈理论和信赖推定原则,在第18条和第19条对因果关系的认定作出规定。[②] 操纵市场与虚假陈述均是证券侵权行为,在同一证券市场中,虚假陈述可以适用信赖推定规则,市场操纵侵权民事责任中的因果关系认定适用信赖推定原则也具有现实可行性。

第三,交易因果关系与损失因果关系的两分法在虚假陈述民事侵权案件司法实践中已有一定实践基础和理论认同。赞成因果关系两分法的判决可见于如最高人民法院“宝安鸿基地产集团股份有限公司证券虚假陈述责任纠纷再审案

---

① 我国《侵权责任法》第1条规定:为保护民事主体的合法权益,明确侵权责任,预防并制裁侵权行为,促进社会和谐稳定,制定本法。《证券法》第1条规定:为了规范证券发行和交易行为,保护投资者的合法权益,维护社会经济秩序和社会公共利益,促进社会主义市场经济的发展,制定本法。

② 参见最高人民法院:《〈最高人民法院关于审理证券市场因虚假陈述引发的民事赔偿案件的若干规定〉答记者问》,载 http://www.chinacourt.org/article/detail/2003/01/id/31512.shtml,最后访问日期:2019年8月30日。

件”[(2016)最高法民申502号]。该案中,对于投资者的损失与虚假陈述是否存在因果关系这一问题,最高人民法院认为,宝安鸿基虚假陈述实施日为2007年3月19日,揭露日为2010年11月5日,而一审原告却在2009年11月至2011年9月多次买入、卖出宝安鸿基股票,即虚假陈述实施日甚至揭露日之后其仍在进行买入卖出行为,应当认定其交易决定并未受本案诉争的虚假陈述行为的影响,故不产生交易因果关系。据此,最高人民法院再审裁定,一审原告的投资损失与宝安鸿基的虚假陈述行为之间并无因果关系。该案突破了建立在“推定信赖”之上的证券交易欺诈因果关系的认定,即如果投资者在虚假陈述实施日至揭露日或更正日之后仍有买入卖出股票的行为,则应当认定投资者的交易决定并未受到虚假陈述行为的影响,投资者的投资及其损失与虚假陈述行为之间不存在因果关系。采纳类似观点的判决还包括广东省高级人民法院审理的“谭某某等与佛山电器照明股份有限公司虚假陈述纠纷上诉案”[(2015)粤高法民二终字第13-967号]、湖北省武汉市中级人民法院审理的“常某某诉黄石东贝电器股份有限公司等证券虚假陈述责任纠纷案”[(2016)鄂01民初1270号]等。当然,由于我国并非判例法国家,各人民法院享有独立的司法审判权,也有法院并不认同交易因果关系和损失因果关系的两分法。例如,山东省济南市中级人民法院“朱某某与山东墨龙石油机械股份有限公司证券虚假陈述责任纠纷案”[(2018)鲁01民初2036号]中,尽管被告上市公司辩称,原告投资者自法院认定的揭露日(或更正日)到基准日期间尤其是揭露日(或更正日)后仍然买入100股,其买卖股票的行为完全是随机的,其投资决策根本不受墨龙公司违法披露信息的影响,甚至在明知虚假陈述被揭露后仍然买卖墨龙公司股票,其投资差额损失与虚假陈述行为不存在因果关系,不应予以赔偿。但法院并未支持被告上述观点。无论上述司法认定结论如何,可以肯定的是,交易因果关系与损失因果关系已经在我国证券民事侵权司法认定领域中引起了足够重视,具有一定实践基础和可操作性。

(三)行为人须主观故意(主观归责原则)

首先,我国操纵证券市场行为人主观上只能是故意,过失行为不能构成操纵。理由在于:一方面,根据文义解释,“操纵”一词本身是指控制与支配,具有明确目的性,文义理解便可以排除过失状态。另一方面,根据《证券法》、中国证监会《证券市场操纵行为认定指引(试行)》的规定,操纵行为人实施操纵行为的目的是获取非法利益,手段是各种影响证券交易价格或交易量的不正当手段。如果行为人是过失地“操纵”了市场,其行为不存在不正当性,不需要认定为操纵证券市场的行为,更无从谈起民事责任。

但从民事责任构成要件的角度来看,主观过错是行为人在实施行为时存在其头脑中的主观意识,难以为外人所发现和证明,这就引出了对行为人主观归责原则的确定方法。从域外相关经验来看,依照美国《1934年证券交易法》第10b条和美国证券交易委员会依据《1934年证券交易法》第10条(b)项所制定的10b-5规则提起诉讼,原告须证明被告具有故意、严重性、损害、信赖和因果关系。自1976年的Ernst & Ernst v. Hochfelder案判决后,原告证明故意时,“间接证据往往就足够了”。[①]《日本证券法》第157条对操纵行为人采用过错原则,要求原告证明被告故意,但平成四年(1992年)1月,证券交易审议会中的不公正交易特别部在提交报告中认为,“对引诱的目的的举证,不必要通过积极的意思举证,只要能举证证明其意识到第三者有被引进来的可能性就可以了。过分强调引诱目的的存在,是不适当的”。[②]

笔者认为,在主观故意的认定方面,可以借鉴美国的过错推定原则,从行为人的客观行为推导其是否具有主观故意,如果行为人具有市场操纵行为,且行为人无法提出反证,证明自己不具有操纵的故意,那么法院就推定其操纵行为具有过错,且该推定成立,原告则不需要再对被告的主观过错另行举证。换言之,操纵行为的动机和目的不再作为民事责任的构成要件,仅是行为认定的构成要件。所以无须证明操纵行为人的主观心理状态,只要依据客观存在的行为即可认定。

二、操纵证券市场民事责任的承担

承担民事责任是司法机关依据民事法律规范对民事违法者所实施的一种民事制裁措施。“人们之所以规定制裁,其目的就在于保证法律命令得到遵守与执行,就在于强迫‘行为符合业已确立的秩序’”。[③] 让操纵证券市场行为人承担赔

① 高如星等:《美国证券法》,法律出版社2000年版,第286页。

② [日]河本一郎、大武泰南:《证券交易法概论》,侯水平译,法律出版社2001年版,第248页。

③ [美]E.博登海默:《法理学:法律哲学与法律方法》,邓正来译,中国政法大学出版社2004年版,第360页。

偿责任是我国《证券法》的强制力要求，也是从根本上遏制操纵证券市场行为的有力措施之一。根据我国立法与司法实践，与操纵证券市场民事责任承担密切相关的几个重要问题包括处罚前置问题、诉讼时效问题、责任主体的确定、举证责任、损害赔偿范围、损失计算方法等。

（一）处罚前置问题

1. 处罚前置问题的由来

处罚前置，即投资者提起证券欺诈民事赔偿诉讼必须以该违法行为已被行政处罚或刑事处罚为前提，否则将承担起诉不被法院受理或者驳回起诉的不利后果。处罚前置是我国证券民事诉讼制度的“特色”，肇始于最高人民法院分别于2002年1月和2003年1月发布的最高人民法院《关于受理证券市场因虚假陈述引发的民事侵权纠纷案件有关问题的通知》和《若干规定》，这两部文件对证券虚假陈述类民事赔偿案件的受理和审理相关事宜作出了明确规定。在2007年全国民商事审判工作会议上亦有最高人民法院领导指出，对于内幕交易和操纵证券市场侵权行为提起的民事诉讼，有关人民法院应当参照虚假陈述司法解释前置程序的规定来确定案件的受理。上述文件与讲话共同确立了证券虚假陈述、内幕交易和操纵证券市场三类证券欺诈民事赔偿诉讼案件的处罚前置要求。

2. 处罚前置条件已无法律依据

处罚前置是适应立法当时司法现状的要求，但其自存在以来就饱受争议。2015年4月，最高人民法院同时发布最高人民法院《关于人民法院登记立案若干问题的规定》（法释〔2015〕8号，以下简称《登记立案规定》）、《关于人民法院推行立案登记制改革的意见》，标志着我国法院案件受理制度由立案审查制变为立案登记制。《登记立案规定》第1条规定，人民法院对依法应该受理的一审民事起诉、行政起诉和刑事自诉，实行立案登记制；第10条列举了人民法院不予登记立案的几种情形；第20条明确，该规定自2015年5月1日起施行，以前有关立案的规定与本规定不一致的，按照本规定执行。2015年12月24日，时任最高人民法院民二庭庭长杨临萍在《关于当前商事审判工作中的若干具体问题》中也明确指出，“根据立案登记司法解释规定，因虚假陈述、内幕交易和市场操纵行为引发的民事赔偿案件，立案受理时不再以监管部门的行政处罚和生效的刑事判决认定为前置条件”。

笔者认为,《登记立案规定》属于立案方面的专门性法律规定,在法律效力上与《若干规定》同属于司法解释,按照"特别法优于一般法"的原则,自2015年5月1日起,包括虚假陈述、操纵证券市场在内的一审民事起诉均应实行立案登记制,《若干规定》第6条关于处罚前置的条件自动失效。

然而,立案登记制在司法实践中并未得到很好的执行,各地法院的态度各不相同。以证券虚假陈述案为例,有的法院仍坚持处罚文书为立案受理前提,如北京市高级人民法院"奥马电器虚假陈述案";①有的法院虽然不以处罚文书作为立案受理条件,但在受理案件之后,仍以起诉"尚未满足虚假陈述行为须经有关机关行政处罚或人民法院刑事处罚这一法定前置要件"为由,裁定驳回起诉,如上海市高级人民法院"锐奇股份虚假陈述案";②还有些法院确实已实质取消前置程序,例如,浙江省高级人民法院"水晶光电虚假陈述案"、③安徽省高级人民法院"辉隆股份虚假陈述案"。④

3. 立案登记制不会造成案件激增

操纵证券市场案件具有以下特征:一是专业性强,操纵方法多样化。违法行为人往往具有较深的专业背景,熟悉资本市场运行规则和信息技术,通过公司化"流水线作业",利用资金优势、信息优势、联合"黑嘴"荐股等手段操纵证券市场。二是操纵手段隐蔽,查处难度大。证券交易具有无纸化、信息化等特点,操纵证券市场的手段更加网络化、智能化,加大了调查取证的难度,给认定操纵证券市场带来困难,导致操纵证券市场的实发案件数量与查处的案件数量存在较

---

① 北京市高级人民法院(2017)京民终543号民事裁定书。

② 上海市高级人民法院(2019)沪民终223号民事裁定书。

③ 浙江省高级人民法院(2017)浙民终72号民事裁定书,浙江省高级人民法院认为:"2015年5月1日起施行的《最高人民法院关于人民法院登记立案若干问题的规定》第一条规定,人民法院对依法应该受理的一审民事起诉、行政起诉和刑事自诉,实行立案登记制。同时,该规定第二十条明确,以前有关立案的规定与本规定不一致的,按照本规定执行。据此,原审法院应当依照上述规定审查原告起诉是否符合民事诉讼法规定的起诉和受理条件。经审查,金松的起诉有明确的被告、具体的诉讼请求和事实、理由,属于人民法院受理民事诉讼的范围,符合《中华人民共和国民事诉讼法》第一百一十九条规定的起诉条件,原审法院驳回其起诉不当,应予纠正。"

④ 安徽省高级人民法院(2016)皖民终412号民事裁定书,安徽省高级人民法院认为:"2015年5月1日起施行的《最高人民法院关于人民法院登记立案若干问题的规定》第一条规定,人民法院对依法应该受理的一审民事起诉、行政起诉和刑事自诉,实行立案登记制。同时,该规定第二十条明确,以前有关立案的规定与本规定不一致的,按照本规定执行。据此,原审法院依照最高人民法院此前发布的《通知》第二条及《虚假陈述民事赔偿规定》第六条,以不具备受理前置条件为由裁定驳回龙静文的起诉,适用法律不当。"

大落差。[①]

因此,普通投资者若要在没有行政处罚或刑事判决的情况下提起诉讼,几乎无法完成举证,败诉风险极大。从司法实践看,证券欺诈案件主要由证券维权律师发起,证券维权律师相比普通投资者更专业、更理性,会综合考虑案件是否已有行政处罚或刑事判决、相关责任主体是否有偿付能力等因素,因而更倾向于发起已有行政处罚决定或刑事判决的案件。我国证券市场发展至今只有几例操纵证券市场民事赔偿诉讼案件,且均以原告败诉而终,证明取消处罚前置程序不会导致案件井喷。

从域外司法实践看,尚无国家(地区)法律规定操纵证券市场民事诉讼要以行政处罚或刑事判决为前置条件,但这并未导致案件数量爆发,相反,案件数量稀少,而且投资者往往会等到监管部门作出行政处罚或刑事判决后再提起民事赔偿诉讼。

综上,取消处罚前置条件,实行立案登记制,不会导致我国操纵证券市场民事赔偿诉讼案件的"爆炸",相反,投资者出于理性维权考虑,也会等到证券监管部门作出行政处罚或司法机关作出刑事判决后再提起民事诉讼。

(二)诉讼时效

诉讼时效也称为消灭时效,包括诉讼时效期间和诉讼时效的起算。从投资者保护角度而言,诉讼时效是一个极为重要的问题。

1. 域外国家或地区关于操纵证券市场诉讼时效之规定

综观域外国家或地区关于操纵证券市场诉讼时效之规定,有的会在证券法中作出特别规定,有的则未在证券法中作出特别规定,统一适用民法关于诉讼时效的规定。此外,各国或地区关于诉讼时效期间的长短也不一致。

美国《1934 年证券交易法》第 9(f)条、《日本金融商品交易法》第 160 条、《韩国投资服务与资本市场法》第 177 条均有"自权利人知道有违法操纵行为之日起一年以内,或从有该行为时起三年期间不行使请求权时,请求权因时效关系而消灭"之类似规定。

---

① 参见《两高:依法惩治证券期货犯罪促进证券期货市场健康发展》,载新浪网:http://news.sina.com.cn/c/2019-06-29/doc-ihytcitk8481474.shtml,最后访问日期:2019 年 7 月 9 日。

2. 我国关于操纵证券市场诉讼时效之规定

我国《证券法》未对操纵证券市场、虚假陈述、内幕交易等证券欺诈行为规定诉讼时效。"证券市场因侵权行为引发的民事赔偿法律关系,其诉讼时效是否具有特殊性,诉讼时效期间是否为两年,在《证券法》里没有明确规定。既然没有特别规定,自然适用基本法《民法通则》相关规定"。① 因此,《若干规定》第5条明确规定虚假陈述民事赔偿诉讼的诉讼时效期间适用《民法通则》第135条之规定,并规定了诉讼时效的起算方式。

笔者认为,基于操纵证券市场与证券虚假陈述同属证券欺诈行为性质,完全可以参照《若干规定》第5条之规定,操纵证券市场民事赔偿诉讼的诉讼时效适用《民法总则》第188条之规定,诉讼时效期间为3年。②

对于诉讼时效的起算,应按照《民法总则》第188条之规定,自权利人知道或者应当知道权利受到损害以及义务人之日起计算。"知道或者应当知道"的判断标准应包括:权利人知道有操纵证券市场行为发生;知道自己因该操纵证券市场行为而受损;知道操纵证券市场的行为人。从司法实践看,基于操纵证券市场行为的隐蔽性,在绝大多数情况下,若非监管部门作出行政处罚或法院作出刑事判决,投资者难以得知自己权利受到损害。因此,诉讼时效的起算时间仍要从处罚文书作出之日或刑事判决生效之日起算。

(三)适格原告

为保护受证券侵权行为影响的投资者的合法权益,同时避免因滥用诉权而导致司法资源浪费和证券市场价格波动,并非所有因操纵行为而遭受损失的投资者均可以要求损害赔偿。明确适格原告资格、确定诉讼赔偿请求权人是司法认定的重要问题。

针对操纵市场民事赔偿诉讼的请求权人,各国或地区均在原则上设定一些条件以界定请求权人的范围。一般而言包括两方面内容:第一,请求权人需为善

---

① 李国光主编:《最高人民法院关于审理证券市场虚假陈述案件司法解释的理解与适用》,人民法院出版社2015年第2版,第125~126页。

② 我国《民法总则》第188条规定,向人民法院请求保护民事权利的诉讼时效期间为3年。法律另有规定的,依照其规定。诉讼时效期间自权利人知道或者应当知道权利受到损害以及义务人之日起计算。法律另有规定的,依照其规定。但是自权利受到损害之日起超过20年的,人民法院不予保护;有特殊情况的,人民法院可以根据权利人的申请决定延长。

意。损害赔偿的请求权人应当是因操纵市场行为而受损害的人,即请求权人因不知存在操纵市场行为而高价买进或低价卖出有价证券而遭受损害。对于损害赔偿的请求权人,其主观善意属必备条件,事先知道或者应当知道操纵市场行为的投资者不能成为操纵市场行为民事责任的请求权人。但也有学者认为,至于原告是否明知操纵行为的存在并不影响其损害赔偿请求权,因为,操纵市场这种行为具有严重的社会危害性,此种危害并不因原告知悉而有所减少,我们的目标不是要求人们在知道有操纵行为的情况下不进行交易,而是要求人们不能从事操纵行为,所以从这个角度来说,原告是否善意对操纵者承担民事责任并不产生影响。[①] 笔者认为,上述观点至少在两方面是值得商榷的。一方面,以社会危害性强来论证民事责任的承担范围有偏颇,操纵行为的市场危害性完全可以通过刑事和行政手段予以惩戒来消减,民事责任的承担目的应当是填补被侵权人的合法合理损失,操纵市场行为的危害性并不能使知道或者应当知道操纵证券市场而进行证券交易者获得赔偿请求权。另一方面,知道或应当知道操纵行为而进行该证券交易,是自担风险,损失后果自负。任何一种民事责任制度的设计都需要既考虑保护受害者,又要防止投机者,各方的利益都要考虑。[②] 在明知操纵行为人在操纵某证券时,仍以逆向操纵(为操纵者的操纵目的相反的操纵)的方式对该证券进行操纵,对这种冲杀操纵中的失败者,法律显然不应当对之加以保护。

第二,投资人应当因操纵行为而受有损失。理论上因操纵行为而遭受损失之投资者之请求权人,应当包括证券操纵期间与操纵行为人进行逆向买卖而遭受损失的投资人,以及在证券操纵期间以前持有证券,但因证券操纵行为而遭受损失的投资人。适格原告应仅限于被操纵证券的投资人,与被操纵证券相关联的证券不包括在内,且原告应为持有或曾经持有被操纵证券的投资人,而不包括未曾持有被操纵证券的潜在投资人。[③] 因此,有必要先确定操纵市场行为操纵期

---

① 参见王利明:《证券市场民事赔偿责任与中小投资者利益保护研究》,上海证券交易所联合研究计划 2001 年卷,第 139 页。转引自陈洲:《我国操纵证券市场民事责任构成的有关问题研究》,载中国法院网:https://www.chinacourt.org/article/detail/2009/01/id/340317.shtml,最后访问日期:2019 年 8 月 30 日。

② 参见杨锋:《证券民事责任制度比较研究》,法律出版社 2006 年版,第 333 页。

③ 参见陈洲:《我国操纵证券市场民事责任构成的有关问题研究》,载中国法院网:https://www.chinacourt.org/article/detail/2009/01/id/340317.shtml,最后访问日期:2019 年 8 月 30 日。

间,在市场被操纵期间,无论从事单向证券交易(单买或单卖)的投资者,或者是双向(既买又卖)证券交易的投资者,都可能受到损失。另外,不在市场被操纵期间从事证券买卖,但在市场被操纵之前就开始持有证券的投资者,在市场操纵行为结束后,也有可能受到损失。

除依据法理和现有司法解释确定适格原告外,未来还可以立法形式赋予国家设立的投资者保护机构在所有证券侵权案件中当然的适格原告身份,以便投资者保护机构能够代表投资者以自己的名义直接参与到诉讼中,更好地履行投资者保护职责。就操纵证券市场案件而言,投资者保护机构取得适格原告身份具有很强的现实意义:操纵证券市场民事赔偿案件属专业性很强、缺少成功司法实践的疑难案件,作为原告的中小投资者仅以自身法律知识和诉讼能力想在诉讼中为自己争取最大权益具有很大的难度,若由国家设立的投资者保护机构作为原告参与诉讼,将有利于弥补中小投资者诉讼能力的不足,充分发挥机构的专业优势和影响力,对案件因果关系、损失计算、市场风险扣除等争议焦点发表专业意见。

综上,在司法认定的过程中,操纵证券市场民事侵权诉讼的适格原告应当为,在操纵期间善意买入或卖出而遭受损失的投资者,以及在证券操纵期间以前持有证券,但因证券操纵行为而遭受损失的投资者。未来还包括依法赋予原告资格的国家设立的投资者保护机构。

(四)民事责任主体

1. 域外国家或地区关于操纵证券市场民事责任主体的规定

综观域外国家或地区关于操纵证券市场民事责任主体之规定,均未对责任主体的性质进行限制,任何人(包括自然、法人、其他组织)只要违法实施了操纵证券市场行为,给投资者造成了损失,均可构成民事责任主体,承担民事损害赔偿责任。例如,美国《1934年证券交易法》第9(f)条规定,任何人意图参与任何行为或交易,违反本条(a)项、(b)项或(c)项规定,应对任何受上述行为或交易影响而买进或卖出任何证券因而受损害者,负损害赔偿责任。《日本金融商品交易法》第160条第1项规定,任何违反操纵行为规定者,对因该违反行为而受到的损害负赔偿责任。《韩国金融服务与资本市场法》第177条第1项规定,违反市场操纵行为规定者,应对买卖该证券而受损者,负赔偿责任。

2. 我国操纵证券市场民事责任主体的认定

我国《证券法》第77条对操纵证券市场行为的主体并未进行限定。任何人操纵证券市场给投资者造成损失的,均构成民事责任主体,应当依法承担赔偿责任。证监会《证券市场操纵行为认定指引(试行)》第5条规定,任何人直接或间接实施操纵行为,均可认定为操纵行为人。任何人包括自然人、法人和其他非法人组织。有学者对证监会2011年1月至2016年5月作出的43个操纵证券市场行政处罚案例为样本进行分析,发现我国操纵证券市场行为的主体绝大多数为自然人主体,其中,有37件由自然人实施、4件由法人实施、2件由自然人和法人共同实施。①

(五)举证责任

民事诉讼最核心的问题之一是举证责任分担,传统民事诉讼坚持"谁主张,谁举证"的原则。在操纵证券市场民事赔偿诉讼中,举证责任的分担更为重要,不同的分担原则将对投资者产生截然不同的后果。我国《证券法》并未就操纵证券市场民事责任的举证责任方面作出规定。

1. 举证责任分担原则

举证责任的分担原则取决于民事责任的归责原则。根据前文论述,操纵证券市场行为属于特殊侵权行为,在认定操纵证券市场民事责任因果关系时,采用交易因果关系与损失因果关系的两分法,并在认定交易因果关系时采纳信赖推定原则。依据该原则,可参考《若干规定》第18条和第19条关于举证责任分配的规定,只要被告操纵行为成立,原告在操纵期间参与被操纵股票之买卖交易,则法律推定被告的操纵行为与原告的买卖及损失具有因果关系,除非被告能提供排除该因果关系的正当合理事由及证据。

2. 原告的举证责任

基于前述举证责任分担原则,原告在诉讼中应当提交下列证据资料:(1)原告的身份证明文件;(2)原告的证券开户证明文件;(3)被告实施了操纵案涉股票的证明;(4)原告在操纵期间交易案涉股票的完整交易凭证。此外,原告还需

---

① 参见郑佳宁:《操纵证券市场行为法律认定标准的实证研究与再审视》,载《政法论丛》2016年第5期。

明确诉求金额及损失计算方法。

取证难是所有证券侵权案件的共同特点。上述证据中最核心也是最难取得的是被告实施操纵行为的证据。值得一提的是,最高人民法院在《关于为设立科创板并试点注册制改革提供司法保障的若干意见》中明确指出,加强配套程序设计,提高投资者举证能力。证券侵权案件中,投资者在取得和控制关键证据方面往往处于弱势地位。探索建立律师民事诉讼调查令制度,便利投资者代理律师行使相关调查权,提高投资者自行收集证据的能力。研究探索适当强化有关知情单位和个人对投资者获取证据的协助义务,对拒不履行协助取证义务的单位和个人要依法予以民事制裁。如果上述举措能够得到落实,将显著提高投资者的举证能力。

根据我国台湾地区证券投资者保护公益机构——证券投资人及期货交易人保护中心的经验做法,其提起操纵证券市场民事赔偿团体诉讼均以检察机关对违法主体提起公诉(取得刑事判决结果),或证券监管部门作出行政处罚为前提。因为该类案件原告的举证难度极大,若无相关行政处罚或刑事判决作为证据,原告败诉的概率极大。就法院而言,行政处罚或刑事判决已就操纵证券市场违法事实、违法主体、违法责任作出认定,法院无须重复调查认定,只须重点就因果关系、损失计算方法等争议焦点进行审理即可,解决了法官在审理该类案件时专业知识不足的问题。

综上,操纵证券市场行政处罚和刑事判决不仅对原被告双方当事人极为重要,对法院而言亦不可或缺。尤其在违法事实部分,证券监管机关或司法机关已查清违法行为主体的操纵手法(类型)、操纵期间。操纵期间不仅是证券监管部门通过各种指标认定资金优势、持股优势的统计基础,还是统计操纵行为对证券交易价格或交易量的涨跌幅度及涉案账户盈亏计算的起始点,[①]更是民事责任中认定因果关系、计算投资者损失的重要考察区间。因此,在操纵证券市场民事责任的司法认定中,通常情况下若原告未能提供相关行政处罚和刑事判决文书的,法院可以证据不足为由驳回原告诉讼请求。

3. 被告的举证责任

基于前文举证责任分担原则,被告应提供排除因果关系的证据,否则推定因果关系成立,包括:(1)在操纵期间外交易案涉股票的,但是原告在操纵开始前买

① 参见汤欣、高海涛:《操纵市场行政处罚案例全景观察》,载吴清总编,黄红元、卢文道主编:《证券法苑》(第18卷),法律出版社2016年版,第21页。

入该股,操纵期间卖出该股发生亏损的情形除外;(2)原告非善意买卖案涉股票的;(3)损失或者部分损失是由证券市场系统风险等其他因素所导致的;(4)被告依法实施股份回购操作的。

(六)损害赔偿范围

确定损害赔偿范围,是落实民事赔偿责任的重要环节。就操纵证券市场行为人的民事责任范围而言,各国和地区的法律对民事责任确定的原则和价值取向可概括为:兼顾市场各方面合法权益,充分保护投资人合理损失得到有效填补,同时达到对民事责任惩罚的目的,从而预防和遏制操纵市场行为的发生。[①]大多认为赔偿范围的确定应当体现民事责任的补偿性,法国、德国立法坚持进行损害赔偿应让受害投资者回到未受到损害的状态。

有学者认为,可以借鉴美国或其他地区针对内幕交易行为的惩罚性赔偿规定,将之运用到操纵证券市场的民事赔偿中。有的国家或地区惩罚性损害赔偿数额为原告损失数额的3倍;美国的惩罚性赔偿损害赔偿数额为被告获利数额的3倍。[②] 但我国民法理论和《侵权责任法》坚持民事赔偿以补偿性为基本原则,单独对操纵证券市场民事赔偿进行惩罚性赔偿规定,尚无足够依据。

根据我国证券虚假陈述侵权诉讼司法实践,在补偿性赔偿的前提下,操纵市场行为人应当承担的民事责任范围如下:

1. 投资损失

投资损失,是指投资人在善意情况下投资了被操纵的证券并因操纵行为而遭受的损失。当诱多型操纵市场行为发生后,被操纵行为扭曲的证券价格必然偏离正常价格围绕价值波动的曲线而产生“泡沫”,此时投资人投资买入证券,必然要付出高于正常价的价款,这部分多支付的价款即损失。反之,当诱空型操纵市场行为发生后,股价偏离正常价格而下跌,市场产生恐慌情绪而争相抛售股票,投资者以低于市场正常价格卖出股票而产生损失。

2. 投资损失的佣金和印花税

操纵证券市场行为人的损害赔偿范围还包括佣金和印花税,而且仅是受害

---

① 参见罗曦:《新型操纵证券、期货市场行为刑法规制研究》,载李爱君主编:《金融创新法律评论》(2017年第1辑),法律出版社2017年版,第58页。

② 朱伟一编著:《美国证券法判例和解析》,中国政法大学出版社2013年版,第509页。

投资者投资损失部分的佣金和印花税,这与证券虚假陈述司法解释《若干规定》所确定损害赔偿范围一致。首先,在证券市场,任何投资人证券必然发生佣金和印花税该两项费用;其次,佣金是为投资人提供服务的证券服务机构所收取的劳务报酬和手续费,印花税是投资人进行证券投资必须向国家和地方税务部门缴纳的税费,这是该两项费用产生的直接原因;最后,受操纵行为侵权的投资人,其直接损失是因操纵市场影响而产生的投资损失,而不是投资证券而发生的全部损失,因此只应承担与操纵行为相关的投资差额损失部分的佣金和印花税。

3. 资金利息

资金利息也是操纵证券市场行为应当赔偿的范围,这与证券虚假陈述司法解释《若干规定》所确定损害赔偿范围一致。若非操纵市场行为诱导,投资者会将该部分多支出的资金投资其他途径,至少会获得活期利息收入,因市场操纵行为而丧失了这部分利息所得。资金利息的计算基数包括投资损失、佣金和印花税。利息计算期间分情况:若在操纵期间买卖交易并清仓的,则从首次交易日计算至最后一笔交易日;反之,若未清仓的,则计算至操纵结束日。资金利率可按银行同期活期存款利率计算。

另外一个争议点是投资者因维权而产生的律师费是否属于损害赔偿范围。在证券虚假陈述领域,虽然司法解释限定了损害赔偿范围,但却未将律师费纳入赔偿范围,一直为市场所诟病。律师费是绝大多数投资者诉讼维权实际发生的费用,而且往往占到投资者获赔金额的20%以上,因此,将律师费排除在外,难言投资者保护,也难言司法正义。“由于不赔偿律师费以及其他诉讼开支,因此,实际上谈不上真正的损失填补。”①笔者认为,在操纵证券市场民事诉讼中,由于没有司法解释的束缚,人民法院反而可以大胆创新突破,将律师费纳入赔偿范围,从而真正将民事责任落到实处,体现司法公正。

(七)损失计算方法

损失计算是证券欺诈民事诉讼中的普遍难题。由于证券市场运行的复杂性,以及行为人操纵手段的多样性,在操纵证券市场民事诉讼中,损失计算难题尤其突出。根据美国和其他地区的司法实践,主要有两种损失计算方法:毛损差

---

① 邢会强:《证券欺诈规制的实证研究》,中国法制出版社2016年版,第56页。

额法和净损差额法。

1. 毛损差额法

“毛损差额法”,或称“毛损益法”,即以原告投资者的买入价格与卖出价格之差计算损失金额。该方法将操纵行为结束后因其他市场因素造成的股价涨跌,均列入损害金额的计算。例如,原告以 30 元的价格购入某股票,操纵行为结束后股票跌至 10 元,则原告的损害赔偿数额即为价差 20 元,不论期间是否有什么其他市场因素影响股价,只单纯地以价差来计算损害赔偿数额。

2. 净损差额法

“净损差额法”,或称“净损益法”“真实价值计算法”等,即以原告投资者的“实际买卖价格”与股票的“真实价格”之差来计算损失金额。所谓“真实价格”,是一种假设,是指在没有被操纵的情况下,股票应有的价格,是一种法律拟制的真实价格。“净损差额法”是美国司法实践普遍采用的方法,其核心也是最大争议点在于“真实价格”的确定。根据相关地区司法实践,对于“真实价格”,曾出现过三种拟制方式:

(1)参照内幕交易算法,即以操纵行为开始前 10 日收盘均价计算“真实价格”。

(2)参照美国证券交易法算法,是指参考美国《1934 年证券交易法》第 21D(e)条之规定,①以操纵行为结束后 90 日的平均收盘价计算“真实价格”。

---

① Securities Exchange Act of 1934. SEC. 21D. Private Securities Litigation. (e) Limitation on Damages.

(1) IN GENERAL. —Except as provided in paragraph (2), in any private action arising under this title in which the plaintiff seeks to establish damages by reference to the market price of a security, the award of damages to the plaintiff shall not exceed the difference between the purchase or sale price paid or received, as appropriate, by the plaintiff for the subject security and the mean trading price of that security during the 90 – day period beginning on the date on which the information correcting the misstatement or omission that is the basis for the action is disseminated to the market. (2) EXCEPTION. —In any private action arising under this title in which the plaintiff seeks to establish damages by reference to the market price of a security, if the plaintiff sells or repurchases the subject security prior to the expiration of the 90 – day period described in paragraph (1), the plaintiff's damages shall not exceed the difference between the purchase or sale price paid or received, as appropriate, by the plaintiff for the security and the mean trading price of the security during the period beginning immediately after dissemination of information correcting the misstatement or omission and ending on the date on which the plaintiff sells or repurchases the security. (3) DEFINITION. —For purposes of this subsection, the "mean trading price" of a security shall be an average of the daily trading price of that security, determined as of the close of the market each day during the 90 – day period referred to in paragraph (1).

(3)参考同类股涨跌幅算法,是指以操纵行为开始前10个交易日平均收盘价为基础,参考操纵期间同类股涨跌幅来计算“真实价格”。

笔者认为,上述三种方法中,有两点值得讨论:一是真实价格的计算区间的确定,以操纵行为开始前一定期间为宜。根据行政执法实践,操纵证券市场行为因其隐蔽性往往在行为结束后很久才被行政机关查处揭露,在被揭露前,操纵行为影响并未消除,而且受到各种市场风险影响。因此,以事后被认定的操纵行为结束后的一定期间来计算真实价格缺乏说服力。二是参考同类股票操纵期间涨跌幅来计算真实价格具有一定的合理性,但问题是同类股票的选取难以做到公平合理,而且个股的股性、规模大小、经营状况不同,难以作为衡量指标,若能选取相关的行业指数作为参考指标,将更为公平合理。

值得注意的是,在部分地区司法实践中,“净损差额法”经历了由“配对净损差额法”到“纯粹净损差额法”的演进过程。在早期,采用“配对净损差额法”,其原理是对于原告投资者在操纵期间有买入、卖出交易的,按照“先进先出”原则对买入股票和卖出股票进行配对,配对的交易不属于有求偿权的适格的交易,直接“忽略”不参与损失计算,以该方法,剩余的股票为适格的交易。但该方法在实践中存在缺陷,无法适用融券交易等情况。融券交易,即先卖再买,这样就无法按照“先进先出”原则进行配对剔除了。“纯粹净损差额法”,是指在操纵期间的所有买卖交易均是适格的交易,原告投资者每笔买卖交易与真实价格之差做损益相抵,最终计算结果若还有损失的,该损失即为损失金额。其法律逻辑是,在操纵期间,股价始终处于失真状态,投资者可能因高于“真实价格”价格买入而亏损,也可能因高于“真实价格”卖出而获利,因此,损益相抵法对原被告双方均公平合理。“纯粹净损差额法”相对公平合理,操作简单。

3. 两种方法优缺点比较

“毛损差额法”与虚假陈述案件损失计算的方法有相似之处,计算原理清晰简单。同样,虚假陈述损失计算实践中遇到的争议同样会出现在“毛损差额法”中,如投资者买入成本如何计算、证券市场系统风险如何扣除、是否扣除非系统风险等问题。此外,是以操纵行为起始日至操纵行为结束日期间投资者的交易为适格交易来计算损失,还是以操纵行为起始日至操纵行为揭露日期间的交易为适格交易来计算损失,会导致计算结果悬殊。“毛损差额法”对案件原被告双方都可能产生不公平,如果在操纵行为结束之后,遇到金融危机股价下跌,则计算结果对于被告是不利的。如果因为政治因素的介入导致股价上升,则计算结果对原告也是不利的。①

"净损差额法"的基本理念是被告只负责欺诈因素所带来的股市风险,而对其他因素导致的损失,不承担任何责任。② 核心是拟制"真实价格",即没有操纵行为情况下,股票的正常价格,并以此为基础计算出操纵证券市场行为给投资者造成的损失,符合侵权因果关系理论,故为司法实践广泛认可。但难点在于以何为参考标准来拟制真实价格,还有真实价格是逐日计算还是统一划定等。

4."净损差额法"的精准化改进

虽然"净损差额法"相较于"毛损差额法"更具合理性,但仍显粗糙,且算法不统一,难以满足精准化计算的司法需求。笔者根据投服中心损失核定业务实践经验,提出以下改进方案:

(1)统一损失计算方法

司法统一是司法公正的提前。因此,对于操纵证券市场案件而言,统一损失计算方法尤为重要。笔者建议,以操纵行为开始前20交易日收盘均价为基数,结合案涉股票被操纵期间的最相关行业指数涨跌幅情况来计算真实价格。选取操纵行为开始前20交易日收盘价,符合我国资本市场通行的股票价格定价方法,实践证明具有合理性。被操纵期间,以证券监管机关行政处罚决定书认定的操纵期间为准,投资者在该期间所有交易均为适格交易,投资者在操纵期间外的交易与操纵行为无因果关系,不能主张索赔。

(2)以案涉股票最相关的行业指数为参考指数

正确选取参考指数是确保损失计算结果公正的前提。对此,可以借鉴投服中心开发的证券虚假陈述案损失计算软件的参考指数选取方法,该方法已在全国首例生效的示范判决方正科技案等案件中所采纳。根据与涉案股票关系最紧密原则选取参考指数的原则,可在操纵证券市场案件损失计算中选取申万三级行业指数作为真实价格计算的参考指数。

(3)逐日计算"真实价格",逐笔计算盈亏

为实现损失计算的精细化,应当根据投资者交易记录和参考指数每日收盘

---

① 参见张玮心:《操纵证券市场的不法所得与损害赔偿计算》,载郭锋主编:《证券法律评论》(2017年卷),中国法制出版社2017年版,第366页。

② 同上书,第364页。

价逐日计算真实价格;再将投资者每笔交易与对应的真实价格计算价差。该种算法虽然复杂,但是通过损失计算软件是可以高效实现的。

(4)盈亏相抵,判定索赔资格

在操纵期间,股价始终处于失真状态,投资者在此期间买卖股票,可能因高于"真实价格"买入而亏损,也可能因高于"真实价格"卖出而获利,还可能因低于"真实价格"卖出而亏损,但无论获利或亏损,均基于操纵行为诱使投资者买卖股票这同一原因,因此,投资者卖出获利应从总损失中扣除。基于此,在计算出投资者每笔交易盈亏后,将每笔计算结果进行相加,盈亏相抵,最终计算结果若为正数则代表获利,无索赔资格;若计算结果为负数则代表损失,可以主张索赔。

需要说明的是,根据上述改进的"净损差额法",损失计算无须再考虑证券市场系统风险等其他因素的影响。因为在选取涉案股票关系最紧密的行业指数计算"真实价格"的情况下,行业指数已经吸收、反映了全行业及整个证券市场的风险因素影响,已经将操纵行为影响剥离出去,以此计算出的"真实价格"最接近客观真实。

5. 改进的"净损差额法"的计算方法

根据前文阐述的计算原理,改进的"净损差额法"涉及以下计算公式:

当日真实价格 = 操纵行为起始日前20交易日收盘均价 × (1 + 当日行业指数涨跌幅)

单笔交易盈亏 = (当日真实价格 - 实际成交价格) × 交易股数

盈亏合计 = 操纵期间每笔交易盈亏数之和

如果计算结果为正,表明投资者获利,无索赔资格;反之可索赔,索赔金额即为盈亏总和的绝对值。

6. 实例分析——以恒康医疗案为例

首先,确定案件的操纵区间。根据《行政处罚决定书》,在阙某某等操纵恒康医疗案中,2013年5月9日,《德邦证券—兴业银行定向资产管理业务资产管理合同》正式生效,阙某某为委托人,德邦证券为管理人,兴业银行为托管人,蝶彩资产作为投资研究顾问,此日被认定为操纵行为的起始日。2013年7月3日、4日,阙某某减持2200万股,5日恒康医疗发公告确认减持,7月4日认定为操纵行为的终止日。

其次,计算操纵行为起始日前20交易日收盘均价。经算,恒康医疗2013年5月9日前20个交易日的收盘均价为15.42元。

再次,选取参考行业指数。在本案中,选取恒康医疗所属的申万三级行业指数中药行业指数为参考指数。

本案操纵期间内申万中药行业指数每日涨跌幅和股票"真实价格"计算,如表1所示。

表1 恒康医疗案操纵期间内申万中药行业指数每日涨幅和股票"真实价格"

交易日期	参考指数涨跌幅(%)	收盘均价(元)	真实价格(元)
2013年5月9日	-0.56	15.42	15.33
2013年5月10日	-0.2	15.42	15.30
2013年5月13日	-0.67	15.42	15.20
2013年5月14日	-0.73	15.42	15.09
2013年5月15日	1.48	15.42	15.31
……			
2013年7月4日	-1.51	15.42	15.74

最后,逐笔计算交易盈亏,进行盈亏相抵汇总,根据计算结果判定投资者索赔资格和索赔金额,如表2所示。

表2 判定投资者索赔资格和索赔金额

姓名	交易日期	买卖方向	成交数量	成交价格(元)	股票余额	真实价格(元)	单笔盈亏(元)	盈亏合计(元)	索赔资格
张三	2013年6月5日	买入	30,000	18.05	30,000	15.64	-72,300	16,623	无
	2013年6月6日	卖出	-30,000	17.624	0	15.32	69,120		
	2013年6月28日	买入	16,800	19.22	16,800	14.69	-76,104		
	2013年7月3日	买入	12,900	21.07	29,700	15.98	-65,661		
	2013年7月4日	卖出	29,700	21.18	0	15.74	161,568		

续表

姓名	交易日期	买卖方向	成交数量	成交价格(元)	股票余额	真实价格(元)	单笔盈亏(元)	盈亏合计(元)	索赔资格
李四	2013年6月21日	买入	18,100	19.108	18,100	14.40	-85,214.8	-26,027.8	有
	2013年6月24日	卖出	-18,100	18.33	0	15.06	59,187		

结　语

在我国证券市场,投资者尤其是中小投资者处于弱势地位,最容易遭受证券侵权行为侵害,其利益应当得到足够关注。刑事责任和行政责任着眼于社会整体利益,无法实现对投资者个人的直接救济,民事责任的赔偿属性与不可替代性决定了民事责任在证券投资者保护中的基础性作用。① 只有追究操纵证券市场行为人的民事赔偿责任,加大其违法成本,才能从根本上遏制其为追求私益而枉法损害证券市场整体利益的动因,才能减少甚至消除操纵证券市场这一证券市场"毒瘤"。

本文借鉴域外国家或地区对操纵证券市场民事责任相关立法与司法实践经验,参考国内相关理论研究成果,结合投服中心支持诉讼实践,对操纵证券市场民事责任的性质、归责原则、因果关系、损失计算等司法认定标准提出了建议。对我国证券群体性纠纷诉讼机制存在的问题,也提出了针对性建议,有利于高效化解群体性证券纠纷,完善我国投资者保护制度。

① 参见黄辉、肖宇、李海龙、黄江东:《资本市场民事赔偿金、行政罚款与刑法罚金制度研究》,载郭文英、徐明主编:《投服研究》(2018年第4辑),法律出版社2018年版,第13页。

资管新规下银行理财产品纠纷实务问题研究

同济大学课题组*

引　言

资管行业是金融创新最为活跃的行业之一，而银行理财产品是资管产品中与银行信用链接最紧密的产品，也是其他资管产品运用杠杆撬动资金的重要渠道。2018 年中国人民银行、中国银行保险监督管理委员会、中国证券监督管理委员会、国家外汇管理局发布了《关于规范金融机构资产管理业务的指导意见》（以下简称资管新规），强调了“禁止刚性兑付”、限制“通道”、“禁止资金池和期限错配”以及“禁止多层嵌套”等监管措施。资管新规的“严监管”导向除了存量银行理财产品引发的纠纷外，其催生新类型的银行理财产品结构设计，必将带来司法裁判新的困惑。本文在阐述资管新规下银行理财产品纠纷的趋势及司法面临问题的基础上，分析司法如何平衡银行理财产品各主体的权利义务关系、行政监管规则如何在个案裁判中适用展开分析，并就解决相关问题的司法对策建议进行总结。

一、资管新规下银行理财产品纠纷的趋势及司法面临的问题

资管新规的颁布，对银行理财产品的发行和销售产生了重大影响，给纠纷发

---

* 本课题由同济大学法学院范黎红副教授主持，课题组成员有林晓君、张猛、鄢青、席温欣、李环宇、王楠。本课题节选自中国法学会审判理论研究会金融审判理论专业委员会、上海金融法院 2019 年度优秀课题。

生后司法如何裁判带来了新的挑战。

(一)资管新规颁布后银行理财产品纠纷的趋势

根据中国裁判文书网、威科先行、Alpha等数据库的裁判文书检索结果显示,银行理财产品纠纷案件的案由主要以合同纠纷为主,同时存在一定的侵权责任纠纷。合同纠纷案件的案由主要是(金融)委托理财合同纠纷、(储蓄)存款合同纠纷、服务合同纠纷等,其中大部分为(金融)委托理财合同纠纷。而侵权责任纠纷案件的案由主要是财产损害赔偿纠纷。司法实践中,涉银行理财产品纠纷的案件主要可以分为以下两种类型:

1. 涉及受托人银行与委托人购买者之间权利义务平衡的纠纷

此类案件主要涉及银行存在风险评估与风险提示、推介与销售存在不当、信息披露不充分等行为而引发的争议。购买者在理财产品产生亏损后,到期未能保本获利,往往会诉至法院要求银行赔偿损失。而银行在销售自营或他行理财产品的同时,销售过程中应当履行信息披露义务和适当性义务,向理财产品购买者披露产品的规模、资金投向、盈亏风险等基本信息,并将合适的产品销售给合适的投资者。银行在此过程中存在服务瑕疵,给购买者损失的,容易引起相应讼争。资管新规加强了之前资管业务中受到忽视的受托人信义义务,强调了金融消费者权益保护,这将导致银行理财业务尤其是通道型业务中受托人的信义义务认定、银行理财产品合同中格式条款的效力认定等问题引发争议。

2. 涉及部门规章中监管性规定在金融商事审判实践中如何适用的纠纷

当前,在强调防范金融风险、维护金融安全的背景下,对金融机构和金融交易的行政监管趋严。尽管就法律位阶上来说,资管新规及一系列配套文件均非法律、行政法规,但其形成的严监管格局,将对具体金融纠纷的司法裁判产生影响。目前诸多案例的裁判结果,均体现出当下金融司法审判的监管化趋势。根据笔者于2019年7月3日在中国裁判文书网、威科先行、Alpha等数据库的裁判文书检索结果显示,资管新规颁布后,法院在判决中明确援引资管新规内容的,主要有18则案例,归纳起来,争议的问题体现在:

(1)刚性兑付。刚性兑付,是指无论理财产品实际投资情况如何,发行机构均对投资人本金及收益进行兑付。资管新规第19条则首次规定了刚性兑付的认定标准。从表面上看,"如期足额"之承诺保障了投资者的资金安全,有维稳之效,实则违背了风险定价原则,暗藏风险。禁止刚性兑付之理念见之于中国多个法律法规及部门规章中。在资管新规出台前,已有部分因存在"提供任何直接或间接、显性或隐性的担保或回购承诺"条款的协议被法院认定为无效,如在大连银行股份有限公司沈阳分行与中国民生银行股份有限公司太原分行合同纠纷案。[①] 随着监管机构对刚性兑付的进一步限制,大量"变异条款"亦不断出现,如"回购条款""明股实债"等。资管新规出台之前,回购条款也已经常见诸许多金融产品中。而回购条款虽实质上是风险承担之保证,但就现有司法实践而言,法院一般会根据当事人意思表示与内容,认可回购条款的合法有效性。资管新规出台后,是否以实质刚性兑付来认定明股实债与回购无效仍未有明确的定论。

(2)通道业务。早期通道业务在打通融资渠道、促进银信合作具有重要的推动作用,然而多层嵌套下的交易架构,也给金融市场带来了较大的运行风险。2018 年 6 月 29 日,最高人民法院判决的北京北大高科技产业投资有限公司、光大兴陇信托有限责任公司借款合同纠纷案[案号:(2015)民二终字第 401 号]中,最高人民法院认为案涉贷款的确属于银信通道业务,但该贷款发生于 2011 年,属于存量业务,最终判决合同有效。[②] 虽然法院依据"过渡期"的规定最终认定案涉合同有效,但却回避了一些具体问题:案涉信托贷款业务是否违反资管新规的监管政策,以及若违反了监管政策,是否会影响本案交易合同的效力。在过渡期结束之后,通道业务案件司法裁判思路将如何,依然面临争议。

(3)期限错配。资管新规亦对"期限错配"进行了清理。其间错配往往与资金池、刚性兑付联系紧密,在资金池的模式下,不同类型、期限和预期收益率的理财产品放入同一个资金池,导致了资金来源与资金运用的不相匹配。资金池是银行理财产品实现期限错配的主要方式之一。而在资管新规中,两者均被明文禁止。由于期限错配主要是金融机构产品设计与业务安排的问题,因此就此事项,资管新规带来的影响主要集中在行政监管层面。本次监管措施从根本上要求彻底清理,给机构带来了严格的合规挑战。就司法实践而言,期限错配与刚性兑付紧密关联,成为案件双方当事人的主要争议焦点提出,法院在金融机构存在"期限错配"现象如何认定的问题上,将与刚性兑付、通道业务等采取较趋同的裁

---

① 参见(2016)辽民初第 80 号民事判决书。

② 参见最高人民法院(2015)民二终字第 401 号民事判决书。

判思路。

(二)资管新规下银行理财产品纠纷新趋势对司法的挑战

1. 司法如何结合资管新规规定平衡受托人银行与委托人理财产品购买者的合法权益。进入司法视野的银行理财产品纠纷,体现的是银行和理财产品购买者之前的权利义务关系。资管新规从监管角度,规定了银行应当履行的投资者适当性义务、信息披露义务,并就资金投向、管理等相关财务指标进行详尽的规定。上述规定,是否直接影响司法对银行理财产品当事人权利义务关系的裁判,值得进一步探究,具体体现在:(1)资管新规较之前的行政规章提高了银行履行受托人义务的标准,加强了对投资者的权益保护,这些规定在司法实践中如何具体适用;(2)资管新规中规定的银行应履行义务能否作为不具有私法强制力的倡导性规定,由当事人通过契约予以排除;(3)银行违反了资管新规中的相关权利义务,是否构成欺诈,投资者能否由此主张撤销合同;(4)当银行违反了资管新规中的权利义务时,投资者能否以银行存在侵权行为为由主张损害赔偿,亦即能否行政规章的规定能否称为判断当事人侵权的依据;等等。

2. 司法在相关纠纷中如何适用资管新规中的监管性规定。具体包括:(1)对行政规章中的监管性规定,如何甄别违背相关规定涉及侵犯社会公共利益?结合近年来最高人民法院及地方法院对于监管政策的理解与使用,尤其是最高人民法院认定代持保险公司股权的协议无效,①认定上市公司股权代持无效的杨某某、林某某股权转让纠纷案,②以及上海金融法院认定外国人委托中国人隐名代持境内上市公司股权行为无效及相关投资收益分配原则的案件,③可以发现此类案件因与之前法院类似判例存在观点上的重大转折,体现司法机关对于监管政策适用的新思路,引起行业极大关注。(2)司法如何进行穿透式司法审查?实践中,为规避投资范围的监管限制及加大杠杆效应等目的,资产管理产品在设计上一般层层嵌套,从而规避监管要求。穿透式监管要求对嵌套式复杂金融产品进行"穿透",向上识别产品的最终投资者,向下识别产品的底层资产,这将使行政

---

① 参见(2017)最高法民终529号民事判决书。

② 参见(2017)最高法民申2454号民事裁定书。

③ 参见郑倩:《上海金融法院审结一起外国人隐名代持上市公司股份的股权转让纠纷案》,载搜狐网:http://www.sohu.com/a/324970600_779070,最后访问日期:2019年7月8日。

监管权限的大幅扩张,同时影响到司法实践。若司法也实行"穿透式审查",原本被法院认定合法的资产管理产品、相关协议等均将被重新审视,"穿透式审查"在司法领域到底能否进行及其边界何在,则值得进一步考量。(3)尽管资管新规按照"新老划断"的原则规定了过渡期,但产生了金融机构处理存量产品与推行新产品时对资管新规多方面隐性规避的问题。资管新规出台以后,银行已普遍逐步减少保本收益理财产品的发行,但与此同时亦开始推进结构性存款和大额存单,尤其是结构性存款。然而尽管其名曰"存款",亦分类在存款之下,但它却有一定的理财色彩,且存在一定的风险。甚至存在一些银行推出"假结构性存款",在推介产品时保证客户拿到最高收益,实质上仍然是保本保收益的刚性兑付行为。对于这些过渡期内发行的产品,司法实践中如何认定,目前仍有较大争议。

资管新规及一系列配套文件从行政监管层面,回应了现今资产管理领域多层嵌套、刚性兑付、期限错配、通道业务等诸多问题,对于规范金融机构资产管理业务、防控金融风险、保护投资者权益等均具有重要意义。而从司法层面,资管纠纷往往涉及多个交易方,呈现市场主体各种创新变革的新类型交易结构,法院面对具体个案,需要在新型交易结构中探寻交易主体相互权利义务的本质,认定其法律性质,平衡各相关主体的权利义务,并兼顾社会公共利益。这既涉及司法结合合同法等法律、资管新规等行政规章,对银行理财合同具体条款和交易结构的精确甄别,也涉及在民商事司法裁判中适度适用行政监管性规定的合理把握。由于我国现行资产管理行业上位法缺失严重、资管新规及一系列配套文件又无法源性,金融司法审判如何认定和适用资管新规,司法介入资管纠纷的尺度如何合理界定,需要司法从横向层面平衡银行理财产品各主体之间的法律关系,纵向层面考量监管性规则对当事人权利义务之影响。

二、资管新规下银行理财产品各主体权利义务的司法衡平

(一)资管新规下银行的适当性义务

资管新规下,围绕银行的适当性义务之履行发生的纠纷,结合第九次《全国法院民商事审判工作会议纪要》(以下简称《九民纪要》),以下几个问题值得探讨:一是银行代销其他金融机构发行的理财产品,其承担适当性义务的责任基础

如何认定,金融产品发行机构、销售机构之间的责任如何区分;二是如何认定银行违反了投资者适当性义务,客观标准和主观标准如何认定;三是若银行需承担投资者适当性义务,是否还需考虑投资者应自行承担的投资风险,如何确定赔偿损失的比例。上述问题,需要在分析投资者适当性义务的基本法理基础上逐一展开分析。

1. 代销银行承担适当性义务的责任基础

银行在销售自身发行的银行理财产品时,银行与投资者间存在信托关系,银行作为受托人应从委托人利益出发,将风险等级适当的理财产品销售给投资者,应当履行投资者适当性义务。而在银行代销理财产品的情形下,虽然代销银行与投资者间不存在直接的信托关系,但存在金融产品销售与购买的服务合同关系,投资者基于对银行推介服务的信赖而购买第三方金融机构产品,代销银行应基于这种信赖将风险等级适当的理财产品推介给投资者,也应履行投资者适当性义务。

《九民纪要》第74条"责任主体"规定,卖方机构未尽适当性义务,导致金融消费者在购买金融产品或者接受金融服务过程中遭受损失的,金融消费者既可以请求金融产品的发行人承担赔偿责任,也可以请求金融产品的销售者承担赔偿责任,还可以根据《民法总则》第167条的规定,请求金融产品的发行人、销售者共同承担连带赔偿责任。发行人、销售者请求人民法院明确各自的责任份额的,人民法院可以在判决发行人、销售者对金融消费者承担连带赔偿责任的同时,明确发行人、销售者在实际承担了赔偿责任后,有权向责任方追偿其应当承担的赔偿份额。

笔者认为,当出现金融产品的违规销售对金融产品发行者、销售者承担连带责任之后,对发行者和销售者的责任区分,首先,若在代销合同中明确约定了发行金融机构与代销金融机构的责任划分标准,则依约定。其次,若在代销合同中没有关于责任划分的约定,则由法院酌情裁定。法院应当结合发行者和销售者的约定、资管产品的类型、发行者的说明行为、销售者有无推介行为等因素加以综合认定。发行机构的适当性义务在于产品风险的评测、选择合适的销售渠道、为代销方提供涉产品基本状况的信息。销售机构的适当性义务主要在于对投资者的适当性测试,将合适的产品与投资者进行匹配。为此,在对发行机构、销售机构进行责任划分时,应当由更接近相关证据一方围绕各自的适当性义务承担相应的举证责任。在具体认定上，应当结合资管产品和行业一般做法加以考量，如结构复杂的理财产品，发行机构关于产品的基本状况对销售机构应履行的信息披露义务，较之结构简单的理财产品更为严格。

2. 银行是否违反投资者适当性义务的客观和主观标准

《九民纪要》在适当性义务中并未提及具体认定标准，但在与适当性义务相关联的告知说明义务中提及了认定金融机构是否履行告知说明义务，“应当根据产品、投资活动的风险和金融消费者的实际情况，综合理性人能够理解的客观标准和金融消费者能够理解的主观标准来确定卖方机构是否已经履行了告知说明义务”。所谓客观标准，是结合产品、投资活动的风险和一般理性人的认知能力来进行把握。外在证据是《客户须知》《开户申请表》《风险告知书》等。实践中监管机构往往要求金融机构在风险告知书上由投资者手写“本人明确知悉可能存在本金损失风险”并签字，[①]但《九民纪要》中已明确，手写“本人明确知悉可能存在本金损失风险”作为孤证不能证明金融机构履行了告知说明义务，必须要提供其他证据加以佐证，这意味着司法认定标准从形式标准到实质标准的转变。所谓主观标准，是结合特定金融消费者的具体情况，包括职业背景、历史投资情况、风险承受能力等进行个案认定。主观标准依据个案情形之不同而有所不同。

3. 银行因违反投资者适当性义务对损失应承担的责任比例

在司法实践中，法院对银行与投资者分配责任的依据是双方的过错程度，其对银行与投资者各自过错程度的认定，直接影响到双方对损害结果承担责任的比例。由于银行与投资者地位的不平等性，法律、法规或者监管部门的规范性文件对于银行规定投资者适当性义务，银行没有从实质上尽到这些义务的，法院一般会要求其承担主要责任。而对于投资者来说，其在购买理财产品时应尽到必要的注意义务（如自身的财务状况、投资能力及风险承受能力等），否则也会因为存在过错而须承担一定比例的次要责任。例如，在王某某与平安银行北京宣武支行财产损害赔偿纠纷案中，[②]法院判决销售机构对于投资者的损失承担80%

---

① 例如，《商业银行个人理财业务风险管理指引》第30条规定：商业银行提供个人理财顾问服务业务时，要向客户进行风险提示。风险提示应设计客户确认栏和签字栏。客户确认栏应载明以下语句，并要求客户抄录后签名：“本人已经阅读上述风险提示，充分了解并清楚知晓本产品的风险，愿意承担相关风险”。

② 参见（2016）京0102民初626号民事判决书。

的责任,投资者对于其损失自担20%的责任;而在林某与工行下关支行财产损害赔偿纠纷案中,[①]一审法院判决,投资者损失承担30%责任,金融机构承担70%赔偿责任,而在二审中,法院则改判金融机构对投资者的实际损失承担全部赔偿责任。

《九民纪要》第77条、第78条涉及损失赔偿数额的确定以及免责事由。该两条规定的基本思路是将金融机构违反适当性义务与投资者遭受的损失建立因果联系,除非金融机构违反适当性义务是基于对方故意提供虚假信息所致。笔者认为,在上述思路的基础上,实践中建议进一步考虑资管产品交易的复杂性,尤其是导致损失的原因可能存在多因素。资管产品作为金融产品,自身内蕴一定的市场风险,在资管产品纠纷的处理中,既要强调金融机构的适当性义务,也要强调投资者对自身提供信息、交易过程中的错误决策承担一定的风险。建议在考虑金融机构违反适当性义务与投资者遭受损失之间的因果关系时,应纳入法官个案裁量的因素有:金融机构违反适当性义务的严重程度,履行义务有瑕疵还是严重违反;投资者自身在提供信息时是否存在故意或过失;在资管产品合同履约阶段投资者的投资决策是否存在操作不当;履约阶段投资者依照合同约定应当及时止损时是否及时止损等。

(二)资管新规下受托人信息披露义务的司法认定

作为信义义务的一部分,信息披露同样是银行作为受托人在为客户与金融消费者提供理财产品时应当履行的义务内容。资管新规实施前,银行理财产品基于信息披露的监管尚未到位、存在资金池模式未实现独立核算等因素,存在信息透明度欠佳情况。这就导致银行理财产品信息披露上,存在下述问题:首先,片面夸大预期收益率;其次,未披露结构性银行理财产品的关键信息;最后,运营过程中的信息未及时进行披露。资管新规就银行理财产品的信息披露提出了具体要求:为保障普通投资者利益,通过风险揭示、事先释明、客户评估、持续性信息披露等方式,银行就其理财产品应当进行的信息披露,主要包括缔约前的信息披露义务和履约过程中的信息披露义务。若违反上述监管性规定,应当承担何种民事责任呢?

---

① 参见(2016)苏01民终1563号民事判决书。

1. 案由的确定

当投资者购买银行发行的理财产品时,投资者与银行之间一般存在信托法律关系。投资者为委托人和受益人,银行作为受托人有义务披露理财产品的基本信息、履行过程中的信息和产品终止时的信息。当银行违法信息披露义务时,投资者可以根据具体情形,选择以违约或侵权起诉。

当投资者购买银行代销的理财产品时,投资者与银行之间存在金融服务合同关系。同时,银行作为金融机构,投资者之所以在银行购买银行代销的理财产品,一定程度上基于对银行的信赖。当银行违反资管新规中的信息披露规定时,投资者根据具体情形,同样可以选择以违约或侵权为由向银行主张维护自身的合法权益。

当投资者依据违约起诉时,可以选择因重大误解或对方存在欺诈申请撤销合同;或对方违背社会公共利益,主张合同无效;或者(抑或同时)主张损害赔偿。当投资者基于侵权起诉时,可以基于银行违反资管新规的相关规定要求赔偿损失。

2. 资管新规中信息披露具体规定的适用

资管新规中,涉及信息披露的条款和内容较多。带来的问题是,是否银行发行并管理理财产品时,凡是不符合资本新规信息披露的相关规定,均需要对投资者承担民事责任?

根据有关学者对近年来我国台湾地区银行发行的310起结构性票据的诉讼分析,尽管信息披露是银行理财产品发行和销售过程中的重灾区,同时行政监管部门通过相关规定强调信息披露问题,投资者亦以银行违反信息披露要求为由提起民事诉讼,但信息披露问题在我国台湾地区法院并未得到充分重视。① 我国投资者专门针对银行理财产品受托人违反信息披露义务提起的民事诉讼较为少见,更多集中于投资者适当性制度相关的风险揭示义务上。

随着资管新规对银行信息披露义务的重视并实施了一系列具体规则,笔者认为,将来该类诉讼数量可能上升,由此带来相关民事责任如何界定的难题。银行理财产品作为投资性金融产品,若公募发行,根据《证券法》第2条规定,属于

---

① Christopher Chen Chao-Hung, "Judicial Inactivism In Protecting Financial Consumers against Predatory Sale of Retail Structured Products: A Reflection from Retail Structured Notes Lawsuits in Taiwan", *Columbia Journal of Asian Law* 27, 2014, p. 193.

"证券",对于其中因违反资本新规中关于信息披露制度的相关规定,可以类比证券法上虚假陈述民事责任的规定,引入"重大性"等判断标准,对银行的过错以及损失与信息披露之间的因果关系进行认定,进而认定银行违反信息披露的相关法律责任。对于私募发行的银行理财产品,更多应从合同角度,认定银行违反信息披露的相关法律责任。

(三)资管新规下受托人违反忠实和善管义务的司法认定

1. 受托人违反忠实和善管义务的典型案例

资管新规下受托人的忠实和善管义务再次得到强调。尽管国内由于资管新规刚实施不久,很少有诉讼至法院的司法案例。但是,国外司法实践中围绕受托人违反忠实和善管义务的案例,并不少见。例如,就受托人违反忠实义务的案例,2010 年美国证券交易委员会在纽约南区联邦区域法院起诉高盛及时任高盛结构性产品相关交易部门副总裁布里·托雷即为一例。该案例中,高盛公司没有向投资者披露对冲基金保尔森公司在合成 CDO(Collateralized Debt Obligation,担保债务凭证)的基础资产挑选中扮演重要角色及与投资者有着对立经济利益的事实。[①] 违反善管义务的典型案例体现在:在英国的德国北方银行有限公司诉巴克莱银行案(HSH Nordbank v. Barclays Bank)中,原告购买了投资级别的 CDO,主张被告将原始资产出售而置换成了劣质资产,导致了投资一文不值。原告认为,被告未充分揭示投资风险,同时更重要的是,未尽到应有的注意义务,管理好 CDO 对应的资产。[②]

2. 司法认定路径

商法路径下受托人积极管理的信义义务在司法实践中仍存在被忽视的现象。如(2008)豫法民二终字第 120 号判决中,对一起信托纠纷仍以委托代理合同法律关系下的受托人职责来进行认定。该案中,原告河南省灵宝市农村信用合作联社与被告省农业信托投资公司签订了信托合同,由原告投资标的为海南新能源公司的房地产的信托项目,被告作为受托人。但因政策原因,投资标的被强制拍卖,相关款项被划入第三人银行账户,而被告管理人虽及时作出了事实披

---

① Vincenzo Bavoso,"Filling the Accountability Gap in Structured Finance Transactions:The Case for a Broader Fiduciary Obligation",*Columbia Journal of European Law*,Spring,2017,p. 395.

② HSH Nordbank AG v. Barclays Bank PLC,[2004]EWHC(Comm)1183 All ER(D)469(Feb).

露,并未积极追讨相应款项,导致信托项目产生损失。原告因此将被告诉诸法院,认为被告怠于履行职责。法院认为,双方之间的合同虽为信托合同,但被告已经将事实及时披露,履行了足够的注意义务且没有过错,故驳回了原告的诉讼请求。[①] 但值得注意的是,目前法院越来越多地从信义义务出发来认定受托人违反信义义务给投资者造成损失时应担民事责任。首先,一般法院多会从资管合同约定判断受托人是否违反了合同义务,构成违约责任,此时应适用严格责任原则;其次,从受托人的信义义务出发判断受托人是否违反了信义义务。即便资管合同中将受托人合同义务未作约定,但违反法定的信义义务的,则可以认定其存在过错,并进而承担民事责任,此时属于侵权责任,应适用过错责任原则。而对于过错的认定,在甘孜州农村信用联社股份有限公司与四川科亨矿业(集团)有限公司等合同纠纷一案中,最高人民法院认为:"本案二审的争议焦点在于被上诉人申万宏源证券和山东信托应否对上诉人甘孜联社未获清偿范围内的债权承担赔偿责任。判断本案所涉资产投资运作管理的管理人申万宏源证券以及信托合同的受托人山东信托应否承担相应民事责任的核心要件在于,管理人或受托人是否违反了当事人之间的相关合同约定或者法律法规的相关规定,是否存在违约或过失行为并承担相应的民事赔偿责任……从法律法规的有关规定看,合同法、信托法以及金融监管部门有关规范性文件规定了委托合同或信托合同受托人应承担的法定履职和尽职义务,即使当事人之间所签订的合同中未作约定,如受托人违反该法定履职或尽职义务并因其过失给委托人造成损失的,亦应根据其过错情形承担相应的民事责任。"[②]对于如何认定违反信义义务与投资者损失之间的因果关系,目前尚未检索到司法案例对此详细论述。但民事责任的成立须以损害的发生为前提,因此,笔者认为从以下两方面来判断:一是要结合信托合同的约定、相关法律法规、行政监管性规定,围绕受托人的行为是否符合投资者的投资目的,来判断受托人是否存在违背信义义务的行为;二是要考量金融市场上投资损失发生往往存在的多因性,区别投资者的损失是由于受托人违反信义义务造成的,抑或是因投资者出于自身投资判断过错或者存在其他过错,还是由于市场本身存在的系统性风险导致的。

---

① 参见(2008)豫法民二终字第120号民事判决书。

② 参见(2017)最高法民终880号案民事判决书。

(四)通道业务下受托人的信义义务

通道业务最早产生于以银信合作,《中国银监会关于规范银信类业务的通知》(以下简称《银信类业务的通知》)对银信通道业务给出了定义,[①]从其定义可以窥知在银行单一通道业务中,外部表现为银行与一家金融机构在资金融通领域相互合作;内部表现为通道方(管理人)按照委托人的投资指令开展业务,通常不承担主动管理责任,也不承担投资风险,银行作为委托人,向受托人发出指令进行信托财产的管理。"通道"并非法律概念。首先需要界定的是,通道业务下的信托模式在法律上如何定性? 信托,根据受托人是否对信托财产承担积极的管理义务,可以区分为积极信托和消极信托。在消极信托中,受托人仅仅是充当信托财产的名义所有人,对于信托财产的管理、处分不主动承担任何积极的决策和实施功能,而完全听从委托人或受益人的指示,或者对委托人或受益人的管理、处分行为予以完全承认。[②] 在通道类业务中,受托人处于"被动""消极"地位,带来的问题是,受托人是否应承担信义义务。

1. 受托人的信义义务

对于通道业务而言,合同约定义务可能不完整,但管理人应尽的恪尽职守、勤勉尽责等义务仍须全面履行。2017 年第 11 期证监会《机构监管情况通报》分析了通道业务中管理人应尽的义务,具体包括保证主体适格义务、完全履行合同约定义务、诚信履行合同附随义务、遵守合同以外的法定和规定义务等。《银信类业务的通知》第 6 条也规定了"信托公司在银信类业务中,应履行勤勉尽责的受托责任……"。资管新规第 22 条第 3 款规定了"……受托机构应当切实履行主动管理职责,不得进行转委托,不得再投资公募证券投资基金以外的资产管理产品。委托机构应当对受托机构开展尽职调查,实行名单制管理,明确规定受托机构的准入标准和程序、责任和义务、存续期管理、利益冲突防范机制、信息披露义务以及退出机制。委托机构不得因委托其他机构投资而免除自身应当承担的

① 《银信类业务的通知》第 1 条第 2 款规定:本通知所指银信通道业务,是指在银信类业务中,商业银行作为委托人设立资金信托或财产权信托,信托公司仅作为通道,信托资金或信托资产的管理、运用和处分均由委托人决定,风险管理责任和因管理不当导致的风险损失全部由委托人承担的行为。

② 参见周小明:《信托制度:法理与实务》,中国法制出版社 2012 年版,第 59 页。

责任”。以上可以看出,监管层面对于通道业务受托人以及委托人的职责均提出了要求,完全符合信义义务的内涵。

笔者认为,鉴于通道业务委托人和管理人身份的特殊性,出现法律纠纷时容易扯皮逃避责任,进而对投资者利益产生危害,不但不应放弃信义义务,还应强化以信义义务为核心的管理人职责。因为就信托法律关系而言,受托管理资产的人都是信义义务主体,课以资产管理人以信义义务的根本原因是通过保护处于相对弱势地位的委托人利益,实现实质正义。这同时也明确了法律允许当事人通过约定,减轻某些受托人的义务,降低其注意义务标准,排除某些形式上构成利益冲突行为的违法性。但是,不能完全免除受托人的信义义务,否则信义关系无法真正成立,从而损害委托人/受益人的根本利益。且如果允许管理人通过约定完全放弃管理职责,将可能导致业务违法违规、扰乱金融秩序、损害公共利益。

2. 受托人违反信义义务应承担的民事责任

(1)受托人在信托内部关系中的责任承担

在受托人与委托人的内部关系上,合同中关于减免受托人义务或责任的约定,即成为司法审查重点。如合同明确了减轻或者免责条款的情形,鉴于民商法上合同“意思自治”原则,司法机关在认定免责条款的效力时,除违反法律、行政法规的强制性规定外,一般认为免责条款对委托人发生效力。如(2018)最高法民申3698号①一案中,最高人民法院认为,案涉信托合同中关于“四川信托依据湖北银行指示发放信托贷款,即视为已履行受托人义务”的约定,合法有效。在(2018)最高法民终1209号、(2017)最高法民申5004号案中,②最高人民法院充分尊重了各方主体关于“委托人了解借款人真实情况并自担风险”的约定,并据此判令管理人即信托公司,无须就案涉项目投资损失承担赔偿责任。但我国《合同法》第53条第2款规定,“因故意或者重大过失造成对方财产损失的”免责条款无效,因此需要注意的是免责条款不包括管理人因故意或重大过失造成委托人财产损失的情形。若受托人没有按照合同约定履行义务,则应承担违约责任。在(2014)泰中商初字第00173号一案中,涉案信托合同约定,信托公司应在土地

---

① 参见(2018)最高法民申3698号案民事判决书。

② 参见(2018)最高法民终1209号案民事判决书、(2017)最高法民申5004号案民事判决书。

抵押、在建工程抵押手续以及强制执行公证完成之后发放贷款;后在未具备条件时,信托公司将信托资金发放给目标公司且目标公司未按合同约定将商品房预售款汇入监管账户。泰州市中级人民法院以此为由,认定信托公司在款项的发放、监管、回收等未尽到合理、谨慎的义务,应依约向委托人承担违约责任。①

通道业务下受托人同主动管理型业务的受托人一样,均对委托人负有法定的信义义务,即需履行法定的忠实、勤勉等义务。受托人很难以"通道业务"为由进行免责。在(2017)最高法民终880号一案中,最高人民法院认为,"合同法、信托法以及金融监管部门有关规范性文件规定了委托合同或信托合同受托人应承担的法定履职和尽职义务,即使当事人之间所签订的合同中未作约定,如受托人违反该法定履职或尽职义务并因其过失给委托人造成损失的,亦应根据其过错情形承担相应的民事责任"。②

(2)对外部第三人的责任

当通道业务对合同双方以外的第三人发生违约或者侵权行为时,资管合同约定的责任承担方式不能对抗第三人的权利主张。例如,在(2010)浙杭民终字第644号一案中,浙江省高级人民法院认为,某信托公司作为管理人代委托人投资到目标公司成为股东,管理人放弃股东职责的行为对公司资金在成立次日即被抽走负有不可推卸的责任。管理人与委托人之间的内部关系,不能对抗目标公司外部债权人,外部债权人可以向管理人追责。③ 此时,法律责任的认定和分配,需要结合当事各方的主观过错等具体情况进行分析研判。

三、强监管背景下银行理财产品相关条款效力的司法认定

(一)银行理财产品规避"禁止刚性兑付"条款的识别及效力认定

1.银行理财产品中隐性"刚性兑付"的识别

资管新规第19条规定,从收益确定、发行方式、偿付主体方面对刚性兑付行为进行了认定,这是监管文件中对刚性兑付的首次定义。受金融监管部门法律、

① 参见(2014)泰中商初字第00173号案民事判决书。
② 参见(2017)最高法民终880号案民事判决书。
③ 参见(2010)浙杭民终字第644号民事判决书。

法规的影响,刚性兑付在不同的阶段出现了不同的表现,主要可以分为显性刚性兑付与隐性刚性兑付两种。

(1)显性刚性兑付

显性刚性兑付主要是在刚性兑付发展初期一些的保本保收益的承诺。在资产管理业务发展初期,投资者、金融机构、融资者等各个主体之间会直接在协议中对与收益进行保证,融资方通常被要求提供各类保证或担保措施。

(2)隐性刚性兑付

刚性兑付虽然监管部门曾在2004年出现过要求金融机构进行刚性兑付的规定,但在刚性兑付的隐患逐步暴露后,监管部门开始限制刚性兑付,监管力度也在逐步加强。但由于上文提到的引起刚性兑付的因素依然存在,再加上刚性兑付已经成为行业惯例,刚性兑付仍然在监管部门的规制下"幸存",金融机构为了避开监管规定,保证投资项目收益,通过各类创新的形式实现投资资金及预期收益的保障。这些刚性兑付的实现手段大多是从法律概念的结合或者法律规定模糊之处入手,通过对本身性质的混淆来躲避监管。就目前而言,金融机构为了实现刚性兑付所采取的手段通常有:"名股实债"(亦称"明股实债")、约定回购条款、收益权出质等。部分金融机构还通过对结构性存款、有限合伙型基金的变相操作,以实现其刚性兑付的目的。具体表现为:第一类,资管关系内部结构化安排。内部结构化安排是指在理财产品合同中通过结构化条款中约定将投资者所持有的理财产品份额区分为优先级、劣后级等级别,不同的级别享有不同的权益,劣后级份额持有者以投资本金优先承担亏损的方式为优先级份额持有者提供优先获得收益分配的权利。通常的收益分配原则是优先级投资者承担较小风险,享有固定的收益;劣后级投资者承担较高的风险,享有更高的收益。例如,在结构化条款中约定当特定期限届满或者优先级份额无法获得按期足额偿付等条件成就时,由劣后级投资者以特定价格回购优先级投资者所持优先级份额,使优先级投资者在特定情形下优先获得收益分配,是劣后级投资者对优先级投资者实现权益的一种保障措施。这种理财产品内部的结构化安排实质是一种增信和担保措施,虽然合同条款没有明确约定对该理财产品进行刚性兑付,但可以通过交易架构的设计实现对优先级投资者收益的风险保障。第二类,资管关系外第三方增信措施。即由资管法律关系以外的第三方基于自由意思表示作出回购承诺、差额补足合同、受益权转让等形式作出增信。这些情形,是否违反资管新规对于金融机构进行刚性兑付的禁止性规定将成为该类型案件的争议焦点。

(3)隐性刚性兑付的合同法律性质认定

在各种隐性的刚性兑付中,对合同性质的认定,与合同效力的认定一直是司法裁判中争议的焦点。隐性的刚性兑付,本质上是为了实现刚性兑付的目的而采用其他形式的交易来避开法律、法规中禁止性的规定。所以,名不副实的合同如何认定其性质就成为隐性刚性兑付相关问题的争议点。

大多数学者的观点是根据双方真实的意思表示来确定合同的性质,而意思表示本身又是内在因素,只能通过各种证据材料证明缔约时双方的意图,于是便衍生出了结合双方实际履行情况确定双方意思表示的观点。裁判中探究双方意思表示或者合同本身目的还会面临的问题是探究的深度。在资产管理业务或金融投资业务中,大部分合同的最终目的其实是企业融资,甚至可以进一步理解为借款。而刚性兑付的目的其实是保障本金及收益的收回,即实现债权,那么从本意上理解,合同又可以理解为是一种特殊的"担保"。法院在裁判过程中应把握好当对合同目的探究的深度,不能泛化地将隐性刚性兑付的合同认定借款,也不能直接将刚性兑付的约定认定为担保,根据具体案情客观分析合同目的。例如,在新华信托股份有限公司与诸城市江峰房地产开发有限公司合同纠纷案中,法院基于江峰公司的借款意向、股权转让价格的严重不合理性、担保债权的从属性等因素的考量,认定双方当事人签订的《合作协议》《收益权转让合同》的实质为借款合同。[①] 在新华信托与宁波市强人置业、叶某某等金融借款合同纠纷案[②]中,重庆市高级人民法院延续了前案的裁判思路,认为对于法律关系的性质认定,应当根据合同约定的实质内容及各合同间的相互关系综合判断。最终,认定各方当事人订立《股权收益权转让合同》并非为实际转让股权收益权,而是为了保障《信托融资合同》的履行。

2. 银行理财产品中"刚性兑付"的效力认定及相应法律后果

刚性兑付的行为违反投资者风险自担的经济原则,且将风险在金融系统内部集聚,将会对整体社会经济造成巨大的威胁和隐患。虽然资管新规不能被直接援引为合同无效的依据,但其关于刚性兑付行为的价值取向与《信托法》《证券

---

① 参见(2014)渝高法民初字第00010号案民事判决书。

② 参见(2014)渝高法民初字第00045号案民事判决书。

法》等法律相关条款的立法目的一致,同是为了严控金融风险、加强资管行业监管而制定。规范金融机构资管业务的首要原则是“坚持严控风险的底线思维。把防范和化解资产管理业务风险放到更加重要的位置,减少存量风险,严防增量风险”。在目前严峻的防范金融风险形势下,违反资管新规禁止刚性兑付的行为可能会造成行业内一系列连锁反应,引发严重的金融系统风险,给整个经济社会带来巨大冲击,甚至不亚于直接违反《信托法》《证券法》等法律、行政法规所带来的法律后果。因此,笔者认为,刚性兑付合同违反了资管新规的禁止性规定,同时在给金融市场以及社会经济秩序带来严重威胁后果的情况下,有被认定无效的风险。但在具体认定上,要区分以下情况:

(1)金融机构承诺保本保收益

投资者与金融机构签订的银行理财产品合同中存在“保底保收益条款”时,违背了监管规则中禁止金融机构刚性兑付之规定,也违背了资管产品投资风险应当由投资者自担的原则,应被认定无效。当理财产品合同被认定无效时,基于涉案理财产品均存在一定程度亏损,存在对亏损金额在金融机构与投资者之间的分担,需要根据金融机构和投资者在无效合同中的过错,确定合同无效后的具体法律后果。忽视涉案产品产生的亏损及双方当事人存在的过错,简单地以金融机构向投资者返还已支付的投资本金及存款利息,这种合同无效后果实际上与金融机构“保本”无异,并不足取。

(2)第三方承诺保本保收益

作为增信安排的第三方承诺保本保收益的合同条款在司法实践中一般认定为有效。其法律后果是承诺方在保底条款适用的情形触发时,须按合同约定向投资人履行偿付本金收益或承担担保责任的义务。

由第三方作出的差额补足合同的法律性质存在保证、债务加入两种理解。具体如何认定,需要结合合同的确切表述等具体细节加以认定。首先,保证作为典型的担保方式,其合同设立、生效的方式和保证期间都需要有明确的合同约定,并且在司法实践中需要存在当事人承担保证责任的确切表述方能被认定为保证合同。其次,当不符合保证合同的要件时,也可能构成第三方在特定情况下对合同相对方作出直接补偿承诺的附条件的独立合同。而该类独立合同的内容与资管合同中交易内容的约定并不相同,不属于资管合同项下的从合同。因此,其性质不应被认定为保证合同,则可能构成债的加入。在资管法律关系中,差额补足合同的补足义务履行方并非签订资管合同的当事人,不存在在资管法律关系中向投资者承诺“保本保收益”的情形。即使在监管部门认定金融机构构成刚性兑付并予以处罚的情形下,保底承诺系由第三方机构以差额补足或受让信托受益权等形式作出时,从保护投资者角度,笔者倾向于认为该保底承诺为有效。

(二)规避监管规则的“通道型”银行理财产品效力的司法认定

1. 规避监管规则的“通道型”银行理财产品之界定

规避监管规则的“通道型”银行理财产品,是指通道不仅表现为管理人没有切实履行“受人之托、代人理财”的受托人职责,而且其最终目的是利用结构化设计,层层嵌套以规避监管。例如,规避宏观调控目的的银信合作、规避房地产贷款要求的房地产信托、规避地方政府融资平台限制的基础设施建设信托等。[①] 资管新规对通道业务采取了禁止规避监管型通道而非“一刀切”的态度,这体现了监管部门对金融创新坚持趋利避害、辩证对待的监管理念,为资管业务留出了发展空间。但目前可以明确的“监管要求”仅有“投资范围”“杠杆约束”,至于是对“任一监管要求”的规避都会导致该通道业务被禁止,还是规避“应特定监管目的作出的监管要求”才会为资管新规所禁止则不得而知。有学者认为,规避以下监管要求的通道业务会被资管新规所禁止:信贷资金投向、授信集中度指标、信贷资产规模指标、资本充足率指标、拨备充足率指标、杠杆限制、流动性风险指标、非标监管指标、同业业务的期限控制指标、同业融入资金余额占比负债总额、理财资金投资非标债权资产总额、合格投资者标准。[②]

2. 规避监管规则的“通道型”银行理财产品效力

资管新规实施之前,在通道业务未违反法律、行政法规强制性规定的情形下,司法机构通常基于当事方的意思自治原则来认定通道业务的法律效力,以及各方在通道业务中的权利和义务。参考案例可见:(2017)最高法民申 5004 号案再审申请人吉林省建苑设计集团有限公司与被申请人四川信托有限公司信托纠纷案,(2017)最高法民终 880 号案上诉人甘孜州农村信用联社股份有限公司与

① 参见夏小雄:《“得形”、“忘意”与“返本”:中国信托法的理念调整和制度转型》,载《河北法学》2016 年第 6 期。

② 参见万子芊:《对资管新规关于通道业务相关规定的理解与思考》,载洪艳蓉主编:《金融法苑》(2018 年总第 97 辑),中国金融出版社 2018 年版,第 106 页。

被上诉人四川科亨矿业(集团)有限公司、申万宏源证券有限公司、山东国际信托股份有限公司等合同纠纷案。[①] 而对资管新规实施之后的"通道型"银行理财产品,资管新规和《九民纪要》均设置了过渡期。但过渡期届满之后,如何认定规避监管型的"通道型"银行理财产品效力,并未涉及。对此,笔者认为:

对于规避行政法规效力性强制性规定的通道型银行理财产品,因违反了《合同法》第52条第5款规定无效。对于规避行政规章禁止性规定的通道型银行理财产品,应当结合《九民纪要》第31条关于违反规章的合同效力之规定进行认定。

最高人民法院在(2015)民二终字第401号案中,以基于资管新规"新老划断"的原则,未支持上诉人北京北大高科技产业投资有限公司有关"案涉信托借款合同系商业银行为规避正规银行贷款而借助信托渠道谋取高息并构成以合法形式掩盖非法目的"的上诉理由,并最终确认了案涉银信通道业务的法律效力。但最高人民法院亦同时明确指出了"根据当前国家金融监管原则,金融机构不得为其他金融机构的资产管理产品提供规避投资范围、杠杆约束等监管要求的通道服务"。[②] 在(2016)最高法民终215号判决中,最高人民法院认为,"关于以合法形式掩盖非法目的问题,是否违反金融监管规定,应根据交易发生之时的相关监管规范分析判断,南昌农商行据以主张合同无效的相关监管规定,主要是针对证券交易所、证券公司以及证券登记结算机构的管理性规范,不能作为认定合同效力的法律依据"。但最高人民法院同时指出:"2018年4月27日《关于规范金融机构资产管理业务的指导意见》(银发〔2018〕106号),对金融机构资产管理业务提出了具体的规范要求。从该监管新规来看,监管部门对于金融机构资产管理业务实行穿透式监管,禁止开展多层嵌套和通道业务。而本案当事人的交易模式确实存在拉长资金链条,增加产品复杂性之情形,可能导致监管部门无法监控最终的投资者,对交易风险难以穿透核查,不符合监管新规之要求。因此,本案各方当事人今后应严格按照资管新规,规范开展业务。"[③]综上,最高人民法院

① 参见吴雄雁:《大资管争议解决系列:通道业务相关法律问题》,载中国贸易金融网:http://www.sinotf.com/GB/News/1001/2018-12-10/zNMDAwMDMzN,最后访问日期:2019年8月20日。

② 参见(2015)最高法民二终字第401号民事判决书。

③ 参见(2016)最高法民终215号民事判决书。

在该案中虽未否定开展多层嵌套和通道业务的合同效力,但直接劝诫各方当事人今后应严格按照资管新规规范开展业务。

结合上述案例,当规避法律型的“通道型”银行产品,是否涉及违反公序良俗,可以从以下要素进行规考量:从规范内容来看,“通道型”银行理财产品主要规避的是禁止投资的范围,这属于市场准入范围,违背相关规定,则违反了金融监管许可范围。同时,还可能规避资金运用的杠杆率限制等。在防范金融风险、维护金融秩序的严监管格局下,金融监管许可范围属于制度划定“红线”,是防范金融风险并对持牌机构进行监督管理的重要基础。此外,还可结合此类契约的流行程度、涉及的投资者范围、资金量多少以及当时的金融司法政策进行综合考量。当可能造成较为严重的负面效应时,违反该类规定,金融商事合同无效。

(三)与新规冲突的过渡期存量银行理财产品相关合同条款的司法认定

1. 原则上,资管新规不溯及既往

就过渡期存量银行理财产品纠纷引发法律问题,最高人民法院在(2015)民二终字第401号案等案件中,主要裁判观点概括为“存量业务合同有效,但不符合监管新规要求”。最高人民法院按照“不溯及既往”的原则,对于资管新规实施之前已经设立的通道业务,并未否认其效力。《九民纪要》第93条规定,资管新规第22条规定明确按照“新老划断”原则,将过渡期设置为截至2020年年底,确保平稳过渡。在过渡期内,对规避监管型通道业务效力的认定,也遵循了前述(2015)民二终字第401号案的认定。银行理财产品历经10余年的发展,至2004年出现之初,“刚性兑付”之做法就已经初露端倪。银行通过与其他金融机构的合作,推出银信合作、银证合作和银保合作等产品,为其他金融机构的理财产品加杠杆并在某种程度上间接提供了“银行信用”,共同推高了近些年来资管市场的规模。“冰冻三尺非一日之寒”,消除银行理财产品“刚性兑付”“资金池业务”“期限错配”等顽疾,需要考虑到以下两点:一是法律规则的稳定性。维持资管产品当事人的合理预期,避免朝令夕改对交易安全的破坏。二是考虑到裁判规则变动对存量银行理财产品的冲击,避免因裁判规则变动导致新的金融风险。而应通过过渡期逐步消除存量银行理财产品内蕴的潜在系统性风险。这与资管新规中“新老划断”的原则设置过渡期的安排相符合,有助于维护现有金融秩序的稳定。

2. 例外，存量产品依据资管新规构成“损害社会公共利益”或“违背公序良俗”

资管新规为行政机构对资管产品的行政监管要求，对存量产品合同效力的判断，在与资管新规相冲突的情形下，尽管法“不溯及既往”，但若涉及严重损害社会公共利益或违背公序良俗时，则根据《合同法》第52条或《民法总则》第153条之规定，仍然可能认定合同无效。对“社会公共利益”或“公序良俗”的判断，并不以合同缔结当时的情境进行判断，而是以司法裁判时的社会经济情境进行考量。

结　语

资管产品是近20年来金融市场上最活跃、创新程度最快的金融产品之一，其中，银行理财产品基于我国银行强大的机构实力在资管产品市场占有较大比例。银行理财产品不断推陈出新，挑战监管底线。而资管新规是行政监管机构加强对资管产品市场监管、防范金融风险的及时应对。大量监管性规定，不仅影响了银行理财产品交易主体之间的权利义务，还涉及相关合同条款乃至整个合同是否因相关监管性规范而被认定无效之问题。司法以个案裁判角度介入银行理财产品纠纷的解决，主要在于个案微观角度上对交易主体权利义务的调整，并融入宏观层面的公共政策考虑。司法介入银行理财产品纠纷应当秉持尊重市场主体的创新、维护社会公共利益并坚持防范系统性风险的底线等法律原则。在强监管背景下，资管新规的实施，在赋予法官对信义义务、公共利益判断更大自由裁量权的同时，更对法官司法智慧提出了新的挑战期待。司法在个案中衡量各方主体利益，适度介入当事人意思自治维护社会公共利益，有助于从微观角度推动银行理财产品私法关系的重构，消解10余年来银行理财业务存在的痼疾，为资管产品市场长期稳健发展提供法治保障。

证券(期货)市场操纵民事赔偿诉讼机制研究①

程红星*　王　超**

引　言

证券(期货)市场功能的有效发挥有赖于公开、公平、公正的市场环境,操纵市场行为扭曲市场价格形成机制,影响了资源配置效率和市场风险管理功能的发挥,严重损害投资者利益和国家监管秩序,一直是各个国家的打击重点违法行为。② 禁止市场操纵行为,追究其责是成熟资本市场的普遍做法,我国对于操纵行为也作出禁止,并规定了操纵行为人的行政和刑事法律责任,且相关规则日趋完善,③但民事责任的配套规定发展稍显滞后。无救济则无权利,民事责任的存在不仅可以使投资者因市场操纵招致的损失得到合理的赔偿,而且获利回吐也可以加大市场操纵者的违法成本。从境外实践来看,市场操纵作为经济利益驱动型违法行为,包括美国、日本在内,均将市场操纵行为视为民事侵权行为的一

---

① 本文获中国法学会审判理论研究会金融审判理论专业委员会2019年学术研讨会一等奖。

* 中国金融期货交易所期货市场巡回审理协作部负责人。

** 中国金融期货交易所法律部员工。

② 参见范林波:《操纵证券市场行为监管执法问题实证研究——以中国证监会2015~2017年三季度行政处罚决定书为视角》,载黄红元、卢文道主编:《证券法苑》(第22卷),法律出版社2017年版,第415~416页。

③ 2019年2月15日,证监会就《关于〈期货交易管理条例〉第七十条第一款第五项的规定》公开征求意见,该规定将虚假申报、蛊惑、抢帽子等四类操纵行为纳入打击对象。2019年4月26日,《证券法(三审稿)》公开征求意见,新修订的证券法将"意图操纵"以及虚假申报、抢帽子、跨市场操纵等纳入打击对象。2019年6月28日,最高人民法院和最高人民检察院印发《关于办理操纵证券、期货市场刑事案件适用法律若干问题的解释》,明确了"以其他方法操纵证券、期货市场"的六种情形及操纵犯罪的定罪量刑标准。

种,形成了较为完善和独立的证券欺诈民事损害赔偿机制。[①] 从境内市场情况来看,近年来,我国证监会加大了对市场操纵行为的打击力度,一批大案被查处,2015 年以来累计对操纵市场案件作出行政处罚决定 107 件,罚没金额超 100 亿元。[②] 同行政处罚相比,对于证券(期货)市场操纵民事责任的追究相对滞缓,进入民事赔偿案件稀少,即使进入民事赔偿程序,管辖、举证、因果关系认定、法律依据等方面也是困难重重。民事责任和赔偿诉讼的作用不仅是对私权的保护,它对维护资本市场秩序也有非常重要的意义。[③] 没有了民事赔偿措施,法律就像失去了牙齿,其惩治力度也大打折扣。基于此,本文拟从梳理我国证券(期货)市场操纵民事赔偿诉讼制度的发展脉络出发,剖析操纵市场民事责任认定及诉讼制度上的难点问题,并就司法实践中如何实现操纵民事赔偿从 0 到 1 的突破提出完善建议。

一、我国证券(期货)市场操纵民事赔偿诉讼制度现状

操纵市场行为是资本市场的典型违法行为,我国资本市场虽然起步较晚,但是历来重视对该类违法行为的打击,并构筑了以《证券法》《期货交易管理条例》《刑法》为核心的操纵行为监管法律框架体系。总体而言,上述法律法规侧重从行政处罚以及刑事制裁等角度等对市场操纵行为进行惩处,操纵民事赔偿的配套规定历经数年依旧是悬而未决。1999 年 7 月实施的《证券法》对于虚假陈述行为人的民事损害赔偿责任作出了规定,而对于操纵证券市场行为人则只规定了行政处罚及刑事责任。2008 年最高人民法院《民事案件案由规定(试行)》"二、票据、证券权益纠纷"第 165 条将"操纵证券交易市场纠纷"纳入民事案由范围,但是最高人民法院于 2001 年 9 月发布了《关于涉证券民事赔偿案件暂不予受理的通知》,要求各级人民法院对于市场操纵行为引起的民事赔偿案件暂不予

---

① 参见李明良、陈洁:《证券市场操纵行为法律规制之国际比较研究——以民事法律责任为重点》,载张育军、徐明主编:《证券法苑》(第 1 卷),法律出版社 2009 年版,第 239 页。

② 参见中国证监会法律部程合红主任在最高人民法院、最高人民检察院关于证券期货犯罪司法解释新闻发布会上的发言,载最高人民法院网:https://www.chinacourt.org/chat/fulltext/listId/51651/template/courtfbhcommon/subjectid/MzAwNMhOMYABAA==.shtml,最后访问日期:2019 年 7 月 14 日。

③ 参见陈志武:《美国证券法上的 10b-5 规则》,载《法律适用》2007 年第 11 期。

受理,给出的理由是我国的资本市场正处于不断规范和发展阶段,应逐步规范,受目前立法及司法条件的局限,法院尚不具备受理这类案件的条件。[①] 该份通知实质上剥夺了证券市场投资者基于《民事诉讼法》所享有的基本诉权,受到了投资者和公众的严厉批评。2003年,最高人民法院发布《关于审理证券市场因虚假陈述引发的民事赔偿案件的若干规定》,实现了对于证券市场民事赔偿案件的解禁。依据该司法解释,各级法院得以受理虚假陈述的民事赔偿案件,并基于该解释的明确的管辖原则、诉讼形式等作出裁判。2006年1月新修订的《证券法》颁布实施,其第77条第2款明确规定,操纵证券市场行为给投资者造成损失的,行为人应当依法承担赔偿责任。不过该条总体较为原则,没有就索赔主体、因果关系等诸多实际问题进行规定,在司法实践中适用性有限。与证券市场类似,我国期货市场作为一个小众市场,历经20余年的发展,已逐步走向规范。但是现行《期货交易管理条例》仅规定了针对操纵行为人的行政处罚及刑事责任,没有规定市场操纵者应当赔偿受害者损失的民事责任条款。

到目前为止,人民法院受理当事人以操纵市场为由提起的证券民事诉讼的法律障碍尚未完全消除。2007年5月最高人民法院领导在一次讲话中提到"修订后的证券法进一步明确规定了内幕交易和操纵市场侵权行为的民事责任。当前,对于投资人对侵权行为人提起的相关民事诉讼,有关人民法院应当参照虚假陈述司法解释前置程序的规定来确定案件的受理,并根据关于管辖的规定确定管辖",这似乎意味着之前收紧的政策将有逐步放松的趋势。近年来,也确实有些案件进入到法院的诉讼程序,但由于主客观的原因,大部分案件耗时较长,且至今尚未有判决原告胜诉的案例。程某某、刘某某操纵*ST钛白案、"操纵市场民事赔偿第一案"——汪某某操纵市场民事赔偿案,均被法院以现行法律法规、司法解释无明文规定为由驳回起诉。近期,鲜某操纵案被查处后,部分投资者向法院提起民事赔偿诉讼,案件虽获受理,但目前均被法院依据《民事诉讼法》第150条第1款第5项裁定中止诉讼。[②] 2018年,投服中心

① 参见黄韬:《为什么法院不那么重要——中国证券市场的一个观察》,载苏力主编:《法律和社会科学》(第10卷),法律出版社2012年版,第88页。

② 参见王某诉鲜某操纵证券交易市场责任纠纷一案一审民事裁定书,(2018)沪01民初323号。

就恒康医疗案提起国内首单证券支持诉讼,试图实现操纵民事赔偿的破局,[①]但该案因为管辖、追加被告等程序因素而屡次延期审理。可见案件即使得以进入受理程序,但是由于缺乏对应的司法解释,往往难以进入实质审理阶段。即使像史某某与安徽省凤形耐磨材料股份有限公司操纵证券交易市场案一样,案件进入审理阶段,但是囿于一般民事诉讼"谁主张,谁举证"的规则,原告难以证明被告为操纵行为人、自身的损失与操纵行为存在因果关系,最终被法院判定败诉。[②]

二、证券(期货)市场操纵民事赔偿责任的认定

(一)市场操纵的行为性质

操纵市场行为作为资本市场欺诈行为中的一种,[③]侵犯了普通投资者真实获得信息的权利,违反了民法的诚实信用原则。民法上的诚实信用,是指民事主体进行民事活动必须意图诚实、善意,行使权利不侵害他人与社会的利益,履行义务信守承诺和法律规定。市场操纵行为者却滥用所拥有的资源优势(包括资金优势、持仓优势、信息优势等),妨害市场自由竞争机制,[④]破坏侵害他人和社会利益以牟取暴利,因此操纵行为违反了诚实信用原则。基于以下理由,我们可以认定市场操纵行为是一种民事侵权行为。

首先,从市场操纵者的行为来看,该行为对交易的相对方造成了损害。市场操纵行为侵害的客体是一种财产上的利益,这种利益损失一般情况下由两部分组成:一部分是期待利益,另一部分是实际交易产生的损失。证券或期货合约价格因市场操纵出现偏离时,相关投资者不得不高价买入或者低价卖出证券或者

① 参见程晓鸣:《结合首例市场操纵支持诉讼"恒康医疗"案谈谈市场操纵案件》,载徐明主编:《投资者》(第4辑),法律出版社2018年版,第118页。

② 参见史某某与安徽省凤形耐磨材料股份有限公司操纵证券交易市场责任纠纷一审民事判决书,(2018)皖01民初806号。

③ 在操纵行为的性质问题上,虽然学界还存在较大的争议,但我国的主流观点认为市场操纵行为属于欺诈行为。参见陈洁:《证券欺诈侵权损害赔偿责任研究》,北京大学出版社2002年版,第189页;杨秋林:《试论操纵证券市场的民事责任研究》,载郭锋主编:《证券法律评论》,中国法制出版社2017年版,第378页。

④ 参见杨松、石启龙:《市场操纵本质的新认知及监管制度创新》,载《江西社会科学》2019年第3期。

以扭曲价格对合约进行平仓,投资者的财产遭受了不应有的损失。总体而言,我国对纯粹经济上损失原则上是不予保护的,市场操纵行为人承担民事赔偿责任的范围,以投资者因操纵市场而实际发生的损失为限。①

其次,从操纵行为者的主观方面来看,操纵行为是一种有过错的行为。② 关于行为者的主观过错,理论上有主观说和客观说两种理论。市场操纵者主观过错的认定宜采客观说,即理性人标准。按照客观说理论,只要交易者从事了不符合市场正常人标准③的市场滥用行为就是有过错的。④ 在案件中可以通过分析当事人的动机、行为、事后状态等事项,综合判定当事人是否具有操纵的故意,⑤当事人可以进行辩解说明,法院综合判断当事人是否符合理性人的标准。通常而言,操纵者的目的是通过一系列交易行为,造成交易量和价格波动的假象,从市场价格波动中获利。操纵者大多利用持仓优势和资金优势,大量建仓或者频繁交易(如高买低卖等)推动价格波动,目的就是要操纵市场价格,使价格向着有利于自己的方向变化。这种情形下,我们可以认定操纵行为在主观上由故意构成,且以获取不正当利益为目的。

最后,从操纵行为和危害结果之间的关系来看,两者之间具有相当的关联度,构成法律意义上的因果关系。大陆法系国家关于因果关系通行的理论是"相当因果关系说",我国民法理论也倾向采此种学说。⑥ 相当因果关系由"条件关系"和"相当性"构成,即在某一原因和某种结果同时发生时,还不能断定有因果关系,必须依一般观念存在同一条件就能发生同一结果时,才能认定该条件与该结果间有因果关系,即在"条件说"的基础上引入"相当性"标准对条件说进行必要限制,并由法官以社会一般人的角度对行为时及行为后的结果是否有预见为标准,做出因果关系成立与否的客观判断。

---

① 参见王洪光:《论操纵证券市场民事责任之构成》,载《人民司法》2009年第15期。

② 过错在归责原则之中极为重要,过错是责任的构成要件、归责的最终要件以及确定责任范围的依据。参见王利明:《侵权行为法研究》,中国人民大学出版社2004年版,第214页。

③ 即行为不经济或不合理。Wendy Collins Perdue,"Manipulation of Futures Markets:Redefining the Offense",56 *Fordham L. Rev.* 345(1987-1988).

④ 参见王利明:《侵权行为法归责原则研究》,中国政法大学出版社2003年版,第184~186页。

⑤ 参见范林波:《操纵证券市场行为监管执法问题实证研究——以中国证监会2015~2017年三季度行政处罚决定书为视角》,载黄红元、卢文道主编:《证券法苑》(第22卷),法律出版社2017年版,第424页。

⑥ 参见刘信平:《侵权法因果关系理论之研究》,法律出版社2008年版,第78~90页。

综上所述,市场操纵行为客观上造成了交易相对方的经济利益损失,行为实施主体在主观上具有实施操纵行为的故意,并且操纵行为与危害结果间存在相当的因果关系,足以构成法律上的侵权行为,因此操纵行为实际上是一种金融领域内特殊的侵权行为,除具备一般侵权行为的特征外,还具有操纵行为人可能会对市场中不特定的多数投资造成损害的特点,①为大规模侵权行为,②社会危害巨大。

(二)市场操纵行为民事赔偿责任的认定

实践中,我国《侵权责任法》并未将操纵市场作为一种法定的侵权行为类型,因此在分析操纵行为民事责任构成要件时,可以参考一般侵权责任构成要件,但需结合资本市场特殊情况对部分构成要件加以改动。具体而言,市场操纵行为民事责任的构成要件应包括违法行为、过错、损害事实、因果关系。

首先,客观上实施了操纵市场的行为,是操纵行为人承担民事赔偿责任的前提。操纵行为既是行为构成要件中的核心,也是民事责任产生客观事实,从而成为构成责任要件之一。③ 判断某个行为是否为操纵行为,需明确两个问题:第一,由谁去认定?第二,认定的标准?对于一般侵权行为而言,一般由受害人承担存在违法行为的举证责任,但考虑到证券(期货)市场交易机制较为复杂,不同操纵行为构成要件的差异性,由证监会及其派出机构进行认定可能更具有可操作性,通常而言,行政处罚决定书可作为存在操纵行为的证据。至于认定的标准,可重点分析当事人的行为是否制造了人为价格或产生明显的价格效应。

其次,归责原则是侵权责任的构成要件之一,决定着举证责任的内容和分配。在市场操纵民事责任认定中应采取过错责任和过错推定原则。操纵行为作为一种侵权行为,应适用民事侵权行为的归责原则。操纵市场行为样态多、技术性强、操纵隐秘复杂,要求受害投资者对操纵行为人的主观心理状态进行证明难

---

① 参见薛洪增:《操纵市场民事赔偿实质不容忽略》,载《证券时报》2011 年 7 月 30 日,第 A04 版。

② 所谓大规模侵权是指基于同一侵权行为或者多个具有同质性的侵权行为,给为数众多的受害者造成人身、财产损害或者同时造成上述两种损害,须提供数额巨大的损害赔偿救济以及更好地进行预防和惩罚,来保障社会安全的特殊侵权行为。参见杨立新:《〈侵权责任法〉应对大规模侵权的举措》,载《法学家》2011 年第 4 期。

③ 参见贾纬:《操纵市场行为的认定及其民事责任》,载《人民司法》2007 年第 17 期。

度太大。[①] 因此,各国证券期货法在规定归责原则时,对过错的举证责任分配基本都采取了过错推定原则,兼用无过错责任原则和公平责任原则。过错推定原则是指通过推定的方式来间接证明当事人的主观意图,即任何人只要实施了以人为方式控制金融衍生品价格以牟利的行为均可认定为存在操纵的主观意图。但对于此项推定,允许行为人以反证推翻。[②] 当然,如果监管部门已经认定行为构成操纵行为,本身就足以说明行为人实施操纵行为在主观上具有过错,投资者无须再行证明。[③]

再次,对所有请求权基础来说,损害的存在都是一个必然的前提。[④] 证券(期货)的价格由于受各种系统、非系统因素的影响,其在某一时点上的价格是否为反映供需关系的正常价格难以确定。而这会带来两个问题:第一,投资者的损失是否由于操纵行为导致;第二,如果是由于操纵行为导致,影响的程度有多大,而这也决定投资者遭受的损失在多大程度上得到补偿。一般而言,如果投资者在被操纵时段内,从事了与操纵行为人相反方向的交易,而被迫进行高买或低卖,则依据相关交易记录可证明损害事实存在。至于损害数额的确定,还需结合当时市场情况,依据后文所述计算方法,综合考量。

最后,因果关系是指市场行为人的行为与受害人遭受的损害之间的因果联系,因果关系是侵权责任认定的重要条件。依普通法传统,要对操纵行为加以惩戒,须证明投资者损失与操纵行为之间存在因果关系。对此,美国商品期货交易委员会指出,当监管机构在确定操纵者是否违反《商品交易法》第6(c)(1)条时,并不需要证明该因果关系,但是因果关系的证明仍然是私人诉讼中的重要内容。这实际上就是进一步明确,对操纵行为进行行政处罚适用的证明标准要低于民事责任追究中的证明标准。[⑤] 对因果关系需要从两个方面加以证明:一是证明存

① 参见赵振华、江海亮:《论期货市场操纵行为的民事责任》,载《中国矿业大学学报》(社会科学版)2013年第1期。

② 参见季秀平、王朋:《操纵证券市场行为及其法律规制》,载《南京大学法律评论》1998年春季号。

③ 参见薛洪增:《操纵市场民事赔偿实质不容忽略》,载《证券时报》2011年7月30日,第A04版。

④ 参见曹宇萌:《德国行情与市场价格操纵行为规制民事责任制度研究》,载《研究生法学》2011年第1期。

⑤ 参见李明良、李虹:《〈多德-弗兰克法〉期货市场反操纵条款研究》,载张育军、徐明主编:《证券法苑》(第5卷),法律出版社2011年版,第1204页。

在交易因果关系,即原告需要证明若不存在被告的违法行为交易就不会完成,至少不会以最终表现的形式完成。① 二是损失因果关系的证明,即原告应证明,原告遭受的损害与被告的违法行为之间具有一定的因果联系。考虑到我国资本市场新兴加转轨的特点、投资者还不成熟以及在举证过程中的明显劣势地位,我们应放弃传统的"谁主张,谁举证"的做法,采用因果关系推定说,降低因果关系证明的难度,在证明责任上采用责任倒置。② 原则上只要投资者是善意的,且在操纵时段内同一或者关联标的上从事了与操纵行为人相反的交易,受有损失,则推定损失与市场操纵行为之间存在因果关系。当然,"推定因果关系"并不排斥被告有抗辩的权利,被告完全可以提出证据证明原告的损失是由其他独立因素造成的,从而排除"事实上的因果关系",不承担损害赔偿责任。③

三、证券(期货)市场操纵民事赔偿诉讼制度

结合当前资本市场立法及司法实践来看,证券(期货)市场操纵民事赔偿制度主要内容包括管辖确立、前置程序设定、诉讼模式选择、损害赔偿计算等,这些也是当前投资者获得有效救济迫切需要解决的重难点问题。

(一)法院管辖

根据最高人民法院的思想,人民法院应根据《民事诉讼法》关于管辖的相关规定,并参照关于虚假陈述的有关司法解释来确定市场操纵民事赔偿案件的管辖。市场操纵行为引发的侵权民事赔偿案件,在事实认定和法律适用方面均存在相当的难度,且涉及投资者人数众多,社会影响范围较广。因此,在级别管辖上,参照虚假陈述司法解释的相关规定,由省级人民政府所在的市、计划单列市和经济特区的中级人民法院管辖比较合适。在地域管辖上,虚假陈述延循的是

---

① 对于交易上的因果关系,在有效市场假设前提下,基于欺诈市场理论,投资者往往不需要证明自己信赖的存在,而只需证明欺诈事实的实质性。参见陈志武:《美国证券法上的10b-5规则》,载《法律适用》2007年第11期。

② 参见钟守鹏、应鹏:《试论操纵市场民事诉讼中的因果关系的多样性及其价值》,载《东南大学学报》(哲学社会科学版)2013年第S1期。

③ 参见杨峰:《操纵证券市场民事责任因果关系认定规则之完善——从对美国、日本相关规定的比较出发》,载《法商研究》2006年第6期。

"原告就被告"的原则,考虑到市场操纵受损投资者分布较为分散,为降低其诉讼成本,有必要为原告在地域管辖上提供更多选择。例如,可以证券、期货合约境内挂牌上市的证券交易所所在地或者期货交易所所在地的中级人民法院作为民事赔偿诉讼案件的一审专属管辖法院。[①] 此外,基于集中管辖原则,为了便于法官专业知识及审理经验的积累,提高案件审判质量和效率,[②]可参照上海地区的经验,[③]在金融纠纷较多的其他省市,设立金融法院对操纵市场民事赔偿案件进行集中、专门化审理。

(二)前置程序的设定与诉讼模式选择

目前证券市场虚假陈述民事责任追究中,法院规定了行政处罚和刑事处罚作为民事诉讼受理的前提,不过依据最高人民法院《关于当前商事审判工作中的若干具体问题》的相关规定,在实行立案登记之后,证券市场侵权引发的民事赔偿案件,立案时理论上将不再以监管部门的行政处罚和生效的刑事判决认定为前置条件。前置程序的存在可以抑制滥诉、减轻原告举证责任,在特定历史条件下具有一定的必要性和合理性,但先行政/刑事后民事的制度设计,违背了司法最终审查原则,也在实质上剥夺了投资者的诉权。[④] 从长远来看,前置程序的废除应该不是悬念,[⑤]司法实践中已出现数起无行政前置条件下审理并判决的虚假陈述和操纵民事赔偿案件。[⑥] 不过前置程序的取消,必须配套相关措施减轻投资者的举证责任,并不断提高法院的专业能力。此前,就有观点提出,受制于操纵行为本身的专业性和隐蔽性,目前人民法院尚不具备认定操纵市场行为的能力和条件。[⑦] 鉴于此,在具体认定过程中,可以充分发挥交易所、行业协会、监管部门的作用,为法院在操纵行为认定过程中提供协助,从而有效把握涉案行为性

---

① 参见贾明星:《证券内幕交易民事赔偿诉讼制度浅析》,载《太原大学学报》2012年第2期。

② 参见沈丽:《证券民事赔偿诉讼难的现状及对策》,载《南方金融》2010年第5期。

③ 日前,上海金融法院已经正式挂牌,依据《最高人民法院关于上海金融法院案件管辖的规定》,与证券、期货交易相关的民商事案件将由金融法院管辖,上海市辖区内操纵民事赔偿案件将由金融法院受理。

④ 参见刘裕辉、沈梁军:《境内外证券市场投资者赔偿补偿机制比较研究》,载《证券市场导报》2017年第8期。

⑤ 参见陈洁:《证券民事赔偿责任优先原则的实现机制》,载《证券市场导报》2017年第6期。

⑥ 参见(2018)浙民终590号民事判决书、(2018)皖01民初806号。

⑦ 参见贾纬:《证券市场侵权民事责任之完善》,载《法律适用》2014年第7期。

质,提高案件审理效率。

目前,证券虚假陈述诉讼中采用的诉讼方式是单独诉讼和共同诉讼两种方式。共同诉讼是指当事人一方或双方为两人(含两人)以上的诉讼。证券民事责任的诉讼中之所以引入共同诉讼模式主要基于以下几点考虑:第一,证券市场中一旦发生侵权行为,作为受害人的投资者可能规模过于庞大;第二,投资者受侵害的情况和实际损失通常不雷同;第三,我国目前还没有类似美国的中介机构对成千上万投资者的损失进行登记和计算,仅依靠人民法院通过公告对权利人登记、由权利人选择加入诉讼是不现实的。因此,对证券市场人数众多的赔偿诉求,以代表人方式进行的共同诉讼是符合法院和证券市场现有条件的。有学者建议,在证券民事责任的诉讼中应当采纳集团诉讼的模式。但从法律规定来看,现行民事诉讼法只规定了代表人诉讼,并没有规定集团诉讼。鉴于操纵市场侵权诉讼的影响面广,采用单独诉讼或者代表诉讼可能并不能真正维护投资者的合法权益,初期可引入支持诉讼制度,即赋予某些团体,如中证中小投资者服务中心①以诉权,使其可以直接提起民事诉讼以保护中小投资者的合法权益。② 同时,可考虑在操纵市场民事纠纷案件领域探索适用示范诉讼制度,构建我国示范诉讼的本土化制度,强化此类案件的民事追责制度,降低当事人诉讼成本且缓解司法审判负担。③ 但从长期来看,市场操纵等侵权民事责任追究应当坚持集团诉讼,相较而言,共同诉讼的威慑力、灵活性、权利人范围的认定与参加方式、判决适用范围等方面远逊于集团诉讼。④ 市场操纵等侵权受害人众多、个人诉讼费用高、损害求偿有限等诉讼特点决定了集团诉讼是较为适合的诉讼方式。此外,集团诉讼可以将民事诉讼与其合理性基础结合起来考虑,尽可能采用最有利于保证广大投资者利益和发挥市场约束的诉讼方式。

---

① 日前,中证中小投资者服务中心提起全国首例证券市场操纵损害赔偿支持诉讼。参见朱宝琛:《全国首例证券市场操纵损害赔偿支持诉讼被受理》,载《证券时报》2018 年 8 月 7 日,第 A02 版。

② 参见丁冬:《证券支持诉讼的示范意义》,载《人民法院报》2016 年 11 月 23 日,第 7 版。

③ 参见陈冲:《中国示范诉讼机制的法律构建——以证券欺诈民事纠纷案件为视角》,载徐明主编:《投资者》(第 1 辑),法律出版社 2018 年版,第 72 ~ 73 页。

④ 参见宋一欣:《证券市场中因内幕交易和操纵市场引发的民事赔偿的有关法律问题》,载《法律适用》2006 年第 4 期。

（三）损害赔偿计算

目前，证券期货相关法律法规和规章均未对操纵市场民事赔偿的计算方法作出规定，司法实践中也没有相关司法判例。在确定民事赔偿的范围和计算方法时，需要综合考虑严格限定赔偿范围、赔偿限于直接损失、期现货市场计算方法基本一致等原则。

1. 投资者范围的确定原则

根据最高人民法院《关于审理证券市场因虚假陈述引发的民事赔偿案件的若干规定》以及“8·16”民事赔偿判决，[①]虚假陈述、内幕交易等证券（期货）市场违法行为与投资者损失的因果关系应采用推定因果关系。即在相关违法行为实施期间，如果投资者从事了与相关违法行为主要交易方向相反的交易行为，投资者最终遭受损失，则应认定违法行为与投资者损失具有因果关系。按照上述司法解释和判例的原则和思路，在认定市场操纵行为与投资者损失的因果关系方面，建议也采用推定因果关系的做法，并据此确定赔偿的投资者范围。具体而言，如果投资者从事了与操纵行为人最终交易方向相反的交易，且最终遭受损失，则应认定操纵行为与投资者损失之间具有因果关系，可以将这部分投资者纳入民事赔偿的范围。

2. 获赔投资者类别

按照上述原则，能够获得赔偿的投资者应当具备四个条件：(1)投资者与操纵行为人交易的证券、期货合约相同或直接关联；(2)在操纵行为对投资者产生影响的时段内进行了相关证券或期货合约交易；(3)投资者的交易方向与操纵行为人最终交易的方向相反；(4)投资者有交易损失，且仅限于直接损失。一般情况下，可获赔的投资者主要有以下三种情况：一是在操纵行为时间段之间有持仓，在操纵行为时间段内反向卖出或平仓产生损失的投资者；二是在操纵行为时间段之间无持仓，在操纵行为时间段内买入或反向开仓产生损失的投资者；三是无论在操纵行为时间段之前有无持仓，在操纵行为时间段内既有买入或开仓又有卖出或平仓交易，并且该时间段内的买卖或平开仓互相冲抵后，形成与操纵行

① 参见光大证券股份有限公司期货内幕交易责任纠纷二审民事判决书（2015）沪高民五（商）终字第62号。

为人交易方向相反的净头寸的受损投资者。

3. 损害赔偿金额的计算

赔偿数额计算方法是落实侵权民事赔偿责任的关键,损失金额如何确定,直接关系到投资者的切身利益。参照"8·16"民事赔偿判决的相关审判原则以及境外已有案例,采用"净损差额法"较为合理,即以投资者在操纵时间段内的交易价格与基准价格的差额,乘以交易的具体数量,并在剔除系统风险干预的基础上计算损害赔偿金额。在基准价格的认定方面,需要综合考虑违法行为及其涉及的交易品种特点,当时市场情况等因素。不同于虚假陈述等欺诈行为,市场操纵并没有一个信息揭露的行为,因此操纵行为对股价影响在多长期限内消除难以判别,此时,采用操纵行为开始之前一段时间的平均价格作为基准价格,可能更为合理。① 此外,考虑到期货市场对于各类信息具有较强的价格敏感性,市场对于各类信息消化和吸收的速度较快,可以在较短的时间内对相关信息作出反应,如果操纵行为持续时间较短,可以认为当日计算时市场基本已消化和吸收操纵行为的相关影响,当日结算价能够反映操纵行为影响消除后的价格,可以作为基准价格。

至于投资者的具体损害赔偿金额,暂不考虑剔除其他因素干扰的情况下,可以采用以下简便计算原则来认定:(1)每一日操纵行为时间段内的所有反向交易(无论是证券的买和卖,还是期货合约的开仓或者平仓)价格减去基准价格形成的差额,乘以交易的具体数量,以此作为该日赔偿金额;(2)如果在每一日操纵行为时间段内还存在同向交易的,则应将反向交易与同向交易在同等交易量(手)基础上先结算冲抵计算交易盈亏额,剩余的反向交易按第(1)项原则计算交易盈亏额,然后两项盈亏额相加,以此作为该日赔偿金额;(3)操纵行为分布在多个交易日的,每个交易日的金额相加,作为投资者最终的损害赔偿金额。

四、结　　论

综上所述,正是因为法律的不完备、部分传统民事侵权规则的不适用性、特

① 参见张玮心:《操纵证券市场的不法所得与损害赔偿计算》,载郭锋主编:《证券法律评论》(2017 年卷),中国法制出版社 2017 年版,第 364 ~ 365 页。

殊的损害赔偿计算方法等,使操纵民事赔偿案件举步维艰。[1] 而解决这些问题的出路就落在了完善法律法规、明确配套程序性规则上。进一步完善《证券法》《期货交易管理条例》或者在新制定的《期货法》中合理增加操纵市场民事赔偿的法律依据、损害结果范围、因果关系推定原则等关键内容,并通过配套司法解释进一步明确该类诉讼的管辖、举证责任分配、损害计算方法等技术规则已成为当务之急。在民事赔偿责任认定上,主要表现为结合证券(期货)市场的特殊情况,在分析侵权责任构成要件时采用推定因果关系,降低投资者的证明难度。在民事赔偿诉讼制度设计上,市场操纵民事赔偿案件应参照虚假陈述司法解释的规定,由中级人民法院管辖,同时,应允许当事人选择被告所在地或者证券、期货合约挂牌交易所所在地法院管辖。在立案登记制背景下,前置程序的取消自无悬念,但考虑到投资者举证能力以及法院专业能力有限,操纵行政处罚决定书和法院的刑事判决可以作为认定操纵侵权行为存在的重要证据使用。在诉讼模式的选择上,理想的是借由境外集团诉讼的经验对代表人诉讼进行改良,证券支持诉讼及示范判决制度作为结合我国国情开拓的创新也可以进行充分的探索和尝试。至于损害赔偿计算,其本身本不仅仅是一个单纯的数学问题,而是如何设计一个相对公平的计算规则,确定谁拥有赔偿请求权、损害赔偿的范围以及如何剔除系统风险等干预因素等,这个问题估计只能通过案例在实践中不断摸索。

---

① 参见杨秋林:《试论操纵证券市场的民事责任研究》,载郭锋主编:《证券法律评论》(2017卷),中国法制出版社2017年版,第378~386页。

系统性金融风险防范视角下的逆周期能动司法

——基于S市金融司法实践的实证研究①

练彬彬* 程红星**

引　言

防范化解金融风险特别是防止发生系统性金融风险，是金融工作的根本性任务。当前和今后一段时期，我国金融领域尚处在风险易发高发期，追求高速增长与经济结构不合理导致了过度授信，金融功能定位发生偏差导致了过度衍生，技术更新带来了金融风险冲击，金融开放进一步加剧了金融风险。在国内外多重因素压力下，风险点多面广，呈现隐蔽性、复杂性、突发性、传染性、危害性特点，结构失衡问题突出，违法违规乱象丛生，潜在风险和隐患正在积累，脆弱性明显上升，既要防止"黑天鹅"事件发生，也要防止"灰犀牛"风险发生。② 市场经济的供需互动特性决定了经济的周期性运行，金融风险的根源是金融周期的波动，为有效防范金融风险，监管领域确立逆周期调节理念，相应在司法领域也应树立逆周期司法理念。本文从防范系统性金融风险视角出发，提出逆周期能动司法理念及其机制构建。

---

① 本文获第三十一届全国法院系统学术讨论会论文三等奖。

* 法学硕士，上海金融法院综合办公室(研究室、审判管理办公室)法官助理。

** 中国金融期货交易所期货市场巡回审理协作部负责人。

② 参见周小川：《守住不发生系统性金融风险的底线》，载《人民日报》2017年11月22日，第6版。

一、我国现处于金融周期顶端,系统性金融风险诱发因素增多

(一)金融周期应对不当易引发系统性金融风险

金融是跨越时空的信用活动,从2011年以来,以国际货币基金组织(International Monetary Fund, IMF)、国际清算银行(Bank for International Settlements, BIS)为代表的研究机构在总结美国次贷危机、亚洲金融海啸、日本泡沫经济等金融危机教训和反思传统经济周期理论的缺陷基础上,得出金融风险的根源是金融周期波动的结论(见图1至图3、表1)。

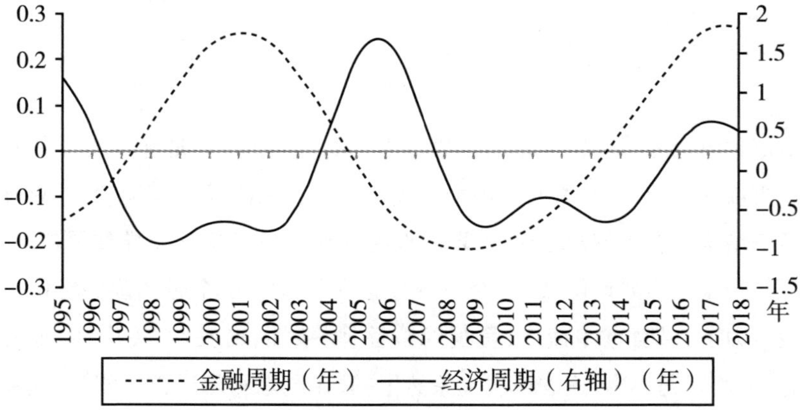

图1 中国金融周期与经济周期

表1 金融周期与传统经济周期理论的对比

理论	传统经济周期理论	金融周期理论
基本假设	货币中性论	货币非中性
核心观点	经济周期受资本、劳动和技术变动等因素影响,金融变量只在短期内放大波动幅度	金融内生于经济周期,金融变量是造成经济波动的主要因素
关注的金融变量	货币数量、利率	信贷、资产价格
金融对实体经济的传导途径	利率途径	信用途径、资产价格途径
提倡的政策体系	货币政策	货币政策加宏观审慎政策

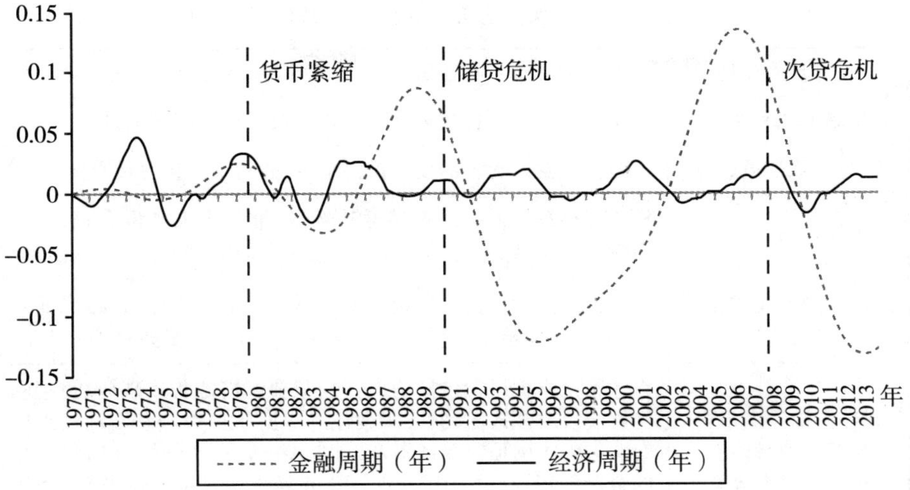

资料来源：BIS，恒大研究院。

图2　美国金融周期与经济周期

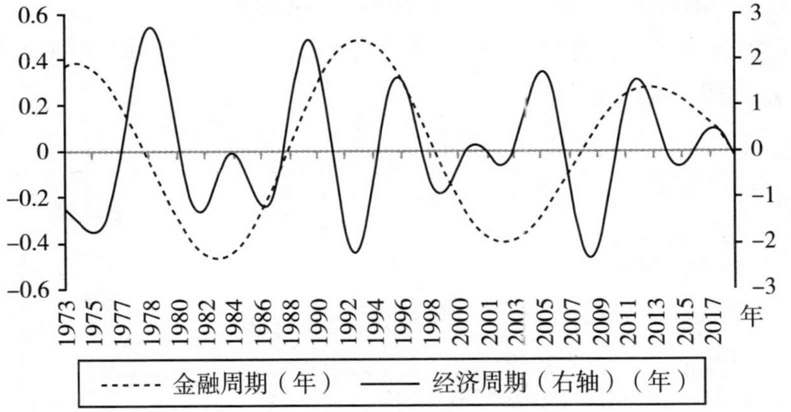

图3　日本金融周期与经济周期

所谓周期性，是指金融风险的形成往往与经济的周期性波动相关，随着宏观经济形势从顶峰到低谷再到顶峰发生变化，金融风险较易在繁盛时期积蓄，实物经济形态下的法律不适用于虚拟经济形态，①在周期轮换中，调控管理不善容易导致系统性金融风险的产生。表2对引发美国次贷危机系统性金融风险的形成因素进行了分析。

① 参见吴志攀：《华尔街金融危机中的法律问题》，载《法学》2008年第12期。

表2　美国次贷危机发生的背景因素分析

政府政策支持	政府政策支持自有住房扩张,住房市场持续降温
美联储推动利率下降	结构化—杠杆抵押政策等高收益金融工具的需求上升
银行贷款政策放宽	银行抢着发放更多的住房抵押贷款,并将其打包再转手卖出
历史债券违约率很低	投资者根据很低的历史债券违约率,推断出未来也会很低,从而做出借贷、结构化、信用评级、投资方面的决策
保护金融行业的法律法规放宽	过度推进金融自由化和金融创新,如不再禁止金融机构混业经营,原来法律限制银行最低杠杆率水平被准许提高到接近3倍
媒体舆论导致市场缺乏谨慎、怀疑,对风险过度容忍	媒体舆论声称风险已被消灭:(1)只要经济增长出现放缓,美联储就会及时注入流动性,刺激经济增长;(2)中国和石油输出国会购买美国国债等美国资产,进一步推高资产价格;(3)华尔街的金融创新,通过推出新型金融衍生产品并对风险进行"信用分级"来分散风险

(二)我国经济现状和系统性金融风险诱发因素

近年来,关于中国金融周期的实证研究表明,中国现阶段处于本轮金融周期的顶端,如图4所示。

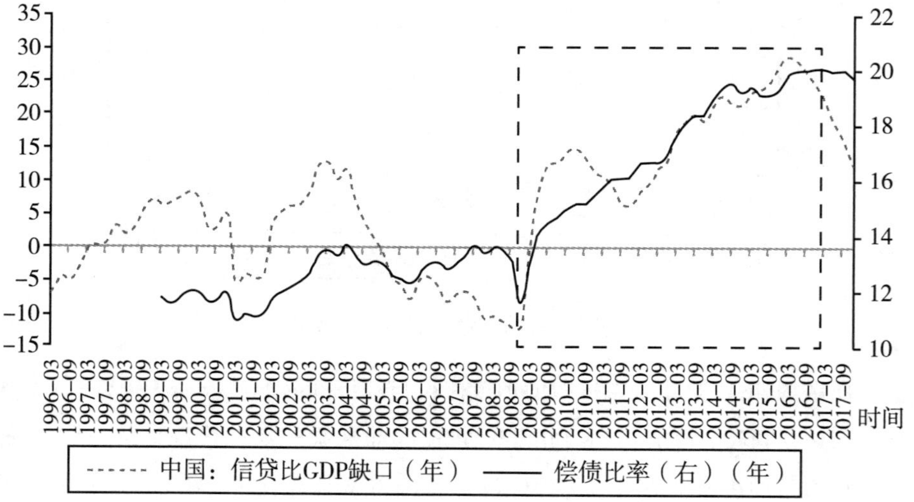

资料来源:BIS,恒大研究院。

图4　中国正站在2008年年底以来大型金融周期的顶部

根据金融周期理论,金融周期顶端通常伴随重大金融风险,长期的鼓励金融创新、宽松的货币政策,使金融业发展迅速,金融周期进入上涨阶段,表现为信贷扩张与资产价格上升,一旦经济受到冲击,前阶段过度扩张资产负债表的经济部门无法清偿债务,经济衰退使金融周期进入下跌周期,到达临界点则泡沫刺破、资金断裂。系统性风险主要通过两个维度积累:时间维度上,金融风险随着时间不断累积最终导致金融体系的脆弱性增加;结构维度上,金融机构和金融市场之间因相互关联产生风险。① 经济学家们已经确定了可能引发金融体系崩溃的冲击:银行挤兑、资产价格下跌和外汇错配。② 另外,现行的监管很少能解决金融市场的恐慌问题,这种恐慌不仅可能会触发金融危机,还会引发股市暴跌从而导致经济大萧条。③ 识别金融周期所处阶段有助于提前预测金融危机,以做好防范系统性风险的应对(见表3)。

表3　我国现阶段易引发系统性金融风险的主要风险来源

<table>
<tr><td rowspan="5">“灰犀牛”风险:对长期累积的结构性矛盾麻痹大意或无效治理,致使矛盾积重难返,进而对全局产生负面影响的大概率事件</td><td>“影子银行”乱象</td><td>“影子银行”的活动具有顺周期性,容易加剧经济周期的波动;“影子银行”间联系密切,容易导致风险在不同金融机构之间的传播扩散</td></tr>
<tr><td>地方金融风险</td><td>地方中小商业银行同业风险:包商银行同业交易对手700家,接管引发市场震荡;各类金融交易平台风险:某西部省1万余个,某东部省高危平台1512个;金融诈骗高发,P2P平台爆雷风险;现金贷风险:过度融资、多头融资、暴力催贷;民间借贷风险:如资金互助社等</td></tr>
<tr><td>企业杠杆率高</td><td>经济仍面临较大的下行压力,而且实体经济行业去杠杆又与去产能、去库存、补短板等任务相交织,更进一步加大了企业去杠杆的压力</td></tr>
<tr><td>房地产市场泡沫</td><td>信贷资产有向房地产贷款进一步集中的趋势,如果房价出现快速下滑,必将加剧房地产贷款的违约风险,导致恶性循环</td></tr>
<tr><td>人民币汇率贬值</td><td>加剧金融市场波动,增加经济的不确定性;加速资本外流,使在美国加息压力下本就面临的资本外流压力进一步加剧</td></tr>
<tr><td colspan="2">“黑天鹅”风险:难料的小概率事件</td><td>在全球面临经济下行压力、中美贸易摩擦加剧、中国加大对外开放的背景下,全球资本市场可能出现的大幅波动导致中国金融市场的波动等</td></tr>
</table>

① 参见中国人民银行:《中国金融稳定报告2018》,中国金融出版社2018年版,第110页。

② See, Franklin Allen & Elena Carletti, Systemic Risk from Real Estate and Macro-prudential Regulation, 5 *International Journal of Banking, Accounting, and Finance* 29 (2013).

③ Although the only U. S. regulation addressing financial market panics is limited to reducing run risks in money-market funds, some countries have gone further. Cf. Haocong Ren, Countercyclical Financial Regulation, at 5 (World Bank, Working Paper No. 5823, 2011).

根据金融周期所处阶段,政府宏观调控政策也有所侧重调整,如表4所示。

表4 近期宏观政策应对走向

重要会议	经济形势判断	当前重点任务
2018年年底中央经济工作会议	经济稳中有变、变中有忧,外部环境复杂严峻,经济面临下行压力	宏观政策要强化逆周期调节,稳健的货币政策要松紧适度,保持流动性合理充裕,推动全方位对外开放
2019年4月19日政治局会议	外部经济环境总体趋紧,国内经济存在下行压力	三大攻坚战,首次提出金融供给侧结构性改革,逆周期调节政策转向以稳为主
2019年7月30日政治局会议	国内外风险挑战明显增多,经济下行压力加大,中国要在稳定的政策框架下加强对经济的逆周期调节难度明显增加	适时适度实施宏观政策逆周期调节,有力推动高质量发展,稳健的货币政策要松紧适度,保持流动性合理充裕,推进金融供给侧结构性改革,把握好风险处置节奏和力度
2019年7月19日国务院金融稳定发展委员会第六次会议	防范化解金融风险攻坚战实现阶段性目标,但国际国内形势错综复杂,影响国内经济金融稳定运行的风险和挑战较多	适时适度进行逆周期调节,保持流动性合理充裕。把握好处置风险的力度和节奏,坚持在推动高质量发展中防范化解风险,及时化解中小金融机构流动性风险,坚决阻断风险传染和扩散
2019年8月31日国务院金融稳定发展委员会第七次会议	当前经济形势总体稳定,金融体系运行平稳健康,各类风险总体可控	加大宏观经济政策的逆周期调节力度,疏通货币传导,保持流动性合理充裕和社会金融资规模合理增长,强调大力保护投资者合法权益

目前,通过对一些风险点进行精准拆弹,实现了防范化解金融攻坚战的阶段性目标,形势正在全面好转,金融监管部门要加强逆周期调节力度,保证流动性合理充裕,防止顺周期的效应,防止跨市场、跨区域市场的风险传染。①

① 参见刘鹤在第十一届陆家嘴论坛上的讲话,载东方财富网:http://finance.eastmoney.com/a/201906131149986772.html,最后访问日期:2019年6月13日。

二、防范系统性金融风险应树立逆周期能动司法理念

(一)系统性金融风险防范需要确立逆周期监管理念

为了维护金融稳定,防范系统性风险,需要借鉴宏观审慎政策以应对金融周期问题,①旨在通过降低可能导致经济衰退或其他严重损害实体经济的金融系统性风险来维护金融稳定,被称为宏观审慎监管。② 宏观审慎监管以防范系统性风险为根本目的,将金融业视作一个有机整体,既防范金融体系内部关联可能导致的风险传递,又关注金融体系的跨周期稳健运行,从而有效管理整体风险。③ “逆周期监管”是宏观审慎监管的重要组成部分,主要作用是缓解金融体系存在的内在顺周期性。④ 逆周期调控作为监管制度制定时遵循的原则,要求金融机构在系统性风险积累时建立风险缓冲,在面临冲击时释放缓冲,以减缓周期性波动对金融稳定的影响。构建宏观审慎监管的系统框架应该规范金融监管,纠正可能引发和传导系统性风险的市场失灵。⑤

(二)逆周期监管需要逆周期司法有效协同

随着金融改革开放的不断推进,金融市场波动日趋剧烈,显示出强烈的顺周期性特征,且我国经济正处在转型过程中,跨市场、跨行业的交叉性金融产品不断增多,法律法规和制度供给严重不足,金融各细分市场相互之间的风险传导力也愈发强烈,如证券、银行、信托、保险市场相互之间混业经营所产生的大量新型交易模式,放大了金融业务链条的曲折复杂性,会造成风险转移(risk shifting)和风险转换(risk transformation),进一步加大风险敞口,单一监管政策很难起到监管作用,只有逆周期司法和监管进行系统性的有机协同,立足于金融周期的整体性,全面动态地了解整个金融业务链条形态,才能实时掌握风险点及其传染路

---

① 参见中国人民银行:《中国金融稳定报告 2018》,中国金融出版社 2018 年版,第 110 页。

② See, Luis E. Jácome & Erlend W. Nier, Macroprudential Policy: Protecting the Whole, International Monetary Fund, http://www.imf.org/external/pubs/ft/fandd/basics/macropru.htm.

③ 参见中国人民银行:《中国金融稳定报告 2018》,中国金融出版社 2018 年版,第 110 页。

④ 参见李文泓:《关于宏观审慎监管框架下的逆周期政策的探讨》,载《金融研究》2009 年第 7 期。

⑤ Cf. Paul A. Samuelson & William D. N Ordhaus, Economics 756 (15th ed. 1995).

径,对个体和系统性风险进行动态监测防控和化解。

若司法只是被动地跟随于金融市场的周期性波动,将会明显滞后于金融风险的发生,结果就是绝大部分司法资源被用于应付已发生的纠纷,司法便失去了对金融风险应有的防范预警作用,以及对金融市场的规则引领和主动应对的功能。“法律发展的关键因素就是对社会政策的考虑,在填补法律的空隙或漏洞这一点,司法与立法没有区别,不同的只是形式”。[①] 因此,应当树立逆周期能动司法理念,根据形势发展和市场实践需求,以前瞻性思维对特定周期内金融案件的审理走向作出预判和引导,防患于未然。

(三)逆周期能动司法理念的内涵

金融司法和监管的基本理念一致,都有维护市场稳定、防范市场风险的功能。司法决策时,需要理解监管的理念、价值取向以及政策变化的逻辑、脉络。

1. 鼓励金融创新和防范市场风险的平衡

随着社会经济的发展,金融业演化出了三种不同的金融结构:银行导向型、市场导向型和金融证券化型金融结构。[②] 上述层次递进式的金融演进结构决定了未来的金融司法必须更加灵活,处理好鼓励金融创新和防范化解风险之间的关系,才能应对不断创新发展的金融市场。在审查金融创新交易的合法性时,对于法律、行政法规未明确规定的,应当遵循商事交易的特点、理念和惯例,深度把握金融市场的规律性,以维护社会公众利益为原则,既不能简单否定金融创新工具的有效性,又要敏锐洞察金融创新的风险点,与监管形成有效协同,通过逆周期调节防范化解金融风险。

2. 投资者、金融消费者和金融机构利益保护的平衡

保护投资者和金融消费者的合法权益是金融市场法治化的必然要求。法和金融学派的代表人物拉-波塔(La Porta)、拉-德-西拉内斯(Lopez-de-Silanes)、施莱弗(Shleifer)、维希尼(Vishny)四位学者(称为LLSV组合)认为,法律、司法制度、执法机制支配着金融交易,保护投资者和合同履行的司法体系能

---

① [美]克里斯托弗·沃尔沃:《司法能动主义——自由的保障还是安全的威胁?》,黄金荣译,中国政法大学出版社2004年版,第58页。

② 参见巴曙松、吴博、刘睿:《金融结构、风险结构和我国金融监管改革》,载《新金融》2013年第5期。

更好地激励金融的发展。[①] 在金融业务中，金融机构在信息披露、风险分配和行为能力等方面具有天然优势，相较于投资者和金融消费者处于强势地位，投资者和金融消费者的知情权、隐私权、公平交易权等合法权益容易遭受侵害，涉及投资者和金融消费者保护的纠纷大量涌现，大多集中在涉众性较强的证券、银行、理财、期货、保险等领域，这些纠纷不仅涉及适格投资者和金融消费者的认定标准问题，还涉及金融监管规定的效力层级以及与相关法律法规的衔接问题。在应对金融周期的大背景下，司法应对投资者和金融消费者的合法权益实现与市场和产品特性相适应的保护，衡平保护各市场主体利益。

3. 金融交易效率和市场稳定的平衡

安全、高效的金融市场对经济全局的稳定发展至关重要，一旦金融市场出现危机，很容易在整个国民经济体系中引发全局性、系统性的金融风险，严重影响经济社会健康发展。波斯纳法官提出过关于司法现实主义的基本观点：法官裁决时一定要关注司法的系统后果，要比较不同司法解决方案的不同后果，并准备接受其中合乎情理的结果，某一个结论在特定的历史阶段具有正确性，但是情况发生变化之后，这种结论有可能会发生变更。[②] 金融司法与监管应有机协调，既要立足于解决金融纠纷，又要考虑整个金融市场的稳定发展，共同维护市场机制高效运转、经济社会稳定发展，实现法律效果和经济、社会效果的和谐统一。

三、基于S市逆周期能动金融司法的实证研究

司法是守护社会公平正义的最后一道防线，应将司法功能主动嵌入金融市场风险治理体系之中，通过逆周期调节，发挥司法规范市场秩序、保护投资者合法权益和维护市场稳定的能动作用。

（一）统筹兼顾金融创新与风险防范

随着“去杠杆”政策的不断推进、房地产市场的进一步调控、金融市场穿透式监管的加强，以及银行信贷收紧等监管因素的影响，融资租赁、保理、信托、私募

---

① See R La Porta, et al., “Legal Determinants of External Finance”, 52(3) *The Journal of Finance* 1131(1997).

② 参见［美］波斯纳：《波斯纳法官司法反思录》，苏力译，北京大学出版社2014年版，译者序。

股权基金、票据、实现担保物权等新型非银行融资业务发展迅速，实体经济对金融市场的影响逐渐向诉讼领域传导，潜在的风险也不断加大(见表5、图5、图6)。

表5 S市近年来涉新型交易多发案件周期

时间周期	案件高发类型	金融风险诱发因素
2014年至今	涉外金融商事纠纷(跨境本外币融资、跨境股权投资、投资境外证券、期货市场、金融衍生品交易、跨境融资租赁、跨境支付结算等)增多	1. 金融市场日益国际化，金融交易的涉外联结点不断扩张，新型金融交易模式、金融产品以及金融服务不断涌现，金融纠纷也会带有明显的国际性。 2. 金融改革对外开放程度日益扩大，纠纷的类型、权利义务的约定、交易的规则乃至纠纷所适用的法律等，都会体现出更多的涉外特点。 3. 互联网金融的发展打破了金融市场的地域界限，跨境交易监管体制尚不健全
2015年至今	非银行融资业务类纠纷(融资租赁合同、保理、信托、私募股权基金、票据、实现担保物权等)大幅增长	1. 实体经济对金融市场的影响向诉讼领域传导。 2. 随着"去杠杆"政策的不断推进、房地产市场的进一步调控、金融市场穿透式监管的加强，银行收紧信贷，越来越多的融资主体逐渐转向非银行融资机构融资
2016~2018年	P2P网贷纠纷大幅增长	1. 国家宏观经济调控政策等方面的原因，使融资市场出现巨大需求缺口，以及金融管制带来套利机会。 2. 部分投资者因担心平台"跑路"，在恐慌情绪的驱使下，要求提前"兑付"，导致尚在运营的平台出现巨大的挤兑风险

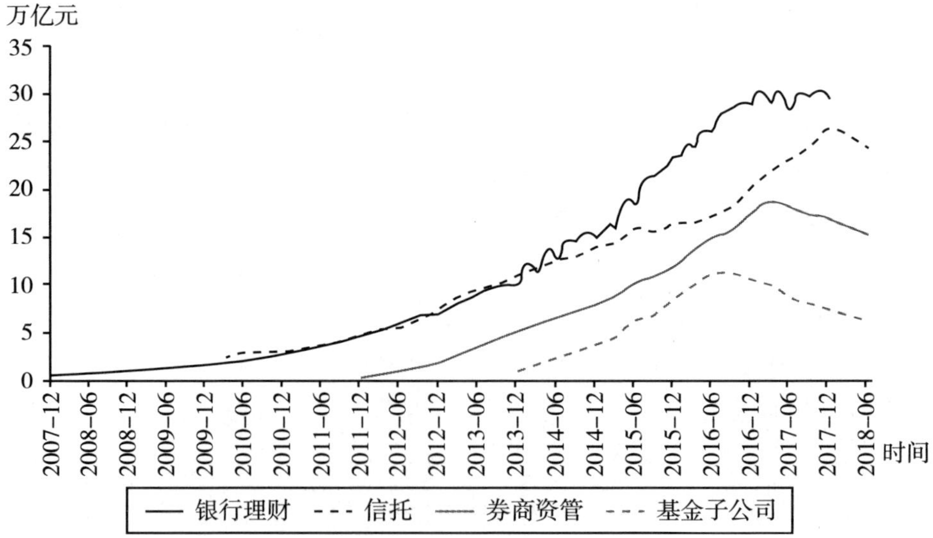

图5 2008年后大资管行业飞速发展，"影子银行"快速膨胀

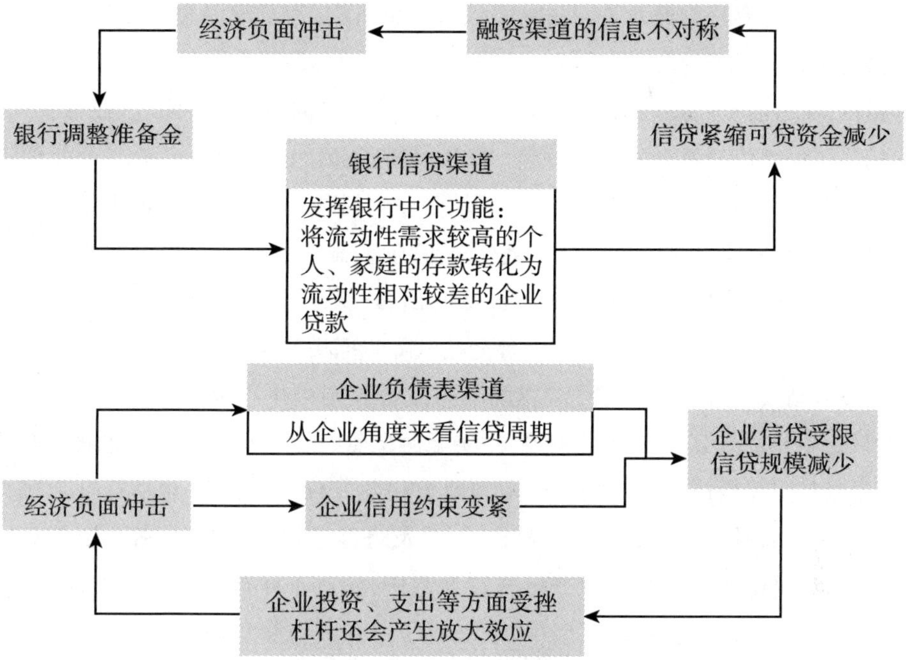

图 6　信贷的影响渠道

以融资租赁纠纷为例，如图 7 所示，近几年 S 市法院受理的融资租赁合同纠纷案件数量呈快速上升态势。

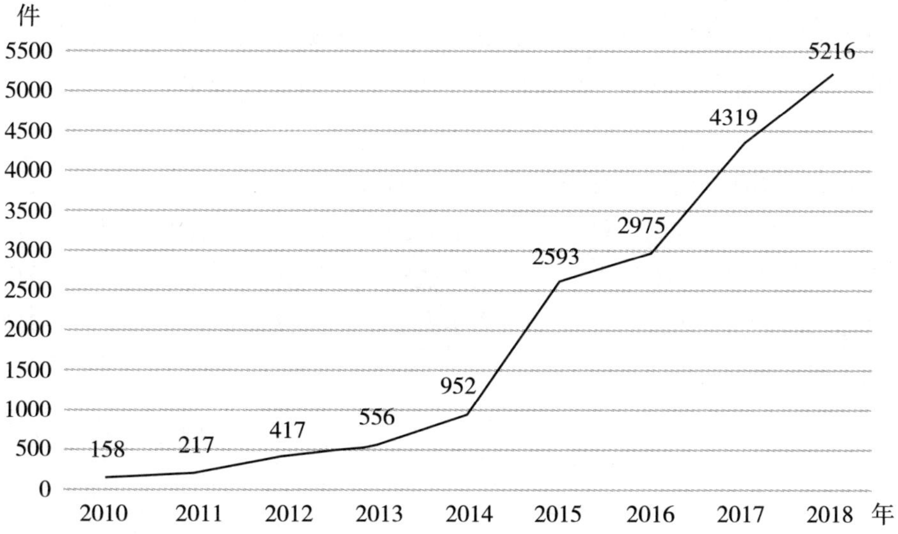

图 7　S 市法院近 9 年融资租赁合同纠纷案件数量

不少非持有贷款经营许可证的非银行金融机构,为了规避金融监管,变相从事信贷业务,并收取高额利息,存在违规嫌疑。比如,部分融资租赁企业采用"名为租赁,实为借贷"方式违规从事信贷业务;部分保理商从事"暗保理"业务;部分信托公司违反信托资金的使用规定,采用"名股实债"的方式为房地产企业融资等。资管新规出台后,代表着大资管领域强监管时代的到来,为有效防范化解金融风险,防止实体经济的风险传导到金融市场,金融市场的风险再反向传导到实体经济,导致双向恶性循环,最高人民法院出台《关于进一步加强金融审判工作的若干意见》以及S市法院据此出台金融风险防范相关实施意见等,司法裁判思路与资管新规精神高度契合,审判规则与监管规则由平行到交叉甚至趋同:如"对以金融创新为名掩盖金融风险、规避金融监管、进行制度套利的金融违规行为,要以其实际构成的法律关系确定其效力和各方权利义务""对不符合金融监管规定和监管精神的金融创新交易模式,要及时否定其法律效力"等。资管新规之前,司法对于金融创新的审查标准较为宽松,如对于回购条款效力的审查,只限于形式审查,但资管新规之后,司法吸收了穿透式监管思路,对于是否构成刚性兑付的审查会更加严格。再如,我国近年来出现的以房地产开发项目为基础资产的"资产收益权信托",由房地产企业和信托公司共同推出,在资本市场发行收益权凭证,旨在为特定房地产建设项目融资,其可规避政府对房地产市场的政策限制,这种新型信托究竟是金融创新抑或是对法律的规避,均有赖于"穿透式"的监管思路来解决。① 司法应立足于经济发展和宏观大局,发挥逆周期调节的能动作用,与监管形成有效协同,防范化解金融创新中蕴藏的风险。

(二)平衡投资者、金融消费者和金融机构利益

优先保护中小投资者和金融消费者合法权益是金融审判的价值目标,应合理分配交易所产生的市场风险,发挥司法逆周期调节作用,对市场主体利益的保护作出与时空条件相符的调整(S市近年来涉投资者、金融消费者保护多发案件周期如表6所示)。

---

① 参见叶林、吴烨:《金融市场的"穿透式"监管论纲》,载《法学》2017年第12期。

表6　S市近年来涉投资者、金融消费者利益保护多发案件周期

时间周期	案件高发类型	金融风险诱发因素
2012～2014年	金融借款合同纠纷大幅增长。钢贸行业风险的凸显还衍生出了其他类型的金融商事纠纷案件，如小额借款纠纷、追偿权纠纷、典当纠纷、保证合同纠纷等	1. 美国次贷危机后，银行信贷政策放宽，受实体经济增速放缓、房地产行业调控、产业结构调整等因素的影响，光伏、钢贸等产业出现了产能过剩、价格持续下滑的行业风险，相关产业流动资金紧张，经营陷入困境，导致行业风险向金融领域传导。 2. 相应金融机构对行业性风险预估不足，没有严格执行风险内控制度，对明显超出其偿还能力、且担保能力不足的贷款人仍然提供大量贷款，最终导致不良贷款余额骤增
2015年	场外配资相关合同纠纷、融资融券交易、证券投资基金交易等证券市场领域涉众性纠纷高发	1. 国内资本市场波动，金融市场重大事件衍生系列金融纠纷。 2. 各类融资、理财平台因资金链断裂导致挤兑风波。 3. 少数交易机构违规经营
2016年至今	证券、期货类纠纷大幅增长	1. 从2015年起，为整治金融市场乱象，规范金融市场秩序，证券监管部门对证券市场虚假陈述、内幕交易、操纵市场等违法行为的监管力度不断加大。 2. 中小投资者维权意识增强，群体性证券侵权损害赔偿诉讼呈现短期激增、长期稳增的态势

1. 保护金融消费者合法权益

投资者适当性，是指金融机构在向投资者推介销售金融投资商品时，应当在了解和掌握投资者基本信息的基础上取得合理性依据，并判断金融投资商品是否适合该投资者，不得向其推介不适当的金融投资商品。① 对金融机构施加“适当性”义务正是基于衡平理念对契约自由适度干预的产物。② S市法院在审理金融消费纠纷案件中穿透适用投资者适当性原则，在突破形式产品结构、查明实质产品结构基础上，确定金融消费者与发行人、销售者以及服务提供者的实质法律关系，判断合同效力，确定各方法律责任。如果卖方机构未能举证证明其尽到适

① 参见郭锋、秦川川:《金融服务法视角下的金融投资商品类型化研究》，载郭锋主编:《金融服务法评论》(第9卷)，法律出版社2018年版，第115页。

② 参见陈洁:《证券公司违反“投资者适当性原则”的民事责任》，载《证券市场导报》2012年第2期。

当性义务,导致金融消费者在购买金融产品或者接受金融服务过程中遭受损失的,金融消费者可以请求发行人、销售者承担赔偿责任。

2. 保护投资者合法权益

随着证券监管机构对证券虚假陈述、内幕交易、操纵市场等违法行为的处罚力度不断加大,中小投资者维权意识和能力增强,各类证券案件不断涌现,其中以群体性证券侵权损害赔偿案件的持续增长最为明显,如图8所示。

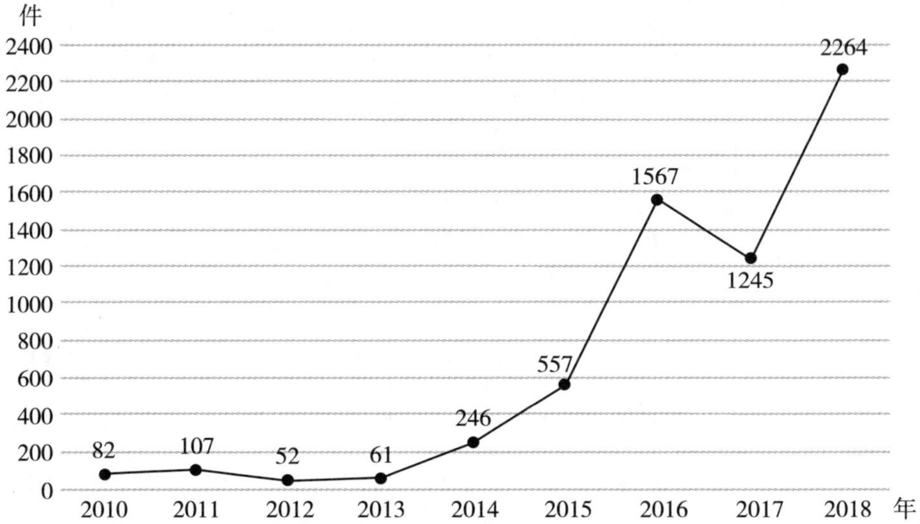

图8 S市法院近9年证券、期货类纠纷案件数量

请求承担赔偿责任主体多为颇具影响力的大型金融机构,对社会稳定产生较大影响。涉众性纠纷案件的处理,不仅是法律问题,更是政治问题、社会问题,处置不当必然引发矛盾升级,破坏社会和谐稳定,制约经济社会健康发展。在实体经济下滑的形势下,S市法院在处理证券虚假陈述涉众性纠纷时,树立平衡保护投资者和上市公司合法权益,兼顾证券市场长期发展的审判理念。建立区别于行政处罚的司法审查标准,采用推定的方式认定因果关系、过错与构成要件以方便投资者举证,审慎适用免责事由,不轻易使行为人以不具有重大性、不具有因果关系、有系统性风险为由免责,从而发挥证券民事诉讼的震慑功能,提高资本市场违法违规成本。[①] 对投资者正确买入均价计算逐渐从实际成本法变更为

① 参见最高人民法院民二庭副庭长关丽2019年8月20日在中国法学会审判理论研究会金融审判理论专业委员会的主旨发言。

移动加权平均法,体现了合理确定上市公司赔偿责任,保护实体经济发展的司法政策,并针对案件数量激增的情况,创新示范判决审判机制,结案千余件,及时有效地化解了大规模涉众性证券纠纷风险。

(三)统筹兼顾金融交易效率和市场稳定

司法如何防范化解金融市场运行中的风险,需要司法的裁判功能与社会功能双管齐下,既要在审理金融案件中释法补漏、定分止争、维护权益、控权审规,还要注重司法活动对金融市场所产生的客观社会效果意义上的功能,以实现缓解市场运行矛盾、促进实体经济发展、完善金融法治、纾解金融改革困境等(S市2017年至今涉金融市场稳定多发案件情况如表7所示)。①

表7 S市2017年至今涉金融市场稳定多发案件

案件高发类型	金融风险诱发因素
债券违约纠纷高发	1. 经济下行压力增大,"去杠杆"政策和强监管的宏观政策背景。 2. 受国内产业结构调整、基础建设需求放缓的影响,煤炭、钢铁等产能过剩行业经营规模大幅缩水,利润出现亏损,资金链紧张,对发债企业的正常经营和偿付能力造成较大影响。 3. 违约常态化导致恐慌诉讼多发
股票质押式回购纠纷高发	1. 强监管的政策收紧,对股票质押融资造成很大的流动性风险。 2. 在股市连续下跌的背景下,不少质押股票跌破平仓值,导致进入诉讼或仲裁程序的股票质押式回购交易纠纷较前几年明显增多

下文以近期高发的债券违约纠纷、股票质押式回购纠纷为例,分析如何通过逆周期能动司法来引导和维护金融市场稳定发展。

1. 衡平保护债券持有人合法权益和涉众性市场利益

随着经济"去杠杆"政策的日益深入,市场流动性趋紧,企业资金链断裂,从而引发债券违约事件,2018年S市受理公司债券交易纠纷案件53件,是2016年、2017年总数的5倍,总标的额95.44亿元,是2016年、2017年的14倍,预计债券违约引发的金融商事案件将进入高发期。债券持有人面对发债主体违约存在恐慌情绪,不仅就到期未兑付债券提起诉讼,对未到期债券也以交叉违约、经营状况严重恶化等理由主张预期违约。

① 参见孙笑侠、吴彦:《论司法的法理功能与社会功能》,载《中国法律评论》2016年第4期。

债券契约的属性决定了违约行为的商事实质和经济影响,传统民商法在适用于金融交易过程中必须要结合金融市场的特殊因素进行衍生性考量。基于债券市场的特殊性,如果法院支持债券持有人主张发债主体预期违约的诉请,会导致债券市场该品种债券甚至该公司发行的多种品种债券全部违约,区域性信用风险发酵极易使市场上投资者恐慌情绪快速蔓延,引发涉众性纠纷,导致债券市场连锁动荡,影响金融稳定。

债券违约频现是我国债券市场发展到特定阶段的反应。深入分析可知,导致投资者恐惧和排斥违约的是缺乏能够有效化解违约风险的法律机制。在违约处置的制度上,应根据风险的市场性和经济性影响构建违约事件的风险评价体制。[①] S市法院发挥司法逆周期调节的能动作用,既尊重当事人意思自治,不轻易否定募集说明书等文件对双方当事人的拘束力,保护债券持有人合法权益,又衡平保护涉众性市场利益,维护金融市场稳定,科学运用多样化的处理规则和处置手段,出现涉刑情况时及时加强与行政、公安等单位联系,依法打击犯罪,防范化解金融风险。

2. 善意执行上市公司质押股票

2017年以来,宏观经济形势及外部环境的变化引起股市大幅波动,在股市连续下跌的背景下,不少质押股票跌破平仓值,导致进入诉讼或仲裁程序的质押式证券回购纠纷较前几年明显增多,2018年受理相关案件总标的额为72.98亿元。在质押式证券回购纠纷中,如果质押股票被司法冻结,相关上市公司基于信息披露制度的要求发布公告后,其他债权人很可能都会要求债务人提前履行债务,加剧债务人财务状况恶化风险;如果直接进行强行平仓处置,由于质押的股票数量通常较大,在当前市场行情下,很可能造成上市公司股价的剧烈波动,甚至通过金融体系的脆弱性引发整个金融市场"多米诺骨牌"式坍塌的风险。在当前的经济市场形势下,S市法院发挥逆周期调节的能动作用,把握好处置风险的力度和节奏,积极为市场主体纾困。比如,先行寻找债务人的其他财产进行保全,暂缓对巨额质押股票的执行,通过引入第三方纾困基金或者为债务人寻求注入资金留出时间,以及创新建立大宗股票司法执行协作机制等,避免因强制执行而在证券交易市场上引起剧烈价格波动,防范化解金融风险。

---

① 参见冯果、段丙华:《债券违约处置的法治逻辑》,载《法律适用》2017年第7期。

四、构建立体化逆周期能动司法模式

(一)事前加强金融风险防范信息共享机制

1. 建立金融风险源头管控机制

对于新金融市场、产品做好前瞻性研究,以应对金融飞速发展的司法需求,参与金融机构新产品的设计,抑制结构过于复杂、自我循环等监管套利的金融产品;开展服务于金融机构的风险防范、处置需求讲座培训,鼓励金融机构结合供应链金融等业务场景合理运用区块链、物联网等金融科技,加强资本运行的全流程监管,提升风险防控效率,建议金融机构建立“债权追索节点前置”工作机制,压缩借款人逃债的时间和空间;建议监管部门加强金融、类金融领域机构和业务的准入管理,加强清理整顿无照经营和超范围经营金融业务的行为;推动金融市场诚信数据库建设,健全金融市场信用体系和惩戒机制,从源头上减少金融违规、金融纠纷,维护金融市场的稳定有序发展。

2. 建立金融风险大数据监测预警机制

在金融审判中应密切注意各种金融案件的主体、数量、标的、类型等重要指标的动态变化,通过人工智能、云计算、大数据等技术对金融案件进行全要素的非结构化数据提炼,建设金融案件大数据智能分析系统:对内整合提炼法院金融审判裁判案例的数据,对外整合汇集金融机构相关数据,形成对金融、类金融主体的大数据网络;同时严格把握案件的周期性和规律性,以金融案件大数据分析为切入点,从金融主体、金融领域、金融监管效果等方面,在大数据集成基础上打造金融审判智能分析网络,全方位、智能化分析金融纠纷态势和行业发展情况,对金融市场可能出现的金融风险提供在线的智能预测,定期发布金融风险预警指数,形成金融风险指数报告,与金融监管部门形成合力,共同防范金融风险。

3. 建立智能诉讼风险提示机制

研发金融案件智能诉讼风险提示系统,通过大数据分析、归纳、总结特定周期内影响各类金融案件裁判结果的关键要素,根据当事人诉讼请求、举证情况和案件事实查明的进展,通过智能分析比对,实现对当事人在各个阶段的诉讼风险提示和精准类案推送,有效促进调解、和解的实效性,降低涉众性纠纷诉讼风险。

4. 建立金融风险预审预判机制

健全与金融监管部门、金融行业组织的沟通协调机制,通过互访、情况通报、联席会议等方式,定期沟通涉及金融风险防范与金融安全的重要案件情况,建立数据互联共享和研判评估机制,按照区域、行业以及各自不同发展阶段调整逆周期司法政策的力度,实现国家政策、监管目标与裁判标准的有机衔接,促进行业信息和审判动态有效传导,早期识别并高度重视单一或局部风险的处置,防范其动态演变为系统性金融风险。

(二)事中加强集中审理制度,完善裁判协调统一机制

1. 探索集中管辖制度

对于可能引发区域性或系统性金融风险的案件,如众多债权人向同一金融机构集中提起的系列诉讼案件、金融机构破产案件、集团诉讼案件、涉众性案件等,探索实行集中管辖制度,以便更好地贯彻逆周期金融司法理念,统一裁判标准,防范金融风险扩散。

2. 推广示范判决机制

示范诉讼与示范判决的引入无疑能有效提升证券民事赔偿的司法效率,有助于一体化解决群体性纠纷,既满足了原告的救济赔偿需求,大大提高了违法成本,也能有效威慑资本市场的欺诈行为。[①] 应推广化解涉众性纠纷的有效司法路径,发挥示范判决机制促进适法统一、促进矛盾多元化解、降低当事人诉讼成本的优势,并创新引入专业支持、管辖权异议规范和诉讼费用杠杆调节等机制。

3. 完善多元化纠纷解决机制

加强与金融监管部门、调解组织、行业协会和投资者保护机构的协调配合,积极构建"专业调解+示范判决+司法确认"全链条的纠纷多元化解合作机制,并通过建立审前第三方中立评估机制促进纠纷多元化解。积极开展金融纠纷诉讼、调解、仲裁"一站式"衔接工作,推动形成更具开放性和国际化的金融纠纷解决综合平台,充分满足跨境纠纷解决的多样化需求。

4. 建立新型专业化审判工作机制

由法官根据专业领域跨庭室组成法官专业委员会,定期对重大、复杂、新颖

---

① 参见陈洁:《科创板注册制的实施机制与风险防范》,载《法学》2019年第1期。

案件进行集中研判，并根据实际情况开展符合审判专业特点和领域的对外沟通协调工作，就审理中涉及的问题以及裁判结果可能与金融监管政策相冲突的情况，与相关金融监管机构沟通协调；定期向金融监管机构、金融机构通报金融案件专业审判工作情况，揭示金融市场潜在风险，为区域性、行业性、系统性金融风险的防范预警和重大决策提供信息支持。

5. 建立金融市场跨国司法治理机制

随着金融市场加大对外开放，新型涉外案件不断涌现，经过对 S 市金融机构抽样调查，发现国内机构在涉外金融交易中普遍约定由外国法院、仲裁机构管辖及适用外国法律，不利于我国金融机构风险控制，建议通过修改推行争议解决和法律适用条款示范文本，明确约定由国内法院或仲裁机构管辖并适用中国法律。建立中国特色的金融市场跨国司法治理机制，通过创设“跨国司法治理权”概念，①扩大涉外金融案件管辖权，探索外源性风险案件中国法的域外适用，增强我国金融规则国际话语权；建立国际专家咨询机制，在立足于我国金融市场实际运行现状的基础上，合理借鉴国际通行的交易规则或惯例，促进跨境金融交易有序运作；建立我国金融法律域外适用制度，赋予适度的域外管辖效力，强化风险治理跨国司法合作与政策协调，通过国家之间的谈判或国际组织示范法实现各国金融实体法律制度的协同，推进我国判决、仲裁在外国承认与执行。

（三）事后延伸能动司法效果，促进金融交易规则的形成与完善

1. 发挥司法示范效应

金融市场的发展需要具有确定性和可预测性的行为规范。法院应通过适时发布金融审判典型案例、金融审判白皮书等形成相关类型案件的处理模式和思路，强化金融风险提示作用和法院裁判思维的宣示效应。比如，S 市法院曾受理变相期货交易案件，公司实际进行的是封闭系统期货交易，股权结构末端涉及地方财政局，每天交易规模 80 亿元，线上交易 14 万人，造成很大风险。法院从司法系统后果的角度考虑，认为如果大批量判决案件无效，会涉及很多受害投资者，容易造成社会很大动荡。因此，法院做出探索，在相对较小的个案中宣告这种类型的期货交易无效，并将其作为当年度十大金融典型案例，彰显“规模效应”，引

---

① 参见霍政欣：《论全球治理体系中的国内法院》，载《中国法学》2018 年第 3 期。

导市场和社会公众,起到了防范化解金融风险的良好效果。

2. 发挥司法规则指引作用

通过司法建议等方式为金融机构、金融监管部门等建言献策,提出防治对策及规范金融机构经营活动的建议,促进优质营商环境的形成。比如,S市法院针对国有企业在“一带一路”沿线国家开展基础设施建设中运用国际结算金融工具风险认识不足、交易风险控制意识不强等问题向国资委发出司法建议并被采纳,起到了金融风险的防范预警作用。适时提出立法、修法建议,及时制定、修订司法解释,比如,推动建立对金融市场基础设施的统一的法律法规和指引,避免因法律不确定性而阻碍金融市场发展,防范可能出现的系统性金融风险。

结　语

随着金融改革开放的深入推进,金融市场内生性或外源性风险叠加,为更好地防控金融风险,应当树立逆周期能动司法理念,把握好金融周期涨落的平衡度与时空协调问题,以前瞻性思维对特定周期内金融案件的审理走向作出预判和引导,与逆周期监管形成有效协同,通过构建立体化能动司法模式,发挥对于金融风险的防范预警以及对金融市场的规则引领和主动应对的功能。

涉金融案件中上市公司股票执行问题实证研究①

郑　岗*

引　言

上市公司股票是法院经常需要处置的一类标的物,在涉金融民商事案件中较为普遍。② 与房产、汽车等传统财产相比,股票因其证券化特征而具有相对的特殊性。然而,由于缺乏统一的制度性规范,在执行实践中,各地法院对股票的处置方法有较大差异,甚至在同一家法院出现处置方法不一的情况。法官司法有赖于法律规范即法律规则的明晰具体,③在国家落实金融市场严监管政策和不断推进执行工作改革的背景下,规范民事案件中上市公司股票的处置方式,减少因司法执行对金融市场的不利影响,维护金融市场的稳定,防止因执行导致的金融风险,实有研究之必要。

一、实证考察:处置上市公司股票的司法实践

长期以来,对此类标的物的处置主要是拍卖与变卖。我国执行程序中坚持

---

① 本文获中国法学会审判理论研究会金融审判理论专业委员会2019年学术研讨会二等奖。

* 上海金融法院执行局法官助理。

② 以上海金融法院为例,自2018年8月成立以来,上海金融法院受理的45件一审金融执行案件中,有13件需要处置股票,占比达28.9%。相对而言,其他普通民事案件中,需要处置股票的情况占比较低,但由于普通民商事案件数量巨大,涉及股票处置的案件数量也不少。

③ 参见孙佑海主编:《司法体制改革创新研究》,中国法制出版社2017年版,第105页。

拍卖优先原则,且一直采取委托拍卖的方式。① 自2016年最高人民法院出台《关于人民法院网络司法拍卖若干问题的规定》(法释〔2016〕18号)后,各地各级人民法院拍卖被执行人财产原则上均通过网络司法拍卖形式进行,传统的拍卖行拍卖方式不再适用。目前,最主要的网络司法拍卖平台有阿里拍卖平台、人民法院诉讼资产处置网、公拍网。通过对这些平台司法拍卖情况的考察,可以较为客观地发现目前各地法院股票处置的基本情况。

(一)股票网拍总体情况

根据统计,2016~2019年3年间,全国各地法院利用阿里司法拍卖网、公拍网、人民法院诉讼资产网这三大平台实施上市公司股票拍卖(含变卖)共计407件(其中阿里司法拍卖网385件,公拍网13件,人民法院诉讼资产网9件),成交119件,成交率仅为29.3%;流拍150件,流拍率为36.7%;撤回及中止拍卖63件,撤回率为15.4%;尚在拍卖、变卖中75件。通过阿里司法拍卖平台进行处置的数量占据多数,在三大平台中数量占比达94.2%。从拍卖结果看,网络司法拍卖处置股票的流拍问题较为明显,高达35.9%的案件存在流拍情况。因信息录入错误、当事人提出异议等原因而撤回和中止拍卖的案件也不在少数,占比24.3%。从统计来看,流拍的直接原因在于无人竞拍,全部流拍案件报名参加拍卖人数均为0。

(二)网拍股票案件数量

从统计数据来看,拍卖股票数量超过1亿股的案件20件,占比为4.9%。绝大部分案件股票数量在1亿股以下。在407件案件中,89%的案件拍卖股票数量占总流通股数的比例小于5%,82.3%的案件该比例小于5%。也就是说,绝大部分上拍的案件,拍卖股票的数量占流通股的比例都相对较小。

(三)股票价值的确定

股票的拍卖必须首先确定市场价值,实践中有三种做法:一是法院依职权定价,通过参考相关市场价格确定拍卖标的物品价值;二是委托第三方评估,或向

---

① 参见江必新、刘贵祥主编:《最高人民法院执行最新司法解释统一理解与适用》,中国法制出版社2016年版,第52页。

第三方询价,结合评估价确定起拍价;三是当事人通过自主协商确定。从近 3 年的统计数据来看,在全部 407 件上拍案件中,由拍卖法院依职权确定价格的 197 件,占比 48.4%;通过第三方评估确定的 187 件,占 45.9%;依当事人协商一致确定价格的 22 件,占 5.4%(见图 1)。

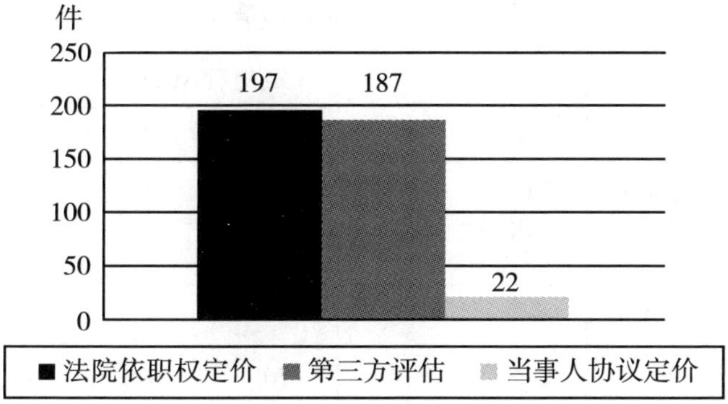

图 1　网络司法拍卖股票的定价主体

(四)股票价值的计算方式

从统计来看,拍卖股票的价值计算方式多种多样。通过委托第三方评估的,普遍采用市场法估价,即将评估对象同可比较的上市公司或者交易案例进行比较来确定评估对象价值。拍卖法院依职权自主定价的,计算方法差别较大。从统计来看,在上网拍卖的 407 件案件中,大致存在 13 种不同的计算方式。总体上,这些计算方式本质上都是基于特定节点的股票市场成交价格与股数的乘积来计算,如拍卖前 20 个交易日收盘均价,或拍卖前 10 个、5 个交易日收盘均价。

(五)股票网络拍卖效果

股票拍卖效果可以从多个方面进行衡量,最直接的方式是计算溢价率,从统计数据看,有 92 件的溢价率低于 0,即拍卖成交价低于市场均价,属于折价成交,仅有 27 件案件溢价成交。

(六)股票网络拍卖影响

通过司法拍卖处置数量较多的股票时,难免形成对股价及相关金融市场的冲击。为探讨司法拍卖股票对股价的影响,笔者选取拍卖成交当日、成交后 5 个交易日及10个交易日的收盘均价,对相关股票的价格走势进行分析。从统计数据看,拍卖成交当日,有62.5%的案件所涉股票下跌,仅37.5%的股票收盘价上涨;拍卖成交后5个交易日,58%的股票存在下跌,42%的股票上涨;成交后10个交易日,57%的股票下跌,43%的股票上涨(见表1)。

表1 成交后估价波动情况

单位:件

平台	成交日		成交后MA5		成交后MA10	
	涨	跌	涨	跌	涨	跌
阿里司法拍卖网	44	70	49	65	43	71
公拍网	1	3	1	3	1	3
人民法院诉讼资产网	—	1	—	1	—	1
合计	45	74	50	69	44	75

注:成交后MA5或MA10是指拍卖成交后5个、10个交易日收盘均价。

二、制度供给:上市公司股票执行的立法现状

(一)法律规定

我国《民事诉讼法》第247条规定了执行被执行人财产的基本原则,人民法院处置被执行人名下财产,应首先采取拍卖的方式,在不适宜拍卖时,方可采取变卖等其他方式处置,这是法院拍卖股票的法律依据。我国2014年《证券法》第41条主要规定了证券发行、交易的基本规则和原则性规定。

(二)司法解释

最高人民法院《关于适用〈中华人民共和国民事诉讼法〉的解释》第488条、第490条规定了人民法院可以拍卖、变卖被执行人财产,这是对于人民法院处置被执行人财产的概括性规定。最高人民法院《关于人民法院民事执行中拍卖、变卖财产的规定》第2条规定了执行财产应当首先采取拍卖的方式,但法律、司法解释另有规定的除外。最高人民法院于2001年出台的《关于冻结、拍卖上市公司国有股和社会法人股若干问题的规定》,对冻结、拍卖上市公司国有股和社会法人股进行了特别规定。

(三)司法文件

为规范冻结、划拨证券结算资金相关工作,最高人民法院以通知的形式发布过3份司法文件,分别是1997年发布的《最高人民法院关于冻结、划拨证券或期货交易所、证券登记结算机构、证券经营或期货经纪机构清算账户资金等问题的通知》、2004年发布的《最高人民法院关于冻结、扣划证券交易结算资金有关问题的通知》(法〔2004〕239号)、2008年发布的《最高人民法院、最高人民检察院、公安部、中国证券监督管理委员会〈关于查询、冻结、扣划证券和证券交易结算资金有关问题〉的通知》。这些通知针对公检法机关在办案中冻结、扣划证券及其交易结算资金工作进行了特别的规定。

(四)地方法院内部规范

除了法律、司法解释层面的规定外,各地法院也以工作规范、细则等形式对股票处置有零散的规定。如北京市高级人民法院在2013年发布了《北京市法院执行工作规范》,其中第388条规定,在变卖流通股票时,可以采用大宗交易的方式进行。深圳市中级人民法院在2010年制定的《深圳市中级人民法院关于规范房地产、股权强制执行的若干意见》,对执行股票的方法和程序进行了规范。江苏省高级人民法院在2018年制定的《江苏省高级人民法院关于印发〈关于执行疑难问题的解答〉的通知》,对如何处置股票作了规定。

三、问题分析:强制执行上市公司股票相关问题

(一)股票处置缺乏统一标准

从司法实践来看,各地法院处置银行存款、房产、车辆等传统财产时的处置流程、做法大同小异,方法较为一致。与此相比,由于法律层面的制度供给不足,各地法院在处置上市公司股票时做法不一,甚至在同一个地区的不同法院,更有甚者在同一家法院的不同案件中,对股票价值确定主体、股价计算方式都有不同。以上海地区法院为例,近3年通过网络拍卖的14件案件中,对股票价值的计算就存在两种类型三种方法。两种类型,是既有委托第三方评估,也有法院依职

权自主确定。所谓三种方法,即拍卖公告日前 20 个交易日收盘均价乘以股数、拍卖日前 20 个交易日收盘均价乘以股数、拍卖前一个交易日收盘价乘以股数。股票处置流程的不统一,容易引起法官执行的随意性,以及当事人对拍卖结果的合理性怀疑。

(二)股票处置制度供给不足

我国执行相关立法及司法实践中,尚未制定统一的股票处置规定,而是在《民事诉讼法》个别条文的统摄下,由最高人民法院相关司法解释以及通知等司法文件共同构成股票执行的依据,并由各地法院根据实际情况自行制定处置办法。随着社会经济发展,新三板、科创板等陆续出现,对这些新类证券的处置规范存在欠缺。总体而言,与股票处置有关具体规定等因缺乏全国统一的规范,股票的特殊性在执行中无法体现,各地人民法院于“各自为政”的状态,做法不一,效果不同。

(三)股票网络拍卖的效果不佳

从近 3 年来主流网络司法拍卖平台的处置结果看,通过公开网络拍卖股票的处置机制效果并不理想。表现在以下三个方面:

首先,流拍率较高。三大平台整体网拍股票的成交率仅 29.3%,流拍率高达 36.7%,部分股票须经过多次拍卖乃至变卖方能成交。流拍率较高的原因主要有:一是相关上市公司的经营情况较差,被拍卖股票缺乏投资吸引力。一般而言,大股东股票被大量冻结、处置的上市公司股票,下跌风险加大,一般投资者望而却步。二是拍卖股票的价值普遍较大,对竞拍人现金流的要求较高。同时,部分股票经过一段时间评估、公告,其起拍价格显著高于实时市场价格,也限制了普通竞买人的参拍积极性。

其次,拍卖成交的股票,其整体溢价率也并不理想。从上述统计分析可以看出,网络拍卖股票的整体溢价率并不高,溢价率在 20% 以下的股票,占全部成交股票的 65.6%。考虑到部分成交股票经过多次拍卖,其最终成交价格已大幅低于评估价,即便最终拍卖成交,也难以有较好的溢价表现。

最后,网络拍卖股票对股价的负面影响较大。股票市场具有天然的波动性,一般来说,大额股票的集中抛售容易被投资者作为利空因素,当出现此类事件时,有较大的概率会拖累股票的市场表现。从统计可以看出,司法拍卖的股票无论在成交当日,还是之后5个、10个交易日,其股价表现走弱的数量明显高于走强的数量。因此,网络拍卖股票的方法,有较大可能会对相关股票价格造成负面影响,影响投资者利益。

(四)执行与监管缺乏协调兼顾

以股票市场为代表的现代金融资本市场是世界各国严格监管的领域之一,凡是建立股票交易市场的国家,无不制定了严格的监管体系规制之。法院在执行被执行人名下股票时,难免会发生执行的强制性与证券的监管要求之间的矛盾。目前,在处置被执行人名下股票时比较常见的问题,主要是法院强制执行股票与证券相关法律法规及监管部门规章之间,在限售、禁止减持方面发生冲突时如何处理两者这件的关系,以及当处置的股票达到或超过相关减持上限时,法院与证券监管部门之间如何衔接的问题。这些问题,涉及司法强制执行权与证券行政监管权之间的冲突,需要从规范的层面进一步明确。

四、制度构建:执行上市公司股票的制度设计

(一)制定统一的股票处置规范

完善的法律制度,既是实体正义的需求,也是程序正义的需要。实体正义的实现,只能在保证程序正义的条件下获得。① 为防止各地法院处置股权中“各自为政”的弊端,最高人民法院应针对上市公司股票的执行制定统一制度规范。可以在梳理现有民事诉讼法及相关司法解释、通知等文件基础上,结合部分地方法院的成熟做法,制定人民法院关于在执行中处置上市公司股票的规定,对上市公司发行的股票的执行流程、方法、要求进行统一。

(二)完善股票执行协作机制

从保障生效裁判执行、维护公共利益角度,应当明确法院的司法强制执行权

① 参见张学群:《司法的理性与人文精神》,法律出版社2016年版,第179页。

在处置上市公股票中的自主和优先地位,即法院有权直接处置被执行人名下的非限售流通股及限售流通股。同时,从保障金融稳定的角度,法院应兼顾证券监管部门的监管要求及相关限制和禁止性规定,积极建立同证监会、证券登记机关、证券交易所之间的沟通协作机制,畅通协助执行的通道。在处置上市公司股票时,如被处置股票可能违反相关限制及禁止性规定的,应通过笔录、公告等形式,告知当事人、买受人相关风险和后果。对于案件股票数量巨大、强制执行可能引起金融风险的,法院可以向证券监管部门征询相关意见和建议。

(三)完善大宗交易处置机制

鉴于拍卖处置上市公司股票容易产生流拍率高、拍卖效果不理想、拍卖对股票交易价格冲击较大等问题,可以参考现有大宗交易系统专场业务的模式,探索实行以法院为主导、证券交易机构提供协助的上市公司股票大宗交易机制。

所谓大宗交易系统专场业务,是指由股份持有者发起出售需求,或股份购买者发起购买需求,经委托为其提供公开发售、配售或购买等相关服务的会员向证券交易所申请,由交易所组织专场,相关会员和合格投资者参加,通过大宗交易系统采取协商、询价、投标等方式确定成交,并由中国证券登记结算有限责任公司完成结算的业务。① 大宗交易模式与在二级市场抛售股票相比,具有效率高、负面影响小的优势,可以有效规避网络拍卖股票模式的弊端。同时,对于降低执行成本、提升执行效果也有好处。参考《上海证券交易所交易规则》第3.7.1条,②对拟处置的股票达到或超过交易所有关大宗交易的认定标准的,即A股单笔交易数量不低于30万股或200万元人民币,B股单笔交易数量不低于30万股或20万美元,即可在征求双方当事人意见后,启动大宗交易的处置程序。对股票数量或价值未达到大宗交易标准的,可以由当事人协商,通过自主抛售方式处理。在当事人无法达成一致时,也可以通过指定被执行人所在的证券营业部在限期内卖出,并将变卖所得价款付至法院指定的账户。如双方当事人明确要求

---

① 参见《上海证券交易所大宗交易系统专场业务办理指南》,载上海证券交易所官网:http://www.sse.com.cn。

② 参见《上海证券交易所大宗交易系统专场业务办理指南》第3.7.1条规定,在本所进行的证券买卖符合以下条件的,可以采用大宗交易方式:(1)A股单笔买卖申报数量应当不低于30万股,或者交易金额不低于200万元人民币;(2)B股单笔买卖申报数量应当不低于30万股,或者交易金额不低于20万美元。

以公开拍卖的方式处置,也可以通过网络拍卖平台进行拍卖。

(四)规范股票执行的操作程序

为便于统一工作方法,规范上市公司股票执行程序,减少执行中的随机性和主观性因素,应当构建标准化的上市公司股票执行程序。参考执行中的成功做法,股票执行标准化程序可以从以下几个方面进行设计:

1. 上市公司股票执行前置程序

执行法院应当依职权查明被执行人名下财产情况,综合分析执行股票的必要性及市场风险,按照非必要不处置原则,同时存在其他财产情况下,若其他财产更易于执行,应优先执行其他财产。对查明的股票,要对股票的权属、数量、性质、来源及权利负担情况作全面调查。

2. 上市公司股票执行的方式

根据查明的股票情况,参考上海证券交易所有关大宗交易的认定标准,将股票分为小额与大额股票,分别处置。

(1)小额股票的处置

对于小额股票,可以建议当事人协商一致后,限期自行抛售处置,并控制相应价款。若双方当事人协议直接抵偿的,可以在审查协议内容不违反法律法规及禁止性规定后,出具相关法律文书办理划转手续。若当事人无法就股票的处置达成一致意见,法院可以指示被执行人所在的证券公司营业部限期内抛售,控制价款。

(2)大额股票的处置

拟处置股票数量超过大宗交易认定标准的,鉴于大宗交易的做法比较成熟,应按照上海证券交易所或深圳证券交易所有关大宗交易系统专场业务办理相关操作指引,在告知案件当事人后,通过交易所大宗交易平台公开发布交易信息办理。在交易过程中,人民法院要对交易过程进行监控,出现应当暂缓或中止交易情形的,应及时决定暂缓或中止交易。

(3)网络司法拍卖

在上述方法均无法成功处置股票后,可以采用网络司法拍卖的处理方式。虽然法院拍卖、变卖财产都要经过评估,但是对于社会流通股而言,有明确的市场公开交易价格,而且无论是申请人还是被执行人都遵从这一价格,所以可以不经评估径行处分。[1] 因此,可以采取当事人协商一致、网上司法询价、法院依职权股价的顺序,确定上市公司股票的起拍价,最后通过指定司法拍卖平台公开拍卖、变卖。

3. 风险保障条款

为防止当事人通过恶意串通,以司法执行规避证券监管的禁止性规定,损害投资者利益,对当事人协议转让股票的,应设置保留价。具体而言,A 股及新三板上市的股票,协议转让价应不低于前一交易日收盘价的 90%。若股票长期停牌导致前一交易日价格不宜认定,可以在司法询价后确定股票价格。采取大宗交易的股票,最终成交价应不低于最近一个交易日收盘价的 90%。

4. 合规性审查通知

处置上市公司股票时,若因强制执行导致出现大股东被动减持违反法律、法规及证券监管部门有关减持的禁止性规定的,人民法院应在发生上述情况后的 3 日内,将处置情况通报证券监管部门进行合规性审查。

---

① 参见金平强主编:《执行工作实务技能》,人民法院出版社 2013 年版,第 148 页。

银行业监管规定应如何影响合同效力：以金融风险为介①

王培斌*　张　雁**

引　言

一段时间以来，为有效防控金融风险，银行业监管部门密集出台了若干监管规定，②尤其随着2017年银监会组织开展"三三四十"一系列专项治理行动、2018年1月银监会组织开展"进一步深化整治银行业市场乱象"、2019年5月银保监会组织开展"巩固治乱象成果、促进合规建设"，一系列监管规定与要求密集出台。③其中，由中国人民银行、银保监会、证监会、外汇管理局于2018年4月27日联合发布的《关于规范金融机构资产管理业务的指导意见》（以下简称《资管新规》）成为这一时期若干监管规定的代表性文件。与之对应，在金融监管实践中，银行业金融机构的一些业务行为经常被发现与相应监管规定不尽吻合，即我们通常所称"存在违规情形"。对于这些违规的业务行为，银保监会及其派出机构自然会按照监管规定进行查处。但司法实践中，我们也随时面临如何处理银行业务违规问题，其中最典型问题之一就是：若银行业务存在违规情形，是否必

---

① 本文获中国法学会审判理论研究会金融审判理论专业委员会2019年学术研讨会二等奖。

* 法学硕士，宁波银行南京分行法律合规部&资产保全部总经理。

** 法律硕士，江苏省南京市中级人民法院执行局副局长。

② 为了论述的简洁方便，本文的探讨限于银行业范畴、不扩展至整个金融业，但所阐述的观点与道理是共通的。

③ 2018年4月8日，中国银行业监督管理委员会与中国保险监督管理委员会合并，简称"中国银保监会"。

然影响相应业务合同的效力?随着《资管新规》的出台,对这一问题的探讨尤其热烈,从事金融审判的广大法官也围绕《合同法》第52条第4项规定提出了不少真知灼见。笔者在此试图从金融风险分类的角度,就银行业监管规定该如何影响合同效力提出一些观点。①

一、问题揭示:司法审判中的困惑

当下,基于转型创新发展等多方面的客观形势与现实需求,商业银行作为当事人之一的诉讼案件早已突破了“存贷汇”时代的传统特点,法律关系日益复杂,主要表现为与诉讼案件相关的业务结构庞杂、环节多、流程长,相应业务主体日益多元化。在这复杂业务的背后,便有众多的监管规定相对应。倘若我们进行完全意义上的匹配化核对,便会较为容易发现银行业务与监管规定存在不尽吻合之处。近一段时间以来,进入诉讼程序的银行业务经常被发现存在违反监管规定的情形。在金融审判中,诸如此类的违规情形往往成为原被告双方辩论的焦点,也往往成为审理的重点与难点。其中,依据什么法条、如何评判违规情形对业务合同效力的影响已经成为一个核心问题。围绕这一问题,产生了若干的判例和专业文章,也形成了若干很有见地的观点。但透过这些判例与文章,我们可以发现,无论在实务界还是理论界,依然还存在一些困惑。这些困惑,很大程度上影响了我们更快更好地审理涉银行金融案件。在此,为了下文论述的展开,我们有必要就当前存在的困惑进行梳理。笔者认为,困惑主要表现在三个方面,并且呈现出了更迭替代的特点。

1.“不以行政规章为依据确认合同无效”是初步标准还是最终标准?

根据《合同法》第52条第5项规定,违反法律、行政法规的强制性规定,合同无效。最高人民法院于1999年12月19日公布的《关于适用〈中华人民共和国合同法〉若干问题的解释(一)》第4条规定:合同法实施以后,人民法院确认合同无效,应当以全国人大及其常委会制定的法律和国务院制定的行政法规为依据,不得以地方性法规、行政规章为依据。2009年4月24日最高人民法院公布的

---

① 在司法实践中,银行业监管规定对合同效力的影响集中体现为“存在违规情形时是否必然导致相应业务合同无效”,因此,限于篇幅,本文的分析探讨也主要集中于这一问题。

《关于适用〈中华人民共和国合同法〉若干问题的解释(二)》第 14 条规定:《合同法》第 52 条第 5 项规定的"强制性规定",是指效力性强制性规定。较长时间以来,这些法条成为金融审判中处理涉及银行业务违反监管规定问题的核心依据。在这些法条指引下,人民法院可以较快、较简单地针对银行业务违反监管规定是否影响合同效力这一问题作出裁判。可以说,这些法条在经常意义上充当了认定相关涉银行业务合同有效无效的最终标准,客观起到了严格限制认定合同无效范围的作用,对于促进和保障金融秩序的稳定,塑造和形成稳固的社会预期,也发挥了重要作用,在很大程度上摆脱了银行业监管规章数量庞杂与不断变化所产生的一些负面影响,相对更加彻底地保证了案件审理的统一性与裁判尺度的一致性。然而,随着近几年金融风险的急剧积累和持续爆发,作为金融风险重要载体的银行业务,也持续经历着来自各方的审视与质疑。尤其对于那些存在违反监管规定情形的银行业务,在进入司法审判程序之后,是否依然主要依据上述法条认定相关合同的效力,还是将上述法条作为初步标准,再综合其他法律条款进行审查认定,首先成为现实的困惑。随着国家与中央层面对金融工作的全面部署,这一困惑逐步得到了破解。最高人民法院于 2017 年 8 月 9 日印发了《关于进一步加强金融审判工作的若干意见》,对服务实体经济、引导规范金融交易、防范化解金融风险、维护金融安全等问题进行了更有针对性的部署,对破解这一困惑提供了进一步的支撑。"不以行政规章为依据确认合同无效"不再完全扮演最终标准,而应同时考量规范金融交易、防范金融风险等方面的因素。最高人民法院审判委员会专职委员刘贵祥在最近的讲话中更是对这一困惑进行了彻底破解:违反规章、监管政策等规范性文件的合同,不应认定无效。因违反规章、监管政策同时导致违反公共秩序的,人民法院才能认定合同无效。①

2. 社会公共利益、公序良俗如何认定?

可以说,经历了上述困惑,我们从简单的形式标准进入了需要进行实质性判断的标准,相应的困惑也随之而来。在近一段时间人民法院裁判的相当数量的涉及银行业务违反监管规定的诉讼案件中,我们可以发现在认定合同无效时,会更多地援引《合同法》第 52 条第 4 项规定:损害社会公共利益。同时,在《民法总则》施行后,首次在民事立法中采用了"公序良俗"的概念,并在第 153 条第 2 款

① 具体参见刘贵祥:《在全国法院民商事审判工作会议上的讲话》(2019 年 7 月 3 日)。

明确规定:违背公序良俗的民事法律行为无效。社会公共利益或者说公序良俗标准,从法理上讲,显然是更合适与合理的,因为其进一步深入法律条款背后的意旨。但问题的关键在于,社会公共利益、公序良俗是相对更加抽象的概念,在面对具体的案件时,该如何去抽象类化,其所对应的社会公共利益、公序良俗是什么?如果在裁判中仅是一般性地、大而化之地以“损害社会公共利益、违背公序良俗”为由认定相关合同无效,总显得说理不透、阐释不充分,从而必然会影响司法审判的说服力与权威性。对于那些已审理的涉及违反银行业监管规定的诉讼案件,除了少数法院的一些判决外,我们经常十分遗憾地感觉总是缺少些结合金融背景对“社会公共利益、公序良俗”所作的具体诠释。① 在当前涉银行案件、泛金融案件日益增加的背景下,这方面的遗憾与困惑正变得日益突出。

3. 金融风险、金融秩序如何认定?

也正是基于上述更加现实的困惑,金融审判人员开始了积极尝试。综合一些具体的涉银行案例,可以发现尝试主要体现在用“引发系统性金融风险”“破坏金融秩序”之类的表述代替了单纯沿用“损害社会公共利益”“破坏公共秩序”“违背公序良俗”这样一般性的表述。无疑,这是重要的进步。其进步不仅体现在字面含义与具体金融案件的进一步关联,更体现在金融审判人员对金融案件的类型化思考。但同时,我们也不得不承认,诸如此类的表述实际上依然没从根本上改变过于泛化的特点,这仍无形中造成裁判说理的宽泛,也会因为标准的不够精准而造成实践运用时的混同。因为诸如“系统性金融风险”之类的概念,虽然我们都耳熟能详,但在面对具体的金融案件时,如何区分什么是系统性风险、什么不是系统性风险,显然又会感觉捉襟见肘,而这必然会影响我们在认定合同效力时的准确程度。应当说,从金融风险入手,确实把到了审理涉及违反监管规定案件的“脉”,找到了审判的方向,问题就在于下一步该如何将金融风险标准更具体化,进一步提高审判结果的针对性,实现审判实践与金融实践在更具体意义上的契合。

通过上面论述,可以发现,司法实践中存在的三方面困惑,明显呈现了更迭替代的特征,实际上也展现了金融审判工作的日益进步。就缘由而言,有立法变

① 在这方面,上海金融法院作出了很好的典范。比如,在(2018)沪74民初585号民事判决书中,就对什么是“公序良俗”进行了阐释,并特别指出“不同领域存在不同的公共秩序”,并进而结合我国《证券法》等详细阐释了与案例所对应的“公共秩序”。

化方面的原因,但更多地应归功于金融审判法官的专业探索。目前,在司法实践中,广大金融审判法官以法律为基础,对经济金融风险等问题的分析与把握越来越专业,正在日益破解相关困惑、日益提高审判的精准度。下面,笔者就将进一步阐述为什么应该选择以"金融风险"为介分析对相关合同效力的影响问题。

二、思路聚焦:金融风险的媒介作用

"要尽可能通过类型化方法明确违反公共秩序的具体情形,严格限制因违反公共秩序认定合同无效的范围,提高规则的稳定性。"①根据《民法总则》相关条款以及前述最高人民法院民商事审判会议要求,在面对涉及违反银行业监管规定的诉讼案件时,显然我们必须直面回答违反银行业监管规定的情形是否同时属于违反公共秩序、违背公序良俗。在这二者之间,违反监管规定的情形显然是很具体的,因为其所对应的监管规定基本都很具体,但"公共秩序"与"公序良俗"显然抽象与宽泛,要实现二者之间的直接连接显然有难度或容易变得突兀。因此,非常有必要寻找一个更具体合适的媒介,发挥桥梁作用,将二者自然衔接起来。若比较好地解决了这一问题,也就可以比较好地破解上文所讲的第三个方面的困惑。就银行业务诉讼案件而言,金融风险应是最好的媒介。具体阐述如下:

首先,银行业监管规定的具体内容主要体现为对金融风险的管控。银行业监管规定十分庞杂,可从多个角度分类。但总览这众多监管规定,有一点非常确定,那就是基本上体现为对商业银行业务的规范与风险防控方面的要求,②也就是通常所讲的"合规要求"。而在司法实践中,我们所遇到的违反银行业监管规定、需要分析讨论是否违反公共秩序或违背公序良俗的诉讼案件,应该都涉及违反此类监管规定,这也就从本源上决定了应该以金融风险为媒介来具体分析相应的诉讼案件是否存在违反公共秩序或违背公序良俗的情形。可以说,风险防

① 具体参见刘贵祥:《在全国法院民商事审判工作会议上的讲话》(2019 年 7 月 3 日)。

② 当然,在当下的监管实践中,也有一些监管政策并不是出于风险防控的要求,如监管机构对商业银行在支持小微企业贷款方面有明确的不低于一定比例的要求。但应该说,诸如此类的规定并不是监管政策的主要部分,而且在现实中商业银行违反此类规定也不会进入民商事审判领域进行处理。因此,从本文论述的宗旨出发,这一类监管规定可以暂不予以考虑。

控是监管政策的根本导向与基本精神,同理,公共秩序、公序良俗也应是民法的精神原则,因此,二者在“精神”层面有着天然的契合性。

其次,银行业诉讼案件发生的原因也决定了金融风险的媒介作用。当下的金融领域,围绕转型、创新、开放,银行业乃至整个金融业在持续迸发发展的动力与活力,但风险问题不可避免地相伴而生。当下的金融审判正经历和面临着中国银行业乃至整个金融业最深刻的变化。从目前包括银行业在内的多个金融领域爆发的风险情况来看,因多方面原因所造成的一些风险积聚正在不断地释放,其中风险释放的表现之一就是大量的涉银行民商事纠纷进入司法审判程序。总览这些纠纷背后的原因,除了一部分是因为普通情况下的传统信用风险,越来越多是因为突破现有监管规定以承担风险为代价而进行一些复杂且依据不明的业务操作。一旦风险成为现实,当事人之间则就因风险分担等问题形成纠纷,有些时候,即使风险没成为现实,也会因为利益分配等问题形成纠纷。可以说,在当下的银行业乃至整个金融领域,有不少的业务,由于利益方面的诱惑,一方面本身承担着很大的风险,另一方面又会制造新的衍生风险。风险既成为诉讼的原因,一定程度上,又会作为诉讼的结果表现出来。所以,从银行业诉讼案件发生的原因来看,对于违反监管规定情形下合同效力的认定,也应当以金融风险为媒介具体分析相应的“公共秩序”“公序良俗”。

最后,金融审判中对监管政策的理解掌握需要以金融风险为媒。监管政策作为部门规章层级的规范性文件,明显存在数量众多、稳定性不强、彼此之间容易冲突等方面的特质。这些特质在一定程度上是银行业乃至整个金融业快速发展变化的必然结果。对于金融审判而言,面对涉及违反银行业监管规定的诉讼案件,必然需要对相关的监管规定进行综合理解与掌握,并通过对监管规定的准确理解与掌握实现与金融监管的协调统一,最终实现共同维护金融秩序的目标。而如何才能准确理解与掌握监管规定、如何准确把握违反监管规定的银行业务的问题到底在哪里?显然更需要围绕着金融风险进行剖析,而在剖析金融风险的过程中,我们就会顺理成章地得出以金融风险为内涵的公共秩序或者公序良俗。

三、应用分析:不同层次风险对效力的不同影响

通过上面的论证分析,我们应该可以肯定,在违反银行业监管规定情形下进

一步分析是否违反公共秩序或者违背公序良俗时，一定要回归到金融风险上来。但金融风险本身又存在不同的类型，例如，按照2016年中国银监会《关于印发银行业金融机构全面风险管理指引的通知》的规定，银行业金融机构所面临的风险类型包括信用风险、市场风险、流动性风险、操作风险等，这基本上是按照风险的具体内容进行划分的。同时，对于金融风险也存在一些理论上的分类，如可以将金融风险分为宏观、中观、微观三个层次，其中宏观风险与我们通常所称的系统性风险的内涵基本相同。在这些不同的分类中，笔者认为，宏观、中观、微观这一按照层次进行的分类，最适合用来与公共秩序或者公序良俗进行对接与对应，而诸如信用风险、市场风险、流动性风险、操作风险的分类则主要分别从某一方面而不是整体上反映风险情况，因此，相对而言，与公共秩序或者公序良俗之应然内涵的对应性方面就比较差一些。

按照上面的论证逻辑，在违反银行业监管规定情形下判断合同效力时，我们就可以将是否违反公共秩序或者违背公序良俗的分析进一步置入金融宏观风险、中观风险、微观风险的层次体系中来，将金融风险进一步具体化。具体而言，笔者认为，如果涉银行金融审判案件在违反监管规定的情形下又会导致宏观风险，则就应当认定属于违反公共秩序或者违背公序良俗，从而认定合同无效；如果仅仅是会导致中观风险，则就不属于违反公共秩序或者违背公序良俗，原则上不应认定合同无效；如果仅仅是会导致微观风险，则肯定不应属于违反公共秩序或者违背公序良俗，合同效力应不受影响。

论述至此，大家不免又产生困惑，到底什么是宏观风险、中观风险、微观风险，这不是和公共秩序、公序良俗、金融风险一样，无法准确把握吗？下面，笔者就将进一步阐述。首先，需要说明的是，宏观风险、中观风险、微观风险一直都是理论层面的概念，并没有绝对权威统一的定义。具体而言，在银行业监管语境下，三者的核心区别在于影响的范围或者说波及面：宏观风险的影响面是社会性的，中观风险的影响面是行业性的，微观风险的影响面是个体性的。接下来的问题显然就是如何判断影响面是社会性的还是行业性的、个体性的。笔者尝试提出从以下三个维度进行综合分析判断。

1. 违规行为的效仿概率与频率

在金融审判中，如果违反银行业监管规定的金融行为已经或者在未来会被快速地效仿复制，在社会层面已经造成或容易造成违规行为比比皆是的印象时，则相应金融行为所产生或可能产生的风险就已经是无限接近宏观风险的影响了,进而就无限接近构成违反公共秩序或者违背公序良俗了,进而相应的合同效力就更有可能被否定了。

2. 违规行为所产生风险的传染性

如果违反银行业监管规定的金融行为所产生或蕴藏的风险会主要局限于银行业自身体系内,而不会传染到其他更多的行业或者更广的社会层面,则原则上就不应当认为是宏观意义上的风险,从而相应的金融行为原则上不应被认定为是违反公共秩序或者公序良俗、相应的合同效力原则上就不应被否定。

3. 违规行为所产生责任或损失的蔓延性

如果违反银行业监管规定的金融行为,在风险变成现实时,[①]相应的损失或责任不会蔓延或波及合同当事人以外的主体时,则除非有其他否定合同效力的理由,否则基本上不应认定构成违反公共秩序或者违背公序良俗。相反,如果此类金融行为在风险成为现实时,相应的责任或者损失会产生持续或不可控的蔓延或波及时,[②]则就更加容易被倾向于认定构成宏观意义上的风险,从而可能被认定为违反公共秩序或者违背公序良俗,进而相应合同的效力被否定。

在具体描述完三个维度后,仍有三个方面需要进一步阐述或者说明:(1)在金融审判实践中,在面对具体的涉银行金融案件时,我们需要基于上述三个维度进行综合分析权衡;同时,这三个维度并不一定就是全部,但至少是到目前为止应主要考虑的维度,我们也完全可能根据具体的案件或者具体形势进行更全面的判断。(2)对于诸如"金融风险""宏观风险、中观风险、微观风险""风险的传染性、蔓延性"之类概念的把握与理解,实际上也是要求金融审判法官面对金融案件时,除了从法律的专业视角思考外,还要同时进行价值判断。[③] 这实际上对金融审判法官提出了更高的要求,需要金融审判法官对金融专业知识、金融实践

---

① 对于风险的定义主要有三种:(1)风险是未来结果的不确定性(或称变化);(2)风险是损失的可能性;(3)风险是未来结果(如投资的收益率)对期望的偏离,即波动性。具体参见中国银行业从业人员资格认证办公室编:《风险管理》,中国金融出版社2007年版,第2页。

② 虽然从合同法理层面,强调合同的相对性,但就风险而言,并不受相对性的约束,而完全可能蔓延至合同当事人以外的主体。

③ 刘贵祥在《在全国法院民商事审判工作会议上的讲话》(2019年7月3日)中也明确指出:民商事纠纷尤其是金融纠纷具有很强的专业性,加上交易结构往往又极为复杂,很容易导致法官在适用法律时从专业的法律视角思考问题,从而忽略了价值判断。

也达到相当程度的掌握。① (3)适应未来金融创新发展的需要,在按照上述维度进行合同效力的评判时,需要同时注意贯彻谦抑原则,尤其在宏观风险与中观风险分界不清时,除非由更多理由更倾向于认定为宏观风险范畴,否则不宜轻易否定合同效力,监管的归监管、司法的归司法。

四、结 束 语

金融强监管趋势,对金融审判工作提出了挑战,有时候也让审判法官感觉左右为难。② 笔者从违反银行业监管规定的情形入手,就如何认定合同效力提出了一些更具可操作性的观点。但可操作性永远都是相对的,具体案件的准确审理最终都取决于审判法官对法律、金融专业知识与金融实践的综合掌握。笔者在此抛砖引玉,期望上述观点能对金融审判工作有所裨益或至少引起大家对这一问题的更深入思考。

---

① 在这方面,许多专家学者的观点也非常鲜明。例如,王利明教授指出:“只懂法律,而不了解其他社会知识的法律人是不成功的。”具体参见王利明:《法学学科应当步入知识融合时代》,转自微信公众号“燕大元照”(2019 年 6 月 28 日)。刘春田教授指出:“法科专业的学生在事实问题上长期习惯于在法律或法学的框架内思考问题,缺少的是基于事物原理的认识、基于本质的判断、基于事物规律的分析、基于用系统化思维思考问题的眼光和方法。”具体参见刘春田:《知识产权司法的大国重器》,载《法律适用》2019 年第 3 期。上海金融法院 2019 年 5 月 30 日在微信公众号发布的《符望:习惯性法律思维的“技术控 + 影评家”》一文中,也提到“在符望看来,要想成为金融审判专业人才,就要学会用金融思维解决金融问题”。

② 如 2019 年 4 月 25 日上海协力律师事务所曾在其微信公众号(“金融法律评论与实务”)发表《资管新规对合同效力的影响再探析——金融强监管趋势下左右为难的最高院》一文。

金融群体纠纷解决机制的路径完善
——以S市P区人民法院55件某证券公司财产损害赔偿案为例①

孔燕萍*　王朝辉**

引　言

随着社会经济发展,特别是第三产业的发展,各类商业服务不断推陈出新,加之互联网技术的推动,极大了促进了人们的交流及商业的发展。同时,由于公众法律意识不断增强、立案登记制的实施,当事人在遇到纠纷时,更愿意通过诉讼方式解决。当一方或双方因同类案件超过10人的,可称为群体诉讼。一般而言,群体诉讼是指具有共同或同类法律利益的一方或双方当事人人数超过10人,超出了共同诉讼可以容纳的范围,人民法院通过代表人诉讼制度以及其他方式对此类案件进行审理的制度。② 群体诉讼伴随而来的可能有社会舆论压力、当事人群体信访压力、矛盾激化等负面问题。因此,应不断完善我国群体诉讼制度,使法院能够及时有效地解决相应纠纷,实现法律效果与社会效果的统一。

---

① 本文获中国法学会审判理论研究会金融审判理论专业委员会2019年学术研讨会二等奖。

* 法学硕士,上海浦东新区法院金融审判庭审判员。

** 法学学士,上海浦东新区法院金融审判庭法官助理。

② 参见章武生、杨严炎:《群体诉讼的价值与功能》,载《法学评论》(双月刊)2007年第5期。

一、金融群体性纠纷案件概况

(一)基本案情

2013 年 3 月,某证券机构业务部总经理刘某某与鑫源公司董事长应某双方约定,由刘某某为鑫源公司募集资金,应某承诺按募集资金额的 15.5% 支付刘某某财务顾问费。2013 年 4 月起,刘某某以投资项目为名,以承诺 9% ~10% 的年回报率为诱饵,通过本人及其下属某证券机构业务部员工李某、某银行支行营销部经理张某等人以银行、证券公司工作人员身份,在某证券公司、某银行等工作地点,对外招揽投资人签订认购某合伙份额。刘某某等人向原告出示了《投资人声明书》,载明:“本人悉知某证券公司仅按照与某合伙签订的咨询服务协议的约定履行合同项下的相应义务,不承担任何此项目的还本付息责任,不承担此项目的投资风险。本人认购该项目是在充分研究项目文件,了解风险并自愿承担风险的自主决策……”至 2013 年 10 月,共计向 56 人募集资金 160,070,000 元,所募资金进入某合伙开设在江苏银行及民生银行的收款账户后,被应某转至多家公司账户,由其支配使用,至案发尚未开展兑付。2013 年 5 月 24 日,经刘某某引进,某证券公司与某合伙的执行事务合伙人一江公司(为应某所控制)签订《咨询服务协议》,约定被告某证券公司为一江公司提供咨询服务,咨询服务费 300 万元。2013 年 6 月 3 日,某证券公司收到 100 万元咨询费,后于 2013 年 10 月 28 日退还该笔款项。侦查中的司法鉴定报告中显示该 100 万元为募集资金业务费。

法院生效判决认为,综合考量双方当事人在本案中的过错程度,认定某证券公司对原告的损失承担 80% 的赔偿责任,其余 20% 的损失部分由原告自行承担。部分投资者在银行购买涉案产品的案件,法院认定某证券公司、某银行对原告的损失承担 80% 的连带赔偿责任。

(二)金融群体性纠纷案件存在的问题

以 S 市 P 区人民法院某证券公司财产损害赔偿案为例,经查询,截至目前共有55份生效判决,[①]该55案均经历一审、二审、执行阶段。经分析该55件案例,可以发现55份判决书事实认定除投资人损失金额不同外,对案件事实、判决理由、判决结果均具有相似性。上述事实,充分说明某证券公司在类案生效后,不积极妥善解决问题,拖延诉讼,极大地浪费司法资源。

1. 案件的审理情况

从图1可见,2015年立案的24件案件,平均审理时间(从立案到结案时间,下同)为654.33天,最少审理时间为652天,最长审理时间为668天;2016年立案的19件案件,平均审理时间为232.53天,最少审理时间为202天,最长审理时间为282天;2017年立案的11件案件,平均审理时间为65.91天,最少审理时间为21天,最长审理时间为114天;2018年立案的1件案件,因属于涉外案件审理时间为114天。

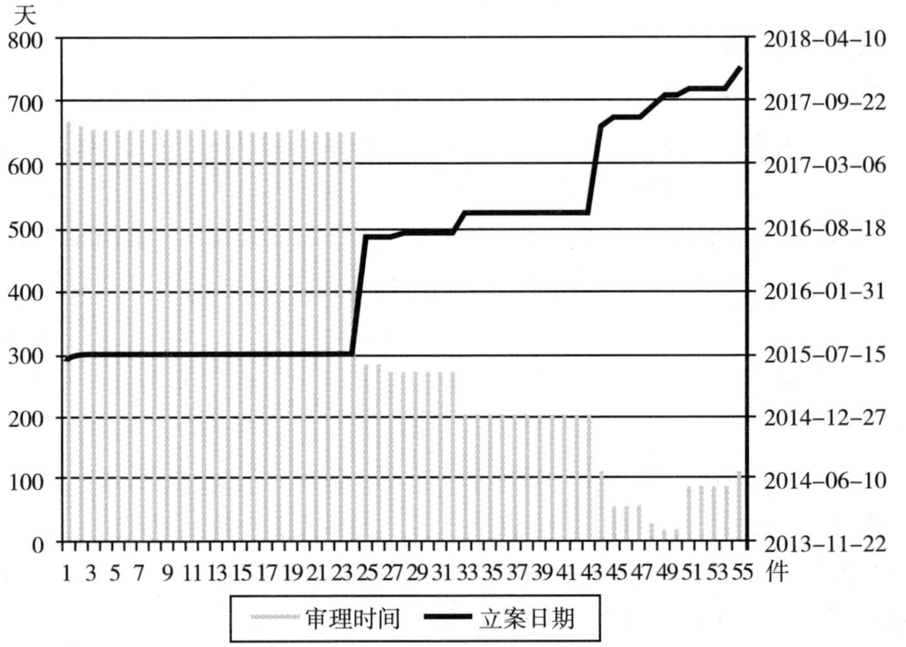

图1 案件审理时间

2015年、2016年立案的43件案件均经历中止、延长审限等事由,并且上述43件案件的结案时间均为2017年4月28日。据笔者了解,在上述43件群体诉

① 截止日期:2019年7月15日。

讼案件进入法院后,法院及时与当事人沟通避免激化双方当事人矛盾。但因刑事判决尚未生效,追赃程序尚未完成,原告损失金额无法确定,法院无法及时作出判决。待刑事判决书生效,并完成追赃程序后,法院及时就上述 43 件案件进行判决,实现了法律效果与社会效果统一。2017 年、2018 年立案的案件,因前述 43 件案件已经就涉案事实、争议焦点进行了充分的举证质证及辩论,在案件事实没有变化的情况下,法院重点对原告损失的具体金额进行审查,审理时间相对减少很多,大幅提高了审判效率。

2. 案件立案至执行终结情况

从图 2 可见,55 件案件平均执行时间(从立案到结案时间)为 55.82 天,最长执行时间为 179 天,最短执行时间为 25 天。所有 55 件案件均有执行案号,反映出被告某证券公司怠于履行法院生效判决,原告无法获得生效判决确定的赔偿金,不得不采取申请法院执行的维权手段。

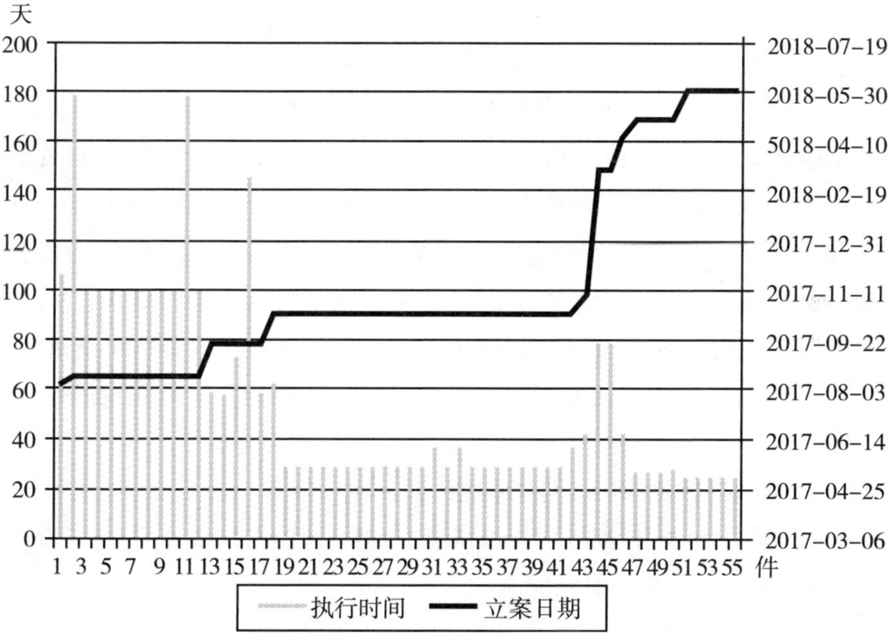

图 2　案件执行时间

从图 3 可见,55 件案件从一审立案至二审案件生效、执行结案平均时间为 588 天,其中 2015 年平均时间为 864 天、2016 年平均时间为 448.26 天、2017 年平均时间 265.27 天、2018 年平均时间为 175 天。

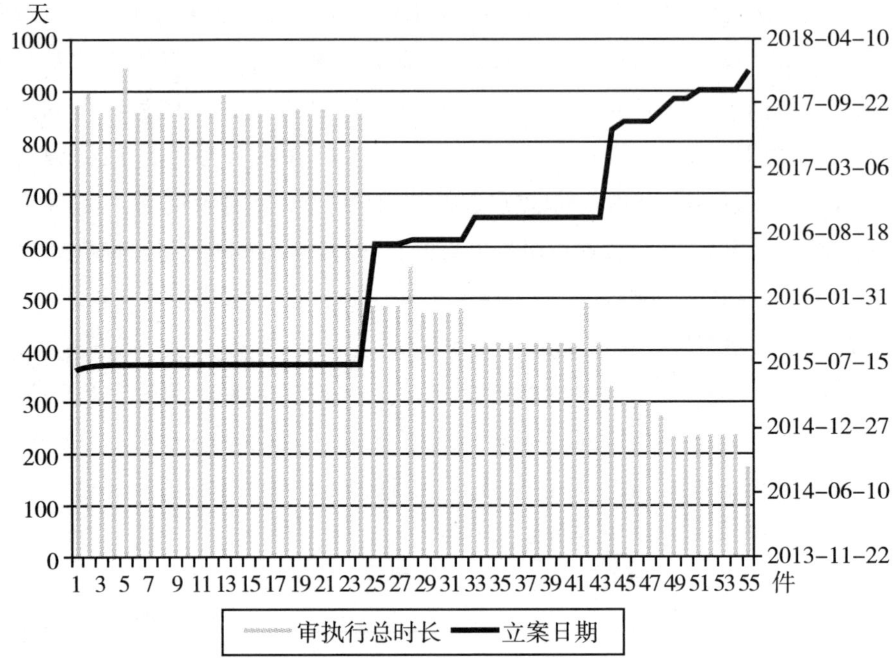

图3　案件审理至执行结束总时长

即使扣除2015年、2016年的案件因法定事由不得不中止审理、延长审限等因素外,其导致审理周期仍然较长。2015年、2016年的43件判决已经经历一审判决、二审终审,案件事实及法院判决的结论基本确定,在后续的案件中,该证券公司作为专业金融机构理应积极与原告协商解决纠纷;但原告选择继续诉讼、并且所有案件均提起上诉,在案件上诉后均不积极主动履行判决义务,待原告申请执行后,才不得不履行给付义务。这种行为极大地拖延了诉讼的进程、浪费了司法资源。

(三)金融群体性纠纷案件的特点

通过分析上述55件案件的诉讼情况,并结合法院审理案件的实际,就金融群体诉讼纠纷案件的特点总结如下:

1. 诉请基础多样化

除了传统类型的以侵权为基础提起的财产损害赔偿纠纷外,在《关于规范金融机构资产管理业务的指导意见》出台实施后,投资人以金融机构违约为由提起诉讼的也逐渐涌现。甚至有群体性的案件中,投资人分别以侵权和违约为由诉至法院,存在试探性诉讼的行为。

2. 诉讼目的集中于财产损失赔偿,损失计算复杂

金融群体性纠纷的目的主要在于弥补投资者的损失,但投资人损失可能不仅受到金融机构的侵权或违约行为影响,同时受到市场正常波动以及各类宏观和微观政策的影响,其中投资者个人交易状况也存有差异,也可能存在多个金融机构共同侵权和违约所致,因此,损失计算及责任分担呈现出较为复杂的状况。

3. 受害群体具有特殊性、涉众性

金融群体性纠纷的受害人基本上是投资市场中的中小投资者。证券市场能够有序运行的前提,就在于投资者,特别是中小投资者的利益能够得到充分的保护,这也是立法和监管的出发点。同时,由于群体性纠纷具有涉众性,投资者在诉讼维权的同时会选择监管投诉、政府信访甚至是公安报案等多途径维权,法院在处理该类纠纷的过程中也可能面临着和其他机构的协调处理。

4. 投资者举证困难

相对于金融机构而言,中小投资者在举证方面往往处于弱势地位,一般需借助于公安机关或者监管机构的调查情况,如果严格执行"谁主张,谁举证"的原则,则对中小投资者尤为不利。因此,实践中一般需要采取举证责任倒置或者合理分配举证责任,平衡双方当事人之间的举证能力,进而从实质上保护投资者利益。

5. 诉讼程序较为冗长

金融机构作为该类案件的被告,其管理人员为了规避自己的责任,对于群体性诉讼的调解意向较低,往往需要法院的判决,且一审判决生效后,提起上诉的情形也较为常见。即使在类案生效后,后续案件的处理仍需通过判决,甚至二审判决才能解决问题。且在群体性诉讼机制缺失的情况下,投资者诉讼心理较为急切,往往不愿等待同类案件的示范判决,容易引发矛盾激化。

二、目前存在的群体诉讼制度

我国目前的群体诉讼制度,广泛借鉴世界各国优秀制度,结合我国国情,进行制度创新,形成具有我国特色的群体诉讼制度。其中,代表人诉讼制度兼容并蓄了日本选定当事人制度、美国集团诉讼制度及德国团体诉讼的优点,同时又在内容上进行了创新。我国《民事诉讼法》第 53 条规定了人数确定的代表人诉讼制度,与日本选定当事人制度具有较多共同之处;第 54 条规定了人数不确定的

代表人诉讼制度,与美国集团诉讼制度较为相似;第55条规定的公益诉讼制度亦与德国团体诉讼制度有较多相似之处。我国《民事诉讼法》第15条及第55条最后一句的规定是支持起诉制度,是我国支持诉讼制度的基础,是我国对苏联和东欧社会主义国家借鉴和本土化。① 目前,上海金融法院正在探索实施的证券纠纷示范判决机制与德国示范诉讼制度具有诸多相似之处。

(一)我国代表人诉讼制度

我国有关代表人诉讼制度的规定主要集中在我国《民事诉讼法》第53~55条、最高人民法院《关于适用〈中华人民共和国民事诉讼法〉的解释》第75~80条以及适用于证券领域的最高人民法院《关于受理证券市场因虚假陈述引发的民事侵权纠纷案件有关问题的通知》《关于审理证券市场因虚假陈述引发的民事赔偿案件的若干规定》。根据上述法律的规定,可以将代表人诉讼制度的构成要件概括为三点:一是必须是共同诉讼;二是人数一般指10人以上;三是指当事人可以推选代表人或法院与当事人协商、法院指定代表人。

对于代表人诉讼制度的评价学术界具有较大争议。既存在完全肯定该制度的观点,也存在指出该制度优劣的观点,甚至存在完全否定该制度的观点。② 笔者认为,对该制度应予以辩证地看待,应肯定我国在大陆法系背景下借鉴外国优秀制度、结合本国国情、改造制度不足的努力,也应看到目前该制度存在规定比较粗糙、缺乏可操作性、在实践中运用率等问题。因此,应继续完善代表人诉讼制度,细化相关规定,增加其可操作性,提高运用率,发挥制度优势。

(二)美国集团诉讼

美国的集团诉讼制度在1853年由联邦最高法院通过判例确定,并于1938年被美国《联邦民事诉讼规则》将其从衡平法救济扩展到普通法救济领域,最终定型于1966年该法的美国国会修订版。它的含义是指,当一个集团利益受到侵害时,由一个或者几个代表人代表集团全体成员提起诉讼,其后所产生的判决对其

---

① 参见陈刚:《支持起诉原则的法理及实践意义再认识》,载《法学研究》2015年第5期。

② 参见周洁:《论我国代表人诉讼制度的完善——以选定当事人制度的借鉴为视角》,西南政法大学法学院2013年硕士学位论文,第4页。

全体成员具有约束力。[①] 美国集团诉讼制度,确立了明示退出制,即若当事人未在规定的时间明示退出集团,则法院自动将其纳入集团,其将受集团诉讼后果的约束,并不得再另行提起单个诉讼。

美国集团诉讼能够克服诉讼成本障碍,保障弱势当事人群体的权利,促进人们接近司法。美国集团诉讼方式最核心的出发点便是通过一次性解决具有共同争点的大量小额请求,以谋求权利实现的低廉化和效率化;[②]没有明示退出的当事人都要受到生效文书的约束,这就降低了判决冲突的可能性,维护了法律适用的统一。[③] 美国集团诉讼主要存在以下三种弊端:第一,律师获取最大化代理费的目标可能导致滥诉。第二,作为被保护对象的集团成员获益偏少。第三,和解型集团诉讼可能严重侵犯集团成员的合法权益。[④]

美国集团诉讼制度的影响巨大,许多国家和地区纷纷借鉴该制度,但笔者认为,在引进时应结合自身国情,避免出现"水土不服"的情况。中国渊源于大陆法系的诉讼理论与美国式集团诉讼制度存在冲突。其中最大的理论障碍属于既判力扩张的问题。一般而言,中国法院文书的既判力仅能约束诉讼参加人,而集团诉讼的既判力则约束整个诉讼集团。[⑤] 美国集团诉讼与中国司法实践融合度较差,我们可以借鉴其制度设计,而不宜将其直接引入。

(三)日本选定代表人制度

选定代表人制度是日本的诉讼制度,是解决群体诉讼问题的一项制度。选定代表人诉讼制度是日本在 1926 年独创的诉讼制度。根据日本《民事诉讼法》第 30 条的规定可知,选定代表人制度是指多数具有共同利益的当事人(有管理人或代表人的非法人团体除外)在诉讼中,可以将其中一人或数人选定为自己的代表人,选定后,其余的人当然脱离诉讼的制度。在日本选定代表人制度下,判

---

① 参见熊亚男:《示范诉讼制度研究》,甘肃政法学院民商经济法学院 2018 年硕士学位论文,第 25 页。

② 参见[日]小岛武司:《诉讼制度改革的法理与实证》,陈刚等译,法律出版社 2001 年版,第 64 页。

③ 参见章武生:《论群体性纠纷的解决机制——美国集团诉讼的分析和借鉴》,载《中国法学》2007 年第 3 期。

④ 参见鄢焱:《中国不宜引入美国式集团诉讼制度论》,载《信阳师范学院学报》(哲学社会科学版)2017 年第 6 期。

⑤ 同上。

决效力及于参与选定当事人,但不及于未参与选定的当事人,这是其与美国集团诉讼的区别;[①]选出代表人后,其他具有共同利益的人当然地脱离了该诉讼,这是其与我国大陆代表人诉讼制度的最大区别点。

日本利用选定代表人诉讼为日本解决群体性纠纷做出了很大贡献,并形成了很多著名的案例;日本国内对于该制度的批评较少,甚至有学者认为,选定当事人制度能够发挥现代集团诉讼的功能,但日本法学界仍有很多的学者积极主张引进美国集团诉讼制度。[②]

(四)德国团体诉讼制度

德国的团体诉讼制度与美国集团诉讼制度的相关概念几乎同时产生,如果说美国式的集团诉讼是粗放型的群体诉讼制度的典型,那么,德国式的团体诉讼则可被视为集约型的群体诉讼制度的杰出代表。[③] 德国团体诉讼指团体不作为诉讼,即对于他人违反法律的行为或者无效的行为,法律规定的有权利能力的公益团体有权利向法院提起诉讼,请求法院命令其中止或撤回此项行为的诉讼制度。[④]

德国团体诉讼从本质上讲是为了维护社会公益,维护良好的经济秩序和社会秩序。在德国可以提起团体诉讼的公益组织是有限的,有效地防止了团体诉讼制度的滥用;公益团体能够有效地配合政府的执法活动,缓解行政执法与司法执法之间的矛盾。[⑤] 但德国团体诉讼制度本质上不是群体诉讼,而是解决群体诉讼的一种有益方式,[⑥]其亦存在团体受限较大、团体的公益性质、判决实质对团体没有约束力、不能提起损害赔偿诉讼等问题。

---

① 参见余磊:《日本选定当事人制度研究及启示》,载《黑龙江省政法管理干部学院学报》2017年第3期。

② 参见周洁:《论我国代表人诉讼制度的完善——以选定当事人制度的借鉴为视角》,西南政法大学法学院2013年硕士学位论文,第4页。

③ 参见汤维建:《群体性纠纷诉讼解决机制论》,北京大学出版社2008年版,第162页。

④ 同上书,第166页。

⑤ 同上书,第175页。

⑥ 参见肖建华:《群体诉讼与我国代表人诉讼的比较研究》,载《比较法研究》1999年第2期。

(五)德国示范诉讼制度

德国最早规定示范诉讼制度的法律是《行政诉讼法》,[①]德国又于 2005 年 11 月 1 日颁布实施第一部规定示范诉讼的民事程序法——《投资者示范诉讼法》,[②]其以《行政诉讼法》关于示范诉讼的条款为蓝本,又对示范诉讼制度进行了全面系统的规定。《投资者示范诉讼法》的基本理念在于:当大量投资者因为相同法律事实提起诉讼时,根据当事人的申请,就这些诉讼中共同存在的典型问题,以示范确认程序先行裁判,并以裁判结果作为审理平行案件的基础。[③]

《投资者示范诉讼法》目的是重新唤起投资者对本国资本市场的信心,但它的意义并不局限在证券市场;其是对现行民事诉讼制度的一种创新,实际上是对传统诉讼体系的变革。[④] 该法有效弥补了团体诉讼的不足,但亦有诸多问题。如示范性诉讼无法解决后来者"搭便车"问题;否定律师风险代理制度,难以调动律师提起示范诉讼的积极性等。

(六)支持诉讼制度

社会干预主义是社会主义国家民事诉讼的特质之一,支持诉讼制度是我国民事诉讼法对社会干预主义的具体化和本土化。支持诉讼是指机关、社会团体、企业事业单位对损害国家、集体或者个人民事权益的行为,可以支持受损害的单位或者个人向人民法院起诉;人民检察院可以对公益诉讼支持起诉。支持起诉人应当本着"有助于增强被支持起诉人的社会主义法制观念,有助于人民法院依法办案"的"两助"态度开展支持起诉活动。[⑤]

支持诉讼制度具有帮助弱势群体获得法律帮助、便捷地获取证据等作用,但因其为原则性的规定,因此亦存在诸多不足。如对于支持诉讼的主体存在颇多争议,不明确的支持诉讼主体使各主体怠于支持诉讼;支持诉讼制度仅限于起诉阶段等。

---

① 参见[德]平特纳:《德国普通行政法》,朱林译,中国政法大学出版社 1999 年版,第 126 页。
② 又译作《投资人示范诉讼法》《投资者典型诉讼法》《投资者保护示范诉讼法》等。
③ 参见吴泽勇:《群体性纠纷解决机制的建构原理》,载《法学家》2010 年第 5 期。
④ 参见章武生、张大海:《论德国〈投资者典型诉讼法〉》,载《环球法律评论》2008 年第 3 期。
⑤ 参见陈刚:《支持起诉原则的法理及实践意义再认识》,载《法学研究》2015 年第 5 期。

三、构建多元化群体诉讼解决机制

(一)多角度完善诉讼制度

1.完善代表人诉讼制度

我国代表人诉讼制度,囊括了当今两大法系中最重要的群体诉讼制度,但由于其规定相对较为原则,在司法实践中被运用的较少,因此需要结合我国实际,可以借鉴美国集团诉讼制度及日本选定代表人制度的有益经验,细化我国代表人诉讼制度,提高其在诉讼中的适用率。

完善代表人产生方式,无论人数是否确定,对于当事人推选不出代表人的,均应由人民法院进行指定,而不认可人民法院指定代表人的可以另行起诉。探索实施当事人退出机制,对于"小额多数"金融消费者权益保护型案件施行当事人退出制,但法院既判力仅涉及事实认定方面。确定代表人诉讼案件集中管辖,如涉及科创板案件由上海金融法院集中管辖,其他金融群体纠纷案件的管辖由主要侵权行为地或被告住所地集中管辖。在金融机构善尽法定、约定义务上合理分配举证责任,施行举证责任倒置原则,减轻金融消费者的举证责任。构建代表人诉讼激励机制,允许律师进行风险代理,并由败诉方承担律师费。

2.探索建立金融公益诉讼制度

2015年最高人民法院《关于适用〈中华人民共和国民事诉讼法〉的解释》新增了关于公益诉讼的相关具体规定,即细化规定提起公益诉讼的受理条件、明确了公益诉讼案件的管辖法院、规定了告知程序、对其他有权提起公益诉讼的机关和有关组织参加诉讼作出规定、协调公益诉讼与私益诉讼的关系、规定了公益诉讼案件可以和解调解、对公益诉讼原告申请撤诉作出了限制性规定,使公益诉讼在实践中有了更为具体的操作依据。但是金融群体性纠纷的公益诉讼与普通公益诉讼既有共性也有个性,鉴于金融群体性纠纷专业性强的特殊性,单纯依靠中国消费者协会以及在省、自治区、直辖市设立的消费者协会,在专业程度上无法充分保护金融消费者利益。

应在现行公益诉讼运作机制的基础上,扩大公益诉讼的主体资格,鼓励中国人民银行、银保监会、证监会、股票、期货等证券交易机构、地方金融管理局等金融监督、管理机构设立消费者、投资者保护机构,允许上述保护机构以自己的名义提起诉讼;探索引入公益律师制度,允许专业金融公益律师协助维权。

3. 完善支持诉讼制度

支持诉讼制度是作为我国的一项特殊诉讼制度,虽然在司法实践中得到一定的运用,取得了良好成效,但在金融纠纷特别是金融群体纠纷中,证券支持诉讼得到的运用还比较少。目前,支持诉讼制度的规定亦是比较原则性,细化支持诉讼制度有利于更好地实现该项制度设立的目的。

明确支持诉讼的主体,我国《民事诉讼法》规定了机关、社会团体、企事业单位均可以支持诉讼,但上述机构对支持诉讼均无强制性义务,因此应进一步明确上述机构的义务,如对于中国人民银行、银保监会、证监会、股票、期货等证券交易机构、地方金融管理局等金融监督、管理机构设立消费者、投资者保护机构,应将支持诉讼列为其职责,督促其进行支持诉讼。明确支持诉讼的案件范围、支持诉讼主体的权利,同时,由上级机构或监管机构通过设立支持诉讼基金、进行专项财政拨款等形式为支持诉讼进行必要的经济支持,以提高证券支持诉讼主体的积极性。

4. 完善并推广示范诉讼制度

上海金融法院首创证券纠纷示范判决机制,通过示范案例减少法院工作量,通过示范案例的先行审理,引导当事人通过多元化纠纷解决机制解决纠纷矛盾。但对于当事人的引导仅通过诉讼费进行调节,对当事人的约束力较少。如就本文所涉55件案件为例,该证券公司在明知自己要承担大部分责任,赔偿大部分损失,案件经过一审诉讼程序、二审诉讼程序、执行程序等均会有高额诉讼费产生,但其仍不进行诉讼和解,极大地浪费了司法资源。

在示范诉讼制度下,应加大对示范判决的非诉引导机制建设,除了让拒不接受调解的当事人承担诉讼费外,还应对该当事人故意拖延诉讼的行为进行处罚,联合监管机构进行惩戒,对该行为进行社会曝光等。并将推广示范诉讼制度的适用范围,逐渐由证券领域扩展到整个金融群体纠纷领域。

(二)搭建多层次解纷平台,构建多层次非诉解纷机制

构建一个独立的第三方调解机制对于金融纠纷的解决有着重要作用,特别是由监管机构介入的调解机构更能取得积极效果。社会化调解机构为金融纠纷的当事人提供了一个深度交流的平台,能够有效减轻纠纷双方之间的对抗性,维

系纠纷双方友好解决纠纷的良好愿望,同时也可以满足商事主体对效率的追求,迅速将纠纷从争辩型转化到解决问题的路径上。而监管部门具有专业性优势,在纠纷处理上更能发表专业的意见,在监管部门之下成立相应的纠纷调解机构已经成为不少国家和地区的解纷选择。我国目前采取分业监管的体制,在成立一个统一的金融纠纷调解中心有难度的情况下,可以分别由中国人民银行、证监会、银保监会各自成立金融纠纷调解中心,建立完整的金融纠纷调解规则和调解程序,并可以收取相对较低的解纷收费机制,有效分流法院的诉讼。

第二编　科创板注册制相关法律问题

司法服务保障科创板上市、试点注册制相关问题研究

上海金融法院课题组*

一、注册制背景下中介机构职责之特殊性

(一)中介机构的一般功能

在证券市场中,中介机构被称为市场看门人,他们通常独立于交易双方(发行人、上市公司与投资者),拥有专业知识和技术,并“以自己的职业声誉为担保向投资者保证发行证券品质”,①主要包括证券公司、会计师事务所、律师事务所、资产评估机构以及资信评级机构等组织。

证券市场是典型的陌生人社会,发行人和上市公司需向不特定的、素不相识的人融资,投资者作投资决策只能高度依赖市场上所披露的信息,故利益冲突和信息不对称始终存在。在发行人谋求首次公开发行股票并上市(Initial Public Offering,IPO)过程中,其对自己的经营状况掌握充分的信息优势,投资者则处于信息盲区。发行人有着吸引投资者参与市场的迫切需要,但仅靠其自己陈述显然无法打动投资者,此时中介机构即承担了帮助发行人将其经营信息传递给投资者的角色,以解决证券市场的逆向选择问题。投资者之所以会重视中介机构

---

* 本课题由上海金融法院党组成员、副院长林晓镍主持,课题组成员有单素华、朱颖琦、孙倩、沈竹莺、黄佩蕾。本课题节选自上海市高级人民法院2019年度优秀重点课题“司法服务保障科创板上市、试点注册制相关问题研究”。

① [美]约翰·C.科菲:《看门人机制:市场中介与公司治理》,黄辉、王长河等译,北京大学出版社2011年版,第3页。

的专业意见,是因为从本质上讲,中介机构作为市场的重复交易者,通过自己的专业技能和勤勉尽责积累起良好的声誉资本,故能够为交易双方提供信息技术服务。“这种声誉中介(reputational intermediary)的运行机制是,中介机构将自己的声誉资本借给或抵押给公司发行人,向投资者提供金融产品的核实和鉴定服务,为金融产品供应者提供产品质量担保。”①

在上市公司的证券交易过程中,公司股东与管理层、外部投资者和内部控制者之间同样存在信息不对称问题。股东往往不亲自参与公司管理,而是交给职业经理人运营,二者形成了委托代理关系。而有委托代理关系的存在,就必然产生代理成本,也会存在损害股东利益的可能性。因此,在公司上市后,管理层同样需要借助中介机构持续披露信息,此时,中介机构还具有连接所有者与经营者、降低代理成本的功能。

(二)注册制下中介机构功能之强化

中央深改委审议通过的《关于在上海证券交易所设立科创板并试点注册制的实施意见》将强化中介机构责任作为重要的配套改革措施。中介机构能否归位尽责、担当起市场看门人的角色,成为注册制能否顺利实施的关键环节。之所以如此强调中介机构的职责,是因为相较于核准制,注册制的实施更需要发挥市场的作用。

首先,在核准制下,有政府信用为发行人背书,而在注册制下,需要中介机构的声誉资本支持。“我国在实行股票发行核准制中,长期存在立法机关定品质,监管机关定价格和定速度三个现实问题。”②我国《证券法》明确规定,公司公开发行新股,应当具有持续盈利能力,财务状况良好。证监会在核准公司IPO过程中,亦对公司经营状况、盈利能力、所属行业等条件进行实质审核,并严格控制新股发行的数量和节奏。这实际上是由政府在为投资者决定何为好公司、何种股票值得购买。既然新股供应稀缺,且其发行有政府信用背书,也就极少有“破发”的风险,因此,广大投资者参与“打新”的热情高涨,一级市场投资风险极低。在此情形下,对于发行人而言,聘请中介机构出具专项意见,更多的是为满足政府

---

① [美]约翰·C.科菲:《看门人机制:市场中介与公司治理》,黄辉、王长河等译,北京大学出版社2011年版,第3页。

② 叶林:《关于股票发行注册制的思考——依循“证券法修订草案”路线图展开》,载《法律适用》2015年第8期。

审核的需要,而投资者也无须关注发行人聘用了什么中介机构以及该中介机构声誉如何,中介机构的职能被弱化。然而,在注册制下,系由证券交易所进行审核,再向证监会报送交易所审核意见,由证监会完成注册,行政监管部门并未进行实际审查。在发行条件上取消了连续盈利、不存在未弥补亏损、无形资产占比限制等条件的限制,交易所审核的重点放在关注发行人的信息披露是否真实、准确、完整,是否充分、一致、可理解,旨在使投资者在信息充分的情况下作出投资决策,发行节奏亦由市场决定。故允许发行人 IPO 并不等同于该公司经营状况良好、股票值得投资。此时,市场需要中介机构承担起对发行人信息披露核查把关的责任。

其次,在核准制下,新股发行抑价现象突出,而在注册制下,发行价格由市场决定。新股定价,是对即将进入市场的股票价值的预估,是一种不完全信息条件下的博弈行为。我国自 2001 年实行核准制以来,新股定价逐步走向市场化,先后经历了累计投标定价、证监会窗口指导、2009 年取消窗口指导、2014 年指导新股定价 23 倍市盈率等阶段,但仍主要是由行政监管部门参与确定。虽然新股抑价在资本市场上普遍存在,不过相较而言,我国抑价程度更为严重。据统计,2000 年至 2017 年,我国 A 股市场新股上市首日回报率平均为 61.18%。[①] 在注册制下,科创板实行全面的市场询价制度,询价对象仅为专业机构投资者,发行人与承销商必须严格依照询价结果进行定价。市场化的定价机制更加需要信息披露的真实性和准确性,中介机构的专业意见在对拟上市公司的估值中显得尤为重要。

此外,科创板交易机制的高风险性决定了投资者在判断股票价值时更为关注中介机构的意见。科创型公司因研发投入高、产出慢、技术更新快等因素蕴含天然的经营风险,投资者对科创型公司,尤其是非营利公司,很难作出准确的价值判断。而科创板实行的上市前 5 个交易日不设涨跌幅限制、正常交易期间涨跌板设为 20%、申购单位为 500 股一手等特殊的交易规则也加大了投资者的交易风险。投资者在作投资决策时需要通过阅看中介机构专业意见以及权衡不同中介机构的声誉资本来加强对发行人和上市公司信息披露的认知,更加依赖于中介机构的信息服务。

综上所述,注册制下发行新股的流程包括发行人先行自我评估、中介机构发表专业意见、交易所审核关注、再由监管部门注册发行四个阶段,在此过程中,中

① 参见曹太云:《我国上市公司 IPO 抑价现状分析》,载《市场周刊》2018 年第 5 期。

介机构成为不可或缺的一环。在发行人和上市公司、中介机构、投资者三者的关系中,中介机构通过发挥其专业技能、履行勤勉尽责义务出具专业意见,将其良好声誉抵押或是出租给发行人和上市公司,发行人和上市公司借助中介机构的声誉资本获取投资者的信任,投资者亦同样需要借助中介机构的专业意见作出投资决策,再行通过证券市场上声誉的累积为中介机构提供回报,如此形成良好的互动关系。从这个意义上讲,与其说在注册制下强化中介机构责任,毋宁说是中介机构传统功能的回归,从而实现设立中介机构这个环节的初衷。

然而,在看门人角色失灵的情形下,中介机构或与发行人串通,或未勤勉尽责、未能发现信息披露不实,必然导致股票价格的异常,造成投资者损失,扰乱证券市场秩序。此时,除了市场在声誉机制上予以惩戒外,中介机构还要接受法律责任的约束,行政上受到监管部门行政处罚,刑事上视严重程度可能被判处提供虚假证明文件罪,等等。但需要注意的是,对投资者而言,只有通过民事诉讼、主张发行人和中介机构进行民事赔偿的方式才能实际挽回其损失,而群体性民事诉讼对于中介机构而言也具有强大的威慑力。以 2016 年上海大智慧股份有限公司(以下简称大智慧公司)证券虚假陈述案为例,对该公司和立信会计师事务所的行政处罚金额分别为 60 万元,但提起民事侵权诉讼的投资者有 4000 余名,索赔金额高达 4 亿余元。中介机构在何种情形下应承担民事赔偿责任、承担赔偿责任的范围、与发行人之间如何分担责任即本文研究的重点。

二、注册制下强化中介机构民事责任的路径

(一)中介机构民事责任之性质

关于中介机构对投资者承担民事责任的性质,以德国为代表的大陆法系国家和英国、美国等英美法系国家作出了截然不同的界定。

在德国,传统侵权法所保护的对象主要是绝对权,因中介机构提供不实信息导致的损害为纯粹财产损害,原则上不能主张侵权赔偿;而契约责任虽认可纯粹财产损害的赔偿请求,但前提是要求当事人之间存在契约关系,而投资者并未直接委托中介机构。为充分保护投资者权益,德国在司法实践中逐渐采用事实契约关系理论肯定了中介机构作为信息提供者对第三人的契约责任。"默示的信息提供契约的成立一般需要三个条件:首先,信息对受领者意义重大,受领者意

图将信息作为实质决定的基础；其次，信息提供者认识到信息所具有的意义以及该信息作为受领者决定的基础这一事实；最后，信息提供者具有该信息的专门知识，并就信息提供负有特别委托且对信息提供有利害关系。”[①]亦有判例将中介机构责任界定为契约缔结上的过失责任，“第三人依据其对专家的信赖并依专家的信息投资的，如果遭受损害，专家应对其负缔约过失责任”。[②]

英国、美国则通过扩张解释侵权责任以解决中介机构对第三人的责任承担方式。1963 年海德利·拜尼诉海勒案（Hedley Byrne v. Heller）在英国法上首次确立了专业人士对第三人承担过失性虚假陈述责任的规则，“任何人必须就其不当表述向第三者负责，即使在当时该第三者还不明确，但他们对提供的表述的依赖性可被合理地预见到”。[③] 美国则最早于 1933 年证券法中以成文法的方式确定了会计师、评估师、承销商等专业人士对登记文件中存在的错误陈述及遗漏承担侵权责任。[④]

在中介机构对投资者民事责任的性质问题上，由于我国尚未普遍接受事实契约观念，且虚假陈述行为首先是一种违反法律（如《公司法》《证券法》《注册会计法》等）而不是违反合同约定之行为，而违反法律规定的一般人义务与违反当事人约定的特定义务正是侵权责任与违约责任的根本区别，因此，我国在借鉴英美证券市场的同时，也参考了英美法系的侵权理论，从一开始即将证券虚假陈述等不法行为界定为特殊形态的侵权责任。

（二）中介机构民事责任承担之现状

在我国当前司法实践中，出于投资者举证能力和司法资源有限的双重考量，投资者提起证券民事诉讼仍以证券监管部门作出行政处罚为前置条件。因此，有必要先行考察证监会对中介机构的处罚情况。

自 2009 年 1 月至 2018 年 12 月，[⑤]证监会共作出 1375 份行政处罚决定书，[⑥]

---

① Long, Amo: ZurDritthaftung der Wirtschaftsprufer, Wp9, 1989, s 61. 转引自郑顺炎：《证券市场不当行为的法律实证》，中国政法大学出版社 2000 年版，第 191 页。

② 郑顺炎：《证券市场不当行为的法律实证》，中国政法大学出版社 2000 年版，第 192 页。

③ 李明辉：《上市公司财务报告法律责任之研究》，厦门大学 2003 年博士学位论文，第 89 页。

④ 参见托马斯·李·哈森：《证券法》，张学安等译，中国政法大学出版社 2003 年版，第 273 页。

⑤ 因 2019 年数据尚未统计完整，故不再列入本文统计分析范围。

⑥ 数据源于中国证监会证券期货法规数据库系统：neris. csrc. gov. cn/falvfagui/，最后访问日期：2019 年 7 月 20 日。

其中有 72 份系对中介机构作出处罚,占比 5%。从近 10 年的处罚情况看,主要有以下三个特征:

第一,行政处罚随监管政策的调整呈现明显的阶段性。第一阶段为 2009 年至 2012 年,在此 4 年间,每年行政处罚总量在 50~70 件,其中涉及中介机构的案件均为个位数,且全部为会计师事务所。第二阶段为 2013 年至 2015 年,该 3 年里,每年处罚总量逐年增多,且处罚中介机构的对象逐渐扩展到保荐机构、资产评估公司、律师事务所等专业组织。值得一提的是,2013 年共处罚 12 家中介机构,均牵涉 IPO 项目。而 2012 年 11 月至 2013 年 12 月正值第八次 IPO 项目暂停期,证监会于 2012 年 12 月 28 日发布《关于做好首次公开发行股票公司 2012 年度财务报告专项检查工作的通知》,开启了对 IPO 公司财务的大检查,故当年查处多起 IPO 信息披露违规事件。第三阶段为 2016 年至 2018 年,中国证券市场进入强监管时代,每年处罚量均在 200 件以上,年涉中介机构 10 余家(见图 1)。

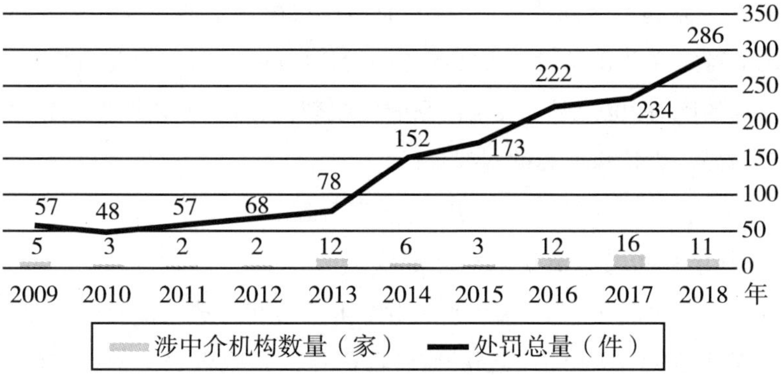

图 1　近 10 年中国证监会行政处罚基本情况

第二,受罚中介机构半数以上为会计师事务所。近 10 年对中介机构作出的 72 起处罚中,有 39 起涉及会计师事务所,占比 54%,其中利安达会计师事务所被先后处罚 6 次;涉及证券公司 14 起,其中担任保荐人的有 8 起;涉及律师事务所 10 起;另外还有 9 起涉及资产评估公司(见图 2)。由此或可推测,上市公司财务造假问题频发,相应地,会计师事务所也成为监管的重点。

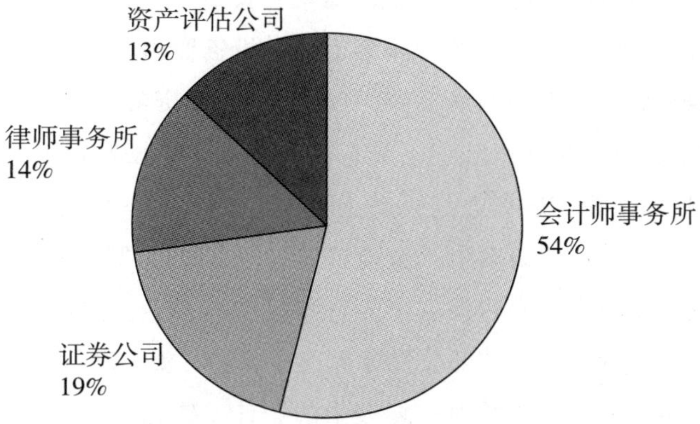

图2　受罚中介机构分布

第三,在处罚中介机构的同时均处罚了具体从业人员。证监会在对中介机构作出警告、没收业务收入、罚款等行政处罚措施的同时,均对具体负责的签字注册会计师、签字律师、签字保荐代表人、持续督导负责人、签字评估师等直接责任人员作出警告、罚款等处罚措施。部分直接责任人员还被认定为市场禁入者,终身不得从事证券业务或担任上市公司董事、监事、高级管理人员职务。

进一步探究受罚中介机构进入民事诉讼的情况,上述72起行政处罚案件中,有8家中介机构被提起民事诉讼,其中包括5家会计师事务所、①3家证券公司。② 在这些案件中,投资者均要求中介机构与上市公司承担证券虚假陈述侵权行为的连带赔偿责任。从判决结果看,有3起案件判决中介机构承担连带赔偿责任,3起案件驳回投资者的诉讼请求,另有1起撤诉、1起尚未审结。其中,判决承担连带赔偿责任的分别是立信会计师事务所(特殊普通合伙)涉金亚科技股份有限公司2014年度财务报表虚假陈述案、③立信会计师事务所(特殊普通合伙)涉大智慧公司2013年财务报表虚假陈述案、④中德证券有限责任公司涉沈机

---

① 由于立信会计师事务所(特殊普通合伙)分别因金亚科技、大智慧证券虚假陈述被提起诉讼,故此处统计为2次。

② 数据源于最高人民法院法信系统:http://www.faxin.cn/,最后访问日期:2019年7月27日。

③ 虽然只有8家中介机构被提起民事诉讼,但每起案件中均涉及众多投资者,一般而言,不同投资者诉同一家上市公司虚假陈述的裁判规则一致,故引注仅以四川省成都市中级人民法院(2018)川01民初4949号案件为例。

④ 以上海市高级人民法院(2018)沪民终123号案件为例。

集团昆明机床股份有限公司股权转让虚假陈述案。[①] 3 起驳回投资者的民事案件判决理由不尽相同。在投资者诉珠海市博元投资股份有限公司、中兴华会计师事务所证券虚假陈述责任纠纷案中,[②]法院认为,投资者的损失系由证券市场系统风险等因素导致,与虚假陈述不具有因果关系。在投资者诉丹东欣泰电气股份有限公司(以下简称欣泰电气)、兴业证券股份有限公司、北京兴华会计师事务所证券虚假陈述责任纠纷案中,[③]兴业证券股份有限公司作为保荐机构及主承销商在行政处罚作出后已先行设立了先行赔付专项基金,通过先期赔付赔偿了部分投资者。对于诉至法院的部分投资者,法院认为,欣泰电气在证监会处罚前即两次通过公告的方式对相关财务报表中的会计差错自行予以更正,可确定为虚假陈述的揭露日,投资者在此之后购入股票,与虚假陈述不具有因果关系,应自行承担投资风险。

从上述中介机构被提起民事诉讼的实例看,虽然近年来投资者的维权意识不断增强,一旦证监会作出处罚,证券律师就会征集受损投资者提起民事诉讼要求赔偿,但针对中介机构的诉讼绝对数量并不多,当然,这其中也存在一些基于上市公司的赔付能力、诉讼便利性等诉讼技巧的考量。从法院实际判决结果看,对于上市公司因虚假陈述行为应承担民事赔偿责任的,均判决中介机构承担连带责任,中介机构提出的免责抗辩均未予支持。

(三)注册制下中介机构民事责任之界定

注册制下的资本市场以信息披露为中心,并不保证发行人、上市公司的盈利能力,且上市公司的退市风险也大为增加,可以预见,在仅起诉上市公司无法保证填补损害的情况下,投资者对中介机构提起的诉讼会日益增多。在该类案件审理中,对中介机构适用过错推定原则已是各国普遍共识,自不待多言。司法实践中的难点和重点是如何判断中介机构是否存在过错以及应承担的责任范围,下文将区分保荐人和证券服务机构分别加以阐述。

---

① 以云南省昆明市中级人民法院(2017)云01民初473号案件为例。

② 以广东省珠海市中级人民法院(2018)粤04民初30号案件为例。

③ 以辽宁省沈阳市中级人民法院(2017)辽01民初109号、(2017)辽01民初959号案件为例。

1. 保荐人的全面核验义务

(1)我国保荐人制度的特点

保荐人制度并非各国通行做法。它是从上市条件宽松、交易风险高的创业板市场发展而来,最早产生于英国。1995年6月,伦敦交易所建立了另类投资市场(Alternative Investment Market,AIM),并首次将上市保荐制度引入该市场中,目前也仅适用于创业板。我国香港特别行政区在1999年建立创业板市场(Growth Enterprise Market,GEM)的同时借鉴英国的保荐人制度,其变革之处在于,2003年将该制度适用范围扩展到主板市场。[①] 美国于1971年建立的纳斯达克(National Association of Securities Dealers Automated Quotation,NASDAQ)市场虽然没有对保荐人的直接规定,但要求发行人在上市过程中,市场中介机构发挥其专业性对其提供指引,在成功上市后,NASDAQ将指定一名市场理事(如承销商、做市商、分析师)参与发行人每一环节的决策,进行监督与辅导。[②] 也有人将其称"什锦保荐人"制度,其"强制性的法人治理结构"和"理事专业指导计划"实际承担了保荐人的核心功能。[③]

我国内地则主要借鉴了香港特别行政区的经验,自2004年2月1日开始正式实施股票发行上市保荐人制度。与其他国家和地区的保荐人制度相比较,我国特有的制度设计在于:第一,严格限定保荐人的准入资格。我国实行保荐人和保荐代表人注册登记制度,经证监会注册登记并列入保荐机构、保荐代表人名单的综合类证券公司及其工作人员才可从事保荐工作。英国AIM市场中的保荐人可以由券商、会计师、律师、银行从业者、其他公司拥有丰富经验的金融人员担任,个人也可作为保荐人。第二,持续督导时间不同。我国保荐人对于IPO的持续督导期间为上市当年剩余时间及其后两个完整会计年度,对于上市公司发行新股、可转换公司债券的持续督导期间为上市当年剩余时间及其后一个完整会计年度。科创板将首次公开发行股票后持续督导时间延长为上市当年剩余时间及其后三个完整会计年度。而在英国AIM中,保荐人终身负责,其应从公司挂牌到存续期间全程监督,如果保荐人缺位超过一个月,又无法找到替代者,则上市

---

① 参见谈萧:《香港保荐人制度最新修订述评》,载《证券市场导报》2005年第4期。

② 参见于哲君:《股票发行制度改革背景下保荐人职责配置的修正与完善》,四川省社会科学研究院2015年硕士学位论文,第24页。

③ 参见陈峥嵘:《海外证券市场保荐人制度考察》,载《资本市场杂志》2004年第6期。

公司的股票要从交易所摘牌。① 我国香港特别行政区在2004年修订了上市规则,对保荐人制度进行了改革,将原来的保荐人角色一分为三,即保荐人、合规顾问和独立财务顾问。“保荐人承担对新申请人上市前的推荐和辅导责任,不再承担持续督导责任,合规顾问承担发行人上市后的持续协助和督导责任,独立财务顾问则承担发行人重大交易或安排的审查责任,其任期与发行人上市交易的期间相同。合规顾问、独立财务顾问可以是申请阶段的保荐人,也可以是上市后另行委聘的合格专业机构。”②第三,我国采取保荐机构与保荐代表人相互依存的双保荐机制。只有保荐机构才能作为保荐人,而其履行保荐职责又主要依赖于保荐代表人。在发行人违规的情况下,保荐机构、保荐代表人均要承担相应责任。

(2)保荐机构全面核验义务之实务判定

在发行人IPO和上市公司再次公开发行证券过程中,为其提供服务的中介机构有保荐人、会计师事务所、律师事务所、资产评估机构,等等。其中,保荐人作为总策划人,其职责主要包括上市辅导、尽职调查、审慎核查、推荐上市、持续督导、先行赔付等方面。在与其他中介机构的互动关系上,保荐人被赋予了更为重要的地位,负有协调其他中介机构的工作并对其出具的意见进行全面核查的义务。

从近10年证监会对保荐人的处罚情况看,处罚事由均为违反我国《证券法》第11条第2款,即保荐人应当遵守业务规则和行业规范,诚实守信,勤勉尽责,对发行人的申请文件和信息披露资料进行审慎核查。根据我国《证券法》第26条的规定,违反该义务的法律后果是与发行人承担连带责任。具体来看保荐人的违法违规行为,主要集中在以下三个方面:第一,未对产权原件(如土地使用权、采矿许可证)履行核查验证程序,导致未能发现发行人编造虚假资产。第二,执行关联交易尽职调查程序时未保持足够的职业谨慎,导致未能发现发行人掩盖关联交易的行为。第三,未审慎核查生产、销售、存货、应收账款、存款等情况,导致未能发现发行人虚增利润等财务造假行为。在此环节,平安证券有限责任公司在推荐万福生科IPO、兴业证券股份有限公司在推荐欣泰电气IPO、信达证券股份有限公司在推荐振隆特产IPO时均存在直接引用会计师事务所等其他中介

① 参见于哲君:《股票发行制度改革背景下保荐人职责配置的修正与完善》,四川省社会科学研究院2015年硕士学位论文,第24页。

② 参见谈萧:《香港保荐人制度最新修订述评》,载《证券市场导报》2005年第4期。

机构资料而未审慎核查的情况。

由此可见,保荐人在核实发行人申请文件和信息披露资料的真实性、准确性和完整性时,既要对其他中介机构的专业意见进行核查,又要对其余内容进行充分尽职调查,不过二者所需的注意程度并不相同。《证券发行上市保荐业务管理办法》(证监会令第137号)第25条规定:"对发行人申请文件、证券发行募集文件中有证券服务机构及其签字人员出具专业意见的内容,保荐机构应当结合尽职调查过程中获得的信息对其进行审慎核查,对发行人提供的资料和披露的内容进行独立判断。保荐机构所作的判断与证券服务机构的专业意见存在重大差异的,应当对有关事项进行调查、复核,并可聘请其他证券服务机构提供专业服务。"该办法第26条规定:"对发行人申请文件、证券发行募集文件中无证券服务机构及其签字人员专业意见支持的内容,保荐机构应当获得充分的尽职调查证据,在对各种证据进行综合分析的基础上对发行人提供的资料和披露的内容进行独立判断,并有充分理由确信所作的判断与发行人申请文件、证券发行募集文件的内容不存在实质性差异。"

上述规定显然要严于美国证券法中对承销商(underwriter)的注意义务要求,尤其是在其他中介机构的专业意见部分。美国法院在考虑《1933年证券法》第11节所规定的责任时,亦将招股说明书分为专家意见(expertised)部分和非专家意见(nonexpertised)部分。对于非专家意见部分,承销商须证明其经过合理调查,有合理理由相信而且确实相信其没有实质上的虚假性、误导性陈述,才认为其尽到勤勉尽责义务。对于专家意见部分,承销商若能证明其没有合理理由相信且确实不认为该部分有实质上的虚假性、误导性陈述,则认为其已尽到勤勉尽责义务。① 在软件工具工程公司(Software Toolworks, Inc.)证券诉讼案②中,法院进一步明确了判定标准。该案中,原告诉称,承销商无视发行人财务状况中的大量警示征象(red flags),盲目地信赖财务审计报告,未尽到勤勉尽责义务。法院指出,承销商对于财务审计报告的内容无须再进行尽职调查,问题在于其对审计报告的信赖是否合理。当发行人财务状况的警示征象出现时,承销商采取了以下举措:①与审计人员面谈要求其解释;②要求审计人员以书面方式再次确认相

① See John J. Huber, Thomas C. Sadler, and Joel H. Trotter, "An Underwriter's Due Diligence in the Permitted Absence of an Expert's Consent", *Insights*, Volume 16, Number 8, August 2002.

② 50 F. 3d 615(9th Cir. 1995).

关事宜;③联系其他会计师事务所以证实该问题已恰当解决。故法院最终认定,承销商对于财务警示征象采取了合理的调查方式,并非盲目信赖审计报告,承销商的勤勉尽责抗辩成立。

我国香港特别行政区自施行保荐人制度以来,不断加强对保荐人的监管,2013年对《企业融资顾问操守准则》和《保荐人指引》的最新修订就集中在完善尽职调查机制和强化保荐人责任两个方面。在咨询过程中,部分保荐人提出意见认为,保荐人并不能影响或控制其他专业人士的工作水平,所以要求保荐人对招股章程内容的准确性承担全部或最终责任,既不公平亦不切实际。香港证监会则对此回应,由于香港特别行政区缺失了美国市场赖以运行的不少特点,如集团诉讼等,故将监管重点放在保荐机构身上,确保他们担当市场的主要把关者。也有学者认为,"保荐人尽职调查和审计师执业理论基础不同,审计的基础是合理保证,而招股书的披露要求是真实、准确、充分、完整,实际上就是要求投行的尽职调查做出基本可靠保证"。[①] 最终,香港证监会总结指出,保荐人应以积极行事的态度评估专家报告,就专家报告达致结论时,应考虑以下四点:①专家的资格、经验及独立性;②专家的工作范围;③专家报告所依据的关键基准及假设;④专家意见连同专家报告所载的其他数据。经前述尽职审查后,应没有合理理由相信并应该不相信专家报告内的资料失实、有误导成分或有任何重大遗漏。在上市文件的非专家部分引入了重要性准则,保荐人在进行合理尽职审查后,应有合理理由相信并应该相信非专家部分所载的资料在所有重大方面均属真实、准确及完整,以及在任何重大方面没有误导或欺骗成分,并无遗漏任何事项或事实而致使任何资料产生重大方面的误导。此外,保荐机构可以采用非专家的第三方报告,但不能因此免除自身的尽职调查责任。[②]

再行比较我国司法实践中胡某诉证监会行政监管措施及行政复议决定一案,[③]该案中,胡某是广东新大地生物科技股份有限公司(以下简称新大地)IPO项目的保荐代表人,新大地被认定申报材料虚假记载后,证监会也处罚了保荐人

---

① 陈思远:《香港保荐制度最新修改对内地投资银行业的启示——以注册制改革为背景》,载《证券市场导报》2014年第2期。

② 参见香港证监会《有关监管首次公开招股保荐人的咨询总结》,载香港证监会官网:https://www.sfc.hk,最后访问日期:2019年7月30日。

③ 北京市高级人民法院(2016)京行终5336号案件。

南京证券有限责任公司(以下简称南京证券)和保荐代表人,并认定胡某等保荐代表人为市场禁入者。法院就南京证券推荐新大地IPO时是否存在违法行为进行了考查。在对新大地与喜多多超市之间销售金额的真实性问题上,胡某主张,其已按照保荐准则要求进行了相应核查,且本IPO项目的审计报告是标准无保留意见,说明连专业注册会计师都没有发现新大地存在财务问题。法院则认为,即便有证券服务机构出具专业意见,保荐人依旧负有审慎核查及独立判断的义务。喜多多超市是新大地2009年前十大销售客户,保荐人应当对其销售情况的真实性履行审慎尽责的核查义务,而南京证券仅取得了2009年两者之间13笔销售业务中1笔的销货发票及银行对账单,销售数额较小,无法证明两者之间的实际销售情况,故未尽到核查义务。而在南京证券对主要原材料茶籽、茶饼前十大供应商的核查问题上,该部分并没有其他中介机构出具过专业意见。法院认为,南京证券并未采取相关回复中记载的实地走访、发询证函等方式进行核查,其自认的核查方式为查阅会计凭证并结合计算毛油、茶粕产出率的方式进行核查,不足以实现对发行人说明的采购情况真实性的核查目的,因此认定其存在虚假记载及未尽核查义务之情形。

从上述案件的审理思路可以看出,保荐人作为主要中介机构,必须诚实守信、勤勉尽责,在发行人信息披露存在虚假、错漏时,推定保荐人存在过错,由保荐人对发行人的申请文件和信息披露资料进行全面核查验证承担证明责任。司法实践在认定保荐人是否尽到核查义务时,可参照适用《证券发行上市保荐业务管理办法》,区分非专业意见和专业意见并加以判断。对于前者,保荐人应当采用面谈、实地调查、查询和函证等多种方式对发行人提供的文件和披露信息进行核查和验证;对于后者,保荐人亦不能因信赖专业机构的意见而免除审慎核查义务,而应结合尽职调查过程中获得的信息独立判断其真实性、合理性和一致性,必要时可寻求其他证券服务机构的意见予以验证。保荐人未能证明其已尽到全面核查验证义务的,应当与发行人承担连带责任。

2. 证券服务机构的注意义务

(1)特别注意义务与普通注意义务之区分

在侵权案件中,判断民事主体是否存在过错的标准是是否达到相当的注意程度。《关于在上海证券交易所设立科创板并试点注册制的实施意见》提出,证券服务机构及其从业人员应当对本专业相关的业务事项履行特别注意义务,对其他业务事项履行普通注意义务。证券服务机构只有证明其尽到了相应的注意义务,方得以免责。这并非第一次提出要求证券服务机构对本专业相关业务事项承担特别注意义务。早在 2007 年,我国《律师事务所从事证券法律业务管理办法》(证监会、司法部令第 41 号,2007 年 5 月 1 日起施行)第 14 条即规定:"律师在出具法律意见时,对与法律相关的业务事项应当履行法律专业人士特别的注意义务,对其他业务事项履行普通人一般的注意义务,其制作、出具的文件不得有虚假记载、误导性陈述或者重大遗漏。"《律师事务所证券法律业务执业规则(试行)》(证监会公告〔2010〕33 号,2011 年 1 月 1 日起施行)第 6 条进一步规定:"律师从事证券法律业务,应当就业务事项是否与法律相关、是否应当履行法律专业人士特别注意义务作出分析、判断。需要履行法律专业人士特别注意义务的,应当拟订履行特别注意义务的具体方式、手段、措施,并予以落实。"而特别注意义务和普通注意义务的区分也是司法实践中判断证券服务机构过错的重要考查因素。

一般侵权案件中,法院通常假设以理性人(reasonableman)的注意程度来作为是否尽到注意义务的判断标准。这个理性人受过一般的教育、具备一般的知识水平和技能、具有一般的道德水准。理性人的行为标准高于容易犯错的普通人,但他显然不是具有专门知识和技能的专业人士。而证券服务机构在证券侵权案件中承担的是一种专家责任。所谓专家,其特点在于:"其一,工作性质属于高度的专门性(skilled and specialized),其中心不是体力工作而是精神的、判断的工作(mental rather than manual);其二,重视高度的职业道德和与顾客的信赖关系;其三,大多要求一定的资格,并由专家集团维持一定的业务水平;其四,具有较高的社会地位。"①注册会计师、执业律师、资产评估师等专业人士均受过系统的职业教育,并通过了相应行业的任职资格考试,具备自己执业领域所必需的知识和技能。因此,判断其对本专业相关的业务事项是否尽到注意义务时,法院应从一名"普通执业人员"的视角来考察,该名普通执业人员具备该专业领域所必需的任职条件,拥有一定的业务知识和经验,并具有中等偏上的职业道德水平。

在注意程度上,美国《1933 年证券法》第 11 节明确规定了适当的谨慎标准:"一个合理的标准应当是一个谨慎的人在管理自己的财产时所采取的标准。"纽

① 李挺伟:《注册会计师专家民事责任》,载《中国注册会计师》2000 年第 3 期。

约联邦地区法院1968年埃斯科特诉巴克雷斯建筑公司案[①]的判决被认为是第11节下行为适当标准的权威判决。该案中,法院将被告区分为作为内部人的登记文件的签署人、驻公司的董事和不驻公司的董事、因法律和财会专业背景而必须在登记文件上签字的人等类别,并课以不同程度的责任,其中,律师和会计师不能以信赖委托人而免责,必须作出自己独立的恪尽职守的调查。法院最终判决,涉案律师有足够的业务知识使他能够对潜在问题进行调查,并应当调查到他所签署的文件中部分陈述的真实性,因其未能作出独立调查,判决其抗辩不成立;涉案会计师也因未尽到独立调查义务被认定对1960年审计过的数据中的全部错误负责。

相较而言,大陆法系国家民法上的过失一般分为三类:一是显然欠缺一般人的注意,属于重大过失,应当承担侵权责任;二是欠缺与处理自己事务为同一的注意,应承担具体的轻过失责任;三是欠缺善良管理人的注意,应承担抽象的轻过失责任。我们认为,证券服务机构及其从业人员为证券发行、上市、交易等证券业务活动制作、出具专项文件,不仅是基于其和发行人、上市公司的委托关系履行合同义务,更应当从投资者的角度作出独立审查判断,对于信息披露违规行为,其有权拒绝出具专业意见或声明保留意见,因此,其应尽到善良管理人的注意义务,即承担一种比处理自己事务须尽更多注意的义务,而不允许有疏忽大意的过失。

综上分析,可将证券服务机构及其从业人员的特别注意义务,界定为一名普通执业人员作为善良管理人在处理本执业领域相关业务时所应承担的注意义务。例如,在湖南博鳌律师事务所(以下简称博鳌所)诉证监会行政处罚一案[②]中,博鳌所为万福生科(湖南)农业开发股份有限公司IPO出具了法律意见书,后该公司被认定为欺诈发行,除被行政处罚外,还被追究刑事责任。博鳌所及签字律师除被采取责令改正、没收业务收入、罚款等行政处罚措施外,签字律师还被认定为证券市场禁入者。该行政诉讼历经一审、二审,均判决博鳌所败诉。博鳌所不服,又提起再审。最高人民法院审查认为,博鳌所从业律师对工作底稿中记载的大量合同未予审慎核查和验证,未履行法律专业人士特别的注意义务,致使

---

① Escott v. Barchris Construction Corp. 238 F. Supp. 613(S. D. N. Y. 1968). 转引自托马斯·李·哈森:《证券法》,张学安等译,中国政法大学出版社2003年版,第281~287页。

② 最高人民法院(2016)最高法行申1824号案件。

其出具的法律意见书出现与事实不符的虚假记载,最终认定博鳌所未尽到注意义务,驳回其再审请求。

对于本专业领域之外的其他业务事项,即以一名理性人而非该领域专业人士的角度,判断证券服务机构及其从业人员是否尽到善良管理人的注意义务。对于其他证券服务机构出具的专业意见和发行人披露的其他信息,如不能证明自己有合理理由相信真实、准确、完整的,或者明知或应当知道其中存在虚假陈述而未予以书面指明的,应认定该证券服务机构存在过错。例如,在北京市东易律师事务所(以下简称东易律所)诉证监会行政处罚一案①中,东易律所为欣泰电气IPO提供法律服务并出具了《法律意见书》,后查实欣泰电气存在欺诈上市行为,证监会陆续对欣泰电气及相关保荐人、会计师事务所和律师事务所等均作出行政处罚。东易律所诉称,律师事务所不具有对《审计报告》进行财务核查的义务和能力,其依据会计师事务所出具的《审计报告》发表法律意见,符合法律规定和行业惯例,已经尽到了勤勉尽责义务。法院认为,欣泰电气欺诈发行的主要手段是通过外部借款等方式虚构收回应收账款,因此相关虚假记载涉及的是公司的财务问题。由于法律尽调是从法律风险的角度对公司整体情况进行评估,公司的财务状况无疑是律师事务所在进行尽调过程中必须包含的内容,而且应当作为查验的重点事项。但是法律尽调又与财务审计不同。律师事务所应当在合法的范围内,充分利用各种方法对包括公司财务状况在内的公司整体情况展开全面调查,并在综合分析所有材料的基础上,从法律风险评估的角度出具意见,不能以其他中介机构出具的报告作为免除自己尽调责任的依据。因此,最终认定东易律所未尽到勤勉尽责义务。

(2)行业执业准则与特别注意义务

目前,在会计师行业,财政部批准发布了《中国注册会计师审计准则》《独立审计具体准则》《会计师事务所质量控制准则》等一系列执业规范;在资产评估行业,中国资产评估协会制定了《资产评估执业准则》;在律师行业,证监会也于2010年制定了《律师事务所证券法律业务执业规则(试行)》。上述执业准则有些是由行业协会制定,有些则是由行政监管部门主导制定。证券服务机构往往会援引本行业执业准则以证明其尽到特别注意义务,在上述证监会处罚的72家

---

① 参见徐昭:《东易所起诉证监会被驳回》,新华网2018年6月28日7:33发布。

中介机构中,有44家提出了申辩意见,其中有22家会计师事务所认为其已严格按照审计准则要求执行了审计程序,符合审计准则即应认为履行了勤勉尽责义务,还有2家资产评估公司亦以其严格按照资产评估执业准则为由要求免予处罚。应当如何判断行业执业准则与侵权民事诉讼中的注意义务标准的关系?

有观点认为,虽然从执业质量的角度看,遵守行业执业准则并不意味着达到最高质量,但从责任的角度看,执业准则就是责任的法定上限,遵循了执业准则,就表明履行了法定职责。[①]

亦有观点认为,"注册会计师完成审计任务必须具备两个起码的要件,即科学的程序与职业判断的能力"。[②] 审计准则中,审计程序通常规定得非常明确,但对保持职业谨慎和适当的关注方面规定得比较原则,因此,在判断中介机构有无过错时,不能仅看其是否遵循了审计准则上要求的步骤,还要看其有无始终保持职业谨慎,在每个环节上作出谨慎的职业判断。

从国外的司法实践看,在美国,遵守行业执业准则可以作为认定勤勉尽责的重要证据,但并非决定性证据。在埃德温·米什金(Edwin B. Mishkin)诉毕马威会计师事务所案[③]中,法院认为,审计师并不保证账目的正确性,但是应当像一个拥有一般经验和谨慎的审计师在相同或相似情形下那样,保持应有的专业谨慎(due professional care),善意行事(good faith),遵守普遍接受的审计标准行业规则(Generally Accepted Accounting Standards,GAAS),作出合理、诚实的判断。例如该案中,客户隐瞒了账户中有200万美元的损失,其提供的文件中载明系零余额账户,审计师没有作进一步确认即予以接受,法院认为是符合审计标准的,最终认定会计师事务所尽到了勤勉义务。而在美国政府诉卡尔·J.西蒙(Carl J. Simon)、罗伯特·H.凯瑟(Robert H. Kaiser)和梅尔文·S.菲什曼(Melvin S. Fishman)案[④]中,被告被指控共谋故意出具虚假财务报告,法院认为,在通常情形下,审计师没有理由怀疑公司经营的诚实性,但若有理由相信这一基本假设不成立,就必须扩展审计程序以确定这种怀疑是否合理。在其发现公司事务未被诚

---

① 参见谢荣:《市场经济中的民间审计责任》,上海社会科学出版社1994年版,第155~156页。

② 刘燕:《从验资诉讼看会计界与法律界思维方式之分歧——兼论独立审计准则的权威性》,载《经济科学》1998年第5期。

③ Mishkin v. Peat, Marwick, Mitchell & Co., 744 F. Supp. 531(S. D. N. Y. 1990).

④ United States v. Simon, 425 F. 2d 796(2d Cir. 1976),尽管本案为刑事案件,但以刑事证明标准能够证明Simon会计师事务所有罪,则其必然可在民事上被认定未尽到勤勉尽责义务。

实管理,或至少发现这种偏离足以危及公司的偿付能力时,必须予以充分披露,或者确信错误已被纠正且防止再犯的程序已经建立。该案中,被告还申请专家证人以证明其适用了普遍接受的审计准则并作出诚实判断,但法院认为,专家的结论没有具体规定作支撑,故该专家证言很有说服力但不是决定性的,最终认定被告有罪。

在我国河南华为会计师事务所有限责任公司(以下简称华为所)诉证监会行政处罚案①中,双方的争议焦点即在于华为所在年报审计中是否存在重大过失。证监会行政处罚认定,华为所在对郑州宇通客车股份有限公司(以下简称宇通公司)1999年年报审计时,宇通公司提供了虚假的银行进账单等原始资料,该所注册会计师虽履行了一定的审计程序,但未勤勉尽责,未发现宇通公司虚减资产、负债13,500万元的会计记录。华为所则诉称,从业会计师已经履行了必要的审计程序,纠正了被审计单位的诸多错误和不实会计记录,作了3000多万元的调整,认定"未勤勉尽责"的依据不足;导致报告部分失实的原因完全在于企业向会计师提供了虚假的原始材料,在审计业界,用银行进账单复印件代替原件作为审计证据的做法非常常见,尤其是在原件缺失的情况下。如果华为所再进一步谨慎,或者更具有经验、技巧,是有可能发现舞弊事实的,但那已经超出了一般成员所能达到的水平,华为所没有理由为超出部分承担责任。证监会则辩称,审计责任与会计责任是两种不同性质的法律责任,不能因宇通公司所负的会计责任而替代、减轻或免除华为所的审计责任。

法院最终认定,华为所具有重大过失,其系机械地执行审计准则。虽然审计准则中并没有明确规定复印件能否作为审计证据,业内也存在复印件作为审计证据的情况,但这并不意味着审计准则没有明确规定的审计程序,就可以不要进行。审计准则同时也规定,注册会计师应当运用专业判断,确定审计证据是否充分、适当。在发现复印件有修改迹象,且银行询证函显示金额不符的情况下,按照合理关注的要求,华信所应当追加适当的审计程序,才符合应有的职业谨慎的要求。

而在前述博鳌所诉证监会行政处罚一案中,最高人民法院系将违反《律师事务所证券法律业务执业规则(试行)》作为认定博鳌所未尽到注意义务的重要事

① 参见《河南华为会计师事务所案会计师事务所状告证监会败诉》,载《人民法院报》2004年12月2日。

由。最高人民法院在再审审查中认为,博鳌所将部分《问卷调查表》和《律师函》交由发行人办理或送达,未向部分客户核实了解相关情况,违反了《律师事务所证券法律业务执业规则(试行)》第4条的规定,不符合律师事务所证券业务执业规则要求,从而认定博鳌所未尽到注意义务。

综合上述案例,我们认为,在处理行业执业准则与侵权法上注意义务的关系问题上,应当分两步进行判断:第一,区分故意和过失,在中介机构明知或应当知道发行人、上市公司提供的会计资料存在虚假或错误却仍出具虚假审计报告的情形下,构成共同欺诈行为,此时中介机构不能因其在形式上执行了执业准则而免责。第二,在中介机构不存在故意的情形下,中介机构可以将遵守行业执业准则作为不存在过错的必要证据,但并非充分证据,司法机关仍需要在个案中分别以一名普通执业人员的标准判断其是否尽到善良管理人的特别注意义务。此外,也要注意区分发行人、上市公司的无过错责任和证券服务机构的过错推定责任,不能仅凭专业意见书存在虚假记载、重大遗漏的结果即认定证券服务机构未勤勉尽责,在中介机构已经尽到特别注意义务也不能避免上述结果的情况下,应当认定其免责。

(3)证券服务机构承担责任的范围

在投资者诉大智慧公司、立信会计师事务所(特殊普通合伙)(以下简称立信所)证券虚假陈述纠纷案中,立信所提出抗辩认为,其并不存在与大智慧公司串通或明知会计报表不实的情形,过错在于未依据执业准则、规则执行必要的审计程序,故应当承担与其过失相适应的责任,责任比例在10%以下。由此也引发了争议:证券服务机构与发行人、上市公司之间系连带责任还是比例责任?

根据我国2014年《证券法》第173条的规定,证券服务机构制作、出具的文件有虚假记载、误导性陈述或者重大遗漏,给他人造成损失的,应当与发行人、上市公司承担连带赔偿责任,但是能够证明自己没有过错的除外。最高人民法院《关于审理证券市场因虚假陈述引发的民事赔偿案件的若干规定》第24条则规定:“专业中介服务机构及其直接责任人违反证券法第一百六十一条和第二百零二条的规定虚假陈述,给投资人造成损失的,就其负有责任的部分承担赔偿责任。但有证据证明无过错的,应予免责。”我国《证券法》明确规定了证券服务机构的连带赔偿责任,其过错可能是故意,也可能是过失。从上述司法解释中也可以推论出,证券服务机构对投资者的损失承担直接侵权责任,而非补充责任。

立信所的上述抗辩理由则源于最高人民法院《关于审理涉及会计师事务所在审计业务活动中民事侵权赔偿案件的若干规定》。该规定区分了明知和过失两种情形,前者应承担连带责任,后者应承担比例责任。其第5条规定:“注册会计师在审计业务活动中存在下列情形之一,出具不实报告并给利害关系人造成损失的,应当认定会计师事务所与被审计单位承担连带赔偿责任:(一)与被审计单位恶意串通;(二)明知被审计单位对重要事项的财务会计处理与国家有关规定相抵触,而不予指明;(三)明知被审计单位的财务会计处理会直接损害利害关系人的利益,而予以隐瞒或者作不实报告;(四)明知被审计单位的财务会计处理会导致利害关系人产生重大误解,而不予指明;(五)明知被审计单位的会计报表的重要事项有不实的内容,而不予指明;(六)被审计单位示意其作不实报告,而不予拒绝。对被审计单位有前款第(二)至(五)项所列行为,注册会计师按照执业准则、规则应当知道的,人民法院应认定其明知。”其第6条规定:“会计师事务所在审计业务活动中因过失出具不实报告,并给利害关系人造成损失的,人民法院应当根据其过失大小确定其赔偿责任。注册会计师在审计过程中未保持必要的职业谨慎,存在下列情形之一,并导致报告不实的,人民法院应当认定会计师事务所存在过失:(一)违反注册会计师法第二十条第(二)、(三)项的规定;(二)负责审计的注册会计师以低于行业一般成员应具备的专业水准执业;(三)制定的审计计划存在明显疏漏;(四)未依据执业准则、规则执行必要的审计程序;(五)在发现可能存在错误和舞弊的迹象时,未能追加必要的审计程序予以证实或者排除;(六)未能合理地运用执业准则和规则所要求的重要性原则;(七)未根据审计的要求采用必要的调查方法获取充分的审计证据;(八)明知对总体结论有重大影响的特定审计对象缺少判断能力,未能寻求专家意见而直接形成审计结论;(九)错误判断和评价审计证据;(十)其他违反执业准则、规则确定的工作程序的行为。”

从国外的司法实践看,根据国际会计师联合会(International Federation of Accountants,IFAC)1995年的调查,包括奥地利、比利时、加拿大、塞浦路斯、丹麦、法国、德国、爱尔兰、以色列、意大利、日本、约旦、墨西哥、挪威、巴基斯坦、斯里兰卡、南非、瑞典等国家均规定证券服务机构与发行人、上市公司应承担连带赔偿责任。[①]

值得注意的是,美国在上述问题上曾发生过重大变革。美国国会于1995年

---

① 参见李明辉:《上市公司财务报告法律责任之研究》,厦门大学2003年博士学位论文,第191页。

通过了《私人证券诉讼改革法案》，其中一项重要改变是“将原有的无限连带责任改为有条件的公允份额比例责任”。“如果有关责任方属故意违反证券法，则须对所有损失承担无限连带责任；如果不是故意，则在各方之间按其所造成损失的比例承担比例责任。同时，损失的赔偿还应考虑原告的损失情况，参考两个标准：一是原告净财富为 20 万美元以下，二是损失占净财富的 10% 以上。如果同时满足以上两个条件，而比例责任尚未补齐损失的，相关各方对余下损失承担无限连带责任。”①该项改革产生的影响是，在 20 世纪 90 年代后期，集团诉讼的原告实际上停止了起诉审计师等第二级被告。②

笔者认为，在证券侵权案件中，应当首先适用我国《证券法》的规定，证券服务机构对于和本专业相关的业务事项未尽到特别注意义务的，对于其他业务未尽到普通注意义务的，无论出于故意还是过失，都应当与发行人、上市公司承担连带赔偿责任。在大智慧公司证券虚假陈述系列案件中，大智慧公司虚假陈述的行为表现为 2013 年财务报表存在虚假记载，立信所作为审计单位未遵循法定的程序和审计规则，显然属于未尽到特别注意义务，而该等过错是损害结果发生的不可或缺的因素，因此，正如无须考虑上市公司虚假陈述是出于故意还是过失那样，亦无须考虑证券服务机构系故意还是过失，大智慧公司与立信所构成共同侵权。最终法院判决其承担连带赔偿责任。

三、强化中介机构责任配套机制之完善

为敦促中介机构归位尽责，除在事后课以法律责任的约束外，还需其他配套机制的完善以形成制度上的合力，包括寻求制度上的创新以在根本上解决中介机构的独立性难题，落实中介机构先行赔付制度以高效迅速填补投资者损失，建立中介机构强制责任保险制度以分散中介机构风险，等等。

（一）以制度创新加强中介机构的独立性

独立性与服务性的矛盾是各国证券市场上中介机构普遍面临的制度性难

① 李挺伟：《美国证券法规有关注册会计师的法律责任》，载《中国注册会计师》2003 年第 3 期。

② 参见［美］约翰·C. 科菲：《看门人机制：市场中介与公司治理》，黄辉、王长河等译，北京大学出版社 2011 年版，第 74 页。

题。中介机构只有保持自身的独立性,才有动力查找发行人、上市公司信息披露的不足,真正发挥看门人的作用。然而,现实中,均是发行人、上市公司委托中介机构提供服务并向其支付报酬,同时中介机构还要面临同行业的激烈竞争,导致其虽在宏观意义上是为广大投资者服务,但在具体的一对一的委托关系中,只能服务于委托方即发行人或上市公司。在委托方给予的现实报酬、机会利益大于中介机构承担的事后责任×被追责的可能性的情形下,中介机构可能更多地展现与委托方合作的一面。

为解决这一难题,我国香港特别行政区在2004年修改上市规则时引入了保荐人独立性测试,为使发行人更清楚理解,独立性测试为黑白分明的测试(bright-line test)。2013年修订保荐人制度时还要求发行人与保荐人在事前将保荐费用确定下来,并区分保荐费用和承销费用,保证该费用不与发行人能否发行成功等结果挂钩。① 不过,科创板市场实行保荐人相关子公司跟投并设定限售期制度,允许保荐人的另类子公司参与配售,以绑定其保荐承销的科创板项目收益和风险,似乎采取了另一种敦促保荐人勤勉尽责的思路。

"安然"事件发生后,美国通过了《2002年萨班斯-奥克斯利法案》(又称《2002年公众公司会计改革和投资者保护法》),创立了注册会计师行业外部的自律性监督机构——美国公众公司会计监督委员会,该委员会负责设立与审计报告相关的审计标准、质量控制和道德规范,有权对会计师事务所进行检查,并对注册会计师向其客户同时提供非审计业务进行了严格限制,另外还强制实施审计合伙人轮换制。② 但需要注意的是,"美国、英国和日本在一定程度上可以被划归为股权分散的公司治理模式",而"世界大多数其他国家和地区属于所有权集中的公司治理结构",前者"公司管理层倾向于收入欺诈"而后者"控制权股东倾向于利用控制权创造个人收益",③因此,《2002年萨班斯-奥克斯利法案》提出的解决方案并不一定适用于集中所有权结构下的公司。

也有业内人士提出,证监会应当制定适格中介机构名单,由发行人、上市公

---

① 参见郭霹:《香港保荐制度改革新规述评与镜鉴》,载《证券市场导报》2014年第2期。

② 参见[美]沈杰·安南:《萨班斯-奥克斯利法案精要》,曾嵘译,中国时代经济出版社2008年版,第15~16页、第44页。

③ 参见[美]约翰·C.科菲:《看门人机制:市场中介与公司治理》,黄辉、王长河等译,北京大学出版社2011年版,第95~113页。

司将中介费用交给证券交易所,再由证券交易所通过摇号、抽签等方式确定为其服务的中介机构。这其中也许会产生权力寻租问题,但中介机构的收入和机会能够因此与发行人、上市公司脱钩,也不失为一个从制度上切断委托人制约、实现中介机构独立的可行办法。

(二)完善先行赔付制度

先行赔付制度最早由证监会提出。为更好地保护投资者利益,证监会于2015年11月出台了进一步完善新股发行制度的有关意见,提出要"强化中介机构责任,建立保荐机构先行赔付制度";之后又于2015年12月30日发布《公开发行证券的公司信息披露内容与格式准则第1号——招股说明书》,其中第18条规定:"招股说明书扉页应载有如下声明及承诺:……'保荐人承诺因其为发行人首次公开发行股票制作、出具的文件有虚假记载、误导性陈述或者重大遗漏,给投资者造成损失的,将先行赔偿投资者损失。'……"

迄今为止,证监会投资者保护局已先后组织了3起先行赔付案件,所涉3家公司均在创业板上市。2013年,万福生科(湖南)农业开发股份有限公司因欺诈发行被行政处罚,其保荐人平安证券有限责任公司先行垫付出资3亿元设立投资者利益补偿专项基金。2014年,深圳海联讯科技股份有限公司因欺诈发行被行政处罚,章某等4名控股股东出资2亿元设立投资者利益补偿专项基金。前述两次先行赔付均由中国证券投资者保护基金有限责任公司担任基金管理人,负责投资者补偿金额的确定和划付。2016年,欣泰电气因欺诈发行被行政处罚,保荐人兴业证券股份有限公司虽未承诺过先行赔付,但主动设立了5.5亿元先行赔付专项基金。

先行赔付制度有利于投资者及时获得经济赔偿,有效化解集体性纠纷,在本次《证券法》的修订过程中,也将该制度上升到法律层面予以明确。《证券法》三审稿提出,发行人因欺诈发行、虚假陈述或者其他重大违法行为给投资者造成损失的,发行人的控股股东、实际控制人、相关的证券公司、证券服务机构可以委托国家设立的投资者保护机构,就赔偿事宜与投资者达成协议,予以先行赔付。先行赔付后,可以依法向发行人以及其他连带责任人进行追偿。据此,先行赔付的主体可能扩展至发行人的控股股东、实际控制人以及证券服务机构。待立法上确立先行赔付制度后,尚需进一步完善和落实先行赔付的条件、标准和程序。

(三)建立中介机构强制责任保险制度

责任保险,是指以被保险人对第三人依法应负的赔偿责任为保险标的的保险。目前,我国已出台《会计师事务所职业责任保险暂行办法》(财会〔2015〕13号),鼓励会计师事务所投保职业责任保险,其投保的职业责任保险累计赔偿限额达到一定金额的,可以不再提取职业风险基金;鼓励会计师事务所尽快完成由提取职业风险基金向投保职业责任保险的过渡。我国《合伙企业法》中也规定,特殊的普通合伙企业应当建立执业风险基金、办理职业保险。

在注册制下强化中介机构责任的同时,需要进一步扩大职业保险的适用范围,建立中介机构强制责任保险制度,包括保荐人执业责任险、保荐人先行赔付责任险、注册会计师职业责任险等,同时也可选择投保账册文件丢失险等附加险。一方面,通过强制责任保险保障受损投资者及时得到赔偿;另一方面,中介机构也可以通过购买保险的方式分散风险,否则,一旦被认定未能勤勉尽责,除被追究行政责任外,广大投资者还可能提起巨额索赔,使中介机构运营陷入困境。原国际五大会计师事务所之一安达信会计师事务所因"安然"事件倒闭即前车之鉴。

在保险条款的设计上,保险公司应当采用市场化的职业责任保险费率浮动机制,根据中介机构的风险系数和历史赔付情况按期调整保险费率,同时,也可将中介机构执业人员的故意行为或严重失职行为设定为免责事项,敦促中介机构积极勤勉尽责,强化责任意识。此外,考虑到保险公司与中介机构对风险考量不同,对调解的态度可能出现分歧,尤其是在投资者索赔额高于保险理赔限额时,保险公司可能不愿意调解,从而在保险合同中设置中介机构不经保险公司同意不得擅自和解条款。为促成投资者与中介机构诉讼案件的和解,可以借鉴英美法向保险人施加一项和解义务,"要求保险人应对被保险人的利益尽到应有的注意,不得恶意或不适当地拒绝原告的和解提议,否则,当保险人拒绝和解而诉讼的最终结果认定被保险人负赔偿责任且赔偿金额超过了和解提议的金额时,保险人须对此承担全部赔偿责任,无论是否超出保单规定的赔偿限额"。[①]

---

① Kent D. Syverud, "The Duty to Settle", 76 *Va. L. Rev.* 1113(1990). 转引自周学峰:《公司审计与专家责任》,中国政法大学2004年博士学位论文,第132页。

科创板注册制法律实施机制研究

香港中文大学课题组*

引　　言

2019年3月2日,中国证券监督管理委员会(以下简称证监会)、上海证券交易所(以下简称上交所)在2019年1月30日发布的"2+6"科创板征求意见稿规则的基础上,结合征求意见情况,发布了上述文件的正式版本。① 与此同时,证监会和上交所还出台了科创板的两项信息披露格式准则及四套配套指引,中国证券登记结算有限责任公司也制定了科创板股权登记结算业务细则。自此,讨论了近6年之久的注册制改革终于得以落地实践。②

设立科创板并试点注册制是一项国家层面的重大举措,对于落实金融强国、科技强国和创新驱动发展等国家战略,具有重大而深远的意义。③ 根据法金融

---

* 本课题由香港中文大学法学院黄辉教授主持,课题组成员有张巍、肖宇、黄江东、李安安、吕品、汪梦露、张阳。本课题节选自中国法学会审判理论研究会金融审判理论专业委员会、上海金融法院2019年度优秀课题。

① 2019年3月1日,证监会发布《科创板上市公司持续监管办法(试行)》《科创板首次公开发行股票注册管理办法(试行)》;上交所发布《上海证券交易所科创板股票发行上市审核规则》《上海证券交易所科创板股票上市委员会管理办法》《上海证券交易所科技创新咨询委员会工作规则》《上海证券交易所科创板股票发行与承销实施办法》《上海证券交易所科创板股票上市规则》《上海证券交易所科创板股票交易特别规定》。

② 2013年11月,中共中央十八届三中全会审议通过的《中共中央关于全面深化改革若干重大问题的决定》第一次明确提出推进股票发行注册制改革。

③ 《上海市高级人民法院关于服务保障设立科创板并试点注册制的若干意见》,一、(一)第1条。

学,金融市场的发展程度取决于投资者保护的法律机制,[①]因此,科创板的成功关键在于如何建立和健全法律实施机制,以有效保护投资者。科创板简化了证券发行条件,以信息披露为核心,在一定程度上弱化了监管机构的事前审查而强化了事中、事后的监管,从而对于金融司法提出了更高的要求。上海金融法院设立于我国金融开放改革的前沿阵地,是全国首家也是目前唯一一家专业性的金融法院,需要充分发挥审判职能,切实回应设立科创板并试点注册制的司法需求,为其营造良好的法治环境和提供优质的司法服务。

本文正是针对上述金融司法挑战,以科创板注册制的推出为背景,着重研究科创板注册制在实施过程中的重大法律问题,分析科创板注册制的理论基础和价值定位,剖视科创板实施注册制面临的司法体制和实体规则,厘清市场、监管与司法之间的关系,关注涉科创板矛盾纠纷的特殊性,聚焦金融法院集中管辖、案件性质归类、证券欺诈民事赔偿要件、中介机构责任、差异化表决权引发的股东压制问题及其司法救济等具体问题,并提出相关完善建议。

一、金融审判体制的改革提升

(一)案件管辖问题

1. 科创板集中管辖,传统板块优先管辖

根据最高人民法院《关于上海金融法院案件管辖的规定》,上海金融法院集中管辖上海辖区内的金融民商事案件和金融行政案件。就行政诉讼而言,上海金融法院对应由上海市中级人民法院受理的以金融监管机构为被告的,以及以住所地在上海市的金融市场基础设施为被告或第三人与其履行职责相关的第一审涉金融行政案件具有管辖权。[②] 在科创板注册制下,发行人将注册申请文件交由上交所审核,上交所审核同意后将相关资料报送证监会完成注册程序,反之则作出终止决定。[③] 而且,上交所对科创板上市后的公司行为负有持续的监管责任。在此过程中,上交所与上市公司或者投资者之间因证券发行或交易引起的

---

① See Rafael La Porta et al. ,"Legal Determinants of External Finance",*The Journal of Finance* 52,1997;Rafael La Porta et al. ,"Law and Finance",*Journal of Political Economy* 106,1998.

② 最高人民法院《关于上海金融法院案件管辖的规定》第 2 ~ 3 条。

③ 《科创板首次公开发行股票注册管理办法(试行)》第 20 条。

第一审涉金融行政案件都应由上海金融法院管辖。

从民事诉讼的角度看,上海金融法院对应由上海中级人民法院受理的第一审金融民商事案件享有管辖权,包括与证券有关的纠纷。[①] 就科创板而言,上海金融法院管辖上海辖区内涉及证券发行、交易及相关活动中的虚假陈述等案件。那么,按照民事诉讼原告就被告的一般规则,上海金融法院仅能管辖以注册地在上海的科创板上市公司为被告的案件。但是就注册地来讲,目前上交所科创板已受理申请的企业分布全国各地。因此,一旦出现涉及科创板主体的法律纠纷,其管辖法院也会遍布全国。在这种情况下,金融司法面临的挑战是如何在法院审理过程中保障法律适用的一致性以及裁判标准的统一化,避免因当事人遍布各地而出现“同案不同判”的问题。因此,涉科创板的金融民商事案件由上海金融法院集中管辖,同时其可以优先管辖与主板上市公司有关的证券纠纷。[②] 根据2017年修正的《民事诉讼法》的规定,因侵权行为提起的诉讼,由侵权行为地或者被告住所地人民法院管辖。[③] 按照有关规则,科创板上市公司应当通过上交所信息披露电子化系统办理公告登记,同时在上交所网站和证监会指定网站上披露所登记的信息。[④] 在涉及虚假陈述等证券侵权案件中,上交所可视为侵权行为地,因此上海金融法院的管辖是有现行法律依据的。

2. 必要性和可行性分析

科创板是证券市场的新兴板块,相关纠纷的案情复杂度较高,且所涉及的事实问题专业性较强,而上海金融法院在司法资源、法官素质和审判经验等方面具有一定的优势。而且,上海金融法院对涉科创板案件的集中管辖可以克服被告公司所在地司法的地方保护主义。在中国现行体制下,司法系统因依照行政区域设置而具有隶属于地方的客观属性。[⑤] 由于地方法院的人、财、物等都依赖地方政府,因此,司法地方化问题非常突出。上海作为金融中心,其发展除了依靠开放的资本市场和完善的基础设施,还需要公正、有效的司法服务和保障,因此,

---

① 最高人民法院《关于上海金融法院案件管辖的规定》第1条。

② See Robin Hui Huang, “Private Enforcement of Securities Law in China: A Ten-Year Retrospective and Empirical Assessment”, *American Journal of Comparative Law* 61, 2013, pp. 793 – 797.

③ 我国《民事诉讼法》(2017年修正)第28条。

④ 《上海证券交易所科创板股票上市规则》第5.3.5条。

⑤ 参见刘作翔:《中国司法地方保护主义之批判——兼论“司法权国家化”的司法改革思路》,载《法学研究》2003年第1期。

有动力去避免地方保护主义。另外,在上交所上市的来自上海本地的公司数量很多,截至2019年5月底共有228家(包括A股和B股),因此,相对于其他上市公司较少的地区(如宁夏只有6家),上海一家上市公司对于当地政府的重要性较低,对其进行地方保护可能得不偿失。

此外,根据最高人民法院对金融审判工作的意见,法院应当加强与金融监管机构的协调配合,建立沟通机制并定期通报涉及金融风险防范与金融安全的重要案件情况。[①] 上海金融法院对涉科创板案件进行集中管辖,可以在审判过程中就涉案企业经营或者相关部门监管中存在的普遍性问题发送司法建议,为其风险防范工作提供有效的参考依据。不仅如此,集中管辖有助于法院具体分析金融案件中出现的共同法律问题,指出监管部门相关规则中所存在的漏洞并建议其采取应对措施,保障司法审判与行政监管目标的协调统一。最后,上海金融法院与上交所都在上海,协调沟通工作更容易开展。

为承担集中管辖的审判任务,法院需要有充分的审判力量和资源。上海作为中国的经济龙头,有能力也有动力去投入充分资源,保障上海金融法院的审判力量。譬如,可以通过人员扩招充实其审判队伍以满足不断增长的金融司法需求,同时可以吸纳专家型陪审员参与案件审理,提高金融审判的效率和专业化水平。另外,上海金融法院不断进行制度创新,提升审判效率。譬如,2019年1月16日发布了全国首个关于证券纠纷示范判决机制的规定,旨在通过示范案件先行审理和判决的程序安排来解决平行案件的法律适用一致性的问题,从而提高审判效率。[②] 2020年3月24日发布的《关于证券纠纷代表人诉讼机制的规定(试行)》,是上海金融法院的又一重要举措。

从比较法看,域外金融法院的设立也为上海金融法院的集中管辖提供了可借鉴的经验。譬如,阿拉木图金融中心的专门法院(Astana International Financial Centre Court)按照规定可以管辖金融中心参与者、机构及其外籍员工之间发生的任何争议,以及与在金融中心开展的业务有关并受其法律规制的任何争议。同时,金融中心法院也对经双方当事人同意而移交该法院的任何争议享有管辖权。[③] 迪拜国际金融中心的初审法院(Dubai International Financial Centre Court of

① 《关于进一步加强金融审判工作的若干意见》第25条。

② 《上海金融法院关于证券纠纷示范判决机制的规定》第2~3条。

③ AIFC Court Regulations 2017, art 26.

First Instance)也有类似的规定,其应当管辖以金融中心注册机构为一方当事人的民商事案件,以及与金融中心活动有关并且因全部或部分发生在金融中心的事件或交易引起的民商事案件。①

(二)涉证券交易所纠纷:行政抑或民事?

根据科创板相关规则,证监会前端实质审核的权力将"隐退",不直接参与发行审核工作,②而上交所不但通过公开问询的方式监督信息披露质量,而且审核发行人是否满足实质性的上市条件,因此,上交所在发行上市中拥有了更多权力,而权力也伴随责任,这使上交所可能面临更多来自股票发行人和证券市场投资人的诉讼。然而,这种诉讼是私权主体之间的民事诉讼,还是涉及公权主体的行政诉讼,目前尚不清楚。

1. 现有规定及争议

2005 年 1 月 31 日实施的最高人民法院《关于对与证券交易所监管职能相关的诉讼案件管辖与受理问题的规定》(以下简称《案件管辖与受理问题的规定》),对于涉证券交易所纠纷案件提供了重要指导。但是,该规定一共只有 3 个实质条款,主要是解决案件管辖和受理问题,没有直接涉及案件类型问题。

根据《案件管辖与受理问题的规定》第 1 条规定,鉴于涉交易所监管职能的诉讼的专业性和复杂性,该类案件都指定由交易所所在地的中级人民法院一审。其第 3 条还规定了不予受理的情形,即投资者对证券交易所履行监管职责过程中对证券发行人及其相关人员、证券交易所会员及其相关人员、证券上市和交易活动做出的不直接涉及投资者利益的行为提起的诉讼。其第 2 条对交易所监管职能行为进行了界定并将其分为四类:(1)证券交易所根据相关法律、法规、规章的规定,对证券发行人及其相关人员、证券交易所会员及其相关人员、证券上市和交易活动做出处理决定引发的诉讼;(2)证券交易所根据国务院证券监督管理机构的依法授权,对证券发行人及其相关人员、证券交易所会员及其相关人员、证券上市和交易活动做出处理决定引发的诉讼;(3)证券交易所根据其章程、业务规则、业务合同的规定,对证券发行人及其相关人员、证券交易所会员及其相

① Law No. (16) of 2011 Amending Certain Provisions of Law No. (12) of 2004 Concerning Dubai International Financial Centre Courts, art(1).

② 《科创板首次公开发行股票注册管理办法(试行)》第 23 条。

关人员、证券上市和交易活动做出处理决定引发的诉讼;(4)证券交易所在履行监管职能过程中引发的其他诉讼。

遗憾的是,交易所行使上述四种监管职能而引发的诉讼到底应纳入民事诉讼还是行政诉讼,《案件管辖与受理问题的规定》并没有清晰规定。由于民事诉讼与行政诉讼在价值导向、程序要求和裁判标准等方面迥异,一个案件的定性对于裁判结果乃至社会效应都有重大影响,因此,该问题具有重大理论和现实意义。

2. 实证研究

在北大法宝数据库,以标题中含"证券交易所",审结日期在"2005. 01. 31(《案件管辖与受理问题的规定》生效日)—2019. 05. 31",法院级别设定为"全部"进行检索,并通过诸如案例联想等其他方式,总共得到有效案例17个,包括行政案件3个、民事案件14个,研究期间约为14年4个月。

在17宗案件中,6件一审结案,8件二审结案,3件再审,其中2件还上诉到最高人民法院,总体上诉率达到64.7%,表明案件的复杂和困难。其中有10个涉及认沽权证案件,均发生在上海,均作为民事诉讼,占14个民事案件总数的71.4%。在这10个案件中,法院都认定权证创设行为系证券交易所根据国务院证券监管部门批准的业务规则作出的履行自律监管行为,并将这类纠纷纳入民事诉讼范畴。①

无论是行政案件还是民事案件,交易所均没有被判决承担赔偿责任,其败诉率为零。在3个行政案件中,除郑某案涉及了实体问题外,其余2个案件都是以《案件管辖与受理问题的规定》第3条裁定驳回起诉。在14个民事案件中,10个为认沽权证纠纷,投资者起诉交易所的原因是认为交易所没有履行对权证的监督职责,允许或核准其上市,造成了投资者的损失,判决都秉持了交易所民事责任相对豁免原则。②

实践中,法院对交易所自律监管的司法介入采取谨慎的态度,多采取"不予受理"的权宜之计,并没有去展开实体性问题的讨论,导致在交易所因监管职能涉诉时应是民事或者行政诉讼被告的司法态度模糊甚至冲突。比如,深圳市中

---

① 邢某某诉上海证券交易所财产损害赔偿纠纷案(2008)沪一中民三(商)初字第68号。

② 郭某某诉光大证券股份有限公司、上海证券交易所、中国金融期货交易所期货内幕交易责任纠纷案(2013)沪一中民六(商)初字第30号。

级人民法院审理的陈某某与深圳证券交易所行政案件,[①]与广东省高级人民法院审理的一个民事再审案件,即陈某与深圳证券交易所等证券纠纷上诉案,[②]都是起诉交易所未尽审慎核查之职。其中,一个同意并发布公司的停牌公告,一个批准本应停止上市并应撤销发行核准决定的“11 超日债”非法上市,这两个案件的判决法律依据相同,但一个以行政诉讼立案,另一个纳入民事诉讼,显示了司法实践中对涉交易所诉讼定性的混乱。

2016 年,最高人民法院审理了郑某诉上海证券交易所信息公开案,[③]对于涉交易所案件应当界定为民事还是行政诉讼的问题进行了说理,具有重要意义。法院认为,“证券交易所作为授权组织,有权按照法律、法规、规章的规定对证券市场的违法行为予以处罚,故证券交易所具有相应的行政管理职能,属于行政案件的适格被告”。这明确了交易所对于违法行为的处罚可以被提起行政诉讼。但在此案后,上交所发布了 2017 年版本的《证券交易所管理办法》,对郑某案中法官适用的法律依据进行了相应的修改,试图表明交易所行使的处罚权力不是来自公共权力,而是属于自律行为和自治权力,因此,相关纠纷不应作为行政诉讼。至于这一修改是否能够达到规避郑某案的目的,目前尚不清楚。

3. 分析与建议

从本质上看,涉交易所纠纷的定性问题取决于如何看待交易所的性质问题。虽然我国在法律层面上赋予了交易所自律管理的地位,但在实际运行上,交易所具有明显的行政特征,缺乏自治性和自主性,实际上变成监管部门的附属机构。[④]

在科创板注册制下,交易所对发行上市享有实质审核权,而权力行使带来的责任性质问题将更加突出。在对涉交易所纠纷进行定性时,不但要看交易所的整体组织属性,更要看具体的权力属性。这方面的海外经验可资借鉴。

在英国,R. v. Panel on Takeovers and Mergers Ex p. Datafin Plc 案[⑤]将司法审

---

① 陈某某与深圳证券交易所一审行政裁定书(2018)粤 03 行初 170 号。

② 陈某与深圳证券交易所等证券纠纷上诉案(2014)粤高法立民终字第 1443 号。

③ 郑某诉上海证券交易所信息公开案(2016)最高法行申 1468 号。

④ 参见鲁篱:《证券交易所自治地位的比较研究》,载《社会科学研究》2004 年第 5 期;方流芳:《证券交易所的法律地位——反思“与国际惯例接轨”》,载《政法论坛》2007 年第 1 期;冷静:《法定自律组织还是法律法规授权组织:新形势下证券交易所及其一线监管性质辩》,载吴清总编,黄红元、卢文道主编:《证券法苑》(第 23 卷),法律出版社 2017 年版,第 190 ~ 218 页。

⑤ R. v. Panel on Takeovers and Mergers Ex p. Datafin Plc [1987] Q. B. 815.

查的适用范围从传统的"权力来源"标准扩大到"功能属性"标准(Nature of the Function Test)。在此案中的自律组织是并购委员会(Panel on Takeovers and Mergers),其不具有直接的法定权力、特权或普通法上的权力,但是得到了法定权力的支持,其决定能够导致相应的制裁。法院认为权力来源并非判断某个主体是否服从公法的唯一标准,并指出如果某个机构正在履行公法上的职能,或其职能的行使具有公法上的后果,这足以使该机构进入司法审查的范围。该案标志着英国司法审查的范围扩大到行政机关以外的行使公共职能的机构。

Datafin案引入的"功能属性"标准,要求对某一机构是否拥有公共职能或者其行为或决定是否具有公法效果进行识别。英国法院在判例中发展出一套关于"公共职能"的判断标准。具体包括:(1)"要不是"(But For)标准,即如果没有某个非法定机构,政府自身是否会不可避免地管理这些活动。若是,该管理活动则属于公共职能的范畴。(2)政府是否通过提供支持的方式默许或鼓励某个机构的活动,是否使该机构融入政府公共管理框架,或使该机构在政府的授权下得以成立。法院此时只关注实际已经发生而非可能发生的情况。(3)某个机构是否行使广泛和垄断性权力,但是如果某机构是在私领域行使广泛的权力,就不应该接受司法审查。

另外,在我国香港特别行政区的Sanyuan Group Ltd v. The Stock Exchange of Hong Kong Ltd① 一案中,Sanyuan集团公司对被香港联交所除牌的决定不服提起行政诉讼。法院认为,其可以对香港联交所的决定进行司法审查,但只审查程序不当问题。

笔者建议,我国可以参考英国Datafin案的路径,无论某个组织具有何种性质,只要其行使了公权力或者承担公共职能,就具备行政诉讼被告的资格。而其权力来源以及行为者的身份并不是决定性因素。《上海市高级人民法院关于服务保障设立科创板并试点注册制的若干意见》提出,需要"尊重证券交易所业务规则……减少司法的直接干预"。② 如前所述,对交易所做出的除牌决定等自律监管行为,我国香港特别行政区法院认为涉及公共利益可以进行司法审查,但在实体问题的判断上应该尊重交易所的决定,仅当出现程序违法时才进行司法干

① Sanyuan Group Ltd v. The Stock Exchange of Hong Kong Ltd [2009] 5 HKC 124.

② 《上海市高级人民法院关于服务保障设立科创板并试点注册制的若干意见》二、(三)第15条。

预。可见,香港特别行政区经验符合上海市高级人民法院意见的精神,值得借鉴。

二、虚假陈述民事赔偿纠纷的裁判规则调整

(一)科创板合格投资者规则对于虚假陈述认定的影响

《上海证券交易所科创板股票交易特别规定》对投资者适当性管理提出明确要求,将可以参与科创板股票交易的个人投资者限定为申请权限开通前20个交易日证券及资金账户日均资产不低于50万元,且参与证券交易24个月以上者。[①] 这一要求似乎有将科创板交易主体限制在合格(或者适当)投资人的范围之内。那么,合格投资人的身份对虚假陈述的责任认定问题有何影响呢?

由法律强制要求上市公司公开披露特定的信息,并对虚假、不完整的信息披露作出处罚,是一种节省信息传递成本,确保信息披露质量,避免信息过度披露的有效机制。[②] 从这个角度看,合格投资者的身份原则上不应对虚假陈述责任产生影响。即便合格投资者比普通个人投资者更有能力搜集、处理信息,与上市公司内部人士相比,其挖掘信息的成本依然比较高,而且,合格投资者重复搜集、验证信息依然是一种浪费。为此,无论对于合格投资者还是普通投资者,上市公司依法集中发布信息,并确保信息的真实性、完整性,这一点并无变化。

尤其对于上市公司公开发行证券的行为,证券在二级市场上可以自由地在合格投资者和普通投资者之间流转,原本就无法区分接受虚假陈述且因此受害者属于哪类投资者,更无理由在法律上为合格投资者设定特别的虚假陈述救济规则。这点在美国法上十分清晰,上市公司公开发行证券的,一律适用《1933年证券法》第11条、第12条以及《1934年证券交易法》第10(b)条等反欺诈规则。也就是说,无论是不是由合格投资者提起的发行虚假陈述之诉,法院对重大性、信赖以及虚假陈述与损害之间的因果关系等要件的认定标准并无不同,在要求陈述者具有故意的案件中,对故意的认定也是如此。实践中,美国法院不会仅因

---

① 《上海证券交易所科创板股票交易特别规定》第4条。

② Stephen J. Choi and Adam C. Pritchard, *Securities Regulation: The Essentials*, New York, Aspen Publishers, 2008, pp. 23 – 27.

为原告的合格投资者身份,就在虚假陈述案件中对其适用更加严苛的救济规则。[①]

一个例外的情况,是完全针对合格投资者的私募发行。此时,考虑到合格投资者自身的经验,以及私募发行提高效率、降低交易成本的初衷,在未利用公开平台招募、发行的情况下,可以略微降低发行人信息披露的标准,或者说提高虚假陈述责任的门槛。为此,在美国,依据 SEC Regulation D Rule 506 取得注册豁免[②]的私募发行将不受制于《1933 年证券法》第 11 条、第 12 条的管辖。不过,私募发行文件依然受制于《1934 年证券交易法》第 10(b)条的反欺诈规则。就实质而言,如果投资人提起虚假陈述的民事诉讼,这些规则使私募发行的投资人需要举证发行人及其董事、经理人的故意,方能获得法律救济。换言之,此时,发行人及其管理层不再就虚假陈述承担严格责任或者过错推定责任。

不过,由于美国《1933 年证券法》第 17(a)条依然适用于私募发行,而其中有关虚假陈述责任的第 2 项采用的仍是严格责任,因此,在 SEC 发起的行政执法案件中,依然对私募发行人追究严格责任。[③] 这样一来,整体而言,美国私募发行人的虚假陈述责任在主观过错方面实际并不比公开发行更为宽松。

然而,由于私募发行的证券可能缺乏一个有效率的流通市场,因此,针对虚假陈述的信赖要件——投资人基于对陈述的信赖实施交易,难以依据“欺诈市场”(fraud-on-the-market)理论方便地满足举证要求,而需由投资人具体证明其对陈述产生信赖。实践中,这方面最常见的问题是所谓“大哥协议”(big brother letter)的效力问题。这种协议由有经验的合格投资者与发行人、承销商等签署,表示承认自己富有投资经验,将基于自身的尽职调查进行交易,而非出于信赖发行人等对特定事实的陈述。

对此,美国不少法院认为,排除对特定陈述的信赖不等于投资人笼统放弃寻

---

① 如 Straub v. Vaisman & Co., Inc., 540 F. 2d 591(3d Cir. 1976)指出:“有经验的投资人不应该被禁止信赖其交易对手的诚实,只要他不知道自己所信非人”。

② Rule 506 的注册豁免依据为美国《1933 年证券法》第 4(2)条。

③ 《1933 年证券法》第 17(a)条与第 11 条、第 12 条以及《1934 年证券交易法》第 10(b)条类似,都是打击虚假陈述的规则,只是该条仅赋予 SEC 对虚假陈述者执法的权力,投资者不能据此提起赔偿诉讼。第 17(a)条的责任不以陈述者具有故意为要件。此外,该款针对在“要约销售或者销售”证券时所作的虚假陈述,因此其适用范围小于《1934 年证券交易法》第 10(b)条。

求证券法救济的权利,因此未必违反《1934 年证券交易法》第 29(a)条的规定。[①]然而,也有法院指出,"大哥协议"中包含的排除信赖条款只是对投资人未产生合理信赖的一种证据,并不必然满足证明没有信赖的要求,法院仍旧要根据其他证据逐案判断投资人是否产生了信赖——哪怕是合格投资者。[②] 从这个角度看,合格投资者要在私募发行中成功主张虚假陈述困难或许比普通投资人多一些。不过,即便存在"大哥协议"或许依旧不能影响 SEC 对虚假陈述的行政执法,因为这种执法并不以信赖为要件。[③]

(二)行政处罚与民事审判的关系

从 2003 年开始受理虚假陈述民事案件以来,重大性标准并未成为我国民事审判中的问题,因为 2003 年最高人民法院司法解释将行政或刑事处罚作为民事诉讼受理的前置程序,而受到处罚的案件自然推定为具有重大性。但随着案件的多元化和复杂化,这种做法的合理性开始受到了质疑。一是行政或刑事处罚的案件是否真的具有民事责任构成要件中的重大性?二是 2015 年立案登记制度改革后,已出现了多起行政处罚做出前就受理并判决的虚假陈述案,其重大性的认定需要由法院来独立审查。因此,我们对于行政处罚与民事审判适用重大性标准的关系问题展开重点研究。

1. 司法实践的新发展

2003 年实施的最高人民法院《关于审理证券市场因虚假陈述引发的民事赔

---

① 《1934 年证券交易法》第 29(a)条禁止以任何方式要求任何人事先放弃依据该法及交易所规则可以获得的法律救济。Harsco Corp. v. Segui,91 F. 3d 337(2nd Cir. 1996);Rissman v. Rissman,213 F. 3d 381(7th Cir. 2000);Pharos Capital Partners, L. P. v. Deloitte & Touche, No. 12 – 4381(6th Cir. 2013).

② AES Corp. v. Dow Chemical Co. ,325 F. 3d 174(3rd Cir. 2003). 该案中,上诉法院认为"大哥协议"只是可能证明投资人不具有合理信赖的一种证据,但不是无可辩驳的证据。为证明投资人没有产生合理信赖,初审法院还需要考虑当事人提交的其他证据,包括发行人与投资者之间是否具有特殊信赖关系(fiduciary relationship)或者长期的商业、私人关系,原告是不是有机会察觉虚假以及原告的实际投资经验等。

③ 有诸多判例确认信赖并非 SEC 对虚假陈述执法的要件,如 Gamen v. SEC,334 F. 3d 1183(10th Cir. 2003);SEC v. Rana Research, Inc. ,8 F. 3d 1358(9th Cir. 1993);SEC v. Alliance Leasing Corp. ,28 Fed. Appx. 648(9th Cir. 2002)。SEC 也于 2007 年根据《1933 年证券法》第 17(a)(2)条对发行虚假陈述采取执法措施,而未受"大哥协议"的影响,参见 SEC v. Barclays Bank PLC and Steven J. Landzberg,07 – CV – 4427(S. D. N. Y. 2007)。

偿案件的若干规定》第6条规定:“投资人以自己受到虚假陈述侵害为由,依据有关机关的行政处罚决定或者人民法院的刑事裁判文书,对虚假陈述行为人提起的民事赔偿诉讼,符合民事诉讼法第一百零八条规定的,人民法院应当受理。”根据最高人民法院的规定,在虚假陈述的认定中,对所披露信息和遗漏的“重大性”是认定是否能提起民事诉讼的理论前提。

从2003年该规定开始实施到2015年法院立案登记制度改革之前,所有的虚假陈述民事赔偿案都是以行政或刑事处罚为前提的。2015年立案登记制度改革之后,绝大多数的案件的受理仍以行政或刑事处罚为前提条件,但开始有部分案件在行政处罚前就受理并作出了判决。

2015年在法院系统推行的立案登记制改革要求“有案必立、有诉必理”,在此背景下,陆续出现了地方中级人民法院在行政处罚做出之前受理虚假陈述民事案件的情形。比如,在成都市中级人民法院审理的金亚科技案中,法院受理和审理该案是在正式行政处罚之前,但金亚科技在证监会对其立案调查后已经两次发布公告承认会计账目与实际不符,并做出了调整。这可以被认为是金亚科技自认有虚假陈述的行为。

实践中,也出现了上市公司因虚假陈述做出行政处罚后,投资人向法院提起民事诉讼,法院认为行政处罚没有构成重大性而驳回起诉。比如,在2013年的广州市中级人民法院判决的香江控股案中,法院认为,被告的信息披露错误不构成证券法重大性标准,因而驳回投资人的诉讼请求;①在北大医药案中,法院认为,违反信息披露规则的代持行为不影响投资人的投资决策,原告投资人的投资损失主要是由其他因素导致;②在江苏友利案中,法院认为,江苏友利控股2012年年度报告中虽存在违法之处,但该行为不构成证券虚假陈述,而且,该案的行政违法行为与原告的损失之间不存在因果关系。③

2. 重大性标准:行政执法与民事审判的协调

根据现行法律法规的规定,重大事件包括“涉及公司的重大诉讼”,④但未列

① 杨某某诉深圳香江控股股份有限公司证券虚假陈述纠纷案(2013)穗中法民二初字第4号。

② 张某某与北大医药股份有限公司证券虚假陈述责任纠纷一审民事判决书(2018)渝01民初291号。

③ 江苏友利投资控股股份有限公司与马某某虚假陈述责任纠纷上诉案(2016)苏民终732号。

④ 我国《证券法》(2019年修订)第80条。

明有“行政处罚”，因此，并不能当然推定行政处罚就具有“重大性”。那么，虚假陈述民事赔偿的“重大性”标准与行政处罚的“重大性”标准是否重合呢？

通过对现行法律法规的梳理，以及对监管执法人士的调研，我们发现，监管部门在执法中主要依据我国《证券法》规定，确保上市公司真实、准确、完整、及时、公平披露信息，严格上讲信息重大性并非行政执法考虑的重点问题。执法部门对违法违规行为是否有重大性（严重性）的判断的考虑因素主要有以下几个方面：一是扰乱市场信息披露秩序的程度；二是影响投资者价值判断的程度；三是惩罚手段的层次性；四是影响投资者投资决策的严重程度。整体而言，行政处罚对重大性（严重性）的考虑范围较宽泛。

前文所述，在我国过去的司法实践中，绝大多数的案件有行政或刑事处罚，则默认为有民事诉讼构成要件的“重大性”。若取消前置程序认定重大性的标准，原告投资者将面临很大的举证困难，导致诉讼结果的不确定性。另外，前置程序起到案件过滤器的作用，有效解决了滥诉问题。最后，若取消前置程序，还可能导致各地法院判决的不一致、同案不同判等问题。实证研究表明，前置程序并没有对于民事诉讼的提起造成过度限制，而且具有上述的重要制度功能。①

因此，虽然行政执法与民事审判具有差异，但从实际效果看，以证监会的行政执法作为民事审判的前置程序具有一定合理性，有助于保护投资者。2019 年 11 月 14 日最高人民法院正式发布的《全国法院民商事审判工作会议纪要》（又称《九民纪要》）第 85 条明确指出，“部分人民法院对重大性要件和信赖要件存在着混淆认识，以行政处罚认定的信息披露违法行为对投资者的交易决定没有影响为由否定违法行为的重大性，应当引起注意……虚假陈述已经被监管部门行政处罚的，应当认为是具有重大性的违法行为”。此条反映了最高人民法院对于前置程序制度功能的深刻认识，是我国证券民事诉讼多年审判实践的经验总结。

三、中介机构责任边界的厘定

（一）科创板注册制下中介机构的看门人角色

在以信息披露为核心的科创板注册制背景下，证监会的角色弱化，中介机构

---

① 参见黄辉：《中国证券虚假陈述民事赔偿制度：实证分析与政策建议》，载黄红元、徐明主编：《证券法苑》（第 9 卷），法律出版社 2013 年版，第 967 ~ 995 页。

的职能从二线上升到一线。作为市场看门人,中介机构承担科创板下证券发行的实质性审核工作,利用自己的市场声誉为证券发行提供“担保”或“背书”之作用。[①] 在证券发行过程中,保荐人、律师事务所和会计师事务所等中介机构对相关信息开展调查和审核并发表专业意见,进而监督和规范发行人的活动。[②] 然而,中介机构通常都是发行人聘请,为发行人提供专业服务,但同时又要监督发行人,存在天然的利益冲突问题,导致中介机构可能怠于行使看门人职责。因此,需要对于中介机构施加法律责任进行外部约束。

《关于在上海证券交易所设立科创板并试点注册制的实施意见》(以下简称《实施意见》)明确提出“强化中介机构责任”,“保荐人作为主要中介机构,必须诚实守信、勤勉尽责……建立保荐人资格与新股发行信息披露质量挂钩机制……对发行人、上市公司虚假记载、误导性陈述或重大遗漏负有责任的保荐人、会计师事务所、律师事务所、资产评估机构,加大处罚力度”。(第18条)其中,鉴于保荐机构在科创板上市项目中的“牵头人”地位,注册制改革下尤其对保荐机构科以更为严格的责任。加强保荐机构职责的措施之一便是让保荐机构承担更多的信息披露把关责任。在科创板项目问询过程中,已出现首例保荐人“被罚”的案例,“被罚”原因是保荐人在向上交所报送关于审核问询函的回复及同步报送更新版招股说明书时,违反上交所的相关规定,擅自修改招股说明书中相关信息披露数据和内容,甚至修改上交所问询问题中引述的招股说明书相关内容。[③] 证监会、上交所均对该违规行为采取了相应的处分措施,该案例中保荐机构的两名保荐代表人受到了上交所给予的通报批评处分,同时收到证监会所出具的警示函。[④]

---

① 参见夏东霞、范晓:《科创板注册制背景下对中介机构“看门人”角色的再思考》,载《财经法学》2019年第3期。对于中介机构看门人角色的理论分析,参见[美]约翰·科菲:《看门人机制:市场中介与公司治理》,黄辉等译,北京大学出版社2011年版。

② 黄辉:《看门人机制与公司治理——从安然丑闻到金融危机的监管反思》,载梁慧星主编:《民商法论丛》(第46卷),法律出版社2010年版,第248~268页;郭雳:《证券市场中介机构的法律职责配置》,载《南京农业大学学报》(社会学科版)2011年第1期。

③ 参见胡振明:《交控科技保荐人被科创板“首罚”,IPO命悬一线》,载证券市场红周刊:http://news.hongzhoukan.com/19/0523/zhangjing104825.html,最后访问日期:2019年5月31日。

④ 参见《科创板首例处分来了,中金两资深保荐人被通报批评,都名校毕业,涉足多个项目》,载新浪财经网:http://finance.sina.com.cn/stock/relnews/hk/2019-05-22/doc-ihvhiews3629240.shtml,最后访问日期:2019年6月11日。

(二)中介机构责任界定存在的问题

关于保荐机构与其他中介机构在发行上市过程中职责分工不明确的问题由来已久。此次科创板注册制改革,对保荐机构与其他中介机构的职责分工问题仍未作出规定,上交所层面也暂未就该问题作出任何回答。

根据我国《证券法》规定,对发行人欺诈上市、虚假陈述中中介机构承担民事责任适用过错推定原则,即中介机构应当与发行人、上市公司承担连带赔偿责任,除非其能够证明自己没有过错。[①] 然而,关于中介机构之间的责任如何划分,我国现行法律法规并未作出明确规定。与此同时,我国在证券民事诉讼中已逐渐形成了由保荐机构先行赔付的制度,先行赔付之后保荐机构如何向其他中介机构进行追偿,这也是摆在面前的现实难题。

以欣泰电气案为例,作为“欺诈发行退市第一股”欣泰电气的保荐机构,兴业证券在先行赔付 2.42 亿元后,因无法与欣泰电气等责任方就赔付标准及责任分担达成一致意见,故将欣泰电气、欣泰电气控股股东、其他中介机构等诉至人民法院,要求判令各被告赔偿兴业证券支付的超出自身应承担份额的损失。因此,保荐机构的先行赔付制度固然起到了暂时“定分止争”的作用,但由于中介机构之间责任分担不明确,先行赔付之后的后续争议不断,无法真正实现“案结事了”。

根据《科创板首次公开发行股票注册管理办法(试行)》第 7 条的规定,“证券服务机构应当严格按照依法制定的业务规则和行业自律规范,审慎履行职责,作出专业判断与认定,并对招股说明书中与其专业职责有关的内容及其所出具的文件的真实性、准确性、完整性负责。证券服务机构及其相关执业人员应当对与本专业相关的业务事项履行特别注意义务,对其他业务事项履行普通注意义务,并承担相应法律责任”。然而,何为“审慎”“特别注意义务”“一般注意义务”,并不清楚。

以律师事务所的勤勉尽责义务为例,在欣泰电气案所引发的东易律师事务所案件中,证监会与最终受到行政处罚的东易律师事务所在“勤勉尽责”问题上存在较大分歧。证监会认为,东易律师事务所“工作底稿中留存的对主要客户的

---

① 我国《证券法》(2019 年修订)第 85 条、第 163 条。

承诺函、询证函、访谈记录,大多数直接取自兴业证券”,东易律师事务所对于从其他中介机构取得的工作底稿资料未履行必要的核查验证程序,未尽到一般注意义务。① 而东易律师事务所则认为其已经尽到了“勤勉尽责”的义务,《法律意见书》中关于“最近3年财务会计报告中无虚假记载”的表述是依据欣泰电气提供的相关文件及兴华所出具的审计报告而作出,含有虚假记载的原因是审计报告、保荐机构报告等材料中含有虚假记载,并非由东易律师事务所“未勤勉尽责”导致。②

在证监会对东易律师事务所作出行政处罚后,东易律师事务所向北京市第一中级人民法院提起了行政诉讼。法院认为,在协助公司上市过程中,律师事务所承担的工作是进行法律尽调,相关虚假记载涉及的内容属于律师事务所在尽职调查过程中应予查验的事项,故驳回了东易律师事务所的诉讼请求。③ 遗憾的是,判决在解释法律尽调、勤勉尽责标准,以及东易律师事务所未尽到对财务问题的“一般注意义务”等关键问题时,说理不够充分、透彻。实践中关于律师的“一般注意义务”和“特别注意义务”的界限依旧模糊不清。

(三)相关建议

中介机构只有在自己的专业领域才能发挥应有作用,才能完成自身职责。也就是说,认定中介机构职责时离不开“专业”属性。相应地,其职责对应的责任边界同样应该以专业分工为中心进行划分。按照我国现有规定,保荐机构、律师事务所、会计师事务所等中介机构需要做到勤勉尽责,在专业事项上尽到特别注意义务,非专业事项上尽到一般注意义务。以前文提到的东易律师事务所案为例,该案之所以引发如此之大的争议,主要原因还是由于“法律”与“财务”这两个专业问题发生碰撞时,如何进行专业分工的问题。从律师执业经验的角度来

---

① 中国证监会行政处罚决定书(北京市东易律师事务所、郭立军、陈燕殊)〔2017〕70号。

② 对于律师事务所的一般注意义务,《律师事务所从事证券法律业务管理办法》等相关文件未明确定义。《律师事务所从事证券法律业务管理办法》第14条规定:“律师在出具法律意见时,对与法律相关的业务事项应当履行法律专业人士特别的注意义务,对其他业务事项履行普通人一般的注意义务,其制作、出具的文件不得有虚假记载、误导性陈述或者重大遗漏。”

③ 参见张婷婷:《一中院公开宣判欣泰电气IPO律所诉中国证监会行政处罚案》,载北京法院网:http://bjgy.chinacourt.gov.cn/article/detail/2018/06/id/3375817.shtml,最后访问日期:2019年6月11日。

看,在企业发行上市过程中,律师就与财务有关的法律事项发表意见一般会取得会计师出具的审计报告、验资报告,并根据上述报告的结论性意见发表法律意见,一般并不会复核具体的会计科目,也不会抽查相关的会计凭证和原始凭证。主要原因在于律师不具有专业胜任能力,要求律师以一般人的注意义务发现经有资质的会计师审计都未发现的财务数据错误超出了其专业和能力范围。

"合理信赖"(reasonable reliance)是界定证券发行中涉及多家中介机构责任关系的一个重要原则。当不同类型中介机构共同签署一份文件,其中若包含非本专业的意见,或者有必要对本专业范畴之外的事项发表意见时,只要本机构尽到合理的注意义务,有充足的理由"信赖"其他中介机构的意见,则对该部分意见不承担责任。

赋予中介机构"合理信赖"其他专家而免责的权利是国际上普遍的做法。这在英国、我国香港特别行政区这些率先施行保荐制度的市场都有实践。比如,我国香港特别行政区公司法明确规定了"合理信赖"免责事由,而且还对于专家与非专家的"合理信赖"进行了详细区分。[①]在澳大利亚,"合理信赖"也是法定的免责事由,[②]而且,与发行人和保荐人承担的全面义务不同,律师事务所和会计师事务所等只需要对招股说明书中各自提供的专业意见部分负责,因此,他们的责任称为所谓的"局部责任"(portional liability)。美国虽然没有规定保荐制度,但其在首次公开发行股票过程中,仍然明文规定了"合理信赖"的免责抗辩。[③]

在海外实践中,除了硬性的法律规定之外,各方中介机构还可以通过私下签署协议明确交叉引用情形下的权利、义务和责任,并进行相应披露。从法理上看,各中介机构之间形成委托关系,对相关专业的工作进行委托,责任的划分可以参照委托—代理法律关系。这种协议安排建立在各方自愿基础上,非常灵活,且边界清楚,易于操作,值得借鉴。

资本市场上的"连带责任"目的在于给予投资者更充分的保护,在我国证券市场不完善、诚信机制不健全的背景下,连带责任制度具有一定合理性,但中介机构宜在划清各自勤勉尽责标准前提下区分责任,按过错程度承担相应的责任。

---

① Cap. 32 Companies(Winding Up and Miscellaneous Provisions) Ordinance, s 40(2)-(3).

② Corporations Act 2001, s 733.

③ Securities Act of 1933, s 11(b)(3)(A)-(B).

其中,尤其应区分的是保荐人和其他中介机构之间的责任。保荐人在对自己的虚假陈述承担责任之外,对于其他中介机构出具的专业性意见中的失实、疏漏或错误,如果保荐人能够证明其尽到了必要的审查义务,则可免于承担或仅承担补充性的法律责任。

四、差异化表决权引发的股东压制问题及其司法救济

2019年出台的科创板新规允许采取差异化表决权架构的企业上市,然而,针对差异化表决权引发的公司治理利益冲突特别是“股东压制”问题,科创板新规缺乏有效的回应,现有公司法立法亦难以提供针对性的破解方案。

(一)科创板下的“股东压制”:老问题与新挑战

传统意义上的股东压制,是指在封闭公司中,披上了资本多数决合法、效率与公平外衣的股东会决议所实质形成的“多数人暴政”,形成“少数派”股东被迫接受“多数派”股东的决议效力。[①] 之所以强调是“在封闭公司中”,是因为该类公司封闭性的核心特征使股东无法像公众公司的股东那样自由退出公司,这加剧了股东压制的严重性,所以对股东压制的救济成为各国公司法上封闭公司内部治理面临的普遍难题。[②] 然而,在科创板差异化表决权规则之下,股东压制问题出现了“基因突变”,在公司类型、股权结构和股东类型等方面分别朝着公众化、普遍化和新型化三大方向异变。

其一,在公司类型方面,股东压制呈现出“公众化”趋势。传统意义上的股东压制主要是因为封闭公司的人合性所致,封闭公司成为滋生股东压制的温床。然而在差异化表决权安排之下,股东的异质化不断加剧,公司股东被分为不同阵营,为公众公司中股东压制问题的潜滋暗长提供了土壤,主要表现为股东“用脚投票”的制衡机制在差异化表决安排下失去了作用。这是因为在差异化表决权之下,基于投票权与收益权分离以及二者之间的非比例配置,普通股股东持有股票的收益权可能要高于超级表决权股股东,抛售股票给自身造成的损失可能远

① 参见邓江源:《股东压制视野中的股东会决议效力》,载《人民司法》(应用)2014年第15期。

② 参见李建伟:《股东压制的公司法救济:英国经验与中国实践》,载《环球法律评论》2019年第3期。

大于超级表决权股股东，通过在二级市场抛售以震慑“强权股东”的传统用脚投票机制不再行之有效，差异化表决权安排下公司股东退出机制也因为股权结构的差异设置而变得不那么顺畅。

其二，在股权结构方面，股东压制表现为“普遍化”倾向。差异化表决权意味着股东的分化，即人为地将股东分为普通股股东与超级表决权股股东，其中的超级表决权股股东一般为公司的创始人，且超级表决权股股东能够通过控制公司股东会进而选出听命于自己的管理层。由此，即使在股权较为分散的公众公司，超级表决权股股东完全可以通过对股东会决策的操控来控制公司管理层，此实为一种“传导机制”，即股份占比较少的超级表决权股股东将其在管理层的影响力，通过差异化表决权安排机制，传导至整个公司的运营治理之中。

其三，在股东类型方面，股东压制凸显成“新型化”样态。在最初的语境下，股东压制问题主要指向的是控股股东对中小股东的压制。① 随着差异化表决权安排，股东压制突破了传统的疆域，主要表现为超级表决权股股东对于普通股股东的压制，呈现出股东压制的新样态。最高人民法院《关于为设立科创板并试点注册制改革提供司法保障的若干意见》指出：“积极调研特别表决权在科创板上市公司中可能存在的‘少数人控制’‘内部人控制’等公司治理问题，对于以公司自治方式突破科创板上市规则侵犯普通股东合法权利的，人民法院应当依法否定行为效力，禁止特别表决权股东滥用权利，防止制度功能的异化。”（第 10 条）这说明，最高人民法院已经意识到科创板存在的股东压制问题。制度实践中，这种股东压制意味着：一方面，“小股东”具备了压制“大股东”的潜质。综观科创公司股权结构设置，超级表决权股比例远小于普通股，持有超级表决权股的股东通常来说不是大股东，超级表决权股股东以其对公司的绝对控制力量，通过控制权传导机制，使实现对大股东的压制成为可能。另一方面，传统公司法上中小股东保护的价值取向需要调适，普通股股东的利益保护需要提上日程。由于股东压制不再以股份占比为唯一基础，“小股东”成为强权股东实施压制成为可能，因此中小股东保护的公司法价值取向需要适时调整。

---

① 参见傅穹：《重思公司资本制原理》，法律出版社 2004 年版，第 37 ~ 45 页。

(二)科创板"股东压制"问题的司法回应及困境

我国《公司法》第20条对股东滥用权利作出了原则性的禁止规定,即"公司股东应当遵守法律、行政法规和公司章程,依法行使股东权利,不得滥用股东权利损害公司或者其他股东的利益……公司股东滥用股东权利给公司或者其他股东造成损失的,应当依法承担赔偿责任"。那么,我们能否通过法律解释将股东压制囊括到《公司法》第20条的原则性规定之中,从而一方面解决股东压制的司法适用问题,另一方面能够将第20条抽象的禁止股东滥权行为具体化?要实现该双重目的,需要首先解决如下三个理解上的困境:第一,我国《公司法》第20条是否确立了股东间的信义义务。就该问题,学界和实务界尚存争论,①同时也没有得到立法和司法的正式确认。第二,我国当前对股东压制问题的规定极为混乱,有的地方规则重复叠床架屋,有的地方规则遗漏尚付阙如。第三,当前学术界讨论的大都止步于传统的多数股东对于中小股东的压制,而未涉足科创板规则下依然异化的股东压制问题,《公司法》第20条更像法律原则而非法律规则,发挥一般条款之作用,但由于公司法分则中缺乏对应的制度安排(如权利滥用的情形、损失的认定、举证责任的分配等),该一般条款可能被虚置。②

上述三个理解上的困境,束缚了第20条的制度功效发挥,使其难以真正落地实施。除了理解上的困境,我国《公司法》第20条尚存在适用上的不确定性甚至是劣后性。由于第20条的抽象性规定,法院一般不到万不得已不会动用该条款。对于股东提起的"股东压制诉讼",法院一般会经过以下几个步骤:第一,审查公司的设立方式、公司章程、股东的合理期待以及原告起诉的侵权方式等;第二,若存在上述实体问题,则根据侵害的是否为公司法明文规定的单项权利而采用不同的救济方式;第三,若上述两个步骤均未奏效,法官此时才会考虑适用《公司法》第20条的抽象性规定,判断侵权股东承担赔偿责任。如此不确定性的适用,大多数情况下将第20条的规定予以架空,无法起到应有的作用。

---

① 施天涛教授认为,该条就是关于股东受信义务的规定,而且是针对任何股东所作出的规定。参见施天涛:《公司法论》(第4版),法律出版社2018年版,第401页。但张学文教授认为,该规定仅是对股东行使权利边界的界定,是约束股东权利行使的一般性规则,是一种消极的义务,与信义义务尚有区别。参见张学文:《封闭式公司中的股东信义义务:原理与规则》,载《中外法学》2010年第2期。

② 参见朱慈蕴:《对股东诚信义务的再思考》,载《中国法律》2007年第4期。

(三)引入股东信义义务的立法与司法维度

无论是传统意义上的股东压制还是差异化表决权下被放大的股东压制,均有共同的制度原因——资本多数决的滥用。[①] 通过引入股东信义义务,能够从以下几方面最大限度回拨被滥用的资本多数决:第一,控股股东抑或超级表决权股股东负有对其他股东的忠实义务,要求其从公司和全体股东最佳利益出发,同时不得仅以不熟悉相关业务而错误行权为由进行抗辩。这要求股东在行使权利时更多地考量其行为的正当性与合理性,是否会有悖于此义务。同时,扩张的忠实义务具有诚信义务的色彩,诚信义务更加强调在主观上股东应当对公司以及全体股东诚信,不可以滥用权利损害公司或者中小股东利益。[②] 第二,控股股东抑或超级表决权股股东负有注意义务,此义务对于当前机构投资者不断加强其在公司治理中作用的背景下显得极为重要,股东欲直接或者通过管理层间接实现对公司的治理,就应当尽到类似于董事的专业第三人注意义务,除非可以证明其基于商事判断。由此可见,股东信义义务从主观意愿到客观行为再到专业治理能力,形成了对资本多数决滥用的回拨。

股东压制问题的扩大化,是由于新制度的出现而引起的"蝴蝶效应",要系统性解决这一老问题的新型化,需要从立法和司法二向度予以规制。我国《公司法》修改内容要体现系统化构建股东信义义务。笔者建议,在《公司法》第 20 条中增加一款,其条文可以表述为:"实行差异化表决权架构的公司中,高表决权股东对普通股股东负有忠实义务和勤勉义务,不得滥用表决权损害普通股股东合法权益。"此外,为了有针对性回应差异化表决权安排,应当对股东信义义务的异质化作出专门规定,并详细阐述不同的表决权股东应当负担的信义义务内容。建议对股东信义义务进行分层:第一层为超级表决权股股东信义义务,义务主体为持有超级表决权的股东,但是排除公司创始人,义务内容为扩大的忠实义务,加入了学界关于信义义务"三分法"中的诚实义务;第二层是特殊的超级表决权股股东信义义务,义务主体为持有超级表决权的公司创始人,义务内容为忠实义

---

① 参见[美]詹姆斯·S.科尔曼:《社会理论的基础》,邓方译,社会科学文献出版社 2008 年版,第 93 页。

② See Louis Lowenstein, "Shareholder Voting Rights: A Response to Sec Rule 19c - 4 and to Professor Gilson", *Columbia Law Review* 89, 1989.

务与注意义务,等同于董事信义义务,同时需要强化其中的忠实义务。

最后,设置“反信义义务滥用”规则,实现司法介入与公司治理的利益平衡。股东信义义务的设置,目的是降低差异化表决权的制度减损,保护中小股东的权利,促进科创公司的发展。然而,任何制度均不可矫枉过正,尤其是科创公司创始人在公司发展中发挥关键性甚至是决定性作用之时,更需要适当减轻创始人的义务负担。因此,有必要设置“反信义义务滥用”规则,如在免责事由方面给予企业创始人一定的弹性规范空间等,根据公司实际采取差异化的司法介入限度。与此同时,案件审理中,要准确界定特别表决权股东权利边界,坚持“控制与责任相一致”原则,在“同股不同权”的同时,做到“同股不同责”。

结　语

本文对于科创板注册制的法律实施机制进行了深入研究,重点关注上海金融法院的集中管辖、涉交易所的案件性质归类、虚假陈述民事赔偿纠纷的裁判规则调整、中介机构责任边界的厘定、差异化表决权引发的股东压制问题及其司法救济等具体问题。主要研究发现和建议总结如下:

1. 建议涉及科创板上市公司的证券纠纷应当由上海金融法院集中管辖;涉及传统主板的案件应当允许当事人既可以在上市公司所在地法院起诉,也可以在公司上市地法院起诉,当出现管辖权争议时上海金融法院享有优先管辖权。

2. 以功能属性的路径识别上交所在科创板注册制下监管职能的属性,并借鉴海外经验,建立一套关于“公共职能”的判断标准,以判定涉交易所纠纷的民事诉讼或行政诉讼归类;在行政诉讼中,对于实体问题的判断应该尊重交易所的决定,仅当出现程序违法时才进行司法干预。

3. 在科创板下,虽然投资者有一定门槛,但无论是否由合格投资者提起股票发行虚假陈述之诉,法院对重大性、信赖以及虚假陈述与损害之间的因果关系等要件在原则上应该并无不同,但在一些具体情况下可能存在规则适用差异。

4. 自2003年最高人民法院关于虚假陈述民事赔偿案件的司法解释发布之后,绝大多数案件都遵循了前置程序,并直接将行政处罚或刑事判决作为民事诉讼中的重大性证据,但近年来出现了民事诉讼不要求前置程序、不以行政处罚或刑事判决作为判断重大性的情况。理论上讲,行政处罚与民事诉讼在重大性标准上可能存在差异,但从实际效果看,前置程序具有重要的制度功能,应当继续作为重大性判断基础。

5. 针对科创板注册制下中介机构之间职责划分不明晰的问题,建议以专业分工为基础界定责任,确立"合理信赖"免责抗辩等。

6. 对于差异化表决权引发的公司治理利益冲突,特别是"股东压制"问题,建议从立法和司法两个维度引入和适用股东信义义务制度。

司法发展科创板信息披露重大性标准①

汪其昌*

引　言

无论是证券一级市场还是二级市场交易,市场决策的基础是根据公司公开披露的信息进行预判。但是信息繁杂也容易形成信息噪声影响投资决策和交易价格,因此,在突出以信息披露为中心监管理念的基础上,上海证券交易所制定的《上海证券交易所科创板股票上市规则》第5.1.1条规定了以重大性为原则,即"上市公司和相关信息披露义务人应当披露所有可能对上市公司股票交易价格产生较大影响或者对投资决策有较大影响的事项";第5.1.5条规定上市公司和相关信息披露义务人披露信息"应当内容完整,充分披露对上市公司有重大影响的信息,揭示可能产生的重大风险,不得有选择地披露部分信息,不得有重大遗漏"。科创板首次将重大性判断标准作为信息披露原则,实质上突出了信息披露质量,为投资者判断相关信息是否重大应披露事项,以及为交易所后续采取监管措施或纪律处分、司法裁判,提供了明确的规则依据。

那么,IPO信息披露的重大性标准是什么?重大性信息披露的理论基础是什么?我国已有的法律规定有何不足?监管机构和司法部门应该如何改进?最高人民法院已明确上海金融法院集中管辖科创板诉讼,希望本文的研究对上海金融法院和上海证券交易所发展重大性标准有所参考。

---

① 本文获中国法学会审判理论研究会金融审判理论专业委员会2019年学术研讨会一等奖。

* 上海对外经贸大学副教授。

一、我国《证券法》对信息披露的重大性规定及其不足

我国《证券法》对 IPO 信息披露的重大性认定，是以该法第 80 条认定的重大事件为准，主要有：(1)公司的经营方针和经营范围的重大变化；(2)公司的重大投资行为公司在一年内购买、出售重大资产超过公司资产总额 30%，或者营业用主要资产的抵押、质押、出售或者报废一次超过该资产的 30%；(3)公司订立重要合同、提供重大担保或者从事关联交易，可能对公司的资产、负债、权益和经营成果产生重要影响；(4)公司发生重大债务和未能清偿到期重大债务的违约情况；(5)公司发生重大亏损或者重大损失；(6)公司生产经营的外部条件发生的重大变化；(7)公司的董事、1/3 以上监事或者经理发生变动，董事长或者经理无法履行职责；(8)持有公司 5% 以上股份的股东或者实际控制人持有股份或者控制公司的情况发生较大变化，公司的实际控制人及其控制的其他企业从事与公司相同或者相似业务的情况发生较大变化；(9)公司分配股利、增资的计划，公司股权结构的重要变化，公司减资、合并、分立、解散及申请破产的决定；(10)涉及公司的重大诉讼、仲裁，股东大会、董事会决议被依法撤销或者宣告无效；(11)公司涉嫌犯罪被依法立案调查，公司的控股股东、实际控制人、董事、监事、高级管理人员涉嫌犯罪被依法采取强制措施；(12)国务院证券监督管理机构规定的其他事项。

由于人的有限理性，不可能把所有重大事件(项)列举出来，就以第 12 项作为兜底条款。这一兜底条款没有提及吸收司法判断形成规则。况且上述列举的重大事项(件)标准是立法者的标准，没有提供对“重大性”的评判标准。按照科创板信息披露的基本理念是由投资者判断公司的市场价值，那么对于重大性的标准应该是从投资者决策理性角度考虑。虽然投资者决策考虑的内容会包括上述列举条款，但显然不可囊括殆尽，而且语言天然具有模糊性，一旦诉讼也需要司法进行语义解释。要克服科创板 IPO 信息披露重大性标准之成文法和行政规章的不完备性，通过司法创设规则。

二、信息披露重大性的法与金融学基础

证券市场是规则之治，正当规则内生于金融、实体产业和人性。主板、中小

板和创业板的已有表现说明,我们学金融技术易,学规则难。2019 年 7 月 3 日的全国民商事审判会议上,刘贵祥专委的讲话提出了无救济无权利和以法律关系进行救济的理念。由于证券发行和交易的法律规则源于证券交易的金融事实。信息披露重大性法律规则的正当性内生于证券交易的金融学与法学内生结合的学理。只有清楚学理基础,我国才能正确借鉴国外的经验,司法判断形成的规则才能保持连续性和稳定性与主动性。研究和修订我国《证券法》时,我们只注重移植证券法律条文,忽略了法律条文背后的学理和法理基础,也没有立法理由说明,知其然不知其所以然。这易导致司法审判难以追寻立法原意。

(一)证券交易的金融属性:预期未来净正现金流与公司价值

如图 1,上市公司首次发行公开发行证券是一种商事交易,公司融资是交易的贴现方,投资者买入股票是终值方,双方交易的标的物是未来现金流,不同于一般的实物商品和服务交易。既然是一种商事行为,公司和投资者都希望赚钱,那么就都希望有正的净现金流,公司实现未来正的净现金流的根源在于所生产商品和服务能够销售出去收回应收账款且有盈利,也就是公司要创造价值。创造价值的一般标准有绝对值和相对值。绝对值就经济增加值 = 税后经营利润 - 全部资本费用 > 0,相对值是风险调整后的收益率 ≥ 15%,即预期收益率 = 无风险收益率 + 风险收益率 ≥ 15%,最低标准是 12%。这就是股权融资支持实体经济的实质关系:要使其创造价值,高于一般机会成本。据 Wind 统计,2018 年沪深 3487 家公司的盈利只有 1600 亿元,几乎与同期所获财政补贴 1527.38 亿元相当。这就不难理解股指走势与公司创造价值的关系。

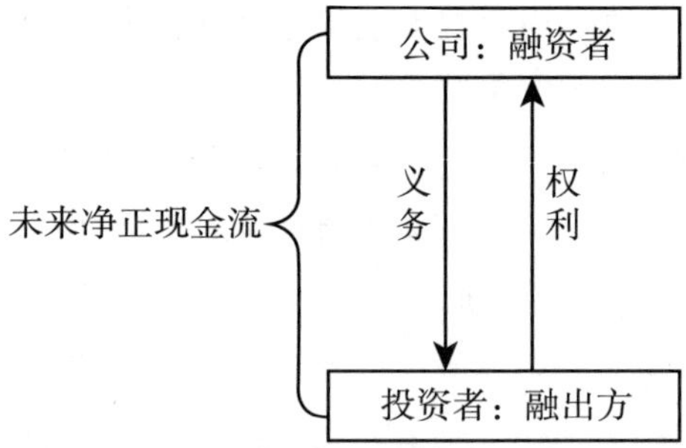

图 1 证券交易的实质

买卖双方对未来净现金流交易的价格就是证券定价。对投资者来说,以一定价格买入公司股票的一定金额也是贴现。公司希望卖出一个好价格,投资者希望买一个物有所值的价格。投资者与公司如何定价呢?除了根据市场风险偏好和同行业价格参考外,主要是根据拟上市公司的已有信息,即历史信息,预期公司未来现金流的实现状况进行博弈定价,即

$$P = NFV/r$$

其中,*NFV* 是预期一定时间内所能够实现的未来净正现金流,如图 2,即公司价值;*r* 是投资者所处一定时期的无风险收益率,一般以一年期储蓄存款或者国债收益率为标准。从公式可以看出,在分子 *r* 一定的情况下或者预期变小的情况下,预期 *NFV* 越大,公司价值就越大,或者 *NFV* 与 *r* 按比例增长,定价就越高,反之定价就低。这体现为发行价的市盈率。

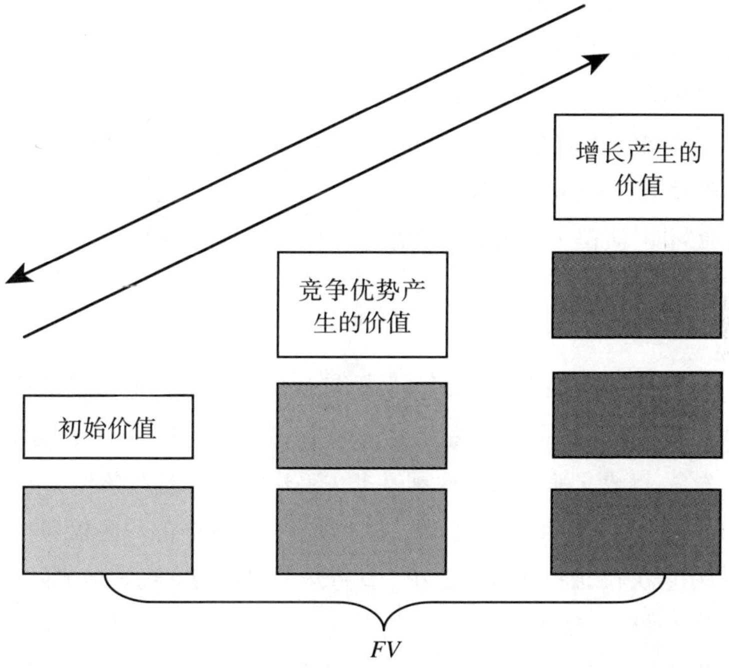

图 2　预期与公司价值

未来现金流是一种主观性和客观性结合的观念产物。所谓主观性,就是一种人的主观心理预期的结果,具有反身性。由于人的异质性,对未来现金流和收益率的预期判断可以是一致性的看多看空看平,也可以是非一致性的看多看空看平,见仁见智,各不相同。由此公司股票价格及其趋势作为博弈均衡结果发挥

信号和市场选美的作用。所谓客观性,就是在一定财务时间内,预期未来现金流可以通过3张财务报表验证。资产负债表和损益表是以权责发生制记账现金流状况,现金流量表是以收付实现制记账现金流入流出。如果有很大现金流,但没有净正现金流,或者应收账款收不回来,则说明公司盈利能力或者盈利质量低下。

如图2,公司价值由三部分组成 $FV = Vb + Vf + Vg$。Vb 为资产的初始价值,即股东和债权人的初始投入产生的资产价值,Vf 由竞争优势创造的价值,类似特许经营权价值,形成垄断租,Vg 由企业根据公司所处行业发展产生超额增长所创造的价值。公司未来价值由 $Vf + Vg$ 两部分组成。公司成长性越大,预期实现未来正的净现金流越大,则公司价值越大,定价 P 就高;反之,预期公司未来走下坡路,公司就没有未来成长价值,很可能就股票卖不出去,或者价值小,股票就定价低。科创板拟上市公司的信息披露基本是围绕 Vf 和 Vg 两部分的关键影响因素展开。比如,营业收入研发占比、核心竞争力、成长空间、扣除非经常性损益后的净利润增长率等。因此,投资者买科创板的公司不是现有财务状况好坏,也不纯粹是市盈率,在于核心能力形成的未来预期成长价值。这就可以理解科创板某些公司虽亏损严重,或者盈利不佳,但股票发行价很高,甚至上市后涨幅巨大;有些现在盈利颇佳,但主要来源财政补贴,或者投资者预期 Vf 和 Vg 两部分未来不好,则股价也不上去。

(二)证券交易的治理:基于合同法、侵权法和信托法的法律关系

上市公司首发出售股票,投资者购买股票,预期实现股票上的未来现金流有多重法律关系,构成交易方系列权利义务关系网络。一是股票作为一种权益金融工具本身是一个标准化的合同,是一束财产权利,其中的一些权利可以拿出来单独交易,如表决权、收益权;二是IPO发行交易按照交易规则形成的契约关系,主要有权益类和信托法律关系同时保存,其中权益的法律关系,在科创板拟IPO公司中非常复杂,大量存在非我国《公司法》规定的同质性、股债分明的股权法律关系;三是按照权益资本的会计准则记入三张财务报表。这是会计信息披露基础。会计规则也是法律规则,内生于权益资本法定和合同约定的权利义务。

在这些法律关系中,交易方是不对等的。第一,公司具有信息和专业优势,投资者处于信息不对称和非专业的劣势。投资者是否购买股票,出多少价格,只能依据公司提供的已有信息进行,因为未来没有信息,理性投资者只能根据已有

历史信息进行推断。因此,公司有义务向投资者提供真实、完整的信息,投资者也有权利要求公司提供真实和完整的信息,缓解信息不对称。但是又不能湮没在信息的海洋里,只能就影响预期未来现金流流入流出的重大性信息进行披露。第二,因而投资者对公司存在一种信任、信赖和相信的关系,公司披露什么、怎样披露、披露的质量很有讲究,况且公司作为贴现方很容易产生各种欺诈,因而IPO前和之后投资者都具有信息知情权,只有信息具有“重大性”,公司作为义务人才有义务公开披露。第三,公司发售股票就构成要约,一旦公司募集到股本权益,就意味着公司为投资者的利益行事。为此,为实现附着于股票上的未来净正现金流,对交易方进行一系列权利义务安排,如投资者的表决权、剩余索取权。我国的《公司法》是对这些权利义务安排的标准合同。当然,不同的股票有不同的权利义务安排,如普通股、存托凭证、债转股、黄金股、动态估值调整股、可交换债、AB股,交易方的权利义务有不少差异,我国《公司法》在此方面缺乏弹性和法律规则规定。为使贴现方对终值方践行可信承诺,终值方要对贴现方进行可置信的威慑,避免侵权。如果不按要求兑现预先承诺,就要诉诸法律进行处罚,迫使其说真话,惩罚其行为。这就涉及相关民事赔偿、行政处罚和刑事处罚。第一、第二、第三点都符合信托法律关系成立的条件,[①]强加给公司尤其是大股东与其权利不对等的繁重苛刻的信义义务,负有义务的一方就是另一方的权利,这就是保护投资者权益的逻辑起点与基本法理基础。实质是降低或避免交易中IPO公司机会主义形成的交易成本和道德风险,提高效率,却内在吻合私法中效率与正义原则,因为从经济学角度看,无效率无正义。没有对有信息和专业优势方课以信义义务约束就会导致欺诈发行盛行。

综上,公司上市首次公开发行股票的交易本质,是对附着在股票上的未来现金流的权利义务的交易,涉及的基本法律有合同法、信托法、侵权法,还有刑法、物权法/财产法、公司法、证券法、系列行政规章等。这些法律规制都是为确保公司实现预期未来现金流。如果公司完成了法律赋予的职责和义务,公司亏损甚至破产倒闭,或者提供IPO服务的服务机构遭受巨额处罚和赔偿导致破产,就涉及3个破产法:企业破产法、金融机构破产法和个人破产法。破产法是投资失败

---

① See F. W. Maitlan, *Equity*, Oxford Press, 1906; P. Finn, *Fiduciary Obligation*, The law Book company Limited, 1977 .

和最终损失分担法律制度。所以支持实体经济发展,公司IPO的重大信息披露,不是简单的融资问题,是一系列的治理机制安排。只有吻合人性和证券交易特质的法律法规治理规则,才可以确保参与交易者都从自利出发尽可能实现所预期的未来现金流和公司价值最大化,不是股东价值最大化,即 $A \geqslant L+E$(其中的 A 就是如图2所示预期未来现金流 FV),才算是有效配置稀缺的金融资源。

三、对美国信息披露重大性标准的评析

在重大性标准判定问题上,美国的成文法、学说及其判例可以借鉴。本节笔者运用第二节的理论框架评析美国的重大性标准。

(一)重大性的由来:美国《1933年证券法》10b-5规则

美国《1933年证券法》及《1934年证券交易法》明确规定证券发行人应当准确披露与其所发行证券相关的"重大信息"。《1934年证券交易法》由美国国会通过后,美国证券监管委员会根据该法第10b节制定的5规则解释道:"重大信息,是指一个理性的投资者在作出投资决定时应予考虑的事项",但是该规则本身没有明确界定"重大性"(material)一词的含义。依《1934年证券交易法》,美国重大性标准源于美国证券交易委员会在1942年颁布的10b-5规则,其完整表述为:"任何人直接或间接所为的非法行为包括三种类型:(a)采用任何手段、图谋或伎俩进行欺诈;(b)对某重大事实做任何虚假的陈述,或不就某重大事实做出能使其所做陈述在当时情况下不具有误导性的必要说明;(c)参与任何与证券买卖相关、会或将会欺诈或欺骗他人的行动、操作或举措。"由此母规则,美国法官和法院发展了规制内幕交易、虚假陈述、不当关联交易、市场操纵、欺诈发行、适当性、集团诉讼等子规则。其法学理论基础是信义法(fiduciary law),即古老的"无欺诈无受信"之信托传统。

该规则本身的全面性和扩张性同时也滋生大量扰诉、滥诉,美国国会于1995年通过了《私人证券诉讼改革法》(Private Securities Litigation Reform Act, PSLRA),对《1934年证券交易法》第21条进行了特别修订,规定私人证券欺诈诉讼必须满足两个起诉标准:第一,事实的"重大性"标准。如原告指控被告对某重大事实做出虚假陈述,或不就某重大事实做出能使其所为陈述在当时情况下

不具有误导性的必要说明,原告应在起诉时说明"虚假陈述;陈述之所以为虚假的原因;被告做出该虚假陈述或者不做必要说明所依据的信息和想法之相关事实细节"。"重大性"标准的实质就是为被告的披露义务设定一道门槛,被告无须就不披露无关紧要的信息而背负欺诈之名。第二,被告"故意"(scienter)标准。就原告所主张的被告违反证券法的行为或不作为,原告必须提供具体事实足以充分推断(strong inference)被告具有特定的心理状态,包括有意欺骗、操控、欺诈。

(二)美国重大性标准的发展和修正

美国成文法没对重大性有明确的定义,基于 10b - 5 规则的衡平(信托)法理,法官和法院发挥自由裁量权的主导性作用,如表 1,通过系列典型判例,本文考察了美国发展与修正重大性标准的过程。

表 1 美国重大性标准的司法解释与规则发展

案件	判例规则	发展
证交会诉得克萨斯海湾硫黄公司案(简称 TGS 案,1968 年)	1. 重大性标准取决于以下两个因素的平衡事件发生的可能性和该事件对公司行为整体影响的程度:影响公司的未来并且可能影响投资者买入、卖出或持有公司证券的愿望,对该事件的披露肯定会导致市场价格的升降。 2. 如果对某一事实的陈述可能导致合理投资者的信赖,并且出于这种信赖而买卖证券,这种事实便具有重大性	重大事实
TSC 产业公司诉北路公司案(简称 TSC 案,1976 年)	1. 如果一个理性投资者很可能在决定如何投票的时候认为该事实是重要的,那么该遗漏的事实便是重大的,即取决于理性投资者准确获知信息的能力。 2. 即在任何情况下,理性投资者会认为对于遗漏事项的披露将明显改变其所掌握的有效"整体组合"(total mix)信息	重大变化
贝斯克公司诉列文案(简称 Basic 案,1998 年)	1. "重大性"应由个案具体情境和事实决定。 2. 尽管黑白分明的简单标准会比一个综合权衡多种具体情境的标准更加容易,但适用上的方便不能成为忽略证券法目的和立法者政策考量的借口。将单一事件作为一成不变的决定性因素必然会造成适用范围的过宽或过窄(over-or under inclusive)	重大信息
梅崔克斯创新公司诉斯拉库萨诺(简称 Matrixx 案,2011 年)	1. 信息是否具有"重大性"仍应取决于具体事实,包括报告的出处、内容、背景等,关键在于"是否存在一种实质可能性,即一个理性的投资者会认为被遗漏信息的披露将显著改变现有信息的全局"。 2. 负面事件报告的存在本身不足以使该报告成为重大信息,必须需要满足一些额外条件(something more)方能称其为"重大",如报告的出处、内容、背景等,不是统计意义上的	行业特征

续表

案件	判例规则	发展
黑石集团案(Blackstone Group 案,2012年)	1. 只要预测性信息披露是基于善意(good faith)并具有合理基础(reasonable basis),那么即使预测结果与最终事实不符合,披露人也无须承担欺诈责任。 2. 对发行人财务状况或经营业绩产生重大影响的合理可能性	预测性(软)信息

资料来源:美国联邦最高法院;中国证券监督管理委员会组织编译:《美国投资者保护经典案例选编》,法律出版社2014年版。

由表1可知,重大性标准是一个发展的理论。美国证券交易委员会借鉴了以上判例和学说成果,在其制定的12b-2规则中对重大性及其标准作出了定义"重大性"一词,在被用来界定对任何主体提供信息所应满足的条件时,它将此类所需的信息限定为:极有可能被一个理性的投资者在决定是否购买或出售登记的证券时认为是重要的那些信息。

从表1可知,基于10b-5规则,重大性概念内容分别针对不同具体判例事实情境,法官和法院通过说理和推理抽象出不同的具体规则,对此笔者分别做些说明。

1. 重大事实,是指既存的一个或一系列与发行人或其证券有关的客观事实。重大事实所侧重表达的是某些静态事实对投资决策的影响,如果公开披露,投资者在做出投资决策时很可能会认为该事实是有重大意义的。一项事实究竟是否是重大事实,其判断标准在于该事实对投资决策的影响程度,亦即该事实必定与投资决策有关。由于重大事实在一定程度上构成了投资决策的基础,因此该概念以及依据该概念的信息披露要求体现在招股说明书以及其他证券发行法定披露文件之中。所有可能影响投资决策的事实均需要披露,违反重大事实披露义务便构成不实陈述。因而重大事实的披露范围不应当仅局限于投资决策,而应当适用于所有重大性概念可以适用的披露文件中,这便包括了所有投资者行使投票表决权和投资决策所需要合理依据的一切事实。

2. 重大变化或重大变动,是一个侧重于披露事实的动态表述,它是指一种既定的事实或状况所发生的重要改变。在信息披露的意义上,它意味着发行人经营、资产或所有权的变化,从而可以预见该变化将对发行人发行在外的证券的价格产生重大影响。由于该概念更多地涉及对发行人相关事项的变化,因而重大变化在很大程度上属于持续性披露或及时披露的范畴,确保投资者的投资决策建立在有关发行人最新状况的理解与掌握之上。

3. 重大信息,是同时涵盖重大事实和重大变化,是指足以导致或可能导致发行人证券价值或市场价格重大变化的或者可以合理地预见将会对理性投资者的投资决策产生重大影响的信息。因为重大信息产生的意义即在于弥补重大事实与重大变化之间的重叠或漏洞,重大信息也应当充分考虑到证券市场价格波动的其他因素,如市场传言、猜测等因素引起的价格非理性震荡。此外,重大信息还应当充分考虑作出披露或要求披露的具体场合。《会计公告》还指出不能一味地依赖特定的量化基准来评估信息是否重大。

4. 行业特征,就是必须揭示行业特征的关键信息。不同产业对信息披露的内含有不同要求,特别是对人工智能、生物医药、量子科技等新兴高新技术产业具有特别意义。普通的投资人能够理解已披露的行业特征事实,能够掌握整个行业的实质特点,并且所披露的事实必须是与交易有关的和简明的。比如,阿里巴巴在注册文件中表示其用户遍及世界上超过 190 个国家和地区。美国 SEC 在反馈意见中提出,阿里巴巴的主要业务在中国境内,国外业务的收入占比近年来逐渐下降,需要解释这一数据为何对于投资人而言是重要的。阿里巴巴回复,这一数据表明了我们未来可能开展国际业务的地理范围,因此需要向投资者披露。同时,为克服普通投资者对专业性和技术问题的信息不对称和不对等,对行业的专业性问题的信息披露是否具有重大性影响,美国法院和证监会鼓励专业人士和内部知情人士举报,且有罚金总额的 10% ~30% 高比例奖励。

5. 预测性(软)信息,即一个合理的投资者在做出其决定时,预测性信息是否作为有意义的事实为其所考虑,平衡两方面的因素:第一,其发生的可能性的大小;第二,预测信息对证券发行人的影响大小。如果该事实的发生微乎其微,则允许对这一事实的忽略,如果这一事实对证券的发行人有重大影响时,行为人的披露义务则加大。当公司先前披露的预测性信息事后因失去正确性而具有误导性时,公司有义务及时更新先前的预测以确保其真实性。因为证券交易是贴现预期未来现金流,证券的市场价格只是一种表象,只是传递信息的载体,是影响投资者的投资决策,对预测性信息的披露非常重要,尤其是金融行业。《1934 年证券交易法》中增加了第 21E 条规定,为某些预测性陈述划定了“安全港”。

(三)几点评析

1. 重大性可以被定性为一个融合法律和金融交易事实的综合问题,需要将法律准则运用到具体情况上去。重大性既具有主观性,又有客观性。设置设定“重大性”的要求是为了过滤无关紧要的信息,提高信息披露质量。本质上,重大性就是对公司未来现金流入流出与公司价值和价格有重大影响。

2. 重大性是以投资者决策角度进行发展的,以价格确定事实上的因果关系和法律上的因果关系。对违反重大性原则的处罚也是从投资者角度进行利益返还的。这是信托法(衡平法)受益人原则的体现。其市场基础是允许做空,没有涨跌幅限制,相对容易快速发现公司是否违反重大性原则和确定信息披露的重大性与价格的关系。我国的这个市场基础很不完备。

3. 重大性的理论是一个通过诉讼判决发展的理论,理论基础是衡平法(信托法)中的信赖和欺诈理论,金融学中的有效市场理论。但是法官和法院的判决中没有把金融理论与法律理论内在联系阐发,没有涉及经济学中信息不对称理论,没有考虑异质的投资者对IPO信息披露理解的异质性。重大性理论还在发展中。

4. 美国证券市场的重大性标准结合严刑峻法,加上《2002年公众公司会计改革和投资者保护法案》(简称《萨班斯-奥克斯利法案》)附加的高额监管成本,以及严格的、没有可操纵的退市标准。故以重大性标准进行信息披露的注册制,美国没有出现我们的沪深两市那样如过江之鲫抢着上市。

四、上海金融法院发展重大性标准的路径

科创板设立于上海证券交易所又受上海金融法院集中专属管辖,这是首次提出涉科创板纠纷的指定集中管辖。IPO重大信息披露是科创板支持五大高新产业发展的前端入口。历史赋予了上海金融法院创设重大性标准规则的历史机遇。

(一)法律依据

1. 最高人民法院和上海市高级人民法院的法律依据

虽司法文件不是正式的司法解释和指导性判例确立的裁判规则,但在我国法院行政科层体制下,仍然具有法律效力和执行力。

一是2019年6月15日,上海市高级人民法院出台了《关于服务保障设立科创板并试点注册制的若干意见》。2019年6月20日,最高人民法院发布的《关于为设立科创板并试点注册制改革提供司法保障的若干意见》提出"对于证券交易所经法定程序制定的科创板发行、上市、持续监管等业务规则,只要不具有违反法律法规强制性规定情形,人民法院在审理案件时可以依法参照适用"。首次明确把交易所的行政规章作为软法硬化了,成为裁判依据。这样金融法院就可根据《科创板股票上市规则》第五章和《证券法》第80条的重大性标准原则进行司法裁判,进一步创设规则。上海金融法院可以将表2中的信息披露规则作为发展重大性标准的基础。

表2　我国既有证券信息披露规则体系

层级	名称	规制内容
法律	《刑法》	设立违规披露、不披露重要信息罪,列明九种立案标准,如虚增、虚减资产、利润达30%以上
	《证券法》	第80条规定12类重大事件
	《公司法》	提供虚假财务报告罚款3万~30万元
	《会计法》	编制虚假财务报告罚款0.5万~10万元,罚款负责人0.3万~5万元
证监会规章	《上市公司信息披露管理办法》	涵盖信息披露的内容、程序、责任主体等
	《公开发行证券的公司信息披露内容与格式准则》	针对招股说明书、年报等法律文件内容与格式规范
	《信息披露编报规则》	针对银行、保险、证券等特殊行业和财务信息等特殊事项规定

续表

层级	名称	规制内容
交易所	问询函	针对具体特殊事项进行问询
	科创板股票上市规则	第五章,特别规定以重大信息披露为基础
	股票上市规则	规定了上至信息披露下至特殊事项的规定
	信息披露工作备忘录	规定日常报告和定期报告备忘
	上市公司信息披露监管问答	从投资者角度,以一事一议,限期回答信息披露和解释

资料来源:证监会、交易所。

二是在《关于为设立科创板并试点注册制改革提供司法保障的若干意见》中,最高人民法院特别指出证券服务机构的特别注意义务和普通注意义务的区分及承责要求,"准确把握保荐人对发行人上市申请文件等信息披露资料进行全面核查验证的注意义务标准,在证券服务机构履行特别注意义务的基础上,保荐人仍应对发行人的经营情况和风险进行客观中立的实质验证,否则不能满足免责的举证标准"。据此规定,投资者可对投资银行、律师事务所和会计师事务所进行信息披露时作为考虑重大性披露主体施加信托法上的注意义务。

三是在《关于为设立科创板并试点注册制改革提供司法保障的若干意见》放宽了审理涉科创板上市公司虚假陈述案件时,应当审查的信息披露文件的范围,包括了信息披露义务人对审核问询的每一项答复和公开承诺;审查信息披露要结合高度专业性、技术性特点。

2. 八部委的意见

2019年7月9日,证监会、发改委、央行等八部委联合发布《关于在科创板注册制试点中对相关市场主体加强监管信息共享完善失信联合惩戒机制的意见》,对科创板试点注册制中做假账、说假话的行为进行联合惩戒。虽不是直接的法律依据,但作为考量重大性标准的公共政策依据。

(二)发展重大性标准的路径

在科创板发展初期和我国证券欺诈发行严重的状况下,应该通过默示即同意的原则，鼓励投资者诉讼，[①]尽可能地鼓励原告对违规行为提起诉讼，使市场的违规行为置于司法的监督之下，使中国民事诉讼制度中的共同诉讼发挥到极致，改变目前过于依赖行政监督的现状。况且重大性信息披露对这些公司价值的甄别，不在行政部门，应该在投资者自身利益关系驱动。证券市场复杂多变，新的情况不断出现，市场规范也纷繁复杂，需要在投资者切身利益体会下得到及时修正，法院才可据此发现和创设重大性标准，学习美国判例法和成文法的经验，发展信息披露的重大性标准理论。

1. 上海金融法院与上海市高级人民法院和最高人民法院加强沟通协作，出台司法解释，或者纪要、意见等冠名的司法解释文件。

2. 上海金融法院通过具体判例创设和发展重大性具体规则，与最高人民法院沟通协调将具有普适性的规则发展为公报案例、指导性判例和典型性判例，发挥通过判例创设和发展规则的公共政策功能。

3. 上海金融法院与上海证券交易所协作，向其提出重大性标准的司法建议。

4. 上海金融法院在业务上保持司法独立性和公正性，对上海证券交易所和证监会的行政规章进行独立的司法审查，进行行政监督，对纠纷案实行民事、刑事和行政处罚三合一同判。

5. 上海市高级人民法院应该关注证券市场的变化和新现象，通过对具体案件指导，应对新情况。

（三）发展重大性标准要解决的几个问题

1. 以证券发行和交易的内生法理确立重大性的理论基础

无诉讼无救济，无救济无权利，救济要有请求权基础，要依据法律关系确定权利义务。在成文法和行政规章不完备的情况下，重大性诉讼的请求权法律规范应该来自证券交易的金融学和基于衡平法的信托法律关系，根本不同基于传统的商品和劳务交易形成的民商事规则，需要上海金融法院充分发挥自由裁

---

① 最高人民法院发布的《关于为设立科创板并试点注册制改革提供司法保障的若干意见》提出用好、用足现行共同诉讼制度中的代表人诉讼制度，创造性地提出可以由国务院证券监督管理机构设立的证券投资者保护机构以自己的名义提起诉讼（相当于机构代为诉讼），或者接受投资者的委托指派工作人员或委托诉讼代理人参与案件审理活动。明确支持依法成立的证券投资者保护机构的证券支持诉讼。

量权。

包括上海金融法院在内的国内法官基本都是受大陆民法系法学教育熏陶出来的,同时相对欠缺金融法的金融学和经济学等法理基础。根据本文第二部分所述,上海金融法院应该从大陆民法系的教义法学束缚中解放思维方式,补充金融学、会计学和经济学与基于衡平法的信托法律规则知识,①以充分理解证券交易中信息披露重大性原则学理基础:影响预期和实现未来现金流的权利义务的治理机制;人都是在规则下行动,规则具有正当性,人的行为结果才形成正当秩序。

以信托法律关系规制重大性,就是投资者是受益人,公司和参与发行的投资银行、律师事务和会计师事务所为受托人,对受益人负有繁重苛刻的信义义务。这一法律关系可以是法定的,也可以是法院推定的。信托法是以一方的信义义务去救济另一方的权利。我国已经移植了基于衡平法的信托法,从根本上说,需要修改我国《信托法》第2条,将信托行为立法改为信托法关系立法,便于与通行的国际规则接轨。事实上,我国已经有两个判例突破了《信托法》第2条,且为最高人民法院所承认为推定信托。②

2. 通过判决书的说理形成规则

与立法创设规则不同,法官和法院通过各种司法解释和判例创设规则,是根据具体诉讼案情把具体结论一般化,需要详细说理推理,正如2018年最高人民法院《关于加强和规范裁判文书释法说理的指导意见》所要求的:阐明事理、释明法理、讲明情理和讲究文理。这很不同于最高人民法院颁发的1992年判决文书的要求。重大性法律规则的正当性源于公认的说理。

2019年我国参与谈判制定通过的《海牙执行公约》(虽然我国还没有签署承认)序言第一段中的“促进以规则为基础的多边贸易和投资”(Promotion of rules-

---

① 虽然上海金融法院与上海高级金融学院等单位合作进行了金融学知识和宏观政策培训,但其模块和培训内容可加强如下四个方面,以提高培训质量和法官裁判能力:一是要增加财务会计内容,这直接涉及《公司法》众多内容和金融创新的重新理解;二是要将金融法与会计规则、实体产业和金融服务的内在逻辑关系阐释清楚;三是要通过中外判例,将金融法所涉各部门法的冲突与协调及其法理结合起来讲,因为金融法律规则在诸多方面突破了传统民商法;四是增设信托法律规则的培训。因为全球金融服务的法律规则一个统一基础是信托,有一专业名词“financial fiduciary”。由于历史和时代的局限,我国《信托法》对信托规则理解很不到位。

② 具体参见最高人民法院(1998)知终字第8号民事判决书;辽宁省沈阳市中级人民法院(2008)沈中民三终字第1445号判决书。

based multilateral trade and investment)、第二段中的“创设一套统一的核心规则”(the creation of a uniform set of core rules),以及第三段中的全新概念“外国判决的全球流通”(the global circulation of foreign judgments)的引入,都说明上海金融法院通过判决文书说理发展重大性规则需要有国际视野和要求,获得全球承认和流通,因为上海要建设为国际金融中心,中央拟在上海金融法院内设中国法院国际金融司法(上海)中心。

3. 对标伦敦和纽约一流国际金融中心,与有关高校和国际金融中心合作,建设国际金融法律法规和判例数据库,便于类案同判和创新规则。

4. 派遣法官到英美法系国家学习普通法系的金融法,改变一些对法官的考核和晋升制度,激励法官有积极性依据法理探索创设 IPO 信息披露重大性规则。

五、结　　论

金融及其法律制度是一国国际核心竞争力的重要内容。设立科创板是中国公开金融市场增量改革的试验田,上海金融法院集中管辖科创板诉讼纠纷,是配合上海国际金融中心建设和中国高质量发展与转型的重大举措。IPO 为科创板是否成功的前端入口,其入口的重要通道是重大性信息披露。因此,IPO 信息披露的重大性标准的法律规则成为科创板的重要关口。为克服我国《证券法》和行政规章的不足,应鼓励投资者诉讼,司法发展信息披露的重大性标准。

从全球金融史看,国际金融中心作为交易中心都是引领金融创新和法律创新的中心,金融市场是普通法系主导的规则之治。为此,作为科创板的集中管辖法院,为提高司法裁判能力,上海金融法院不仅要求法官从投资者角度学习领会重大性标准内生于新兴产业特质、证券交易和人性的法理,借鉴普通法系精华,还要进行制度建设激励法官创设新的规则。

科创板注册制背景下保荐人的归位尽责[①]

刘学彬[*]

引　　言

为了促进资本市场服务实体经济,我国政府决定推动注册制改革促进金融机构降低融资成本,实现企业在资本市场的自由融资以降低经营成本。[②] 而此次科创板的设立正是注册制改革现行试点的核心举措。2018 年 11 月在上海召开的首届国际进博会上,习近平总书记宣布在上交所进行科创板注册制试点。2019 年 3 月证监会和上交所分别发布了“2 +6”项科创板征求意见稿正式版。[③]

目前,我国在证券市场上股票发行的审核体制为核准制,而证监会是唯一的审核机构。《证券发行上市保荐业务管理办法》(以下简称《保荐管理办法》)规定,公司上市材料需要被证监会设立的发审委进行实质审核之后,符合条件的才具有上市资格。该规定在实践中饱受争议,因为这在实质上混淆了证监会和保荐机构的职责,把证监会相关部门作为公司上市的“信用担保”,代替了保荐机构的作用,而投资者因违规信息披露遭受损失只能追究发行人、上市公司以及保荐人等连带责任,而证监会虽受指责但不用担责。行政监管手段过多运用干扰了

---

① 本文获中国法学会审判理论研究会金融审判理论专业委员会 2019 年学术研讨会三等奖。

* 中央财经大学民商法博士研究生。

② 参见管晓峰:《股票发行注册制与道德风险》,载《财经法学》2016 年第 6 期。

③ 2019 年 3 月 1 日,证监会发布《科创板上市公司持续监管办法(试行)》《科创板首次公开发行股票注册管理办法(试行)》;上交所发布《上海证券交易所科创板股票发行上市审核规则》《上海证券交易所科创板股票上市委员会管理办法》《上海证券交易所科技创新咨询委员会工作规则》《上海证券交易所科创板股票发行与承销实施办法》《上海证券交易所科创板股票上市规则》《上海证券交易所科创板股票交易特别规定》。

市场机制发挥作用,导致保荐人的法律地位定位不清晰,难以有效履行资本市场"看门人"的职责。而包括保荐人在内的中介机构只是将自己的角色定位于通过开展业务协助发行人处理审批相关事宜,促使了双方在利益具有一致性。为了最终顺利实现上市,中介机构往往并不会勤勉尽责地核验发行人的相关材料和督导发行人信息披露,①本应承担推荐和担保功能的保荐人并未发挥实质性作用。除此之外,因为保荐人法律责任追究的相关规定并不完善,违法成本较低导致保荐人和发行人"合谋"欺诈投资者的情况屡屡出现。

在上交所试点科创板注册制,相较核准制而言,是对政府与市场关系的重新调整。随着证监会将股票发行审核的权力下移到上交所,资本市场的自我调节机制可以更加充分地发挥作用,进一步推进资本市场的证券发行和上市法治化和市场化进程。根据科创板注册制相关规则,证监会要淡化事先监督,注重监督上交所在审核内容与程序是否规范以及发行人是否符合发行条件和信息披露方面要求。② 上交所以发行人和中介机构提供的上市文件为基础进行上市审核。中介机构对上市文件进行审核,进行第一道把关,而保荐人充当首要把关者,在推荐发行人上市、辅导以及持续督导等方面发挥重要作用。③ 注册制改革对股票发行进行形式性审查,在"宽进"背景下,保荐人可以获得更多开展保荐业务机会的同时也要承担更多的责任。因此,本文通过对目前科创板注册制关于保荐人的相关规则,明确目前我国保荐制度存在的问题,借鉴我国香港特别行政区和美国证券市场的先进做法和经验,再结合我国证券市场的实际情况,在对保荐人与发行人"委托—代理"关系的重构及与其他中介机构关系的厘清基础上建立健全保荐制度相关配套措施以保护投资者,促进科创板与注册制的良性发展。

---

① 参见夏东霞、范晓:《科创板注册制背景下对中介机构"看门人"角色的再思考》,载《财经法学》2019 年第 3 期。

② 《科创板首次公开发行股票注册管理办法(试行)》第 23 条规定:中国证监会收到交易所报送的审核意见、发行人注册申请文件及相关审核资料后,履行发行注册程序。发行注册主要关注交易所发行上市审核内容有无遗漏,审核程序是否符合规定,以及发行人在发行条件和信息披露要求的重大方面是否符合相关规定。中国证监会认为存在需要进一步说明或者落实事项的,可以要求交易所进一步问询。中国证监会认为交易所对影响发行条件的重大事项未予关注或者交易所的审核意见依据明显不充分的,可以退回交易所补充审核。交易所补充审核后,同意发行人股票公开发行并上市的,重新向中国证监会报送审核意见及相关资料,本办法第 24 条规定的注册期限重新计算。

③ 参见邓磊:《论核准下保荐人地位的重构与法律规制》,载《法治研究》2013 年第 1 期。

一、科创板注册制保荐人规定及问题

英国1995年在伦敦交易所设立了另类投资市场(London's Alternative Investment Market, AIM)并且采用了保荐制度。① AIM市场上的保荐人(Sponsor)由投资银行、律师或会计师事务所担任,对发行人的整个交易期间进行监督。我国香港特别行政区效仿英国在1999年新设的创业板市场(Growth Enterprise Market,GEM)采用保荐制度。之后香港特别行政区于2003年进一步扩大保荐制度的适用范围,在主板市场中也予以采用。我国证监会于2003年年末公布关于设立保荐制度的部门规章,②两年后,得到《证券法》的正式承认。

在我国,保荐制度是具有资格的保荐人推荐符合条件公司上市或证券公开发行,并且对拟上市公司进行持续性训示、督导、辅导、指导,为其提供信用担保。我国主板市场和创业板市场都采用保荐制度来保障证券的上市和公开发行。③科创板注册制以信息披露为核心,准确定位政府与市场的角色,形成政府管披露,券商管定价,信息披露的真实性把关由审核部门过渡到中介机构,保荐人作为科创板市场的"第一看门人",在承担保荐业务的同时也需要维护证券市场的秩序。自2019年1月30日以来,证监会和上海交易所公布了多项科创板与注册制的相关规定,其中更是对保荐制度的规制在原来的基础上进行了创新。④

(一)相关内容评析

1. 设立了"保荐+跟投"机制

为了促进保荐机构尽职履责,根据《上海证券交易所科创板股票发行与承销

---

① 参见郭雳:《证券市场中介机构的法律职责配置》,载《南京农业大学学报》(社会科学版)2011年第1期。

② 《证券发行上市保荐制度暂行办法》于2003年10月9日中国证券监督管理委员会第49次主席办公会议审议通过,于2003年12月28日证监会颁布,自2004年2月1日起施行。

③ 参见叶林:《证券法》(第4版),中国人民大学出版社2013年版,第129页。

④ 根据证监会发布的《科创板首次公开发布股票注册管理办法(试行)》《关于在上海证券交易所设立科创板并试点注册制的实施意见》等部门规章以及上海证券交易所发布《上海证券交易所科创板股票上市规则》《上海证券交易所科创板股票发行上市审核规则》《上海证券交易所科创板股票发行与承销实施办法》《上海证券交易所股票发行与承销实施业务指引》等行业规定,结合科创板注册制的要求对保荐制度进行了全新规定。

业务指引》(以下简称《科创板股票发行与承销办法》)规定,在科创板设立保荐机构相关子公司跟投,构建资本约束机制。为了打破发行人和主承销商之间的利益捆绑,推动中介机构谨慎定价和保荐,保荐机构设立的或控制该保荐机构券商设立的子公司在跟投中使用自有资金,应事先与发行人签署配套协议,按照根据发行人首次公开发行股票的规模2% ~5%区间内按发行规模分档设定跟投股份比例,并规定单个项目的跟投金额上限。① 在坚持风险收益匹配、统筹协调原则的基础上,设立一定程度的"弹性"跟投规模,有利于平衡资本约束力、保荐机构承受力和科创板健康发展需要之间的关系。

除此之外,在发行人首次公开发行中保荐机构相关子公司配售获得的股份还有一定的限售期,为自发行人首次公开发行并上市之日起24个月,期限长于除控股股东、实际控制人(36个月)之外的其他发行前股东(12个月)所持股份,这有利于股份被较为平缓地减持,推动科创板市场的稳定、可持续发展。

2. 通过托管股东持有的首发前股份对其减持监管

根据《科创板股票发行与承销办法》第60条规定,保荐机构在为发行人在科创板首次公开发行股票提供保荐服务的同时还可以对发行人的股东首发前股份进行托管,以便对其有效监督,避免发行人的大股东大幅度坚持首次前股份而引起股价波动,以致损害其他股东权益。

3. 延长持续督导期

正因为科创板作为新兴市场,市场波动较大,极易引发风险,为增强投资投资者信心,且针对部分上市公司业绩存在的"一年优,二年平,三年ST"现象,《上海证券交易所科创板股票上市规则》(以下简称《科创板上市规则》)对保荐机构持续对首次公开股票进行督导的期限进行了规定,即在科创板上市延续了在创业板上市的规定,均比主板多出1个完整会计年度,包括上市当年剩余时间和之

① 《科创板股票发行与承销办法》第18条规定:"参与配售的保荐机构相关子公司应当事先与发行人签署配售协议,承诺按照股票发行价格认购发行人首次公开发行股票数量2%至5%的股票,具体比例根据发行人首次公开发行股票的规模分档确定:(一)发行规模不足10亿元的,跟投比例为5%,但不超过人民币4000万元;(二)发行规模10亿元以上、不足20亿元的,跟投比例为4%,但不超过人民币6000万元;(三)发行规模20亿元以上、不足50亿元的,跟投比例为3%,但不超过人民币1亿元;(四)发行规模50亿元以上的,跟投比例为2%,但不超过人民币10亿元。

后3个完整会计年度。[①] 并且在原则上保荐机构不得变更。[②] 而上市公司通过发行股份实施再融资或重大资产重组的,提供服务的保荐机构或财务顾问应当履行剩余期限的持续督导职责。

4. 加强对重大异常情况的督导

科创板的相关规则加强了保荐人对上市审核或者发行注册程序时重大异常情况的督导。根据《科创板首次公开发行股票注册管理办法(试行)》(以下简称《科创板股票注册办法》)之规定,在科创板申请上市过程中,保荐人应当持续履行尽职调查责任,一旦发生重大事项,保荐人负有及时报告交易所的义务,并按规定完成更新注册申请文件和信息披露资料的相关工作。当相关主体存在涉嫌违法违规情形的,保荐人应当及时书面报告交易所或者证监会,由其中止相应上市程序。[③]

《科创板上市规则》还规定保荐机构要持续关注上市公司运作、日常经营股票交易情况,以便有效识别并督促上市公司披露重大风险与负面事项,在必要时

---

① 《保荐管理办法》第36条规定:首次公开发行股票并在主板上市的,持续督导的期间为证券上市当年剩余时间及其后2个完整会计年度;主板上市公司发行新股、可转换公司债券的,持续督导的期间为证券上市当年剩余时间及其后1个完整会计年度。首次公开发行股票并在创业板、科创版上市的,持续督导的期间为证券上市当年剩余时间及其后3个完整会计年度;创业板、科创版上市公司发行新股、可转换公司债券的,持续督导的期间为证券上市当年剩余时间及其后2个完整会计年度。

② 《保荐管理办法》第44条规定:刊登证券发行募集文件以后直至持续督导工作结束,保荐机构和发行人不得终止保荐协议,但存在合理理由的情形除外。发行人因再次申请发行证券另行聘请保荐机构、保荐机构被中国证监会撤销保荐机构资格的,应当终止保荐协议。终止保荐协议的,保荐机构和发行人应当自终止之日起5个工作日内向中国证监会、证券交易所报告,说明原因。

③ 《科创板股票注册办法》第30条规定:"存在下列情形之一的,发行人、保荐人应当及时书面报告交易所或者中国证监会,交易所或者中国证监会应当中止相应发行上市审核程序或者发行注册程序:(一)相关主体涉嫌违反本办法第十三条第二款规定,被立案调查或者被司法机关侦查,尚未结案;(二)发行人的保荐人,以及律师事务所、会计师事务所等证券服务机构因首次公开发行股票、上市公司证券发行、并购重组业务涉嫌违法违规,或者其他业务涉嫌违法违规且对市场有重大影响被中国证监会立案调查,或者被司法机关侦查,尚未结案;(三)发行人的签字保荐代表人,以及签字律师、签字会计师等证券服务机构签字人员因首次公开发行股票、上市公司证券发行、并购重组业务涉嫌违法违规,或者其他业务涉嫌违法违规且对市场有重大影响被中国证监会立案调查,或者被司法机关侦查,尚未结案;(四)发行人的保荐人,以及律师事务所、会计师事务所等证券服务机构被中国证监会依法采取限制业务活动、责令停业整顿、指定其他机构托管、接管等监管措施,或者被交易所实施一定期限内不接受其出具的相关文件的纪律处分,尚未解除……"

可以专项现场核查并出具报告予以披露。①

5. 落实以信息披露为中心

(1)对差异化表决发表专业意见

为避免科创公司的创始人或管理层因股权被过度稀释而丧失对公司的控制,同时又保障科创公司能够公开发行股份吸引资金,《科创板股票注册办法》等相关规则,设立了表决权差异安排。存在特别表决权股份的公司在资本结构上存在两种及以上不同投票权的股权,又名双层股权架构(Dual-class share structure)。为保障非控制股东的合法权益,需要加强对拥有特别表决权股份科创公司的内外监督。

《科创板股票注册办法》第41条规定,保荐人要对拟在科创板上市的存在双层股权架构公司的章程中关于双层股权架构的相关规定是否合法发表专业意见,这其中包括持有特别表决权股东的资格、特别表决权股份的数量和比例安排、参与事项范围、锁定安排及其转让限制等事项。

(2)注重对新增行业信息和经营风险的披露

《科创板股票注册办法》第42条规定,保荐人要对发行人在招股说明书中披露首发前核心技术人员和尚未盈利发行人内部的相关责任主体锁定期安排发表专业意见。

科技创新类的公司与传统的公司相比,更加注重科技研发的成果,而核心的科学技术和研发能力往往掌握在科创公司核心技术人员手中,因此保荐人应把握科创公司的运行特点,对其核心技术人员持有股份锁定期进行监督,保障科创企业的长远发展。科创板IPO淡化盈利要求,要加强保荐人对实际控制人及其董监高等相关责任主体的持有股份锁定期的监督,有利于保护中小股东的权益。

(3)针对上市标准把关

为了吸引更多优质科创公司上市,科创板注册的相关规则设立多套上市标准供发行人进行选择,保荐机构要为其提供专业指导,帮助发行人选择更为适当

---

① 《科创板上市规则》第3.2.13条规定:"上市公司出现下列情形之一的,保荐机构、保荐代表人应当自知道或者应当知道之日起15日内进行专项现场核查:(一)存在重大财务造假嫌疑;(二)控股股东、实际控制人、董事、监事或者高级管理人员涉嫌侵占上市公司利益;(三)可能存在重大违规担保;(四)资金往来或者现金流存在重大异常;(五)本所或者保荐机构认为应当进行现场核查的其他事项。"

的上市标准,并在保荐书中释明理由。一旦发行人变更上市标准,保荐机构还要对其进行核查,并对发行人盈利亏损发表意见。

6. 强化保荐人责任担当

科创板上市审核要以信息披露为核心,发行人虽然是信息披露的"第一责任人",但保荐人要对其履行严格把关的职责,确保其上市申请文件的真实、准确及完整,为投资者决策提供高质量并且充分的信息,并对此承担相应的法律责任。

此次科创板注册制试点,不仅是对上市的审核权力由证监会转移到交易所,而且对保荐人在内的中介机构违法违规行为的惩戒权也赋予了交易所。保荐机构一旦违法违规,上交所不仅可以对其进行通报批评,还可以根据情节严重程度暂停或撤销其资格,还可要求保荐机构更换相应负责人。①

除此之外,上交所还可在科创板对保荐机构等中介机构"冷淡惩罚",在一定时期内不接受保荐机构或保荐代表人等相关责任主体提交的申请文件或信息披露文件,促使保荐机构和保荐代表人等提升自身业务和职业道德水平,履行信息披露监督职责。

(二)问题的提出

科创板注册制试点改革的核心是信息披露,保荐人要转变自身定位,应立足

---

① 《保荐管理办法》第67条规定:"保荐机构出现下列情形之一的,中国证监会可以视情节轻重,暂停保荐业务资格3个月到36个月,并可以责令保荐机构更换董事、监事、高级管理人员或者限制其权利;情节特别严重的,撤销其保荐业务资格:(一)向中国证监会、证券交易所提交的与保荐工作相关的文件存在虚假记载、误导性陈述或者重大遗漏;(二)重大事项未报告、未披露;(三)内部控制制度存在重大缺陷或者未有效执行;(四)尽职调查制度、内部核查制度、持续督导制度、保荐工作底稿制度等保荐业务制度存在重大缺陷或者未有效执行;(五)廉洁从业管理内控体系、反洗钱制度存在重大缺陷或者未有效执行;(六)保荐工作底稿存在虚假记载、误导性陈述或者重大遗漏;(七)唆使、协助或者参与发行人及证券服务机构提供存在虚假记载、误导性陈述或者重大遗漏的文件;(八)唆使、协助或者参与发行人干扰中国证监会及其发行审核委员会、证券交易所及其上市委员会的审核工作;(九)通过从事保荐业务谋取不正当利益;(十)伪造或者变造签字、盖章;(十一)严重违反诚实守信、勤勉尽责义务的其他情形。"第68条规定:"保荐代表人出现下列情形之一的,中国证监会可以根据情节轻重,在3个月到36个月内不受理相关保荐代表人具体负责的推荐;情节特别严重的,采取认定为不适当人选的监管措施:(一)尽职调查工作日志缺失或者遗漏、隐瞒重要问题;(二)未完成或者未参加辅导工作;(三)重大事项未报告、未披露;(四)未参加持续督导工作,或者持续督导工作未勤勉尽责;(五)因保荐业务或其具体负责保荐工作的发行人在保荐期间内受到证券交易所、中国证券业协会公开谴责;(六)唆使、协助或者参与发行人干扰中国证监会及其发行审核委员会、证券交易所及其上市委员会的审核工作;(七)伪造或者变造签字、盖章;(八)严重违反诚实守信、勤勉尽责义务的其他情形。"

于对发行人上市审核进行严格把关而非仅仅为其顺利实现上市。因此,证监会和上交所结合科创板注册制特点出台了一系列与保荐人相关的规定,意在弥补传统保荐制度的不足,确保为科创板企业上市和投资者获得高质量且充分的信息保驾护航。但是目前的规定仍有缺憾,一些深层次问题尚未解决。例如,包括保荐人在内的中介机构与发行人之间的委托关系需要重构,保荐人与其他中介机构之间的关系尚需厘清,以及在科创板注册制背景下如何构建保荐制度相关配套措施以有效保护投资者的合法权益等问题还需进一步探讨。

二、"委托—代理"关系的重构

(一)现状

保荐人在内的中介机构被立法者定位为资本市场的"看门人",其履责职责就是为了维护投资者的合法权益,但在我国资本市场中其定位和职责与设立初衷出现了偏离,甚至屡屡出现违背诚信与声誉的行为,其根本原因在于法律规定的保荐制度不合理。根据我国《证券法》等法律法规规定,发行人自主决定聘请保荐人等中介机构并向其支付报酬。如此制度安排,保荐人等中介机构作为被委托人必然会从作为委托人的发行人角度出发,为其实现顺利上市服务,并不会为了投资者的利益而勤勉尽责。2018 年,131 家证券公司保荐业务净收入在营业收入中仅占 9.71%,①但发行人往往因为保荐业务成为中介机构其他业务的客户,特别是随着科创板注册制"保荐 + 跟投"制度的设立,保荐机构为了其相关子公司的业务往往不敢"得罪"发行人。

除此之外,保荐人等中介机构在科创板注册试点改革下的地位和功能显著提升,因为公司在科创板上市不再受到证监会的实质审核,虽然与核准制相比,其上市难度减少,但证监会对其的信用保障也将丧失,科创板的投资者只能依赖对发行人上市文件进行第一道把关的中介机构,保荐机构等中介机构对发行人上市进行专业指导和监督信息披露成为投资者决策的保障。如果以"保荐机构"为核心的中介机构为了维护在自身利益"顺从"客户,与发行人"合谋"欺诈投资

---

① 参见罗晗:《五大业务收入均下滑证券行业 2018 年实现净利润 666.2 亿元》,载东方财富网:http://finance.eastmoney.com/a/201901291036031698.html,最后访问日期:2019 年 6 月 14 日。

者,那么投资者利益会受到更大损失,因此更加有必要重构发行人与保荐人等中介机构之间的关系。

发行人与保荐人等中介机构之间的关系的矛盾核心在于彼此之间具有利益冲突。[①] 如果要重构“委托—代理”关系,一是选择适当的委托人,二是如何选任保荐人等中介机构。

(二)选择适当的委托人

如何寻找适当的主体作为委托人意义重大,这既涉及选任作为被委托人一方的保荐人等中介机构权力和程序,又涉及保荐费用等报酬的给付。目前结合各种实务和理论观点,有三类主体因为与保荐人等中介机构在利益上具有一致性,可以替代发行人作为委托人选任保荐人等中介机构:第一类主体为投资者或代表其利益的专业组织,如证券投资者保护基金公司;第二类主体为证券交易所;第三类主体为证监会。

投资者在进行决策时要以保荐人等中介机构审核之后的发行人申请上市文件作为依据,保荐人等中介机构尽责履职才能确保信息披露的质量,正是投资者对保荐人等中介机构的依赖会促使其作为委托人谨慎选任保荐人等中介机构。但不可否认,在我国资本市场的投资者虽然数量众多但力量分散,难以在达成一致的基础上集体行动,所以代表投资者利益的专业组织更适合作为委托人。

证交所和证监会作为相关法律法规授权的组织,有权对证券违法行为进行处罚和监督,故两者具备相应的行政管理职能,应视为行政机构。虽然本身地位都具有中立性,但是证交所和证监一旦作为委托人选任中介机构,可能因地位和职能的特殊性出现一些问题:其一,证交所或证监会一旦作为委托人选任保荐人等中介机构,如科创板注册制改革,一定程度上促进了公司上市的“宽进”,会增加部分地方政府利用国企上市的方式筹集资金的可能;其二,科创板注册制改革的本意正是让“市场的归市场,政府的归政府”,淡化行政权力,而证交所或证监会一旦作为委托人,这实质上是用行政指定代替市场竞争,这给行政监督过度干预市场造成了新的回归,也可能会给“权力寻租”创造新的机会;其三,证交所或

① 参见刘志云、史欣媛:《论证券市场中介机构“看门人”角色的理性归位》,载《现代法学》2017年第4期。

证监会如果因作为委托人给投资者造成损失的过程中具有过错责任,往往因为其特殊地位,投资者难以获得赔偿。因此,证交所和证监会并不适宜担任委托人选任保荐人等中介机构。

(三)被委托人的重构

1. 保荐费用的公开与透明

目前,保荐人的保荐费用是发行人与保荐人商定之后,由发行人支付的,为了最大限度地实现自身利益,保荐人极有可能与发行人采取一致行动。因此,为确保保荐人履行尽职调查职责,可以借鉴我国香港特别行政区证监会的做法,实现保荐费用的公开化和透明化,保荐费用的相关事项要在委托书和上市文件中进行披露。

同时,各个阶段的保荐费用应根据期限届满时保荐人的工作量按比例支付,不应与最后是否成功上市相联系,同时保荐业务的费用要独立于其他服务,如证券包销合同中规定的累计投标①等。②

2. 选任程序的重构

为了公正选任保荐人,有必要在选任保荐人的程序进行限定,可以采取委托人一方通过保荐人协会或者证券交易所作为招标的中介机构进行主持和组织招投标程序,保荐人通过竞标实现胜出,实现保荐人选任市场规范化。

三、保荐人与其他中介机构关系的厘清

(一)现状

我国《证券法》《保荐管理办法》等法律法规仅是规定保荐人等中介机构要

---

① 累计投标询价是指如果投资者的有效申购总量大于本次股票发行量,但超额认购倍数小于5倍时,以询价下限为发行价;如果超额认购倍数大于5倍时,则从申购价格最高的有效申购开始逐笔向下累计计算,直至超额认购倍数首次超过5倍为止,以此时的价格为发行价。

② 参见香港证券及期货事务监察委员会:《有关监管首次公开招股保荐人的咨询总结》,载香港证监会官网:http://www.sfc.hk/edistrbutionWeb/gateway/TC/consultation/conclusion? refNo = 12CPA,最后访问日期:2019年6月14日。

对信息披露违规承担连带责任,适用过错推定责任。① 但目前包括最新设立的科创板注册制相关规则在内的法律法规,并未对保荐人和其他中介机构的责任进行分担。

虽然我国内地为了充分保障投资者利益效仿香港特别行政区实行“保荐人牵头责任”,并且构建了保荐人先行赔偿制度,但在信息披露为核心的科创板注册制背景下,资本的市场化和法治化进一步推进,以保荐人为核心的中介机构要承担更为直接和沉重的责任。在保荐人和其他中介机构之间责任分担尚未明确的情况下,若一味强调保荐人的责任,只会造成保荐人与其他连带责任者之间的过错与责任不匹配。只有明确各中介机构功能分工与义务注意标准,才能进一步明确保荐机构与中介机构之间连带责任下的责任分配与免责事由。

(二)明确职能分工

根据《科创板股票注册办法》和《保荐管理办法》的相关规定,保荐人要全面审查上市文件和信息披露资料,并且调查和复核其他中介机构的专业意见,所以保荐人因职责具有综合性所以承担了较大范围的法律责任。在此有必要讨论保荐人是否要对其他中介机构专业意见进行实质性审核,这关系保荐人职责的泛化以及法律责任的承担问题。一旦保荐人对其他中介机构专业意见进行实质性审核,就会要求保荐人承担其他中介机构的职责,在功能上重叠。除此之外,若保荐人对其他中介机构的专业意见进行实质性审查,因其所处专业领域不同导致而存在水平差异,可能会对其他中介机构独立的专业判断产生负面影响。所以保荐人对其他中介机构的专业意见应进行形式审查,侧重对考察公司上市过程中的资质和诚信状况,以本机构所掌握相关信息与之报告进行核验是否合理、有效,为具有合理理由相信中介机构提供的专业意见提供补充性担保。在中介机构共同侵害投资者权益时,由于各个中介机构出具的文件具有法律效力,按照过错承担责任,保荐人只要尽到合理审查义务时就可避免承担赔偿投资者损失的连带责任。

---

① 2014年《证券法》第69条规定:发行人、上市公司公告的招股说明书、公司债券募集办法、财务会计报告、上市报告文件、年度报告、中期报告、临时报告以及其他信息披露资料,有虚假记载、误导性陈述或者重大遗漏,致使投资者在证券交易中遭受损失的,发行人、上市公司应当承担赔偿责任;发行人、上市公司的董事、监事、高级管理人员和其他直接责任人员以及保荐人、承销的证券公司,应当与发行人、上市公司承担连带赔偿责任,但是能够证明自己没有过错的除外;发行人、上市公司的控股股东、实际控制人有过错的,应当与发行人、上市公司承担连带赔偿责任。

(三)明确义务注意标准

各中介机构注意义务标准在以往法律规定中没有明确规定,在实践中也存在争议。目前科创板注册制的相关规定虽然提及但没明确解释“审慎核查”“一般注意义务”“特别注意义务”之间的界限。这可能会导致保荐人不加审查地直接引用其他中介机构的专业意见,以及出现各个中介机构互相担保的问题。如何进行明确,笔者在下文结合责任分配进行讨论。

(四)连带责任下的分责与免责

1. 责任分配

保荐人等中介机构,一方面,要充分履行其职能,独立地发表专业意见;另一方面,履行职能时要尽到特别注意义务。我国香港特别行政区《有关监管保荐人的咨询文件》规定保荐人不可过度依赖专家意见,应在批判性接受专家意见的基础上形成合理做法,而在依赖非专家第三方进行尽职调查时,保荐人应不可推卸地承担相应责任。值得注意的是,我国香港特别行政区以保荐人同行认可客观适当的方式来尽职调查,而非采用事后标准。① 除此之外,保荐人是否达到注意义务标准,还应当借鉴证监会在实践中判定方法,查明保荐人还要履行必要的审查验证程序。

而当保荐人对其他中介机构出具的专业意见,应尽一般注意义务,以自身掌握情况对其审慎核查。

在要因信息披露违法违规而造成投资者损失的相关主体承担民事责任时,不可过度适用连带责任,有必要对其限缩,可以借鉴美国《私人证券诉讼改革法》(Private Securities Litigation Reform Act, PSLRA)之规定,被告根据其过错在全体被告过错中的份额比例承担相应的法律责任。②

因此,保荐人与其他中介机构在没有充分履行其职能或未达到其应尽的注

---

① 参见香港证券及期货事务监察委员会:《有关监管保荐人的咨询文件》,载香港证监会官网:http://www.sfc.hk/edistrbutionWeb/gateway/TC/consultation/OpenFile? refNo = 12CP1,最后访问日期:2019 年 6 月 14 日。

② 参见[美]莱瑞·D. 索德奎斯特:《美国证券法解读》,胡轩之、张云辉译,法律出版社 2004 年版,第 314 页。

意义务标准时,要按各自的过错所占比例与其他责任者分配责任,避免单纯加大保荐机构的责任承担。①

2. 免责事由

应尽的注意义务标准在实践中既被证监会作为审查标准,又被保荐人等中介机构作为免责事由进行抗辩。② 因此,为保荐人等中介机构有必要设立一定的免责事由,防止连带责任的过度适用。虽然美国没有采用保荐人制度,但其设立发行人以外的人抗辩事由仍然具有参考价值。

美国《1933年证券法》第11(b)条规定抗辩事由包括辞职、不知情和应有谨慎。③ 除此之外,判例法中还包括"滑动责任标准"(或称"区别对待标准",sliding scale of liability)④和"信赖专家抗辩"(reliance on experts)。⑤

可以借鉴美国相关法律设立的发行人以外的人抗辩事由,笔者在此对保荐人免责事由提出五点建议:第一点,保荐人等中介机构在其专业意见书生效或发表之前,保荐人已经辞职,书面声明或以实际行动表面不继续履行职责;第二点,保荐人之前对违法信息披露不知情,但在知情后立刻上报证交所或证监会并公告其不知情行为;第三点,保荐人对非专家类报告的引用表明了其合理性,并且经过调查和核实;第四点,针对专业人士和非专业人士认知水平的差异设立不同的文件注意标

---

① 参见刘燕:《会计师民事责任研究:公众利益与职业利益的平衡》,北京大学出版社2004年版,第248页。

② 例如,在万福生科案件中,证监会认为平安证券"所出具的发行保荐书等文件中的财务数据,系直接引自万福生科经审计的财务报告,而非由其在获得充分证据基础上进行独立判断"。而平安证券认为,其"引用会计师事务所等中介机构专业意见符合法律规定,同时平安证券已针对万福生科业务特点,履行相关核查工作,不是未经核查的直接引用",已经履行了审慎核查的义务。目前,合理审查分别由证监会和保荐人作为处罚理由和抗辩事由,但是两者依据不同的注意义务标准,得出的结论相反。参见《中国证监会行政处罚决定书(平安证券有限责任公司、吴某某、何某等7名责任人)》(〔2013〕48号)。

③ 辞职抗辩,在注册登记表不实陈述生效之前已辞去相关职务或拒绝从事相关行为或以书面形式通知发行人,说明其已采取了相关行动且将不会对注册登记表中的相关部分承担责任;不知情抗辩,即对注册登记表的不实陈述生效并不知情,在知情后立即采取了通知委员会、合理公告声明对其不知情的行动;应有谨慎抗辩,对于非专家报告以及不是根据权威性的公开官方文件编制的部分,可以说明其经过合理的调查,有合理依据相信且确信在注册登记表该部分生效时其中的陈述是真实的。

④ 美国法院尝试在签署登记注册文件的内部人和外部人之间划出一条界限,最高的注意标准适用于签署登记注册表的内部人,外部人根据专业知识不同被分解到不同的注意标准中。

⑤ 信赖专家抗辩,对于依据专家报告而准备的部分或本人作为专家而准备或摘录的部分,可以说明经过合理的调查,有合理的依据相信且确实相信在注册登记表该部分生效时,其中的陈述是真实的,且没有漏报所要求陈述的重大事实。参见黄振中:《美国证券法上的民事责任与民事诉讼》,法律出版社2003年版,第122页。

准;第五点,保荐人对依据的专家报告进行了合理的调查与核实确保其真实性。

四、建立健全保荐的相关配套制度以保护投资者

(一)声誉评价制度的构建

发行人和投资者在证券市场因其所处的地位不同导致各自掌握的信息量不对等,所以投资者需要从声誉和专业水平来判断保荐人等中介机构,并从其出具的专业意见书中为投资获取有价值的信息,确定公司在上市的过程中的股票价格基本符合其真正的市场价值。因此,以"保荐机构"为核心的中介机构需要勤勉尽责以建立良好的声誉来吸引发行人和投资者。

而在我国部分中介机构不顾声誉盲目追求眼前利益。根据Wind数据,2018年成功上市的105家企业共由45家保荐承销机构所承揽,其中前12名的保荐业务数量之和就已占全部的63.47%。[①] 但在近些年证监会关于包括保荐人在内的中介机构IPO违法处罚中,有将近一半是涉及保荐业务排名靠前的券商。[②] 由此可见,部分保荐人虽在我国证券市场保荐业务份额占有重要比重但仍会有违法行为。在科创板注册制背景下,证监会权力"后置",不再对公司上市进行实质审核,投资者与市场直接对接,由投资者进行判断,自担风险,所以投资者会更加依赖以保荐人为核心的中介机构,一旦保荐人涉嫌违法信息披露,投资者将遭受更大的损失。

因此,需要构建为投资者提供了解中介机构声誉的有效渠道。只有当投资者及时观察到中介机构的不诚实行为,才能及时选择值得信任的中介机构,声誉机制才能发挥作用。笔者在此提出三点建议:

第一,以证监会2012年7月发布的《证券期货市场诚信监督管理暂行办法》建立的全国统一证券期货市场诚信档案数据库为依托,记录保荐人等中介机构证券期货市场诚信信息,特别是要关注其失信情况,以供投资者作为个人申请查询。形成倒逼机制加强保荐机构等中介机构的声誉建设,促使高声誉的中介机

---

① 参见大象IPO:《2018年IPO保荐机构综合实力排名出炉!》,载网易号网:http://dy.163.com/v2/article/detail/E8IP889S0518IH6H.html,最后访问日期:2019年6月14日。

② 在2011~2016年证监会公布的有关证券市场中介机构IPO违法违规的行政处罚决定书中,涉及证券公司的案子有9起,其中有4起案子中违法违规的证券公司系IPO保荐业务数量排名前15的证券公司。参见刘志云、史欣媛:《论证券市场中介机构"看门人"角色的理性归位》,载《现代法学》2017年第4期。

构在市场竞争中优脱颖而出。

第二,在招股说明书、保荐书等专业意见中对保荐机构等中介机构的声誉信息状况进行披露,以便加强对保荐人等中介机构的监督。

第三,在从事保荐承销等业务时,证券公司应当建立本公司信息公布平台或查询通道,确保投资者作为其客户能够查询为其提供服务的证券公司声誉信息。

(二)先行赔付制度

我国于2015年年底开始建立新型赔付制度,①由承担民事赔偿连带责任的保荐人先于行政处罚或司法裁判赔偿投资者的损失,再向其他责任者追偿。②

针对科创板注册制背景下的保荐人先行赔付制度实施细则还需要进一步明确:

1. 因为科创板上市的公司不再对持续盈利能力在严格要求,所以发行人、控股股东以及其他公司的相关责任人可能缺乏偿付能力,在此情形下,可规定保荐人具有一定财产资质并且作为第一顺位的责任人先行赔偿,这样会促使保荐人落实保荐责任,遏制其违法信息披露行为,强化投资者保护。

2. 保荐人进行先赔付虽然在行政处罚和司法裁判之前,但仍需设立一定前提,需在发行人自认有虚假陈述等违法违规行为或证监会启动调查程序对事实结果的认定已初步有一定结论之后。

3. 完善先行赔付制度相关配套措施。明确保荐人先行赔付的启动程序和赔偿方案等具体实施细则,先行赔付的资金可先存放于投资者保护基金保管。

(三)投资者诉讼制度讨论

借鉴美国退出制证券集团诉讼应对我国证券市场发生的大规模侵权行为,促使发行人和保荐人在内中介机构等市场主体遏制自身违法行为,充分评估可能带来的巨大法律风险。特别是在科创板注册制下,证监会不再对公司上市进

---

① 2015年12月30日,证监会发布《公开发行证券的公司信息披露内容与格式准则第1号——招股说明书》第18条规定:保荐人承诺因其为发行人首次公开发行股票制作、出具的文件有虚假记载、误导性陈述或者重大遗漏,给投资者造成损失的,将先行赔偿投资者损失,由此确立了保荐人先行赔付制度。随后《股票公开发行并上市注册管理办法》《保荐管理办法》等也对先行赔付做了原则性规定。

② 参见陈洁:《证券市场先期赔付制度的引入与适用》,载《法律适用》2015年第8期。

行实质审核，保荐人等中介机构一旦与发行人“合谋”欺诈投资者，极易引发大规模侵权，加上我国证券市场的投资者多为散户，力量分散，因此需要完善证券诉讼制度。对此，既要吸取以美国为首的发达国家和地区证券集团诉讼的先进经验，又要结合我国的实践需要和现实国情。

由上海金融法院统一管辖证券集团诉讼案件，建立高水平的审理证券案件的法官队伍，有效保障司法独立，克服地方保护主义，提高效率。

充分利用上海金融法院毗邻上海交易所的优势，利用证交所的电子信息系统完成证券集团诉讼案件的程序，如送达、赔偿等。

从案件审判、和解与权利实现3个角度构建其证券集团诉讼制度。美国《私人证券诉讼改革法》规定，以要选取首席被告。法庭通常以所购股份总数、所购股份净数、花费的净资金、净损失四个客观因素作为选任的主要标准。[①] 法院会对首席律师的选择程序、律师费的构成以及律师在相关领域的诉讼经验和义务资源等方面审查之后批准首席原告雇用首席律师。美国证券集团诉讼绝大多数以和解结案，如果诉讼漫长且败诉，原告律师也要承担诉讼之痛，但如果和解，就可从和解赔偿金获得可观的报酬。

(四)完善保荐人法律责任与司法配套措施

目前，造成保荐人等中介机构在证券市场屡屡出现违法行为的原因之一在于我国法律对其违法的法律责任追究手段单一，主要依靠行政处罚，并且处罚力度过轻，违法成本过低。[②] 在科创板试点注册制的目的之一就是防止行政监管过度干预资本市场，推进其市场化进行，而市场化的保障是法治化，因此有必要完善保荐人等中介机构的法律责任与司法配套措施，改变目前困局。

1. 加大行政、刑事处罚力度

根据我国《证券法》第192条规定，当保荐人有出具违法披露信息的保荐书等违法行为，处以其业务收入1~5倍的罚款。在科创板上市多为初创成长型的公司，保荐人的保荐费用在总体业务收入比重并不高，券商往往通过保荐业务的开展拓展其他业务的客户，这样的惩罚力度随着社会经济的发展已经不再具备

① 参见章武生：《我国证券集团诉讼的模式选择与制度重构》，载《中国法学》2017年第2期。

② 参见管晓峰、王崇能等：《股票发行注册制下发行人责任规制研究》，载《金融服务法评论》2016年第00期。

有效威慑力,合谋从事造假所取得的收益明显高于违法成本。除此之外,还因未规定保荐人在没有业务收入或业务收入较低的情形下违法如何处罚,形成了法律漏洞。直接负责的主管人员和其他直接责任人员罚款上下限线设定较低,需要提高。

我国《刑法》在设立欺诈发行股票、债权罪和违规披露、不披露重要信息罪等一系列与证券相关的罚金时,与《证券法》规定行政处罚在数量基本一致,与违法披露信息的高额收入无法相提并论,相较于从资本市场获得的巨额融资和《刑法》规定的其他经济财产型犯罪,刑事责任也规定较轻。

2. 落实民事责任与司法配套措施

因为刑法的谦抑性,不宜过度要求保荐人等中介机构承担刑事责任。出现"行重民轻"的责任格局的原因,一方面是因为以往行政手段对证券市场的过度干预,另一方面是法院因缺乏对证券诉讼案件相应的审判能力和诉讼程序。因此,在科创板试点注册制的同时,还应完善对法院审判能力和诉讼程序等司法配套措施。

(1)废除虚假陈述诉讼的前置程序

早在2003年年初,我国就设立了虚假陈述诉讼的前置程序,①这在当时是切合我国法院实际审判能力和诉讼程序的务实做法。② 证监会对证券违法行为的认定有助于法院遏制与证券有关滥诉行为。③

但随着我国证券市场的发展,特别是在上交所设立科创板试点注册制,为保障投资者合法权益,落实包括保荐人在内的相应证券市场参与者民事责任的承担,有必要废除虚假陈述诉讼的前置程序。

(2)深化司法改革

于2018年8月创立的上海金融法院在审理证券诉讼案件具有传统法院无可

① 2003年1月9日,最高人民法院公布《关于审理证券市场因虚假陈述引发的民事赔偿案件的若干规定》第6条第1款规定:"投资人以自己受到虚假陈述侵害为由,依据有关机关的行政处罚决定或者人民法院的刑事裁判文书,对虚假陈述行为人提起的民事赔偿诉讼,符合民事诉讼法第一百零八条规定的,人民法院应当受理。"

② 参见王彦明、吕楠楠:《我国上市公司外部监督论略——以"看门人"机制为分析进路》,载《社会科学战线》2013年第12期。

③ 参见黄辉:《中国证券虚假陈述民事赔偿制度:实证分析与政策建议》,载《证券法苑》2013年第2期。

比拟的审判力量和诉讼程序上的优势，为科创板注册制背景下投资者权益保驾护航开辟了道路。

金融法院以保护投资者合法权益为审判理念，针对证券案件极易出现大规模侵害广大投资者合法权益的特点，注重发挥指导性判例的作用，形成多元纠纷解决机制。与此同时，法院在辅助人和陪审员方面引入专业人士参与到证券诉讼案件的审理之中，提高法院对证券诉讼案件的审判能力。

因为目前在上交所设立科创板试点注册制，所以可以发挥上海金融法院的区位优势，推动其相关纠纷案件的集中管辖，防止地方政府力量的干预。

结　　语

在上海证交所实行科创板注册制，为我国的资本市场发展开启了全新的篇章。在核准制下，证监会的审核责任较重，而科创板注册制以信息披露为核心，保荐人等中介机构作为上市文件的第一道把关者，所以要对其合规要求审查提出更高要求。目前，科创板注册制的保荐机构规范体系，既包括我国现行《证券法》《保荐管理办法》等，又包括科创板注册制特色的规则，针对违法行为强化保荐机构等中介机构的责任担当。特别是在我国实行保荐人牵头的制度设计下，只有促使保荐人归位尽责，才能保护投资者的合法权益，为科创板注册制的发展保驾护航。

第三编　金融审判专业化

金融司法专门化的证成与推进①

鲍彩慧* 王 珊**

一、问题的提出

专门法院(Specialized Court)的建制,是国内外司法领域的一个重要发展趋向。从军事法院,到围绕知识产权、环境保护、海事纠纷、家事审判的专门法院(法庭),司法专门化正在解构、并重构着传统司法运行的体制和机制。在金融司法的场域,上海金融法院的成立表征着金融司法专门化在机构建制的层面得以实现。求诸既往研究可以发现,金融司法的特殊性命题早已得到国内学者的关注,②针对金融司法专门化的命题,学者就独立性金融审判机关的域外经验与中国式构建、③金融司法与金融创新的抑动关系、④金融司法与金融立法、金融监管的机制协调⑤等问题进行了不同程度的展开和描述,认为设立专门的金融司法机关可以制约行政权力、推进金融法治、⑥助力国际金融中心的建设,⑦最高人民法院还出台了《关于为

---

① 本文获中国法学会审判理论研究会金融审判理论专业委员会 2019 年学术研讨会一等奖。

* 华东政法大学经济法学院博士研究生。

** 法学硕士,上海金融法院综合审判二庭法官助理。

② 据可查资料,关于金融司法专门化早在 1996 年即有讨论。参见罗俊扬:《建议建立金融法院》,载《金融经济》1996 年第 10 期。

③ 参见黄韬:《专业性金融审判组织的理论剖析》,载《上海金融》2012 年第 1 期;缪因知:《发达国家金融法院的经验与启示》,载《金融博览》2018 年第 10 期。

④ 参见杨路:《法治化视野下的金融创新与金融审判》,载《中国审判新闻月刊》2013 年第 2 期。

⑤ 参见黄韬:《公共政策法院:中国金融法制变迁的司法维度》,法律出版社 2013 年版,第 50 ~ 55 页。

⑥ 参见朱大旗:《关于金融司法监管的整体思考——以司法推进金融法治为视角》,载《甘肃社会科学》2012 年第 5 期;许可:《以专业化审判促进金融法治建设》,载《人民法院报》2018 年 7 月 5 日,第 5 版。

⑦ 参见冯果:《营造与国际金融中心地位相适应的司法环境》,载《法学》2016 年第 10 期。

设立科创板并试点注册制改革提供司法保障的若干意见》,意图从金融司法的角度为资本市场基础性制度改革安排提供制度支撑。但综合看来,既有研究更多地呈现出一种政策支持导向,这种实用主义的分析路径,并不能回应实践和理论中默哑的质疑:在形式上是否真的有必要设立专门的金融法院?在实质上金融法院与传统法院、传统法院的民商事审判庭之间是否真的分野明显?因此,要想证成金融司法专门化的这一命题,需要通过专门化金融司法机关的形式,从金融法律关系和司法审判方面寻得相应的理论基础支持。在此基础上,对金融司法如何实现专门化的问题作以多维解析,将助力于金融司法专门化实践的展开和推进。

二、问题域:金融案件案由的专门化

与其他领域的司法专门化相同,金融司法专门化是立足于解决金融案件的司法实践,其之所以需要专门化,首先是因为金融案件与其他类型案件的差异,需要设置专门的、相对固定的审判机关,予以区别性对待。因此,金融司法专门化需要以金融案件作为逻辑起点,来证成金融司法专门化的逻辑。

(一)金融案件的特殊性

在当前关于金融司法的案件管辖分工中,根据最高人民法院《关于上海金融法院案件管辖的规定》(法释〔2018〕14号)(以下简称《金融法院管辖规定》),上海金融法院专门管辖"金融民商事案件和涉金融行政案件"。从案件管辖范围和审判分工的历史流变角度看,当前"金融商事案件"的案件范围实际上也就是对商事案件的部分分离,加入了一些涉创新型金融交易的案件纠纷。①

从金融案件的基础法律关系层面考察,即可会发现金融案件与商事案件之间分野明显,金融案件具有其专门化解决的必要。从金融法律关系的内容来看,

---

① 2000年12月《最高人民法院机关内设机构及新设事业单位职能》的印发,使人民法院民事审判庭与商事审判庭的案件审理分工得以明确,在"大民事审判格局"的大背景下,确定了民二庭负责"国内法人之间、法人与其他组织之间的合同纠纷和侵权纠纷案件"和"证券、期货、票据、公司、破产等"商事案件的审判工作。对比《金融法院管辖规定》的管辖分工,"证券、期货、票据、涉金融机构的破产案件"从传统商事案件的范畴内分离出来独立为金融商事案件。传统商事纠纷仅保留了"国内法人之间、法人与其他组织之间的合同纠纷和侵权纠纷案件""国内公司案件"和以非金融机构为债务人的破产纠纷。

其具有明显的复合属性。金融法律关系包括国家经济管理主体为实现对相关金融变量的调节和控制，与被管理主体之间形成纵向的金融管理关系；也包括金融市场主体在进行资金融通、提供金融服务和进行金融交易的过程中，产生平等主体之间的金融交易法律关系。这使金融案件的“问题束”包含隶属不同部门法体系的法律关系，而且一个合理的前瞻是，涉金融案件中民事、刑事、行政法律关系互相交叉的情形将越来越普遍，民事司法政策、刑事司法政策和行政权力运作之间的协调将给传统商事审判带来挑战。同时，金融案件本身具有群体性、敏感性、复杂性的特点，法院对金融案件的裁判原则和应用之规则甚至可能会影响交易和监管的模式，金融案件的裁判也就具有不同于其他案件的新要求。[①] 因此，从金融案件的特殊性出发，针对独立的金融案件设置专门的、相对固定的审判机关在提高工作效率方面，也符合比较优势和分工优势的经济学思考。

（二）金融纠纷独立化的现实必要性

在部门法思维的指引下，当前立法部门分门别类地制定法律、执法部门各司其职，司法工作通过民事诉讼、行政诉讼、刑事诉讼分别划定场域，在民事诉讼下还经由“民事诉讼案由”这一标准进行审判工作的进一步细化。在金融司法的场域，随着金融市场的发展，可以预见的是金融交易结构和案涉问题所牵涉范围亦会进一步复杂化，基于“相互隔离”的范式和案由划属标准，迫使一系列金融案件必须要对号入座的寻得特定案由的位置，这一方面是对复杂交易关系和法律关系属性的忽视，另一方面也会使金融创新下产生的一些新型纠纷难以被划定管辖。传统部门法思维这种“非黑即白”的方法，将越来越不适于金融司法的实践。

“金融民商事案件”是以“金融”和“民商事案件”的语词组合，这是对金融法律关系、金融案件特殊性的肯认。但当我们考究“金融商事案件”这一复合型用词，当“金融”与“商事案件”组合，我们恐难以得出其指的就是“金融案件”还是“商事案件”这一结论。有学者就指出“金融交易本质上是市场活动，属于典型的商事交易，表现为各种具体的合同关系”。[②] 实际上，“金融商事案件”这个复合性语词本身，反而体现了在司法实践、在案由划分的立场，对金融案件特殊性的

---

① 参见许可：《以专业化审判促进金融法治建设》，载《人民法院报》2018 年 7 月 5 日，第 5 版。

② 楼建波：《金融商法的逻辑》，中国法制出版社 2017 年版，第 2 页。

态度模糊,也侧映出对金融司法专门化这一命题的踟蹰。因此,从案由划分的语词确定上,以"金融纠纷"的独立语词划定案由,从形式和起点层面就彰显金融案件的特殊属性,也是专门化的金融审判机关进行案件受理和审判的实践需求。

(三)金融纠纷的判断标准

案件管辖的划分本身是一个对问题预先定位,进而寻求尝试解答问题的前置过程。"问题域"的放大和错位都将直接影响问题分析的定位和结果,因此确定独立的金融案件具体应该如何划属管辖,不仅需要从形式上赋予"金融纠纷"以独立的语词,更需要廓清在认定金融纠纷这一"问题域"的具体标准。

那么在金融司法场域,当如何厘定金融法律关系中的复合型权利义务关系、处理新型交易关系和解析法律概念?在传统部门法思维下,金融法本身并不因为其金融法律关系的性质单纯,可以归入传统的任何一个部门法麾下,而是因为所涉皆关乎"金融问题"。因此对于金融纠纷而言,将其与其他领域案件区别开来的原因,也是因为案涉问题的"金融性"。但是"金融性"本身具有内涵模糊性的特点,因此需要在"定性"的基础上,进一步细化具体标准。那么,应该如何界定金融纠纷的"金融性"?笔者认为,从"主体+行为"的双重标准把握金融纠纷的性质是为合宜。

在主体标准方面,应当明确"当事人至少一方为金融机构的案件纠纷"属于金融纠纷的确定标准。依此标准,那些证券、期货交易、信托、保险、票据、信用证、金融借款合同、银行卡、融资租赁合同、委托理财、保理、私募基金、网络借贷等案件纠纷,参与这些金融交易的主体本身就无不符合满足金融机构的金融性特征。

但同时,若仅从金融主体的角度去理解金融案件,一方面,可能会产生金融主体一些行为实则属于普通民商事案件,如以银行为主体的买卖合同纠纷则不能划定为金融案件;另一方面,将非金融主体形成的金融交易安排在除了金融案件之外,将缩小金融案件的外延,如上市公司控制权纠纷等需要适用《证券法》规定的金融领域案件,会被当作普通民商案件进行审理。[①] 因此,需要辅以"行为"

① 参见上海应适时建立金融法院,载人民网:http://news.163.com/10/0125/19/5TT9BN2F000120GU.html,最后访问日期:2018年4月22日。

标准作为主体标准的补充。

对于金融行为标准的把握，当从经济性和行政性的双重属性加以把握金融案件的内涵。一方面，金融活动都是按照价值规律和金融市场机制运行的，金融主体追求的目标是经济效益，在金融交易关系中，各主体都根据平等自愿、等价有偿的规则开展金融活动，在这个意义上金融行为具有典型的经济属性。另一方面，鉴于金融在国家经济、政治、社会生活中的特殊重要性，金融市场运行必然涉及国家宏观调控和管理的内容，因此金融案件的金融性也能体现出国家金融行政管理的属性。① 换言之，以金融行为标准，在司法实践中，赋予一个金融案件特殊身份的，也是案件所涉的问题是源于金融行为，具言之都是涉及金融调控行为、金融监管行为、金融交易行为的问题。

将主体标准和行为相结合，将金融案件作为独立的案由或者审判管辖分配已然具有独立的标准。按照当事人是否为金融机构和案涉行为是否属于金融行为，金融案件的判定可形成四种情形，如表 1 所示。

表 1　基于主体标准和行为标准的四种情形

主体标准	行为标准	典例	是否属于金融案件
当事人至少一方为金融机构	金融行为	涉证券、期货、信托、保险、票据等典型金融案件； 涉委托理财、保理、私募基金、网络借贷等新型金融案件	是
当事人至少一方为金融机构	非金融行为	金融机构为当事人的买卖合同	否
双方当事人均非金融机构	金融行为	涉金融监管机构的金融监管行政案件； 涉上市公司回购交易、上市公司股票质押等金融交易行为案件	是
双方当事人均非金融机构	非金融行为	—	否

因此，基于金融交易法律关系的复合属性，基于金融案件与商事案件之间在司法裁判中的基础性分野，同时为顺合金融司法领域化的现实趋向，赋予“金融

① 参见汪鑫：《金融法学》，中国政法大学出版社 2002 年版，第 16 ~ 17 页。

案件”以独立的地位,是与传统商事案件区别开来的必然要求,也是商事审判独立性和金融司法专门化的共同要求。

三、工具维:金融案件裁判准据的特殊性

从司法和法官裁判的角度,法官需要确认事实、寻找法律、将案件事实置于法律规范之下作出判决;对于司法者而言,裁判金融案件的重要任务就是在金融法渊源中目光往返寻得裁判准据,进而识别相关法律规范并勾连案件事实。对于金融案件而言,金融法渊源具有其特殊的“三位阶”体系,分析和解决金融案件问题时,需要在庞大的金融法律规则体系中“去粗取精”和有效适用,这都体现了金融司法专门化的必要性,也需要从此工具论的维度进行金融司法专门化的实践演绎。

(一)金融法渊源的特殊体系

法律渊源,是指“一切得为裁判之大前提的规范的总称”,[①]而金融法渊源呈现“金融法律体系—金融习惯法—司法创制性规则”的特殊体系,决定了金融司法过程中特殊的找法范围。

首先,“法源”作为一个严格的法学概念,是指“有效力的法律表现形式”,在这种规范法学的立场下,法律体系仅指“宪法和《立法法》中有关法律的表现形式”,习惯、政策等都不能属于“法律体系”,而是属于“规范体系”,法律体系包含在规范体系之中。[②] 因此,金融案件法律渊源的第一个层次是“金融法律体系”,其具体包括与金融领域有关的法律(狭义的法律)、行政法规、地方性法规、自治条例和单行条例、规章等“有效力的法律表现形式”。

其次,我国《民法总则》第10条即规定:“处理民事纠纷,应当依照法律;法律没有规定的,可以适用习惯,但是不得违背公序良俗。”将金融领域中的“习惯”作为金融法律渊源体系的重要一部,对克服成文法的僵硬和滞后于金融实践的弊端也具有重要意义。金融习惯法首先是指在金融实践的过程中逐渐确定下来的

---

① 参见于飞:《民法总则法源条款的缺失与补充》,载《法学研究》2018年第1期。

② 参见刘作翔:《“法源”的误用——关于法律渊源的理性思考》,载《法律科学》(西北政法大学学报)2019年第2期。

行业惯例，主要体现在金融交易、金融服务提供等行为中的交易类习惯，这些习惯是金融市场长期实践所形成的惯常做法，如有法院认为商业银行核发信用卡时不在申请表中体现信用卡卡号的惯常做法认定为金融交易习惯，并依此作出判决。[①] 同时，金融行业的市场自律监管本身正越来越受到金融理论与实务界的关注，这些行业自律规范也属于金融习惯法的一部分。如针对互联网金融的新业态，金融主体和金融从业者对于行业自律规范具有极高的认可度和接受度，将这种行业内部的习惯法作为裁判准据也将提高判决的可接受程度。

最后，虽然我国作为成文法国家，但是现代法院和法官也或多或少地担负着"金融立法者"的职能，[②]我国法院以各种文件的形式创制金融法律规则，这是法官解释法律的权利给予了他们通过创制规则以填补既有法律规则缝隙的机会。在具体表现形式方面，我国法院主要通过最高人民法院的司法解释、"会议纪要"、最高人民法院发布的各种"意见"或"通知"、最高人民法院的各类官方出版物、地方法院发布的各种"指导意见""批复""通知""审判问答"等外在表现形式进行金融法律规则的创制。[③] 以陆续出台的保险法司法解释、《关于审理证券市场因虚假陈述引发的民事赔偿案件的若干规定》等司法解释为典型，这些"解释""规定"都现实地更贴近金融案件之实际，被其他法院裁判所直接引用，甚至频率较专门法律体系中的条款更高，对于金融市场主体的行为也具有实质约束力。除却法院以各种文件形式创制的金融法规则，关于个案判决在金融司法中的规则价值也当得以重视，个案判决中的裁判思路为处理其他同类案件在一定程度上提供了相应的原则和规则，循"法官判决个案解决—最高人民法院公报案例/指导案例—新个案解决—新的成文立法"的规则形成规律，[④]可能是符合金融法律不完备性的可能性路径。

(二)裁判准据的有效提炼与逻辑整合

通过前述对金融领域法律规范体系的廓清，当进入分析和解决金融案件问

① 参见辽宁省大连市中山区人民法院：(2017)辽0202民初7378号民事判决书。

② 参见黄韬：《公共政策法院：中国金融法制变迁的司法维度》，法律出版社2013年版，第130页。

③ 同上书，第131～143页。

④ 参见汪其昌：《发现内生于任性和金融本质的法律规则：司法审判视角》，中国金融出版社2016年版，第90～91页。

题的步骤时,需要在庞大的金融法律规则体系中,进行裁判准据的有效性提炼,从金融法律规范体系中为案件寻找规范。

一方面,裁判者需要拆分金融案件的问题,从庞大的跨部门法体系中提炼出与案件解决最相关的那一部分法律规则。因为与传统市场单一面向的运行过程和机理不同的是,纵向、横向两种社会关系往往统一于某种具体的金融制度之中,如证券交易制度、中央银行市场公开操作制度等;①单一金融主体在一个案件中也可能同时发生民事、行政甚至刑事等复合型法律关系。② 因此,围绕一个金融案件,从部门法的视角,将需要提炼、组合来自行政法部门、民法部门、商法部门等多个法律部门的规范集合才能在司法实践中解决该等问题。对此,有学者就指出"只有了解各种金融交易的结构和流程,我们才能真正理解一个交易",③因此对于一个金融案件,裁判者也必须先分解复杂的法律关系和交易结构,进而对相关金融案件的具体问题具体分析。在划定基本金融案件所涉的法律关系和根本性法律问题之后,就要进行裁判准据的进一步提炼,"在这一个时点,为了解决特定的问题,来自不同领域的法律组成了微观的领域法",使寻找裁判准据的法律视野更精确。④

另一方面,在提炼出的裁判准据内部,尚需要识别和勾连彼此之间的逻辑关系。在"金融法律体系—金融习惯法—司法创制性规则"的三位阶规则体系中,当上一位阶的法律规则中可直接援用时,下一位阶的法律规则更多地承担裁判有效性的论证作用,只有司法者无法用解释手段在金融法律体系的法规则范围内寻得裁判依据时,才需要发挥金融习惯法、司法创制性规则的漏洞补充作用。从法律规范的效力层级角度,法律、行政法规、部门规章、监管规范之间的位阶在司法裁判中也应当得以遵循。此外,不同裁判规则之间本身存在诸如并列关系、条件关系、原则与规则的逻辑关系,这也要求司法者需要进行规则之间关系的识

① 参见徐孟洲:《金融法》(第3版),高等教育出版社2014年版,第9页。

② 如在一个涉互联网平台借贷的案件中,P2P平台在诉讼中可能会以居间商、代理人、行政相对人、甚至犯罪嫌疑人等多重法律身份同时存在。

③ 楼建波:《金融商法的逻辑》,中国法制出版社2017年版,引言部分。

④ 参见刘剑文:《论领域法学:一种立足新兴交叉领域的法学研究范式》,载《政法论丛》2016年第5期。

别和有机整合。[①] 司法裁判者面对金融案件以择取和适用法律之时,需要在横向上整合传统法律部门的不同要素,消解不同部门法规范之间的效力冲突,[②]纵向上要形成具有针对性的立体性规范体系,这种法律的发现路径在传统民商事审判中无须适用,是对金融司法者提出的专门化要求。

四、思维度:金融案件裁判的异质性思维

(一)金融案件裁判的风险防范意识

基于我国对大陆法系民法体系和理论的承继,无论是立法机关还是司法审判机关的立法思路或审判思维,都带有深深的民法思维的逻辑烙印。[③] 但金融案件呈现出案情更为专业化、案件风险传染性更强、审理难度更大、审理周期更长、国际关注度更高等突出特点,[④]使金融案件的裁判呈现异质性的处理思路,案件审判也应当具有相应的风险防范意识。

具体而言,金融创新所引致的新矛盾不断出现,需要司法者以一种前瞻的、动态的视角进行案件的分析和处理。在司法目标层面,金融审判之定位除却肩负处理金融案件纠纷的基本职能之外,其还被赋予防范金融风险、维护金融安全与稳定、保护金融消费者等多重目标的意涵。[⑤] 此外,金融司法更多地强调"实质公平"。以金融法律制度中的"合格投资者制度"为例,通过不同的风险识别能力水平和风险承受程度来区别投资者,进而提供相应的产品和服务,避免将金融产品提供给并不匹配的投资群体,[⑥]据此衍生的司法逻辑是,根据"专业投资者""普通投资者"的类型划分,金融机构应当践行不同程度的勤勉义务,以合适的方式向合适的买方推荐合适的金融产品,[⑦]应当向普通投资者负担更高程度的适当

---

① 参见刘剑文、胡翔:《"领域法学"范式适用:方法提炼与思维模式》,载《法学论坛》2018 年第 7 期。

② 同上书。

③ 参见郑彧:《商法思维的逻辑基础》,载《学术月刊》2016 年第 6 期。

④ 参见李纯、魏雷:《金融法院建设的国际经验及启示》,载《金融纵横》2018 年第 6 期。

⑤ 参见林海权:《金融创新背景下司法审判的职能定位》,载《法制日报》2017 年 12 月 27 日,第 12 版。

⑥ 参见曾洋:《投资者适当性制度:解读、比较与评析》,载《南京大学学报》2012 年第 2 期。

⑦ See Cheryl Goss Weiss, "A Review of the Historic Foundations of Broker-Dealer Liability for Breach of Fiduciary Duty", 23 *J. Corp. L.* 65 (1997 - 1998).

性义务,据此标准进行行为的判断。因此,这种司法裁判分析问题的异质性思路,也是强调“因人施策”“因势利导”“因地制宜”思维的体现。[①]

(二)金融案件裁判思维的具体表达

在司法过程中,通过提出一定的依据和理由来证立法律判断,“其以言说和文本为载体,在规范性前提下尽可能地拓展论者确认论题、决策依据和证成立场的反思性空间和论辩智慧”。[②] 司法机关针对金融案件的裁判,表面上是一个发现真实的过程,但是从结果的维度考察,只有裁判理由和裁判事实在现有的法律规则体系内得到证成,才能使现在以及将来可能会受到裁判约束的裁判受众,认可和接受裁判结果的结果和目的取向。在金融司法的过程中,我们强调“司法创制性规则”作为金融法律规则体系之一部,就是建立在一个法律论证中立、合理、有效的司法判决之上的。

释义法律论证对金融司法的重要意义之后,最重要的任务是指明一个有效的、可接受法律论证当以如何实现。对此,笔者认为,判决结果的可接受性不仅依赖于法律论据的品质,而且依赖于法律论证的有效性修辞。从法律论证的内容上来看,裁判中需要对律推理过程中大小前提的合法性、有效性、正确性和正当性进行解释和说明。同时,法律论证方法就是一个通过运用各种修辞方法说服特定的受众,修辞在司法中的作用是规则意识的培养,以此培养当事人及整个社会公众对法律规则的认同与信任。[③] 因此,一个判决的有效性修辞是指在理性范围内的可接受性问题,是判断一个论证是好、是坏的重要因素。

为达致金融司法裁判的有效性修辞之目的,这就对金融司法者的专业和思维提出了多元化整合的要求。以证券虚假陈述民事赔偿的案件审理为例,对于证券虚假陈述行为的认定、民事赔偿因果关系的判断、投资者损失赔偿额的计算等关键环节的问题,需要集法律、金融、会计、计算机等多元化知识。这是因为金融在缘起之初便是一个专业性与开放性并存的领域,因此金融司法裁判不仅需要司法者运用法律专业知识和语言进行说理,而且需要以诸多领域知识的结合

① 参见侯卓:《领域法思维与国家治理的路径拓补》,载《法学论坛》2018年第4期。

② 参见徐梦醒:《法律论证规则研究》,中国政法大学出版社2017年版,第343页。

③ 参见侯学勇:《解决纠纷还是培养规则意识——法律修辞在司法中的作用定位》,载《法商研究》2013年第2期。

实现对案件的论证,以作出说服力的、可接受的判决,实现案件问题的圆满解决。进一步地,金融司法领域化也对金融审判队伍的领域化和专业化提出了要求。金融审判队伍的领域化分为金融领域法官和金融领域陪审员两个层次。其中,法官是整个专业化队伍构建的核心,在实践中就需要法院拓宽人才引进渠道,以精于法律、金融、财会的复合型人才作为法官队伍的主体。专家陪审员侧重于帮助法官认定、分析金融案件的事实和金融交易结构,可以辅助金融裁判的有效性论证。①

结　语

以成立专门化的金融司法机关这一实践趋向为现实基础,金融司法专门化这一命题的成立不应只停留在设立审判机关专门化的现象描述,而应从金融法律关系、金融法律规范体系和案件裁断的基础层面,对这一法律和社会新现象作以理论释疑,从实质层面证成金融司法专门化的制度逻辑。同时,如哈耶克所言,"秩序只能产生于作为社会要素的个人间的相互调适以及他们对那些直接作用于他们的事件的回应的过程之中",②面对复杂的社会关系主体和事实,金融司法欲实现实质正义,就需要司法者在规范与事实之间张弛有度,在紧扣条文与超越法律之间张弛有度。③ 在一定程度上,金融司法也是一个不断"试错"的过程,④司法机关通过对金融案件个案的审理,将纵横交错、效力层级错列的金融领域规范在司法实践中运用、检验和修正,通过司法检验不断凝聚共识,也将助力于金融领域特殊司法规范体系的制度供给。

---

① 参见冯果:《营造与国际金融中心地位相适应的司法环境》,载《法学》2016 年第 10 期。

② [英]哈耶克:《自由秩序原理》(上),邓正来译,生活·读书·新知三联书店 1997 年版,第 200 页。

③ 参见孙笑侠:《司法的特性》,法律出版社 2016 年版,第 65 页。

④ 参见冯果:《营造与国际金融中心地位相适应的司法环境》,载《法学》2016 年第 10 期。

金融司法管辖比较与思考

——以上海金融法院管辖为视角①

符　望*

引　言

习近平总书记指出,“金融安全是国家安全的重要组成部分,是经济平稳健康发展的重要基础”。② 世界近代史也表明,经济强国必然是金融强国。我国要从经济大国迈向经济强国,掌握国际金融交易规则的话语权至关重要,而金融法治环境是其中的基本要素和重要保障。2017 年,《中共中央、国务院关于服务实体经济防控金融风险深化金融改革的若干意见》(中发〔2017〕23 号)明确提出,“根据需要设立金融公诉和审判机构,健全涉众型金融纠纷案件诉讼机制,完善行政和解调解、仲裁等多元化纠纷解决机制”。2018 年,上海金融法院正式于 2018 年 8 月 20 日挂牌成立。

在设立金融法院的过程中,首要的问题就是要解决上海金融法院的管辖问题。管辖的确定,既要考虑已有的管辖制度和国情特色,因为上海法院的金融审判庭成立和运作已经有近 10 年的历史,又要考虑借鉴与吸引国际经验,如英美等发达国家和阿联酋、哈萨克斯坦等新兴市场国家均建立了比较专业化的金融司法体系。因为上海金融法院在筹建初期,就提出了“对标国内国际金融审判业

---

① 本文获中国法学会审判理论研究会金融审判理论专业委员会 2019 年学术研讨会二等奖。

* 法学硕士,上海金融法院综合审判二庭庭长。

② 参见 2017 年 4 月 25 日中共中央政治局就维护国家金融安全进行第四十次集体学习时习总书记的讲话。

务最高标准”的高要求,因此,在上海金融法院的筹建、成立、运作过程中,可以不断了解、借鉴国际上已有的金融司法管辖制度,为其运作奠定良好基础。

一、各具特色的金融司法管辖制度

(一)英国金融清单制度

英国金融业高度发达,伦敦也成为公认的国际金融中心,在这个过程中,法律与司法的作用功不可没。为了保持在解决金融纠纷方面的优势地位,2015 年 7 月英国高等法院衡平法庭和商事法院联合倡议创建了金融清单制度(financial list),旨在应对那些复杂重要、具有较高价值或引发市场问题的金融市场案件,以此来确保英国法院能继续满足国际金融界的需求。金融清单制度于 2015 年 10 月 1 日开始运作,英国法院专门发布了《金融清单指南》。[①] 该制度的目标是确保由具有金融市场特殊专长和经验的合适法官来审理对市场具有普通重要性的金融案件。金融清单法官由 5 名商事法院法官及院长加上 5 名衡平法院法官和高等法院大法官组成。

根据《英国民事诉讼规则》(Civil Procedure Rules,CPR)第 63A 章节的规定,金融清单案件通过以下 3 个标准加以明确:(1)主要是与借贷、项目融资、银行交易、衍生品、复杂金融产品、金融基准指标、资本和外汇管制、银行担保、债券、债务证券、私募股权交易、对冲基金、主权债务、清算结算相关的案件,同时案件标的额必须超过 5000 万英镑;(2)需要运用金融市场特定专业知识加以解决;(3)案件中的问题对金融市场具有普遍重要性。[②]

上述规定涉及 3 个相关但独立的标准,但上述标准的适用,在英国司法实践中具有较大的灵活性。对于案件标的额标准,即使某类案件满足该标准,但如果属于简单案件,不需要金融市场专业知识,此类案件可能会根据 CPR 第 30 章节转移到金融清单之外。而有的案件,虽然标的额低于 5000 万英镑,但如果该案件需要金融市场专业知识或提出具有普遍市场重要性的问题,那么它将适用于金融清单。

---

① Guide to the Financial List, https://www.gov.uk/government/publications/financial-list-guide.

② https://www.justice.gov.uk/courts/procedure-rules/civil/rules/financial-list.

也就是说,法院拥有根据CPR第30章节将诉讼程序转移到金融清单的一般权力。这允许法院裁定某些符合3个标准精神的案件进入金融清单,尽管这些案件并不完全符合3个标准的字面意思。另外,根据CPR规则,涉及保险、再保险或专业疏忽的案件,或属于公司法法院正常专业管辖范围内的案件[破产、减资、债务整理方案(scheme of arrangement)、因不公平的偏见引发的诉请和衡平诉请等股东纠纷]一般不属于金融清单案件的定义,但如果在这种情况下出现的问题需要金融市场专业知识或者具有普遍市场重要性,则可能适合在立案时作为金融清单案件或将此类案件或部分案件转入金融清单。

值得一提的是,考虑到金融市场变化发展较快,而法律相对滞后,英国法院还在金融清单制度项下设计了试点金融市场测试案例计划(Market Test Cases),以便无须等待适当诉讼案件,即可解决具有一般市场重要性的问题。即在真实纠纷尚未发生情况下,法院根据一系列商定的事实,作出宣告性裁判。虽然审理的是测试案例而非真实案件,但法院在作出裁决前仍需充分听取各方辩论意见。根据相关规则,测试案例各方当事人将自行承担各自费用。

金融清单制度体现了英国法院为维持伦敦国际金融中心的努力,而且这个方案体现了较大的灵活性,允许法官集中精力办理对市场有重要影响意义、需要确定法律规则的案例,而不拘泥于标的额。经与英国法官面对面交流,①目前金融清单案件每年大约有15件,至于金融市场测试案例计划,虽颇具创造性,但由于种种原因,截至2018年10月,尚无一起测试案例进入法院。

(二)迪拜国际金融中心法院

迪拜国际金融中心(Dubai International Financial Center, DIFC)是阿拉伯联合酋长国于2004年设立的联邦金融自由区,其优势政策之一是区内独立法律体系和金融监管体系。DIFC在努力把自己建成中东、非洲和南亚地区主要金融中心的过程中,为解决金融纠纷,以英美普通法为基础,形成了富有特色的金融服务法律框架和法院体系。目前,DIFC“纠纷解决管理局”下设3个彼此独立的机构:迪拜国际金融中心法院(DIFC Courts,其中分为初审法院与上诉审法院,

① 2018年10月26日,英国最高法院大法官霍奇勋爵一行参访上海金融法院,双方进行了深入的交流,并提出了一些合作倡议。

Court of First Instance and Court of Appeal)、迪拜国际金融中心—伦敦国际仲裁院(DIFC-LCIA)以及与 DIFC 法院相关的法庭及附属机构。

DIFC 通过立法为其初审法院赋予了广泛的管辖权。根据迪拜 2011 年 16 号法律,①该初审法院对下列事项具有专属管辖权:(1) DIFC 或者任何在 DIFC 注册的机构、实体作为一方当事人的民事或者商事案件;(2)与合同或者准备缔结的合同相关的民事或者商事案件,如果这些合同中明示或者暗示条款表明,合同的部分或者全部缔结、最终签订或者履行、即将履行、准备履行在 DIFC;(3)与事件或者交易相关的民事或者商事案件,如果这些事件或者交易在 DIFC 部分或者全部发生,并且与 DIFC 活动相关。

上述规定通过广泛的定义将任何有联系的联系点视为管辖的基础。比如,DIFC 设有纳斯达克—迪拜交易所(NasdaqDubai),这是一家中东地区具有重要地位的交易所,许多大公司甚至中国企业也通过该交易所发行上市。② 而根据上述管辖规定,DIFC 初审法院对与交易所相关的上市活动、证券交易有权行使管辖权。

值得一提的是,DIFC 通过立法的形式对其法院的管辖权不断加以扩张,其中,2011 年第 16 号法律修订了迪拜 2004 年第 12 号法律,其中最重要修订之一就是扩张 DIFC 法院的管辖权,即使当事双方与 DIFC 无关,但双方书面协议选择由 DIFC 法院管辖,DIFC 法院即可行使管辖权。这样一来,DIFC 法院的管辖权可以扩张至全世界,更加类似于仲裁机构。

(三)美国纽约州法院的长臂管辖

纽约作为国际金融中心,金融业非常发达,但在纽约州层面并未设有专门的金融法院或者金融法庭。在纽约州法院(英文为"New York Supreme Court",③实为基层法院),设立了商事法庭(Commercial Division),统一处理商事与金融案件。但由于美国存在联邦法院与州法院两套系统,许多金融案件尤其是证券法

---

① 载 https://www.difccourts.ae/wp-content/uploads/2017/10/Dubai_Law_No.16_of_2011_English.pdf。

② 根据该企业官网:https://www.nasdaqdubai.com/,2014 年 9 月,中国农业银行发行的 10 亿元人民币债券在迪拜纳斯达克挂牌上市,这是首家中国公司在中东交易所发行债券。

③ 载 https://www.nycourts.gov/。纽约州的法院命名与其他州有所不同,该法院名称英文虽为最高法院,但实为纽约州的基层法院,负责事实审而非上诉审。

案件,涉及联邦法律,由联邦法院管辖,因此管辖相对较为复杂。

值得一提的是,纽约的金融业往往服务全世界,涉及许多国际因素,因此引发了长臂管辖权的问题。长臂管辖权是指当被告的住所不在法院所在的州,但和该州有某种最低限度的联系,而且所提权利要求的产生又和这种联系有关时,就该项权利而言,该州对于该被告有属人管辖权(虽然他的住所不在该州),可以在州外对被告发出传票。根据纽约州相关的民事诉讼规则(Civil Practice Law and Rules)第302条规定,纽约州法院对于非本州当事人具有管辖权,只要该当事人在本州从事任何商业活动或者订立合同在本州内提供任何商品或者服务。由于金融业的国际属性,这一规则近年来被纽约州法院进一步扩大。比如,纽约州上诉法院在2006年德意志银行证券公司诉蒙大拿州投资委员会案(Deutsche Bank Securities, Inc. v. Montana Board of Investments)①中,法院认定外州当事人使用了布伦伯格信息终端系统与某纽约州公司联系,足以确定纽约州法院对该外州当事人具有管辖权。2012年利希诉黎巴嫩加拿大银行案(Licci v. Lebanese Canadian Bank, SAL),②纽约州上诉法院认定,非美国银行为非美国当事人转账,只要使用了某个银行间代理账户,就构成纽约州法院行使管辖权的基础。

这种长臂管辖权的扩张,也引发了相应的争议。司法管辖代表着国家主权,背后需要国家的实力支撑。在国际经贸交往、金融活动日益频繁的今天,长臂管辖权的制度设计以及国际应对,也需要我们进一步思考。

二、上海金融法院管辖范围的发展与演变

上海金融法院的总体思路之一,是"借鉴发达国家和新兴市场国家金融司法的有益经验,结合我国经济社会发展状况以及审判工作实际,探索完善中国特色的金融司法体系"。因此,上海金融法院的管辖制度,在吸收和借鉴国际经验的基础上,也经历了一个发展、细化、扩张的过程。笔者有幸参与了上海金融法院的筹建过程,并参与了相关材料的起草工作,故按照时间顺序,将管辖制度分为以下三个阶段加以介绍。

---

① Deutsche Bank Securities, Inc. v. Montana Board of Investments, 4338 (N. Y. 2006 - 06 - 06).

② Licci v. Lebanese Canadian Bank, SAL, 183 (N. Y. 2012 - 11 - 20).

(一)筹备阶段

1. 中央深改委方案与全国人大决定

2018 年 3 月 28 日,中央全面深化改革委员会第一次会议审议通过了《关于设立上海金融法院的方案》(以下简称《方案》),明确指出,上海金融法院专门管辖上海市应由中级人民法院管辖的金融商事案件和涉金融行政案件。具体包括:(1)上海市辖区中级人民法院管辖的包括金融借款、票据、信用证、证券、期货、保险、融资租赁、典当、金融仲裁在内的 9 类一审、二审和再审申请金融商事案件……

《方案》确定了上海金融法院的级别管辖(中级法院)和地域管辖(仅管辖上海市的案件),同时明确仅受理金融民商事与涉金融行政案件,把刑事案件排除在外,从而为金融法院的管辖定下了基调。但该方案对于金融民商事案件,并未采取详细定义的做法,而仅仅提及了大致的案件类型为金融借款、票据、信用证、证券、期货、保险、融资租赁、典当、金融仲裁 9 类,并提及了一审、二审和再审案件 3 个审级。由于该方案并非法律文件,9 类案件并非采用最高人民法院《民事案件案由规定》(以下简称《案由规定》)中所使用的定义,[①]在实务中需要进一步明确才具有可操作性。而且,9 类案件为列举方式,尚无法涵盖原先上海市第一中级人民法院、第二中级人民法院金融庭审理案件已有的案由,如信托纠纷,因此,需要其他法律文件进一步明确。

在《方案》的基础上,2018 年 4 月 27 日,第十三届全国人大常委会第二次会议作出《关于设立上海金融法院的决定》(以下简称《决定》),虽并未对管辖作进一步的细化,但明确了管辖案件的具体范围由最高人民法院确定。

2. 最高人民法院管辖规定

在上海金融法院挂牌前,最高人民法院 2018 年 7 月 31 日通过了最高人民法院《关于上海金融法院案件管辖的规定》(以下简称《管辖规定》),并于 2018 年 8 月 10 日起施行。《管辖规定》通过司法解释的形式对于上海金融法院的管辖范围进行了明确。《管辖规定》对于金融民商事案件的范围作出了界定,分为两大类。

---

① 比如,根据《案由规定》,金融仲裁并非一类案由。

第一类为传统类型的纠纷。《管辖规定》第1条第1项将“证券、期货交易、信托、保险、票据、信用证、金融借款合同、银行卡、融资租赁合同、委托理财合同、典当等纠纷”界定为金融民商事案件。这11类纠纷,在2011年的《案由规定》里均有规定,其中证券、期货交易、信托、保险、票据、信用证纠纷属于二级案由,其余为次一级案由。该项仍然是采用了列举的方式,但并非穷尽式列举,仅仅是选取了最具有金融特色的案件进行了列举。①

第二类为新型金融民商事纠纷。《管辖规定》第1条第2项列举了“独立保函、保理、私募基金、非银行支付机构网络支付、网络借贷、互联网股权众筹等新型金融民商事纠纷”。这些新型的金融民商事案件,在实务中已经逐步演变成一类纠纷,且有增多的趋势。比如,最高人民法院《关于审理独立保函纠纷案件若干问题的规定》(法释〔2016〕24号)明确规定了独立保函纠纷,保理纠纷的相关司法解释也正在制定过程中。而《案由规定》于2011年发布,一直没有进行整体性的修订,也没有将上述纠纷作为单独案由予以纳入,无法反映金融交易的发展,难以满足立案中的需求。许多案件,案由仅能立为“合同纠纷”或者“其他合同纠纷”,无法清晰地反映出案件的本质特征。因此,《管辖规定》列出了纠纷较为多发的案件。将来不排除会有更多的新类型金融纠纷进入法院,如新类型货币比特币、代币发行ICO、区块链技术相关的金融纠纷等。

《管辖规定》中值得一提的还有两点。一是以金融机构为债务人的破产纠纷。虽然《方案》中并未提及金融机构破产案件,但在起草《管辖规定》的过程中,金融机构破产案件引起了较大的重视,因为此类案件事关“防控金融风险”这一重要任务。以金融机构为债务人的破产纠纷,涉及特殊的程序设计与法律安排,与普通商事主体的破产程序有较大的不同,而且涉及的利益主体众多,稍有不慎可能引发更大的风险。故《管辖规定》最终明确由上海金融法院对此类案件进行专门管辖。二是外国法院金融民商事纠纷裁判的承认与执行。通常情况下,这一类案件属于程序性案件,在《案由规定》中并不显眼,但在《管辖规定》中用一个条款专门列明,以突出强调和体现上海金融法院的开放性、合作性,明确了上海金融法院国际化的目标。

---

① 这是因为各省市法院对于金融、商事案件的区分不尽相同,短时间难以达成一致意见,故仅列举无争议案由,其余案由的明确,交由上海市高级人民法院通过发布实施细则的方式进一步确定。

(二)细化阶段

最高人民法院《管辖规定》列举了上海金融法院管辖的主要案件类型,但在上海金融法院挂牌运作半年之后,随着案件数量的增长,案件类型日益多样化,难免与兄弟法院产生管辖争议,需要进一步精细化地确定管辖。《最高人民法院立案庭负责人就上海金融法院案件管辖司法解释答记者问》①也专门提到"我们也注意到上述第一、第二项规定的纠纷,可能不能完全涵盖上海金融审判实际,故采用了'等'的表述。《规定》施行后,上海市高级人民法院可以从实际出发,在《规定》的框架内出台具体的实施细则"。为此,经过征求意见以及反复讨论,2019 年 4 月 24 日,上海市高级人民法院颁布了《上海金融法院案件管辖范围的实施细则(试行)》(以下简称《管辖细则》)。

《管辖细则》一共有 14 条,从各个方面进一步对《管辖规定》进行细化和完善,在确定金融民商事案件管辖方面,主要特色如下:

一是沿用诉讼主体加特定案由体系。《管辖细则》第 2 条明确:除《管辖规定》第 1 条第 1 项列明的案由外,上海金融法院管辖下列金融民商事案件:(1)涉及金融机构的下列案由:抵押权纠纷、质权纠纷、借款合同纠纷、保证合同纠纷、抵押合同纠纷、质押合同纠纷、定金合同纠纷、进出口押汇纠纷、储蓄存款合同纠纷、保管合同纠纷、委托合同纠纷、合伙协议纠纷、服务合同纠纷、追偿权纠纷等。前款所称金融机构是指依法批准设立的从事金融相关交易的机构,主要包括银行、证券交易所、期货交易所、黄金交易所、证券登记结算公司、证券公司、期货公司、信托公司、保险公司、基金公司、金融资产管理公司、金融控股公司、融资租赁公司、汽车金融公司、财务公司(有金融许可证)、担保公司、典当行、小额贷款公司、保理公司、经中国证券投资基金业协会登记备案的私募投资基金等。(2)当事人一方为金融机构,因金融交易行为所引发的财产损害赔偿纠纷、不当得利纠纷等。

该条文沿用了上海法院金融审判条线原有的诉讼主体加特定案由体系。《管辖规定》采用的是通过案由确定管辖的方式,虽然简单明了,但实务中还有许多案件单纯通过案由是无法确定是否为金融民商事案件的。如担保合同纠纷,

---

① 载 http://www.court.gov.cn/zixun-xiangqing-111361.html。

既可能为民间借贷引发,也有可能由金融机构相关业务引发,前者并不属于金融民商事案件。因此,在特定案由项下,当事人一方为金融机构的,才视为金融民商事纠纷。此外,金融民商事纠纷不一定局限于合同纠纷,因此要把财产损害赔偿纠纷、不当得利纠纷等纳入管辖范围。值得一提的是,金融机构往往持有特定金融牌照,需要经过专门的审批或者备案登记,以便于确认。不过,该条定义的金融机构,较以往的范围有所扩大,如经中国证券投资基金业协会登记备案的私募投资基金,也视为金融机构对待。虽然此类主体并非传统意义上的金融机构,但其主要业务具有金融属性。

二是界定新型金融民商事纠纷。尤其是在主体上加以限定,如明确了保理纠纷、第三方支付纠纷的主体限定条件。对于互联网众筹,限定于股权类众筹,排除了慈善捐款、买卖产品等不涉及投资营利金融属性的众筹。对于近期纠纷频发的P2P网络借贷纠纷与私募基金纠纷,则作出了详细规定:"在中国证券投资基金业协会登记备案的私募基金管理人、私募基金因非公开募集、内部管理、外部投资等与基金业务有关的经营活动所引发的纠纷";"原、被告当事人一方是依法设立或者登记备案的网络借贷平台的,因债权转让、信息中介等经营行为所引发的纠纷"。这样一来,私募基金纠纷,包括私募股权、私募证券基金,涵盖了私募基金内外部纠纷。而网络借贷纠纷的明确,符合《最高人民法院立案庭负责人就上海金融法院案件管辖司法解释答记者问》所提要求,如当事人双方都是公民的,属于普通民事案件。该条还限定"原、被告"一方为网络借贷平台,以避免将网络平台追加为案件第三人,而纳入上海金融法院审理范围。

三是扩大了上市公司案件的管辖。《管辖细则》明确:上海金融法院管辖属于我国《证券法》、证券监管以及交易规则调整范围的与上市公司相关的纠纷,包括上市公司收购纠纷、以上市公司股票为标的的股权转让纠纷、公司增资纠纷。《管辖规定》虽然未提及此类案件,但此类案件与金融市场密切相关。在以往的金融条线与商事条线分工中,此类案件区分主要在于所适用的法律。如果涉及证券法的适用,属于金融条线审理,反之则属于商事条线。考虑到以往的实践故本次明确了以下几类较为典型的上市公司纠纷属于金融民商事案件:(1)"上市公司收购纠纷"。该案由为三级案由,在二级案由"与公司有关的纠纷"之下。但该类案件的审理主要适用《证券法》的规定,故以往此类案件由金融条线审理。但案件数量极少,如上海地区仅有一例案件,涉及上市公司ST新梅的控股权争议。(2)以上市公司股票为转让标的的“股权转让纠纷”。这实际上就是股票大宗交易,它是根据证券交易所的交易规则,双方达成协议并经交易所确定成交的证券交易活动。实践中,有当事人以股权转让纠纷为由提起相关诉讼,而实质上应当是证券交易合同纠纷,应属于金融民商事案件。(3)上市公司增资纠纷。上市公司定向增发引发的纠纷,属于公司增资纠纷,在适用公司法的同时,可能同时涉及《上市公司非公开发行股票实施细则》的适用。而且定向增发中,出资方大多涉及私募股权基金,从私募基金对外投资这个角度出发,也应属于上海金融法院管辖。

(三)扩展阶段

2018年11月5日,习近平总书记在首届中国国际进口博览会开幕式上提出,在上海证券交易所设立科创板并试点注册制,这是完善资本市场基础制度、激发市场活力和保护投资者合法权益的重要安排。考虑到科创板在上海证券交易所推出,上海金融法院可以积极回应设立科创板并试点注册制过程中的司法需求,故在上海市高级人民法院的大力支持下,上海金融法院提出了集中管辖涉科创板案件的申请。经过多方努力,2019年6月20日,最高人民法院《关于为设立科创板并试点注册制改革提供司法保障的若干意见》专门明确:“为保障发行制度改革顺利推进,在科创板首次公开发行股票并上市企业的证券发行纠纷、证券承销合同纠纷、证券上市保荐合同纠纷、证券上市合同纠纷和证券欺诈责任纠纷等第一审民商事案件,由上海金融法院试点集中管辖”。

对涉科创板案件试点集中管辖,在笔者看来,这是一项跨地域管辖的历史性突破。在一定程度上实现了上海金融法院跨区域管辖的目标。“上海金融法院”并非“上海市金融法院”,一字之差,大有不同。在筹建上海金融法院的理念中,借鉴了国外金融司法的管辖经验,曾有过相关的跨地域管辖思考与设计,但由于种种原因,未能如愿,仅留下一个伏笔,即《最高人民法院立案庭负责人就上海金融法院案件管辖司法解释答记者问》中专门提到,为充分发挥上海金融法院专业审判职能,服务保障金融创新需要,对于实践中出现的上海市辖区外确实存在适用法律、认定事实重大争议情形的案件,根据诉讼法的相关规定,最高人民法院可以另行指定上海金融法院进行管辖。

科创板的推出,则是一个巨大的机遇窗口,最终使上海金融法院扩展其管辖,实现了跨域管辖的目标。设立科创板并试点注册制是资本市场改革“试验田”,将积极推动我国证券发行上市、上市公司持续监管和证券交易制度的改革,在改革的过程中,会出现一些纠纷和法律适用问题,也会涉及交易场所规则的司法解读。而科创板上市公司遍布全国各地,如果由全国各地法院来管辖,可能会因认识不一致产生分歧,对改革产生阻碍。试点期间集中管辖不仅可以提高对新问题在事实认定和法律适用的裁判能力,统一裁判口径,而且便于提高监管标准与司法裁判标准的一致性,为注册制改革全面推开积累司法经验。

当然,在这个过程中,需要研究哪些案件应进行集中管辖。有些案件与科创板注册制并无直接关系,可归类于传统的证券争议,如证券投资咨询纠纷、证券回购合同纠纷、证券交易合同纠纷,由案件原管辖法院管辖更为便利,并无指定管辖之必要。而证券欺诈责任纠纷最迫切需要集中管辖,因为注册制之下,信息披露有其特殊规则。至于证券发行纠纷、证券承销合同纠纷、证券上市保荐合同纠纷、证券上市合同纠纷,有一部分纠纷仅涉及相关承销、保荐费用的追讨,但也有一部分纠纷,涉及上市相关责任的认定,例如,公司上市之后因造假上市被退市,上市公司或者中介机构赔偿之后可能会相互追偿,其纠纷处理结果对证券市场有一定的影响。最终,最高人民法院确认了5个案由,交由上海金融法院集中管辖。

金融审判专业视角下智能化随机分案模式之构建[①]

练彬彬*

引　言

如何在法院内部将案件分配到法官,并不是一个简单的事务性操作,必须设计一种缜密的案件管理制度,才能保证司法公正和公众对司法的信任。[②] 早在2005年,最高人民法院在《人民法院第二个五年改革纲要(2004—2008)》中就将"建立和完善随机分案制度"作为法院改革内容之一,[③]2015年2月,最高人民法院又在《人民法院第四个五年改革纲要(2014—2018)》中提出"在加强专业化合议庭建设基础上,实行随机分案为主、指定分案为辅的案件分配制度"。2015年9月,最高人民法院在《关于完善人民法院司法责任制的若干意见》中再次提出"在加强审判专业化建设基础上,实行随机分案为主、指定分案为辅的案件分配制度"。这也是最高人民法院首次提出要在加强审判专业化建设基础上实行随机分案制度。对此,最高人民法院在此后发布的多个司法文件中均一再强调要

---

① 本文获第三十届全国法院系统学术讨论会论文优秀奖。

* 法学硕士,上海金融法院综合办公室(研究室、审判管理办公室)法官助理。

② 参见[荷]兰布克、[意]法布瑞编:《法院案件管辖与案件分配:奥英意荷挪葡加七国的比较》,范明志等译,法律出版社2007年版,序言。

③ 《人民法院第二个五年改革纲要(2004—2008)》提出:健全和完善科学的审判流程管理制度,逐步做到同一级别的法院实行统一的审判流程管理模式。在考虑案件类型、难易程度等因素的前提下建立和完善随机分案制度。

根据审判领域类别和繁简分流安排,随机确定案件承办法官。[①] 因此,如何合理设置分案模式,在随机分案制度设计中落实加强审判专业化建设这一指导方针,成为随机分案制度设计的重点和难点。然而,在法院内设机构改革后,很多基层法院将审判庭按照刑事、民事、行政等大类划分,除了少数法院还保留特色庭室外,不再单设金融庭等专业化审判庭,这样会使同一个庭室内处理的案件类型和难度跨度较大。同时,随着金融创新步伐加快,金融案件日益专业化、复杂化、新颖化,对审判专业化也提出了更高要求,[②]如果随机分案未能兼顾金融审判专业化建设,极有可能造成金融审判质效下滑。故本文以金融审判为视角,在对我国部分司法改革试点法院随机分案模式进行实证考察的基础上,可以借鉴世界主要法治国家或地区特色分案制度,试提出相关理念设计以及构建智能化分案模式的建议。

一、现状梳理:我国电脑随机分案模式的现实概观分析

(一)现行电脑随机分案模式概述

分案程序公正是实现案件分配结果公正、审理结果公正的充分条件,同时也是案件分配制度公平性的体现。在如今推进司法体制改革实行法官员额制的背景下,办案法官人数减少,收案数却逐年增加,案多人少的矛盾凸显,自然法官对于案件公平分配的要求也就越高。现行电脑随机分案模式相较于传统的指定分案模式,体现了分案制度价值目标的应然定位:程序公正。实践中,多数法院的做法主要是以员额法官的收案量和存案量为指标,将案件由电脑按照概率自动分配到人,但除少数指定分案的例外情况,较少对法官专业审判能力进行区分。实际上每一名法官由于工作经验、专业背景等不同,业务水平和专业特长均存在

---

① 参见最高人民法院《关于落实司法责任制完善审判监督管理机制的意见(试行)》(法发〔2017〕11号)、最高人民法院《关于进一步全面落实司法责任制的实施意见》(法发〔2018〕23号)、最高人民法院《关于深化人民法院司法体制综合配套改革的意见——人民法院第五个五年改革纲要(2019—2023)》(法发〔2019〕8号)等文件。

② 近年来,上海市法院受理的涉金融案件呈现新类型案件多、案件风险传导性强、审理难度较大、国际关注度高等突出特点,对金融审判专业化提出更高要求。因此,全国首家金融法院应运而生,其目的就在于对金融案件实行集中管辖,提高金融审判专业化水平,建立公正、高效、权威的金融审判体系。针对金融审判的特点和规律,只有积极探索审判专业化新路径,才能充分运用专业化的思维和方法来解决矛盾纠纷,从而提供更优质的司法服务。

差异，如果不区分法官的专业审理水平以及案件的难易程度，就无法实现“人案匹配”的最佳协调方案，也无从实现审判资源最优化配置，金融案件审判专业化的高要求使得这一问题更加凸显。本文通过选取覆盖全国不同地区、不同审级的数个司法改革试点法院作为典型样本，并对这些法院现行的电脑随机分案模式进行整理归纳如表1所示。

表1 试点法院随机分案典型模式归纳

分案方法	法院名称	法院层级	具体制度
简单电脑摇号	浙江省台州市中级人民法院	中级	除本院发回基层法院重审后又上诉的案件、当事人撤诉后重新起诉的案件以及关联案件等少数特殊案件外，均运用电脑摇号方式进行分案，电脑随机分案后原则上不得变更承办人
主要根据积存的案件数量随机分配	上海海事法院	中级	根据案件情况、法官个人当前存案数、法官个人上月期末存案工作量及法官岗位等参数设置随机分案条件，由系统软件按概率自动选择承办法官，并设置相应的分案排除、分案休眠、随机收案数上限等控制条件。对于批量案件、系列案件、关联案件以及大要案和新类型案件采取指定分案形式，并规定相应的调配机制
	哈尔滨铁路运输中级法院	中级	按照员额法官、法官助理和书记员“1+1+1”的模式组成了新的相对固定的审判团队。实施了计算机系统随机分案制度，由计算机将受理的案件在手中积案较少的员额法官间随机分配，并随机组成合议庭
	河北省正定县法院	基层	除规定由专门审判庭（少年庭）审理的案件实行指定分案外，其他案件均按照以电脑随机分案为主，个别调整为辅的原则，统一随机分配
	宁夏隆德县法院	基层	组建民事、刑事、行政立案审监、执行4个审判团队，下设6个合议庭和若干独任庭，建立员额法官数与办案量精准匹配机制，打破各庭室界限，合理调度案件，适用随机分案到人兼顾直接分配到庭模式，确保每名员额法官办案均衡

续表

分案方法	法院名称	法院层级	具体制度
主要根据办案能力值、办案数量等进行随机分配	乌鲁木齐铁路运输中级法院	中级	通过对分案模块优化升级,引入办案能力值和总工作量参数等参考指标,电脑系统通过考量办案能力值和总工作量参数,自动随机将案件分配给审判团队相应法官。同时,新模块遇系列案件或审判人员应回避等特殊案件时也能在备注了指定分案理由后,进行指定分案
可设专项合议庭审理专业案件,其余随机分案	上海市第二中级人民法院	中级	以随机分案为主、指定分案为辅。设有专项合议庭的,依据分案的方案,将案件分配至相关专项合议庭的法官。非专项合议庭案件的分案按照法官的收案数、存案数等数据自动分配。专项合议庭分案数大于所在庭其他合议庭平均数时,专项案件随机分配至其他合议庭法官
结合案件专业类型、办案数量等在审判团队(或专业合议庭)内部随机分案	上海浦东新区法院	基层	全院目前共组建了74个审判团队,首先,以案由、标的额大小、当事人数量等因素测算基础案件权重系数,据此将案件分别分到不同裁判庭审理,初步形成了民四庭、民七庭审理简案,派出法庭审理常案,专业审判庭审理繁案的整体格局。其次,以审判团队为基础再进行随机分案
	陕西省志丹县法院	基层	立案庭在兼顾地域性、各审判团队职能定位、专业性的前提下,将案件分配到各审判团队,然后由各审判团队组长在其内部审判人员之间依案号依次轮流进行案件分配,实行随机分案
	重庆市秀山县法院	基层	改变传统大部门管理模式,在将11个审判庭重组为13个合议庭的基础上,成立17个办案团队,构建"专业化、小团队"模式,立案庭按照不同专业合议庭的法官姓名音序随机分案。建立人案对比、团队对比和收结存对比等台账,依托指定分案为辅、随机分案为主的案件分配机制,实施均衡化分案

从表 1 可以看出，法院现行分案模式大致可以归纳为五类：（1）简单电脑摇号；（2）主要根据积存的案件数量随机分配；（3）主要根据办案能力值、办案数量等进行随机分配；（4）可设专项合议庭审理专业案件，其余随机分案；（5）结合案件专业类型、办案数量等在审判团队（或专业合议庭）内部随机分案。其中，占比最多的分案方式还是主要根据积存的案件数量随机分配。大部分法院采取了扁平化的现代司法管理方式，由立案庭通过电脑将案件直接分配到审判团队或承办法官手中，减少流转环节，程序相对简单且排除了人为因素干扰，克服了指定分案的弊端。但同时由于预设分案规则的不尽完善，无法实现审判资源最优化配置。

（二）现行电脑随机分案模式存在的主要问题

现行分案模式主要存在以下问题：（1）除上海市浦东新区人民法院外，其余法院分案系统没有进行案件难易程度识别，繁简分流前置程序的缺失会导致后续案件审理效率的降低；（2）只有少数法院分案系统区分了法官专业审判能力水平，但也只是原则性规定，未能形成如何将加强审判专业化建设落实到随机分案制度中的具体设计；（3）分案方式相对机械，没有以案件需求为导向，把常见的需要动态调整的情形覆盖进去，以致当受理案件数量、结构发生变化时出现忙闲不均的现象，从而造成案件审理质效低下，案件积压的后果；（4）对指定分案、调整分案等例外情况规定不明，没有做到全程留痕、采取专门有效的监督机制；（5）随机分案配套机制方面，没有与审判管理系统有效衔接，没有结合绩效考核制度、法官工作饱和度等因素综合考虑；（6）分案软件程序设计仍有很大的完善空间，各地各级法院需要积极推进"智慧法院"信息化建设，从自身法院实际出发，设计适合的分案软件程序。

笔者认为，如果要提升司法审判系统的整体运转速度及管理效率，就应树立全局观念，将一段期限内立案受理的所有案件和全部法官作为一个整体去考虑，从而实现"人案匹配"的最佳协调方案，而非将案件和法官简单地随机匹配。审判专业化是审判工作取得实质性进展的关键环节，是深化司法体制改革的必然要求，对实现司法公正具有重要意义，因此在分案过程中，如何协调"随机分案"机制与"审判专业化"建设这一对看似相悖的矛盾，显得尤为重要。

二、比较分析:域外主要法治国家和地区分案模式的启示

本文通过对世界主要法治国家或地区分案典型情况进行搜集,整理了表2。

表2 世界主要法治国家或地区分案典型情况归纳

主要类型	国家或地区	特色制度
依据案件的质量和复杂的程度,对案件进行加权处理	美国法院	在实行司法双轨制的美国,州与联邦的法院分案制度有所不同。州法院遵循随机分配原则,具体由特定职责的书记官借助计算机程序向主审法官分发案件,而联邦法院则更倾向于依据对案件具体情况之考量来分配案件。在联邦最高法院,案件的争点及其复杂性被视为法官组选、审判长选任的重要考量因素①
	奥地利、荷兰法院	分案时均依据案件的质量和复杂的程度,对案件进行加权处理,以使法官审理案件的工作量达到平衡②
	英格兰、威尔士法院	在尊重法官专业分工的基础上随机分案,"沃尔夫报告"所建议的且被采用的"分辨式的案件流程管理"体制,充分考虑了每一个具体案件的复杂程度,打破了原先分案的时间顺序概念③
根据司法需求来分配法官	魁北克法院	法官被派到法院设在辖区内的很多审判庭审理案件,案件不直接分配到法官,而是根据每个审判区域的案件数量来决定法官的审判场所,即根据案件数量来分配法官,由协调法官根据自动调整标准和某个巡回区法官的现行案件数量来做决定,法官的专业领域可能会被考虑。同时设置了非正式的案件分配调整机制,使承担了大比例案件数量的法官可以将其工作部分地转移给相对空闲的法官④

① 参见蒋玮、李震:《法院分案制度改革研究》,载《人民司法》2019年第10期。

② 参见[荷]兰布克、[意]法布瑞编:《法院案件管辖与案件分配:奥英意荷挪葡加七国的比较》,范明志等译,法律出版社2007年版,第124页。

③ 同上书,第142页。

④ 同上书,第277页。

续表

主要类型	国家或地区	特色制度
关于分案的具体办法均预先详细规定,适当考虑具体的法官专业方向	德国法院	各法院制定《工作分配计划》,其中关于分案的方式、顺序、轮次均有详细明确的规定,任何人均可以查阅。由法院专职行政官员根据该计划将案件按照各审判庭审理案件类型分配至该审判庭庭长。最常见的分配方法有以下几种:(1)根据原被告的姓名,以拉丁字母为序;(2)根据原被告的居住地;(3)根据案件的种类(如建筑法、租赁法、责任法等);(4)根据收案编号(轮换制)①
	意大利法院	分案遵循一个被称为"组织计划"的严格制度。预先制定的分配案件的组织计划必须在每年的1月1日获得通过,其对案件分配的初步意见可能被其他同等管辖权法院的法官提出抗议。案件分配计划可以考虑一些具体的法官专业方向,因此也有可能总是把某类型的案件分配给同一些法官②
	中国澳门特别行政区法院	遵循平均和随机的原则分配法院工作,案件的相关文件在经过分类编号后以抽签的方式随机分配,并将分配结果登记并公布③

从以上经验可知,世界主要法治国家或地区分案的相关规则均预先根据各国实际情况进行设计,大部分国家或地区法院在分案时均考虑了案件专业类型、难易程度及工作量等因素,以灵活应对案件激增及案件积压的情况。"基于组织上、结构上之理由,不须由立法者规定,可由法院自己规定,但必须如同立法者一样,透过法规订定的程序来建立。"④英美法系中的美国联邦最高法院、英国法院(英格兰和威尔士地区)以及大陆法系中的魁北克法院、德国法院、意大利法院在分案时均有考虑法官的专业领域这一重要因素,美国、奥地利、荷兰法院在分案时根据不同案件具体复杂程度及工作量对案件进行了加权处理,以使法官审理案件的工作量达到平衡。魁北克法院根据案件数量来分配法官,同时设置了非

---

① 参见怀效锋:《法院与法官》,法律出版社2006年版,第354~355页。

② 参见[荷]兰布克、[意]法布瑞编:《法院案件管辖与案件分配:奥英意荷挪葡加七国的比较》,范明志等译,法律出版社2007年版,第168~171页。

③ 参见赵秉志:《澳门民事诉讼法典》,中国人民大学出版社1999年版,第59页。

④ Vgl. Hartmu Maurer, Rechtsstaatliches Prozessrecht, in: Festschrift 50 Jahre Bundesverfassun—gsgerichts. 2001. S. 495.

正式的案件分配调整机制,使承担了大比例案件数量的法官可以将其工作部分地转移给相对空闲的法官。笔者认为,可以借鉴上述国家或地区的做法,我国随机分案模式也应建立在区分案件专业类型、难易程度及工作量的基础上,并设置较为灵活的调配机制。

三、我国金融审判专业化建设基础上智能化随机分案模式之构建

法院受理案件的类型与数量受政策调控、经济环境、市场运行等不确定因素影响较大,瞬息万变的经济形势可能会导致案件数量激增,且较难进行预判,这点在金融案件中体现得尤为明显,而且金融案件种类繁多、层次多样、价值多元且跨度巨大,审理难度也普遍较大。笔者举例整理了 2012 年至今 S 市范围内法院受理的部分金融案件数量出现激增的情况,如表 3 所示。

表 3　2012 年至今 S 市金融案件数量出现激增情况分析

时间	案件类型	影响因素	案件数量变化情况	案件审理难度
2012 ~ 2014 年	金融借款合同纠纷	金融危机后,银行信贷政策放宽,后又受国内经济环境和房地产行业调控政策影响,钢贸市场行业风险凸显,信贷违约事件爆发	金融借款合同案件数量激增,至 2015 年因钢贸坏账催收已处于收尾阶段,使此类案件大幅下降	1. 被告多、保全多、送达地址多、诉讼材料多、异议多等因素导致工作量激增。 2. 公告送达、大标的额、诉讼保全等情况突出,导致案件审理周期长、短期内难以结案。 3. 疑难新型法律问题多,导致案件法律适用困难
2015 年	融资租赁合同纠纷	受宏观经济形势和国内产业政策影响,融资租赁市场急剧扩张	2015 年数量猛增,是 2014 年的 2.8 倍,2013 年的 4.6 倍。至今案件数量仍一直攀升	多种交易形式并存,法律关系复杂,且由于当事人众多,送达、调处困难等原因,案件的审理周期普遍偏长

续表

时间	案件类型	影响因素	案件数量变化情况	案件审理难度
2015年	融资融券交易纠纷、证券投资基金交易等纠纷	资本市场的发展、行政监管的强化以及法律限制的放松	涉资本市场类新类型案件迅速增多,证券类纠纷同比增长126%,相比2013年增长了近8倍	专业性强、当事人因蒙受巨额损失而对立情绪严重,案件审理难度较大
2016年	P2P网贷纠纷	国家宏观经济调控政策等方面的原因,使融资市场出现巨大的需求缺口,移动互联网快速发展和普及,以及金融管制带来的套利机会,使互联网金融纠纷迅速增多	在互联网金融企业较为密集的辖区法院所受理的此类案件数量更是出现成倍增长,如X区法院受理了329件,同比增加近2倍;Y区法院受理了127件,同比增加近3倍	由于缺少相关法律、法规的规制,审判实践中对于P2P平台主体资格、本金计算、逾期利息与违约金、电子证据如何认定等问题争议较大

由表3可知,建立符合金融审判特点的随机分案模式,对于提升审判专业化水平起着重要作用。笔者认为,在实行随机分案制度中,需要以加强审判专业化建设为基础,结合社会经济发展状况、收案类型和数量、员额法官队伍结构、审级等多重变量因素综合考量,同时借鉴国外灵活的分案调配机制,及时合理地根据情势变化整合调配相应的审判资源,以促进审判质效的提高。

(一)设立繁简分流前置程序

很多国家都设立了符合自身特点的案件分流制度,本文选取部分整理如表4所示。①

① 表格中英美法系国家分流制度介绍部分参见Daniel J. Meador, Maurice Rosenberg and Paul D. Carrington, *Appellate Courts: Structures, Functions, Processes, and Personnel*, The Michie Company, 1994, p. 454。大陆法系国家分流制度介绍部分参见傅郁林:《以职能权责界定为基础的审判人员分类改革》,载《现代法学》2015年第4期。

表4　国外先进繁简分流制度情况归纳

	繁简分流制度		繁简分流制度
英美法系国家	英美法系国家源远流长的治安法庭和小额法庭承担了半数以上的基层社会纠纷	大陆法系国家	法国、日本法院分别以小审法院和调停法庭见长,但不影响其正常司法程序的规范性和专业性
	美国联邦上诉法院在筛选分流案件时,出现以下几类情况一般按照"简易程序"处理:(1)争议问题仅是将明确的法律适用于重复出现的事实的;(2)争议问题是证据是否充足,而答案是确定无疑的;(3)对案件有可适用的先例,且没有证据表明可以质疑或推翻该先例的;(4)被审查的判决基本是正确的		德国法院的快捷收债程序(支付令)处理了其基层法院80%以上的民事案件
			斯洛文尼亚共和国有1/3的案件在案件分流部即可解决,不必进入审理程序,案件分流部会研判案件性质,并作出所有必要的程序性决定

迪拜国际金融中心法院(Dubai International Financial Centre,DIFC)也通过设置小额速裁法庭,对保险金融案件实现了有效的分流。2017年小额速裁法庭收案比2016年增加了67%,而保险金融法庭收案仅比2016年增加了17%。[①]

从以上分析可知,通过合理设立繁简分流前置程序,可以实现办案资源优化配置,有效提升整体办案效率。落脚于我国随机分案制度改革方案设计,应在电脑随机分案的程序中前置简审案件甄别分流机制,根据受理案件的具体情况设置相应的简审团队(或者速裁法庭),采取合并审理或批量化处理的快捷处理方式,科学设置人员配比,并设立简审法官定期轮换机制,分类确定不同简审团队法官办案的饱和度标准,对工作绩效进行区别于专业、常规团队法官的单独考核,从而保证简审团队和专业、常规团队法官的工作绩效考核具有同样的衡量标准,实现分案的公平性。

(二)设立专业识别前置程序

在分案过程中,应先对案件进行专业化识别,优先将专业案件在专业审判团

---

① 迪拜国际金融中心法院首席法官黄锡义2018年演讲,载迪拜国际金融中心法院官网:http://www.difccourts.ae/,最后访问日期:2019年8月15日。

队内部随机分案,其余案件再在常规审判团队内部随机分案。对此,需要处理好以下两个问题:

1. 专业化与全能化的和谐统一

在随机分案制度改革中,需要注意避免踏入专业化和全能化彼此割裂的误区,专业化和全能化是相对而言的概念,两者实应分工合作,从而实现资源的最优配置。关于这点与我国医疗服务体制改革中"全科医生"与"专科医生"分工合作机制有类似之处:"全科医生"作为"枢纽站",及时消化掉绝大多数常见病、多发病,将无法处理的疑难重症分流给"专科医生",这样的分流运行机制使"全科医生"和"专科医生"都能集中精力做最擅长的事,从而实现资源的最优配置,提升服务效率和质量。①

2. 合理划分审判专业

金融案件类型的多元化和复杂性近几年一直持续上升,而且各种新类型案件层出不穷。因此,在专业识别时不宜将案件类型划分太过细致,否则不能满足越来越多的新类型案件的需要。② 同时,金融领域所涵盖的内容广泛而有深度,审理不同类型案件所需要的思维模式、知识结构都不尽相同。审判知识,既包括可以言说的知识,即审判理论,也包括一些不可言传的知识(implicit knowledge),③需要长时间理论学习与实践累积才能形成审判经验、审判技能。综上,案件专业类型划分既不宜过细,但又不能跨度太大,而是要根据不同地域、层级法院实际受理案件的特征、难度进行专业划分。比如,德国法院将案件专业类型划分为建筑法、租赁法、责任法等。

(三)兼设复合型专业审判团队和常规审判团队

根据办案能力、审判经验、年龄和专业特长、个人意愿等因素,确定审判团队人员的组成,确保资源配置最优化、审判效益最大化。审判团队有"1+N+N"等多种灵活的组成形式,在此基础上,根据办案实际需要进行调整:鉴于不少金融

---

① 参见白剑峰:《全科医生不是"低端医生"》,载搜狐网:https://www.sohu.com/a/227275677_235830,最后访问日期:2018年6月1日。

② 随着金融创新模式的不断发展,新的纠纷类型不断涌现:浮动抵押、企业债券、抵押贷款资产证券化信托、代客境外理财产品、外汇贷款利率及货币掉期合约、信用证议付、独立保函等。

③ 参见侯猛:《中国最高人民法院研究》,法律出版社2007年版,第96页。

类案件具有专业性、复杂性和新颖性特征,且精细化程度高,在构建团队时可以多配备一些人员。同时,综合考量案件数量、审理难度、团队人员配置等因素设定审判团队数量。各团队之间通过类案统一、工作协作的形式,保证审判工作整体推进。

1. 专业和常规审判团队分工协作

审判团队的组建和运行具有明显的集约优化特征,①可以通过借鉴经济学中的"帕累托最优"理论②对既有审判资源予以整合优化,向扁平化管理转变,在审判庭下面设置若干审判团队,从而加强团队办案力量,有利于缓解当前法院"案多人少"的矛盾。其中,根据案件审理需要、审级不同设置相应的专业审判团队,其余则为常规审判团队。在这方面迪拜国际金融中心法院的做法也可以参考借鉴:通过设置新技术和建筑庭,成立专业的审判团队,专门审理涉及技术以及商业纠纷的复杂案件,从而达到了缩短审理周期、提高审判质效的较好效果。③ 我国法院专业审判团队的设置,应当以各地、各级人民法院受理案件的实际情况为出发点有针对性地设立。对于基层法院而言,可以针对证券基金类、涉外金融纠纷类等专业性较强的案件设置专业审判团队;对于中级法院如金融审判专门法院而言,可以考虑针对涉金融行政案件、金融民商事纠纷的仲裁司法审查、以金融机构为债务人的破产案件、涉科创板案件等特定类别的案件设置专业审判团队。

2. 建立法官梯队,设立复合型专业审判团队

随机分案模式设置应当具备一定的弹性,才能积极应对可能出现的需要动态调整的情况。如果专业审判团队仅仅审理某一特定类型的案件,不仅可能会造成不同专业审判团队之间案件受理时间、数量及难度上的不均衡,导致法官忙闲不均,造成审判资源的浪费,还可能会在专业审判团队内部激化"案多人少"的

---

① "集约化"是经济术语。原指在最充分利用一切资源的基础上,更集中合理地运用现代管理与技术,充分发挥人力资源的积极效应,以提高工作效益和效率的一种形式。如今,"集约化"管理的思路在我国被广泛运用。

② 帕累托最优(Pareto improvement)理论也称帕累托效率,是指在资源分配中,假定固有的一群人和可分配资源总量不变,但改变分配状态,即可在没有使任何人境况变坏的前提下,至少让一个人变得更好。帕累托最优是公平与效率的"理想王国"。

③ 迪拜国际金融中心法院首席法官黄锡义2018年演讲,载迪拜国际金融中心法院官网:http://www.difccourts.ae/,最后访问日期:2019年8月15日。

矛盾,严重影响审判质效。而且交叉性强是未来金融案件的发展趋势,综合审理有助于法官积累较为全面的金融审判经验。虽然银行、证券、保险等金融案件均可以抽象提炼出民法传统债权债务模型,但有各自不同的资本运作方式和商业模式,且经营方式上可能会存在关联性和互通性,因此,审理此类复合性较强的案件需要法官具有综合的金融案件审判经验和全面的视角。而长时间审理同一类型的案件容易导致法官对其他类型的案件逐渐生疏或者出现思维固化,以致当人员出现流动,如退休或调离时,出现人才断层现象。因此,随机分案虽然是相对固定的分案方式,但是面对无法预估的案件数量及案件积压的变化情况,需要通过创造性的办法来解决问题。

笔者建议,可以在员额法官内部建立法官梯队制度,设立复合型专业审判团队,培养一专多能的专家型法官。通过科学合理的方法对员额法官的审判专长进行评估,分别确定"第一专业""第二专业",甚至"第三专业",即专业审判团队不再只专门审理单一类型的专业案件,而是结合专业特长和个人意愿,拓展至审理两至三种类型的专业案件。同时,兼顾法官自身的职业发展需求,即法官将自己定位为单一型专业法官还是复合型专业法官。对于学习能力强且精力充沛的法官,如果其自身希望涉猎更广泛的审判业务领域,可以考虑分配给其更多种类型的专业案件,从而充分发挥个人的潜质,调动工作积极性,实现法院审判需求和个人职业发展需求的协调统一。

3. 动态调整,实现"人案匹配"最佳方案

人案匹配是一个动态变化的过程,既可能因为法官的经验、知识积累而拓宽其专业领域,也有可能因为法官长期审理同一类型案件而不愿踏出"舒适区"。因此,在分案时需要以案件审理需求为导向,结合法官队伍梯队结构特征,将近期的结案任务指标、中期的案件分流调配与远期的法官职业发展定位等因素进行综合考虑,注重"人"与"案"的协调关系,并在实践中不断调整。

在这样的案件随机分配过程中,能充分利用现有审判资源,更灵活地解决收案不均引发的忙闲不均问题。比如,A 法官是金融领域的一名员额法官,他的第一专业是证券期货类纠纷,第二专业是融资租赁合同纠纷。那么在第一专业为融资租赁合同纠纷的法官工作量饱和,而 A 法官工作量尚未饱和的情况下,A 法官可以参与融资租赁合同纠纷案件的随机分案,承办融资租赁合同纠纷案件,这点与英美法系国家中非正式案件分配调整机制有异曲同工之处。对此,本文设

计了随机分案流程图,如图1所示。

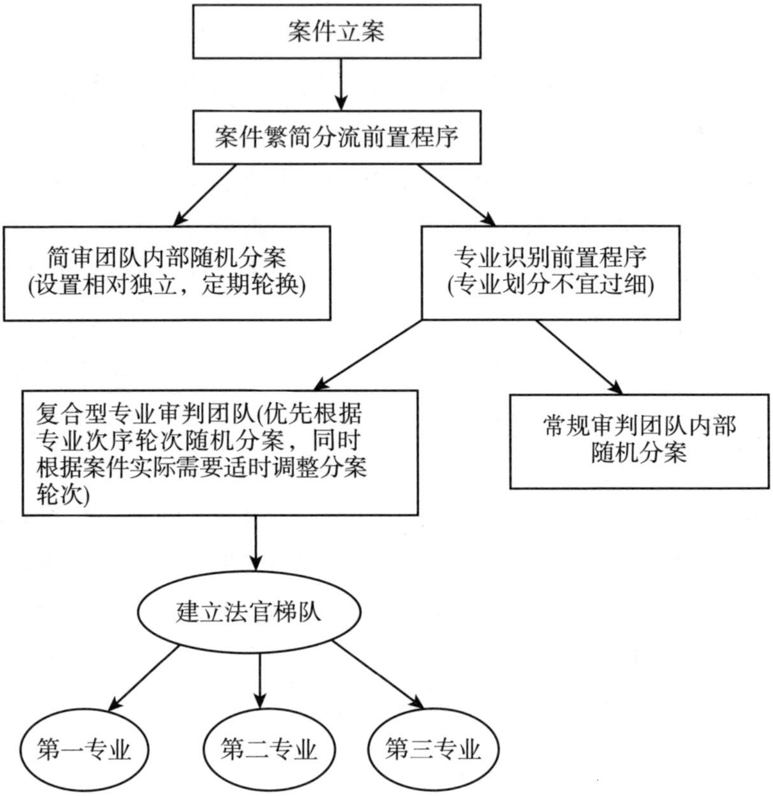

图1　随机分案流程设计

(四)协同联动,完善随机分案配套机制

随机分案制度是法院司法体制改革总体框架下的系统性方案,与法院信息化建设、审判管理、法官绩效考核、法官工作饱和度测算机制等是有机统一的整体,相关制度的完善应当配套进行。

1. 研发分案软件,构建智能化分案模式

随机分案规则的落实有赖于分案软件的程序设计,各地法院应从自身实际出发,运用人工智能、大数据等现代科技手段,研发符合本院实际的分案软件,构建繁简分流、专业分流基础上的分案模式。本文建议法院将随机分案系统嵌入现行审判管理系统中,并将案件难易权重、法官专业审判能力和法官工作量等作为参考指标纳入分案软件算法模块中,通过赋予各参考指标不同的加权系数,设计合理的分案公式,最后设定以工作饱和度为约束条件,以期实现优化分配,达成“案”与“人”的能级匹配,提升审判专业化水平。其中,在对法官专业审判能力这一指标进行量化设定时可以采用统计学中的聚类分析方法,①通过对调撤率、平均审理天数、均衡结案度、二审改判发回率等几项数据综合分析计算得出。

2. 优化运用案件权重系数,实现法官绩效考核合理化

建立科学合理的法官绩效考核体系,有利于调动法官办案的积极性。在对法官审判绩效进行考核时,应当优化运用案件权重系数,②以便更公正合理地计算法官实际办案工作量。基于司法实践中案件情况千差万别,审理案件的难易程度并非仅仅取决于案件类型,而是取决于实际需要解决的问题,包括事实认定和法律适用问题,很多工作尚不能量化统计,还不能涵盖所有影响案件工作量的要素,因此在实际应用中需要对权重进一步调整完善。图 2 为案件权重系数优化图。

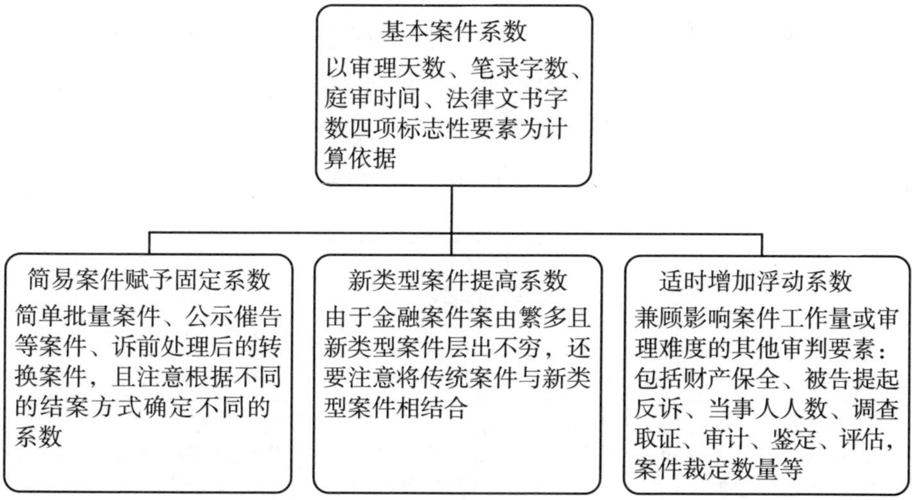

图 2　案件权重系数优化

---

① 聚类分析方法是种多元统计方法,可以对多个随机变量的观测数据进行分析,较之一般的统计方法具有可以解决不同的数据之间缺乏可比性和评价标准这一问题的优势,有利于对评估数据进行定量分析、定性评价,从而对数据的分析更具全面性、精确性。

② 案件权重是指某类案件在全部案件审理中的相对难易程度。S 市法院开发研究的案件权重系数是以全部案由为索引,选取海量案件数据进行大数据分析,确定了以审理天数、笔录字数、庭审时间、法律文书字数四项标志性要素作为一般案件系数。

3. 建立分案公示制度,完善分案监督管理机制

在分案过程中,应当根据审判规律和法院实际,合理测算法官工作饱和度,科学确定法官工作量,适时调整审判团队的案件分配方案,从而更好地保障法官权益,有效提高审判团队的整体效能。建立指定分案、调整分案公示制度,对指定分案、调整分案的结果和事由等进行公示,并及时告知当事人和法官,做到全程留痕。由审判管理部门作为监督和管理机构,采取主动监督和被动监督并行的方式进行监督。

4. 多元纠纷解决机制全方位对接,实现案件有效分流

多元化纠纷解决机制,是指由各种性质、功能、程序和形式不同的纠纷解决机制共同构成的整体系统,在这种多元化系统中,各种制度或程序既有独立的运行空间,又能形成一种功能互补,以满足社会和当事人的多元化需求与选择自由。[①] 迪拜国际金融中心法院在多元化解方面有值得借鉴的经验:在涉及大型基础设施、建筑施工合同方面发展特色法庭,探索适用了替代性纠纷解决机制(Alternative Dispute Resolution),此项举措不仅能够减少法院诉累,还能缩减诉讼周期、减少当事人的费用,将诉讼对项目的负面影响降至最低,从而为当事人提供更好的营商环境,达到了较好的社会效果。[②] 通过有效引入外部资源,建立体系化、全覆盖的多元纠纷解决机制,可以实现案件的有效分流,从而提升审判专业化水平。图3为专业化多元纠纷解决机制分流图。

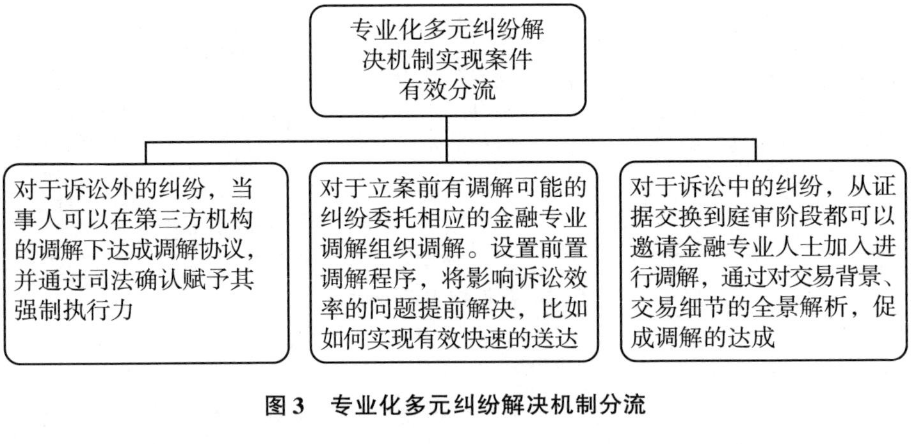

图3 专业化多元纠纷解决机制分流

---

① 参见吴弘:《金融纠纷非诉解决机制的借鉴与更新》,载《东方法学》2015年第4期。

② 迪拜国际金融中心法院首席法官黄锡义2018年演讲,载迪拜国际金融中心法院官网:http://www.difccourts.ae/,最后访问日期:2019年8月15日。

论我国金融法院的职能定位及职权配置

——以上海金融法院为视角①

葛少帅*

引　　言

上海金融法院的成立,标志着我国金融专业化审判迈向了一个新的阶段。作为目前全国唯一一家金融专门法院,它从成立伊始就被寄予厚望。除有完善金融审判体系、营造良好金融法治环境的目的外,更有其"超越"金融司法的目的设想。作为司法机关,如何通过金融案件审判实现上述目的,是对上海金融法院提出的新挑战。法院职能的发挥,前提在于明确职能定位、核心在于确定职权配置。因此,本文从分析上海金融法院成立愿景以及所处的司法现实之间的矛盾出发,探寻矛盾表象下的深层次原因,并最终立足于司法现实,明确上海金融法院的职能定位以及具体职权配置。本文并不分析金融法院与一般中级人民法院共通的职能定位及职权配置,而是以此基础,立足司法现实,寻求解决途径。

一、愿景与困境:金融法院的现实状态

如果从修律变法筹建"行政审判院"起算,专门法院在我国已有百年历史。②经过不断的探索,专门法院的设立日趋科学化和专业化。上海金融法院作为最

---

① 本文获第三十一届全国法院系统学术讨论会论文三等奖。

* 法学硕士,上海金融法院院综合办公室(研究室、审判管理办公室)法官助理。

② 参见程琥:《论我国专门法院制度的反思与重构》,载《中国应用法学》2019 年第 3 期。

新设立的专门法院,自成立起至今,已正常运行一年有余。在运行过程中,现有法律规定不能满足金融法院职能发挥的不足逐渐开始显现。

(一)金融法院成立的愿景

1. 推动国家金融战略

2017年7月14日至15日召开的第五次全国金融工作会议中,习近平总书记强调:"金融是国家重要的核心竞争力,金融安全是国家安全的重要组成部分,金融制度是经济社会发展中重要的基础性制度。必须加强党对金融工作的领导,坚持稳中求进工作总基调,遵循金融发展规律,紧紧围绕服务实体经济、防控金融风险、深化金融改革三项任务,创新和完善金融调控,健全现代金融企业制度,完善金融市场体系,推进构建现代金融监管框架,加快转变金融发展方式,健全金融法治,保障国家金融安全,促进经济和金融良性循环、健康发展。"此次会议的3项任务与《关于设立上海金融法院的方案》的内容高度重合,从这个意义上说,围绕这3项任务发挥司法职能作用是金融法院成立的目的,也是金融法院得以成立的缘由。它的成立,不仅是金融审判专业化的要求,更是实施国家金融战略的要求。

2. 争取国际话语权

上海金融法院建院伊始便提出了建设"专业化、智能化、国际化世界一流金融法院"目标,[①]期望通过对标国际最高标准,提高上海金融法院的国际影响力,提高国际金融话语权,实现从国际金融规则的遵守者到制定者的转变。长久以来,我国金融市场大而不强,市场化水平及开放性程度不高,缺乏国际金融规则话语权。通过审理具有规则创设意义的国际金融纠纷案件,是争取国际金融行业话语权的重要方式之一。例如,服务于伦敦金融中心的金融法庭,在审理案件上具有很大程度的选择自由权,主要审理需要具备金融市场特殊专业知识或提出对于金融市场具有普遍重大影响问题的案件。在伦敦金融法庭每年审理的约15起案件中,大多数案件都是国际金融纠纷案件。由于英国属于普通法系,属于判例法国家,伦敦金融法庭作出的判决对后续判决有约束力,因此为伦敦金融中心争取了国际金融市场规则制定的话语权。

---

① 参见《上海金融法院五年发展规划纲要(2019—2023)》。

3. 完善金融审判体系

上海金融法院还承担着推进金融审判体制机制改革,提高金融审判专业化水平,建立公正、高效、权威的金融审判体系的重任。上海金融法院虽然定位于中级人民法院,地域管辖范围主要限定于上海市辖区,但基于全国唯一一家金融法院的"明星效应",人们期待上海金融法院在更大范围内发挥示范引领作用。通过探索金融审判体制改革,形成可推广、可复制的改革经验,带动全国其他金融审判共同提高。事实上,这种"明星效应"已经初步显现,如上海金融法院于2019年1月发布《关于证券纠纷示范判决机制的规定》后,其他一些省市的高级人民法院也陆续发布了类似的文件规定。①

(二)职能发挥面对的现实困境

1. 金融市场灵活性与金融司法稳定性

金融市场的复杂多变导致金融案件的复杂性和新颖性,对金融司法提出了新的挑战和要求。苏力在论述中国法学发展历程时总结到,像金融法领域内的法学研究,需要高度关注现实的制度变迁。当金融制度不断变化革新、新的金融工具不断繁殖、金融市场不断扩展、金融交易的时空都在发生剧变,金融法的学者根本无法仅仅关注一些法条、规则或原则,势必而且已经开始走出法条和概念,必须不断关注规则、制度的实际变化,关注法律的实际运作,关注经济学中金融理论的发展,关注新的金融法的理论和实践。② 囿于我国成文法的体例,金融司法在规制金融市场问题时,往往难以将最新的理论等内容纳入司法适用中,法律与实践的脱节便会使司法陷入无法应对的困境。

2. 示范引领作用与审判层级限制

对法院而言,发挥示范引领作用主要通过具有影响力的司法裁判,包括无约束力的裁判和有约束力的裁判两种类型。无约束力的裁判,是某法院作出的判决有理有据,体现了审判的专业性,其他法院在审理类似案件时会自觉参考;有约束力的裁判,是该法院作出的判决是其他法院必须要遵守的裁判规则,如最高

---

① 例如,北京市高级人民法院于2019年4月发布《北京市高级人民法院关于依法公正高效处理群体性证券纠纷的意见(试行)》。

② 参见苏力:《也许正在发生——中国当代法学发展的一个概览》,载《比较法研究》2001年第3期。

人民法院发布的指导性案例、上级法院对下级法院的审判监督指导的裁判。上海金融法院在审判层级上属于中级人民法院,有约束力的裁判影响范围有限,无法直接产生对全国其他地区法院有约束力的影响。因此,只能依靠加大宣传其作出的具有重大影响力的典型案例的形式或通过上报最高人民法院形成指导性案例的形式取得示范引领效果。

3. 扩大收案范围与管辖规定

金融司法职能的发挥最终要通过案件审理来实现,案件管辖问题是专门法院运行中的基础性问题,直接决定着专门法院的长期存在和发展。[①] 专门法院的专业性和影响力,在一定程度上取决于能不能审理一批社会关注度较高、案件类型新颖、具有规则创制效果的重大案件。虽然最高人民法院《关于上海金融法院案件管辖的规定》对收案范围,采用了"等新型金融民商事案件"的表述,[②]但受制于《民事诉讼法》以及其他相关规定,上海金融法院受理的案件仍限定于上海市辖区,即便对涉科创板实行集中管辖,也仅限于注册发行阶段的几类特殊案由,对金融法院成立之前相应的中级人民法院的管辖范围并未有重大突破。特别是在涉外案件的受理上,目前我国在协议管辖上坚持的实际联系原则,若案件与金融法院辖区无实际联系,则无法进入金融法院管辖范围。虽在理论界颇受争议,但也是目前司法实践不得不面对的现实。[③]

二、金融与司法:困境产生的根源

金融司法面临的困境,表面上看是相关法律规定限制了其司法职能的有效发挥,似乎通过修改相关法律规定便能迎刃而解。但若从根源上分析,这种困境折射出我国金融市场发展面临的新形势、金融监管存在不足、金融司法替代机制不完善等多方面的问题。当上述方面产生的问题,无论是否适合经由司法途径加以解决,均以案件的形式集中到金融司法中时,困境就产生了。

---

① 参见程琥:《论我国专门法院制度的反思与重构》,载《中国应用法学》2019年第3期。

② 参见郑学林、包剑平、李盛烨、郭敏:《〈关于上海金融法院案件管辖的规定〉的理解与适用》,载《人民司法》(应用)2018年第34期。

③ 参见林欣宇:《涉外协议管辖中实际联系原则的理性思辨与实践探索》,载《法律适用》2018年第24期。

（一）金融市场发展中的问题

1. 我国金融市场的现状

改革开放以来，我国金融市场的发展呈现出较为明显的转型特征：一方面，金融市场在"后发优势"的带动下迅猛发展，成为推动国民经济增长的最重要力量之一；另一方面，受制于整体市场环境和监管能力的不成熟，原本属于不同阶段、不同形态的金融风险集中累积，并屡屡爆发各种违法违规事件甚至引发系统性风险。[①] 我国金融市场现状是大而不强，市场化程度以及开放程度与其全球第二大经济体的地位不匹配，金融市场抗风险的能力差，容易引发各种新类型纠纷、群体性纠纷，甚至引发体系化风险。在我国金融市场改革，不断提高开放化水平和市场化程度的过程中，将会产生众多需要金融司法加以解决的问题。

2. 金融市场面临新挑战

在当前我国金融市场中，金融科技带来的挑战是最为明显的，特别是互联网金融的兴起，给传统金融市场带来巨大的变化。与之而来的是放大的金融风险，与传统金融风险对比，具体表现为金融风险的泛化，使金融风险变得更加频发、更为严重，也容易使风险在金融系统内外之间的传递变得更为频繁，从而可能影响整个金融系统的稳定。[②] 在应对金融科技带来的"金融创新"时，要能够准确判断"金融创新"的性质，要在维护金融创新促进金融发展与规范以"金融创新"包装下的违反金融市场秩序的行为之间拿捏好分寸。而这种准确把握"创新"实质的能力对于专业的金融监管机构而言，尚难以准确掌控。若由司法机关判断，挑战不可谓不大。

（二）金融监管存在不足

1. 金融监管政策与司法裁判规则冲突

我国金融监管机构既是监管者又是立法者，有权对其监管事项制定相应的规则。但与立法机关的立法不同，金融监管机构侧重于行政监管。在金融监管机构与司法机关缺乏有效沟通的情况下，就容易出现政策与规则"打架"的现象。

---

① 参见周仲飞、李敬伟：《金融科技背景下金融监管范式的转变》，载《法学研究》2018年第5期。

② 同上。

最典型的例子是被行业内称为“大资管新规”的《关于规范金融机构资产管理业务的指导意见》发布后,取消了“刚性兑付”的条款,这与民商事案件中的当事人意思自治原则发生冲突,给司法裁判带来较大的困扰。

2. 金融监管改革与金融监管竞争

我国金融市场监管体制伴随金融市场的不断发展而变化,逐渐从最初的由中国人民银行对金融各行业进行统一监管的模式,进而发展为以“一行三会”为主的分业监管模式,再到被部分学者称为“双峰结构”打下基础的“一委一行两会”的监管模式。① 这种监管模式的转变,核心在于加强监管协调,引入功能监管和强化审慎监管,反映出我国金融监管机构根据市场混业经营的现实,逐步从分业监管向混业监管转变。但在目前的转型阶段,由于金融监管的不足,监管机构对“金融创新”活动的判断不准确,加之金融监管竞争带来的一系列的负外部性,增加了监管协同的难度,②导致监管不力等问题出现,致使“创新”演变成问题,进而变成司法案件后,监管机构才展开问题式监管。

(三)金融司法替代机制不够完善

1. 金融纠纷过分依赖金融司法

司法被称为是维护社会公平正义的最后一道防线,但在司法实践中,司法往往成了唯一的防线,成了矛盾冲突解决的“前线”,在金融司法领域内尤为突出。但金融司法的特性决定了并非所有类型的金融纠纷都适宜通过司法途径解决,特别是对于金融消费纠纷而言,通过司法途径化解矛盾往往因为诉讼双方在专业性、信息途径、财力等方面存在较大差距,容易造成了双方当事人诉讼地位实际上的不平等。大量不适合由司法加以解决的纠纷涌入至法院,占用了司法资源,也给法院办案带来较大压力。

2. 多元化金融纠纷解决机制不够完善有效

目前,很多金融发达国家和地区都构建了各具特色的多元化的纠纷解决机制,寻求金融司法之外的金融纠纷替代性争议解决程序(Alternative Dispute Resolution, ADR),如英国以金融督查服务公司(Financial Ombudsman Service,

---

① 参见黄辉:《中国金融监管体制改革的逻辑与路径:国际经验与本土选择》,载《法学家》2019年第3期。

② 参见冯辉:《论金融监管竞争及法律治理》,载《法学家》2019年第3期。

FOS）为特色，美国则以金融监管机构的处理为特色，加拿大以专门的金融消费者管理机构的行政处理为特色。[①] 这些替代性争议解决程序，更为便利、低成本、快捷地解决了部分金融纠纷，在取得较好的社会效果的同时，也减少了进入司法诉讼的案件数量。我国有着深厚的调解传统，在金融纠纷多元化解方面，成立了诸如中证中小投资者服务中心、各种金融行业纠纷调解中心等一系列纠纷化解机构。但仍存在金融纠纷多元化解纠纷体系不够完善、多元化解与司法衔接不畅、替代纠纷解决机制权威性不足等问题，制约了效能的发挥。

三、内部与外部：确定职能定位的进路

造成上述困境的原因是多方面的，突破困境需要金融、监管、司法等多方面协同配合。通过司法解决上述问题，对金融法院而言，核心在于明确职能定位。金融法院要立足于中级人民法院的现实，体现金融专门法院的特殊性，坚持司法改革的正确方向，在职能定位上适度超越。一般认为，中级人民法院主要的职能是依法纠错，定分止争。同时还应通过审理疑难、复杂、新类型案件，解决具有普遍适用意义的法律问题，使审判工作直接起到指导基层法院办案的作用。[②] 但若将金融专门法院的职能定位于此，则显然难以满足金融法院的成立目的，也难以发挥解决金融市场深层次问题的作用。对此，应当将金融法院在依法纠错、定分止争的职能定位上更进一步，即金融审判领域内适度突破中级法院的审判指导功能。这就要求处理好以下两类关系：一是对外关系，即金融与司法的关系；二是对内关系，即金融法院在金融审判体系中与其他法院以及相关规定的关系。

（一）协同司法审判与金融市场

1. 维护金融市场秩序

金融司法应当与金融市场相互协同，准确把握规范市场行为与保护金融创新界限，共同促进金融市场平稳运行。金融司法在保障金融市场平稳运行主要

---

① 参见邢会强：《金融消费纠纷多元化解决机制的构建与对北京的建议》，载《法学杂志》2011年第2期。

② 参见何帆：《论上下级法院的职权配置——以四级法院职能定位为视角》，载《法律适用》2012年第8期。

体现在三个方面:一是维护金融市场正常秩序;二是规范金融市场主体行为;三是引领金融市场规则。金融法院审理的金融案件,虽然对金融市场行为没有直接的约束力,但是通过案件审理所体现出的司法价值取向,无疑为市场主体的行为起到了引领的作用。特别是在审理国际金融纠纷案件时,往往能塑造引领国际金融规则。在当前的国际金融环境下,金融法院还应当能够具备防范和化解金融风险的职能,避免因司法裁判而引发系统性金融风险。

2. 兼顾金融审判与行政监管

与通过司法裁判对金融行为进行规范不同,金融监管机构出台相关的监管文件对金融机构进行监管更具有灵活性,监管机构可以随时根据金融市场的运行状况,出台监管政策。但金融业的行政监管与金融案件的司法审判立足点不同,行政监管是从监管者的角度,具有命令式的规制,而司法审判则是在纠纷双方之间的居中裁判,是司法权的行使,两者极易产生冲突。金融法院应当承担起调和金融司法与行政监管之间矛盾的职能,这种职能,一方面,体现在司法实践中妥善处理好个案中的行政监管文件与法律规定的冲突;另一方面,体现在积极参与到监管机构制定相关监管文件过程中,从源头上减少冲突的产生。

(二)促进金融审判统一

1. 发挥金融审判的示范引领作用

在当前司法实践中,一家法院的示范引领作用,与其审判层级有关,也与其所处的地理位置有关。审判层级越高,位置越靠近经济发达地区,其作出的司法判决往往更具影响力,也更容易为其他法院所关注和认可。上海金融法院成立后,不仅在国内受到其他地方法院以及金融行业的关注,而且在国际上受到了高度关注。成立一周年以来,上海金融法院共接待国内外参访95批近1500人次,其中20个国家、地区或国际组织代表团来访199人次。[①] 作为位于上海国际金融中心的专门法院,上海金融法院必定要承担起金融审判的示范引领职能。虽然从审判级别来看,金融法院审判指导的规制范围仅仅限于其管辖的基层人民法院。但正如前文所述,金融法院实现其成立的目的,很大程度上取决于金融法院审判案件的影响范围,因此金融法院职能定位应当突破一般中级法院的限制,

① 资料来源:上海金融法院工作报告。

在更大范围内发挥审判指导的作用。

2. 符合当前职能定位改革趋势

对金融法院职能定位，不能脱离司法改革的背景，要符合当前四级法院职能定位改革的方向。《人民法院第五个五年改革纲要（2019—2023）》中明确，优化四级法院职能定位，完善审级制度，充分发挥其诉讼分流、职能分层和资源配置的功能，强化上级人民法院对下监督指导、统一法律适用的职能。在明确金融法院职能时，要改变长久以来我国四级法院的功能定位较为单一、审判指导方式上的无序化等问题。① 目前，此次司法改革在职能定位上呈现整个法院层级系统由"圆筒状"向"金字塔状"的转变、四级法院功能定位各有不同的改革方向，因此，金融法院在中级法院职能定位基础上的更进一步，凸显一定程度上的审判指导作用，是符合当前司法改革的趋势的。

四、审判与超越：对专门法院职权配置的设想

金融法院职能的发挥，需要有与之相符的职权配置。根据我国目前法律的规定和上文对金融法院的职能定位的分析，可以通过赋予金融法院以下职权来提升金融司法在服务保障金融市场工作中的职能。

（一）建立金融法院指导性案例制度

1. 金融审判与指导性案例制度有天然的契合性

与传统民商事活动不同，金融活动更加灵活和多变，更易受国际环境的影响。但成文法本身的滞后性以及修改、解释法律的方式周期过长等方面的不足，在回应瞬息万变的金融活动时显得捉襟见肘。指导性案例制度，由于其灵活性以及与司法实践紧密相关的特点，能够及时应对司法实践带来的新问题。② 面对瞬息万变的金融市场，指导性案例制度与之有天然契合性。从比较法的角度分析，世界排名最靠前的几大国际金融中心，包括伦敦、新加坡、我国香港特别行政区等金融中心，都处于英美法系地区，原因就在于英美法系的判例法制度能够提

---

① 参见何帆：《论上下级法院的职权配置——以四级法院职能定位为视角》，载《法律适用》2012 年第 8 期。

② 参见冯果、袁康：《社会变迁与金融法的时代品格》，载《当代法学》2014 年第 2 期。

供更为灵活的司法制度,法官通过个案的审理创制有针对性的金融规则,更符合金融中心建设的特性。国外有学者通过对49个国家的保护投资者的法律法规以及实施进行的实证研究表明,普通法系的国家对投资者的保护更加强力。① 值得注意的是,阿联酋为了争夺金融中心地位,2014年修改了宪法,授权在迪拜国际金融中心设立专门的商事法院,聘请英美法系的法官,以英美法系的制度来裁判金融案件。② 在阿拉伯半岛,除了阿联酋的迪拜国际金融中心外,卡塔尔在其首都多哈也建立了卡塔尔国际金融中心,也是采用了英美法系的传统,不仅使国外投资者直接投资时更为方便,更能应对金融活动中遇到的新的情况和新环境。③

2. 将金融法院作为指导性案例产生主体有现实必要性

最高人民法院于2010年11月发布的《最高人民法院关于案例指导工作的规定》,正式确立了我国法院系统内的案例指导制度。该项制度在法律法规、司法解释之外,对司法实践中出现的新类型案件、疑难案件提供了更为灵活的司法指导方式。但其本身的不足也逐渐显现,特别是案例供应不足的问题。因此有些学者提出,有权生产、确认和公布指导性案例的主体不应限于最高人民法院,而应扩展至地方高级人民法院和中级人民法院。并进行了实践和理论上的论证。④ 在金融审判领域内,面对指导性案例数量的不足的现状,可以在金融审判领域先行试点,突破现有指导性案例发布主体,将金融法院作为金融审判领域内的发布主体,并对金融法院发布的指导性案例的效力和约束范围进行限定,探索符合金融审判领域内的指导性案例模式。

(二)扩大案件管辖范围

1. 扩大地域管辖的必要性

上海金融法院的两项重要职能——金融案件审判的示范引领作用和争取国际金融话语权,都是建立在审理相关金融案件的基础上的。但正如前文所述,根

---

① See Rafael La Porta, Florecio Lopez-de-Silanes, and Andrei Shleifer, Robert W. Vishny, "Law and Finance", *Journal of Political Economy*, 1998.

② 参见黄韬:《上海金融法院的几个"有待观察"》,载《21世纪经济报道》2018年4月3日,第4版。

③ See Damien P. Horigan, "The New Adventures of The Common Law", *Pace International Law Review Online Companio*, 2009.

④ 参见徐凤:《论扩大指导性案例产生主体的路径及理论支撑》,载《法学》2019年第4期。

据现有相关法律规定和审判实践,目前上海金融法院的收案范围不能满足其职能的发挥。因此,有必要扩大案件管辖范围。从当事人的角度分析,在涉及金融领域内较为新颖、复杂的案件时,往往更倾向于选择更加专业的法院审理。上海法院从上海浦东法院设立金融庭开始,经过10余年的探索实践,审理了一批具有重大影响的案件,已经形成了较为成熟的金融审判体系,积累了丰富的金融审判经验,专业化水平较高,为扩大管辖范围提供了实践基础。

2. 扩大地域管辖的突破

作为地域管辖的根据,案件与法院辖区的连接点至关重要。在目前金融案件管辖范围确定中,要协调好当事人意思自治与实际联系地原则。黄辉教授曾在研究证券虚假陈述案件时,就管辖问题曾提出允许投资者既可以在被告公司的所在地起诉,也可以在其上市地起诉的主张。① 黄辉教授是避免地方保护主义等方面考量而提出的解决方法。若从扩大金融法院影响力的角度分析,根据金融活动往往都有较为规范的合同文本的现实情况,可以从约定管辖进行突破,但约定管辖受制于我国《民事诉讼法》第34条规定的实际联系点。因此,与合同没有连接点的法院不能成为当事人协议管辖的法院。因此,笔者建议在确定协议管辖时,对实际联系地进行适度的扩张解释,一是将上市公司上市地作为协议管辖的实际联系点,赋予协议管辖的自由;二是对涉外金融交易合同的约定管辖,可以参考新加坡国际商事法庭的做法,直接摒弃实际联系地原则,②仅要求双方当事人所提交的案件仅需要满足涉外性和金融性即可。

(三)建立越级上诉机制

1. 已有越级上诉制度先例

2019年1月1日正式实施的《关于专利等知识产权案件诉讼程序若干问题的决定》以及最高人民法院发布的《关于知识产权法庭若干问题的规定》,明确了我国知识产权案件的越级上诉机制。知识产权法院作为专门法院,在案件审理专业性、裁判的影响面等方面,均与金融审判有共通之处。因此,知识产权的越

---

① 参见黄辉:《中国证券虚假陈述民事赔偿制度:实证分析与政策建议》,载黄红元、徐明主编:《证券法苑》(第9卷),法律出版社2013年版,第967页。

② 参见刘俊敏、童铮恺:《"一带一路"背景下我国国际商事法庭的建设与完善》,载《河北法学》2019年第8期。

级上诉制度可以给金融审判提供有益的经验和实践基础。

2. 便于司法适用的统一

在现有法律规制下,能够发布指导性案例的法院只有最高人民法院。其他法院审结的案件只有通过最高人民法院进行选择加工发布后,才能成为具有约束力的指导性案例。这个过程不仅耗时久、程序烦琐,往往也受到相关负责人员自身的限制。而由最高人民法院直接审理具有典型意义的金融上诉案件,能够较为便捷得转化为指导性案例,且对于具有全国影响力的案件、全国首例案件等重大案件,二审由最高人民法院进行审理,也更具有权威性。

3. 便于与监管机构进行沟通

监管政策与司法裁判的矛盾,有时需要司法机关与相关政策出台的监管机构进行沟通协调。但在现有体制下,能够制定出台相关监管政策的机构行政级别往往较高,金融法院作为地方的中级人民法院,与相关监管机构之间的沟通协调途径不够便捷和顺畅。若将最高人民法院作为案件裁判的终审法院,能够在案件审判过程中更加方便地与相关监管机关进行沟通,也更便于解决实践中监管政策与司法裁判的矛盾。

结　　语

明确金融法院职能定位和职权配置,完善金融司法工作,不能忽视我国当前金融市场发展的状况,它一定是语境化的研究。正如知识的交流和互惠必须具备的前提条件,是知识生产和输出的更大的权力关系。没有经济实力的大致平等,哪怕同属于生活习惯和便利的知识,也还是会有些人的这类“知识”更有市场价值。[①] 金融司法的话语权是需要一定的基础的,没有一个强大的、富有竞争力的金融市场很难建设具有世界影响力的金融司法。但这并非意味着金融司法仅是依附于金融市场的,恰恰相反,金融司法可以与其他手段一起,共同促进金融市场的发展强大,这是金融司法融入金融市场的切入点,也是金融司法获得国际金融司法话语权的进路。

---

① 参见苏力:《制度是如何形成的》,北京大学出版社2007年版,第172页。

第四编　典 型 案 例

证券虚假陈述民事赔偿责任的科学化认定

——投资者诉甲上市公司证券虚假陈述责任纠纷案①

单素华* 朱颖琦** 李瑶菲***

【裁判要旨】

证券虚假陈述行为的行政责任与民事责任的认定原则不同,上市公司因信息披露违法违规被行政处罚后,人民法院仍应对其是否构成证券民事侵权进行审查,审查的重点是未披露信息的行为是否足以影响投资者的投资决策和市场交易价格。交易及损失因果关系一般应采用推定认定原则,但被告有证据证明投资者损失的形成存在其他致损因素,且该因素对股价的波动具有相当的影响程度的,应当认定该非虚假陈述原因导致的损失不属于赔偿责任范围。实施日至揭露日期间存在多笔买入卖出交易的,自第一笔有效买入后,以移动加权平均法计算买入均价能够更为客观地反映实际投资成本。证券市场系统风险的扣除可以根据每个投资者的持股期间和交易记录,将同期个股跌幅均值与大盘、行业指数的跌幅同步对比,用相对比例方法精细化地确定市场风险对每个投资者损失的影响程度。

---

① 本案获评2019年度人民法院十大民事行政及国家赔偿案件、上海市法治建设十大优秀案例。

* 法学硕士,上海金融法院综合审判一庭庭长。

** 法学硕士,上海金融法院综合审判一庭法官、审判团队负责人。

*** 法学硕士,上海金融法院综合审判一庭法官助理。

【案号】

一审:(2018)沪74民初330号
二审:(2019)沪民终263号

【案情】

被告甲公司系在上海证券交易所上市的公司,其公开发行的股票代码为600601。2017年5月5日,中国证监会〔2017〕43号《行政处罚决定书》对被告甲公司及其他相关责任人作出行政处罚:认为甲公司未按照规定披露关联交易,甲公司等具有信息披露违法行为。根据《企业会计准则》规定,甲公司与其28家经销商因受母公司控制而存在关联关系。2004年至2015年6月30日,甲公司及并表子公司同各经销商之间发生关联交易金额分别为43亿余元、53亿余元、51亿余元、53亿余元、40亿余元、43亿余元、43亿余元、31亿余元、24亿余元、22亿余元、17亿余元、6亿余元,占上一年度经审计净资产比例分别为295%、325%、288%、294%、150%、153%、150%、76%、58%、51%、41%、17%。甲公司在各期年报及2015年半年报中未依法披露与经销商的重大关联交易事项。原告据此起诉被告甲公司赔偿投资差额损失以及税费损失,具体金额是卢某索赔12,986元,杨某23,990元,蔡某83,667元,潘某297,072元。

原被告关于本案虚假陈述的实施日、揭露日的认定意见一致,双方在虚假陈述行为重大性认定、因果关系是否存在、损失计算方法和是否需要扣除证券市场系统风险等其他因素影响等问题上存在较大争议。

【审判】

上海金融法院依据我国《证券法》第69条,最高人民法院《关于审理证券市场因虚假陈述引发的民事赔偿案件的若干规定》第17条、第18条、第19条、第20条、第30条、第31条、第32条、第33条规定,于2019年5月5日作出(2018)沪74民初330号民事判决:(1)被告甲公司应向原告卢某支付赔偿款人民币6024.45元;(2)被告甲公司应向原告杨某支付赔偿款人民币12,389.41元;

(3)被告甲公司应向原告蔡某支付赔偿款人民币 64,154.44 元;(4)被告甲公司应向原告潘某支付赔偿款人民币 184,968.2 元。

一审判决后,甲公司提出上诉。上海市高级人民法院于 2019 年 8 月 7 日作出(2019)沪民终 263 号民事判决,驳回上诉,维持原判。

【评析】

本案系全国首例实施证券纠纷示范判决机制的案件,也是继 2019 年 1 月上海金融法院发布全国首个证券纠纷示范判决机制的规定后,根据该规定选定的首个示范案件。本案分析了近年来证券虚假陈述责任纠纷中有关行政处罚与民事侵权的关系、因果关系的认定、投资差额损失的计算方法、证券市场系统风险扣除比例等法律争议问题,在引入第三方专业机构损失核定机制的同时,构建了精细化的投资差额损失计算方法和证券市场系统风险因素扣除比例计算方法,解决了以往司法实践中在证券市场系统风险的扣除问题上只能以酌情认定统一比例的困扰,可在证券虚假陈述责任纠纷同类案件中推广适用。

关于行政处罚与民事侵权行为的关系认定。在行政处罚前置程序下,虽然信息披露违法违规行为已受到行政处罚,但行政责任与民事责任构成要件不同,审查标准也存在差异,因此,被行政处罚的行为并非必然构成民事侵权。证券虚假陈述行为是否构成民事侵权仍应根据《虚假陈述司法解释》,并结合侵权责任构成要件依法进行审查。人民法院认定证券虚假陈述民事侵权的审查标准应当是客观标准,即并不以上市公司在实施虚假陈述行为时存在欺诈、诱导等主观故意为必要条件,审查的核心是重大事件未披露是否足以影响投资者的投资决策,足以影响市场交易价格。

关于交易因果关系的认定。投资者买入上市公司股票可能出于多种原因,客观上无法区分投资者买入股票的具体动机是基于对虚假陈述的信赖,还是基于对市场行情的判断,抑或是对公司其他经营情况的综合考量。但无论如何,在此期间上市公司年度报告对其经营业绩的披露始终是影响投资者决策的重大因素。因此本案中仍应适用《虚假陈述司法解释》确立的推定因果关系,认定在实施日到揭露日期间买入并一直持有该公司股票的投资行为与虚假陈述行为之间存在交易因果关系。

关于损失因果关系的认定。虚假陈述行为的责任人仅对因虚假陈述行为造成的投资者损失承担赔偿责任。虚假陈述行为人有证据证明投资者损失的形成存在其他致损因素,这些因素对股价的波动具有相当的影响程度,且与虚假陈述行为无关的,应当认定该些因素导致的损失不属于虚假陈述行为人的赔偿责任范围。本案中,被告方正科技公司已举证证明,从本案实施日到基准日期间A股市场出现整体的剧烈波动的情况,个股和大盘指数、行业指数、板块指数呈现同步下跌的走势。投资者因受此影响所造成的损失部分,应认定与虚假陈述行为没有因果关系,具体的影响比例应根据专业分析核定扣除。

本案探索确立了既符合现有法律规定又相对公平合理的投资差额损失计算方法。以往审判实践中采用较多的是实际成本法和先进先出法,然而实际成本法扣除或叠加了投资者在揭露日前卖出股票的盈利或亏损,往往会计算出畸高或畸低的买入均价,有失公平合理;先进先出法可能导致买入均价仅由接近揭露日的证券买入价格所决定,并不符合立法本意。本案以“第一笔有效买入后的移动加权平均法”作为买入均价的计算方法,消除了实际成本法、先进先出法所带来的弊端,尽可能地剥离影响股价的其他因素,客观全面地计算投资者买入成本。

在证券市场系统风险因素扣除问题上,本案创设性地采用同步指数对比法,相对精确认定每个投资者受证券市场风险影响的程度。具体方法为:从投资者第一笔有效买入日起,以与个股买入均价、卖出均价及基准价格相同的计算方式,同步计算相应买入期间的指数均值、卖出期间的指数均值和揭露日到基准日期间的指数均值。指数均值的计算对应投资者交易记录,取投资者每笔交易当天的收盘指数和交易数量,以与个股买入均价相同的计算方式进行移动加权计算指数均值。通过各交易期间的指数均值可以得出指数跌幅,将上证综合指数、申万一级行业指数和申万三级行业指数的跌幅一一计算后,获取指数平均跌幅。再将指数平均跌幅与个股跌幅进行对比。计算公式如下:

$$个股跌幅 = \frac{个股买入均价 - 个股卖出均价或个股基准价}{个股买入均价}$$

$$指数跌幅 = \frac{买入期间的指数均值 - 卖出期间的指数均值或揭露日到基准日期间的指数均值}{买入期间的指数均值}$$

$$\text{指数平均跌幅} = \frac{\text{上证综合指数跌幅} + \text{申万一级指数跌幅} + \text{申万三级指数跌幅}}{3}$$

$$\text{证券市场系统风险扣除的比例} = \frac{\text{指数平均跌幅}}{\text{个股跌幅}}$$

本案采用个股均价与同期指数均值进行同步对比的方法,较为客观、精确、合理。第一,该方法针对每一个投资者的不同交易记录分别判断证券市场风险的影响,体现差异性,也涵盖了投资者的整个持股区间,更为公平全面。投资者经历的市场风险越大,相应的扣除比例就越高。第二,该方法选用了3+X指数作为市场风险对比的指数,该指数包括上证综指、申万一级行业指数和申万三级行业指数,既考虑了大盘的影响,又比对了同行业以及与个股最密切相关行业的影响,在市场风险影响程度的判定上更严谨。第三,同步指数对比法将个股的买卖情况与同期指数变动做紧密贴合的比对,分别计算出个股第一笔有效买入日后的买入期间内、卖出期间内或者揭露日至基准日期间相对应的指数均值,并在指数均值计算方法上,将不同交易时点的股票交易数量纳入考量因素。第四,经过反复验证,同步指数对比法确定的市场风险比例的结果与投资者的真实损失情况更接近。"同步指数对比法"将个股跌幅与指数跌幅进行同步对比,明确了证券市场系统风险扣除的考察区间及扣除比例的计算方法,更为精准地核定每个投资者受市场风险影响的比例程度。

上市公司股权隐名代持行为的效力认定和收益归属

——杉浦立身诉龚某股权转让纠纷案①

沈竹莺*

【裁判要旨】

上市公司在证券发行过程中应当如实披露股份权属情况,禁止发行人的股权存在隐名代持情形。隐名代持证券发行人股权的协议因违反公共秩序而无效。股权代持产生的投资收益应根据公平原则,考虑对投资收益的贡献程度以及对投资风险的承受程度等进行合理分配。

【案号】

(2018)沪74民初585号

【案情】

原告杉浦立身系日本国公民,被告龚某系中国公民。双方于2005年签订《股份认购与托管协议》,约定杉浦立身以4.36元/股的价格向龚某购买A公司

① 本案入选上海高院参考性案例,入选上海法院2019年度“四个一百”精品案例。

* 法学硕士,上海金融法院综合审判二庭法官、审判团队负责人。

股份88万股,并委托龚某管理,龚某根据杉浦立身的指示处分股份,对外则以自己名义行使股东权利,将收益及时全部交付给杉浦立身。A公司于2017年在上海证券交易所首次公开发行股票并上市,在发行上市过程中,龚某作为股东曾多次出具系争股份清晰未有代持的承诺。2018年,A公司向全体股东按每10股派发现金红利4元,用资本公积按每10股转增4股的比例转增股本。之后,龚某名下的A公司股份数量增加至123.2万股。之后双方对《股份认购与托管协议》的效力和股份收益分配发生纠纷,杉浦立身请求判令龚某交付A公司股份的收益,或者按照软件股份市值返还投资款并赔偿2018年红利损失。

【审判】

上海金融法院认为,我国《民法总则》第153条第2款规定,"违背公序良俗的民事法律行为无效"。公序良俗的概念具有较大弹性,在具体案件中应审慎适用,避免过度克减民事主体的意思自治。公序良俗包括公共秩序和善良风俗。证券领域的公共秩序应先根据该领域的法律法规予以判断,在上位法律无明确规定的情况下,判断某一下位规则是否构成公共秩序时,应从实体正义和程序正当两个层面进行考察:该规则应当体现证券领域法律和行政法规所规定的国家和社会整体利益;该规则的制定主体应当具有法定权威,制定与发布符合法定程序,具有较高的公众知晓度和认同度。证券发行人应当如实披露股份权属情况,禁止发行人股份存在隐名代持情形,系由《证券法》和《首次公开发行股票并上市管理办法》明确规定,关系到以信息披露为基础的证券市场整体法治秩序和广大投资者合法权益,在实体和程序两个层面均符合公共秩序的构成要件,因此属于证券市场中应当遵守、不得违反的公共秩序。隐名代持证券发行人股权的协议违反公共秩序而无效。

股权代持协议被认定无效后,投资收益不属于合同订立前的原有利益,不适用恢复原状的法律规定,应适用公平原则,根据对投资收益的贡献程度以及对投资风险的承受程度等情形,即"谁投资、谁收益"与"收益与风险相一致"进行合理分配。名义持有人与实际投资人一致表示以系争股票拍卖、变卖后所得向实际投资人返还投资款和支付股份增值收益,属于依法处分自身权利的行为,不违反法律法规的禁止性规定,可予支持。

上海金融法院于2019年4月30日作出(2018)沪74民初585号民事判决,判令:(1)龚某向杉浦立身支付2017年现金红利人民币352,000元(扣除应缴纳税费)的70%;(2)杉浦立身可与龚某协商,对龚某名下123.2万股A公司股票进行出售,若协商不成,杉浦立身可申请对上述股票进行拍卖、变卖,上述股票出售、拍卖、变卖所得款项中优先支付杉浦立身投资款人民币3,836,800元,若所得款项金额超过投资款金额,超过部分的70%归杉浦立身所有,剩余部分归龚某所有。宣判后,双方当事人均未上诉,判决已发生法律效力。

【评析】

一、证券发行人股权隐名代持行为的效力认定

证券发行人股权隐名代持行为的效力,应当根据民事法律关于民事法律行为效力的规定,以及证券市场、上市公司相关法律规定综合判断。我国《民法总则》第8条规定:"民事主体从事民事活动,不得违反法律,不得违反公序良俗。"第143条规定:"具备下列条件的民事法律行为有效:(一)行为人具有相应的民事行为能力;(二)意思表示真实;(三)不违反法律、行政法规的强制性规定,不违背公序良俗。"第153条第2款进一步规定:"违背公序良俗的民事法律行为无效。"《民法通则》第7条规定:"民事活动应当尊重社会公德,不得损害社会公共利益,破坏国家经济计划,扰乱社会经济秩序。"第55条规定:"民事法律行为应当具备下列条件:(一)行为人具有相应的民事行为能力;(二)意思表示真实;(三)不违反法律或者社会公共利益。"第58条规定:"下列民事行为无效……(五)违反法律或者社会公共利益的……"《合同法》第52条第4项规定:"有下列情形之一的,合同无效……(四)损害社会公共利益……"《民法总则》系我国第一次在民事立法中采用"公序良俗"这一概念,并用以取代之前《民法通则》和《合同法》等一直采用的"社会公共利益"的概念。民事法律行为因违背公序良俗而无效,体现了法律对民事领域意思自治的限制,但由于公序良俗的概念本身具有较大弹性,故在具体案件裁判中应当审慎适用,避免其被滥用而过度克减民事主体的意思自治。公序良俗包括公共秩序和善良风俗,其中公共秩序是指政治、经济、文化等领域的基本秩序和根本理念,是与国家和社会整体利益相关的

基础性原则、价值和秩序。不同领域存在不同的公共秩序,首先应当根据该领域的法律和行政法规具体判断所涉公共秩序的内容。在该领域的法律和行政法规没有明确规定的情况下,判断某一下位规则是否构成公共秩序时,应当从实体正义和程序正当两个方面考察。其中,实体正义是指该规则应当体现该领域法律和行政法规所规定的国家和社会整体利益;程序正当是指该规则的制定主体应当具有法定权威,且规则的制定与发布应当符合法定程序,具体可以从法律授权、制定程序、公众知晓度和认同度等方面综合考量。

1. 就实体层面而言,《证券法》是我国证券市场的基本法,其第1条规定的立法目的是规范证券发行和交易行为,保护投资者的合法权益,维护社会经济秩序和社会公共利益,促进社会主义市场经济的发展。因此,证券市场的公共秩序应是体现《证券法》立法宗旨,属于证券市场基本交易规范,关涉证券市场根本性、整体性利益和广大投资者合法权益,一旦违反将损害证券市场基本交易安全的基础性秩序。一方面,股票发行上市是证券市场的基本环节,经此环节,公司的股权结构发生重大变化,股东范围扩至公开市场上潜在的广大投资者,证券市场严格的监管标准也对公司治理能力提出更高要求,因此发行人的股权结构清晰就显得十分重要。如果发行人的股权不清晰,不仅会影响公司治理的持续稳定,影响公司落实信息披露、内幕交易和关联交易审查、高管人员任职回避等证券市场基本监管要求,还容易引发权属纠纷,如本案。为此,证监会于2006年5月17日颁布的《首次公开发行股票并上市管理办法》第13条规定:“发行人的股权清晰,控股股东和受控股股东、实际控制人支配的股东持有的发行人股份不存在重大权属纠纷。”另一方面,上市公司披露的信息是影响股票价格的基本因素,要求上市公司在股票发行上市的过程中保证信息的真实、准确、完整,是维护证券市场有效运行的基本准则,也是广大投资者合法利益的基本保障。发行人的股权结构是影响公司经营状况的重要因素,属于发行人应当披露的重要信息。对此,我国《证券法》第63条规定:“发行人、上市公司依法披露的信息,必须真实、准确、完整,不得有虚假记载、误导性陈述或者重大遗漏。”第68条第3款规定:“上市公司董事、监事、高级管理人员应当保证上市公司所披露的信息真实、准确、完整。”综合上述两方面的分析可以看出,发行人必须股权清晰,股份不存在重大权属纠纷,且上市需遵守如实披露的义务,披露的信息必须真实、准确、完整。申言之,即发行人应当如实披露股份权属情况,禁止发行人的股份存在隐名代持情形。上述规则属于证券市场基本交易规范,关系到以信息披露为基础的证券市场整体法治秩序和广大投资者合法权益,在实体层面符合证券市场公共秩序的构成要件。

2. 就程序层面而言,我国《证券法》第12条规定:"设立股份有限公司公开发行股票,应当符合《中华人民共和国公司法》规定的条件和经国务院批准的国务院证券监督管理机构规定的其他条件",《证券法》本身并未对股份公司公开发行股票的具体条件做出规定,而是明确授权证监会对此加以规范。证券市场具有创新发展快、专业性强等特点,欲实现《证券法》规范目的,离不开专业监管机构的依法监管。因此,《证券法》第7条也规定:"国务院证券监督管理机构依法对全国证券市场实行集中统一监督管理。"证监会作为由《证券法》规定,经国务院批准,对证券行业进行监督管理的专门机构,在制定股票发行上市规则方面具有专业性和权威性。《证券法》授权证监会对股票发行上市的条件作出具体规定,实质是将立法所确立之原则内容交由证监会予以具体明确,以此形成能够及时回应证券市场规范需求的《证券法》规则体系。证监会在制定《首次公开发行股票并上市管理办法》的过程中向社会发布了征求意见稿,公开征求意见,制定后也向社会公众予以公布,符合规则制定的正当程序要求,而且上述办法中关于发行人股权清晰不得有重大权属纠纷的规定契合《证券法》的基本原则,不与其他法律、行政法规相冲突,已经成为证券监管的基本规范和业内共识。发行人信息披露义务由《证券法》明文规定,经严格的立法程序制订。因此,发行人应当如实披露股份权属情况,禁止发行人的股份存在隐名代持情形,从程序层面亦符合证券市场公共秩序的构成要件。

结合上述两点分析,发行人应当如实披露股份权属情况,禁止发行人的股份存在隐名代持情形,属于证券市场中应当遵守,不得违反的公共秩序。本案中,杉浦立身和龚某双方的行为构成了发行人股份隐名代持,违反了证券市场的公共秩序,损害了证券市场的公共利益,应认定为无效。

二、代持行为被认定无效后投资收益的归属

无效合同中存在三种利益变动模式:第一种是一方利益的损失即对方所得利益,此为利益的转移导致,因此可称"一失一得,所失即所得";第二种是一方利

益受损,但对方并未因此获得利益,此为利益受损方将利益转移给第三方等原因所致,因此可称为"有失无得,所失非所得";第三种是一方获得了利益,但并非建立在对方的损失之上,此为市场供求关系变化或得益一方以给付财产为资本投资所得等原因导致,因此可称为"有得无失,所得非所失"。我国《合同法》第58条规定,"合同无效或者被撤销后,因该合同取得的财产,应当予以返还;不能返还或者没有必要返还的,应当折价补偿。有过错的一方应当赔偿对方因此所受到的损失,双方都有过错的,应当各自承担相应的责任。"前一句话确立的返还规则可以适用于第一种利益变动模式,后一句话确立的赔偿规则可以适用于第二种利益变动模式。第三种利益变动模式目前在法律层面尚无明确规定,合同履行之后新增的利益并非合同订立前的原有利益,显然不属于恢复原状之适用情形,亦无从适用赔偿规则之必要。在司法解释层面,最高人民法院于2010年制定的《关于审理外商投资企业纠纷案件若干问题的规定(一)》对于外商投资企业股权代持无效后的财产归属确立了分配规则,体现在其第18条第1款规定中:"实际投资者与外商投资企业名义股东之间的合同被认定无效,名义股东持有的股权价值高于实际投资额,实际投资者请求名义股东向其返还投资款并根据其实际投资情况以及名义股东参与外商投资企业经营管理的情况对股权收益在双方之间进行合理分配的,人民法院应予支持。"本文认为,司法解释确立的分配规则是对"有得无失"这一利益变动模式立法缺位的填补,实质与"有失无得"时的赔偿规则在法理上一脉相承,均是公平原则的具体适用。无效合同财产利益的处理旨在恢复原状和平衡利益,即优先恢复到合同订立前的财产状态,不能恢复原状的则应当按照公平原则在当事人之间进行合理的损失分担或收益分配。

虽然本案中的A公司并非外商投资企业,不能直接援引上述司法解释的规定,但该司法解释体现的公平原则应当作为无效股权代持相关收益分配的指导原则,"根据实际投资情况以及名义股东参与外商投资企业经营管理的情况对股权收益在双方之间进行合理分配"亦可类推适用于其他股权代持的情形。本文认为,股份投资是以获得股份收益为目的并伴随投资风险的行为,在适用公平原则时应当着重考虑以下两方面的因素:一是对投资收益的贡献程度,即考虑谁实际承担了投资期间的机会成本和资金成本,按照"谁投资、谁收益"原则,将收益主要分配给承担了投资成本的一方;二是对投资风险的交易安排,即考虑谁将实际承担投资亏损的不利后果,按照"收益与风险相一致"原则,将收益主要分配给承担了投资风险的一方。除此之外,还要考虑名义股东在获取交易机会、公司日常经营中所起的作用。就本案而言,首先,龚某先向杉浦立身收取部分股权转让款,用该款项从案外人处受让A公司股权,再转手出让给杉浦立身,从中赚取差价。因此,龚某并无出资以最终获得股份所有权的投资意图,反之,杉浦立身的投资意图则显著体现于《股份认购与托管协议》中,即通过支付投资款以换取系争股份的长期回报。因此,投资的资金最初来自杉浦立身,亦是杉浦立身实际承担了长期以来的机会成本与资金成本,龚某则取得股权转让差价利益至今。其次,虽然系争《股份认购与托管协议》无效,但无效之原因系违反公序良俗而非意思表示瑕疵,因此该协议中关于收益与风险承担的内容仍体现了双方的真实意思。根据约定,龚某须根据杉浦立身的指示处分系争股份,并向其及时全部交付收益,龚某在代持期间亦未收取过报酬。可见在双方的交易安排中,龚某仅为名义持有人,实际作出投资决策和承担投资后果的系杉浦立身,若发生A公司上市失败或经营亏损情形,最终可能遭受投资损失的亦是杉浦立身。根据上述两方面的考虑,应由杉浦立身获得系争股份投资收益的大部分。同时,龚某在整个投资过程中起到了提供投资信息、交付往期分红,配合公司上市等作用,为投资增值做出了一定贡献,可以适当分得投资收益的小部分。

电子票据代理应适用严格显名主义

——东方财富证券公司诉瑞高保理公司等票据追索权纠纷案①

孙　倩*

【裁判要旨】

电子票据代理应适用严格的显名主义。代理人除在电子商业汇票系统中签章外,还应在系统中载明代理关系以及被代理人。电子商业汇票系统中未记载代理事项的,无论相对人是否知晓代理关系,被代理人均不能依据票据之外的约定事项取得票据权利。

【案号】

(2018)沪74民初497号

【案情】

原告:西藏东方财富证券股份有限公司(以下简称东方财富证券公司)

---

① 本案获全国法院2019年度优秀案例分析二等奖,入选上海法院2019年度“四个一百”精品案例。

* 法学硕士,上海金融法院综合审判一庭法官。

被告:瑞高商业保理(上海)有限公司(以下简称瑞高保理公司)

第三人:中信银行股份有限公司上海分行(以下简称中信银行)

2016年2月23日,案外人星瀚公司与齐星集团签订《购销合同》,约定星瀚公司向齐星集团供货,货款结算方式为电子商业承兑汇票。齐星集团(出票人)据此向星瀚公司(收款人)开具了涉案电子商业承兑汇票,并予以承兑。

2016年3月,瑞高保理公司与星瀚公司签订《应收账款转让合同》。根据该合同约定,星瀚公司将其在《购销合同》项下享有的应收账款债权转让给瑞高保理公司,同时将涉案票据背书转让给瑞高保理公司。

2016年4月,东方财富证券公司作为买方、管理人,瑞高保理公司作为原始权益人、卖方、资产服务机构签订了《财盈二期资产支持专项计划标准条款》《财盈二期资产支持专项计划资产买卖协议》。根据该合同约定,东方财富证券公司为财盈二期资产支持专项计划(以下简称专项计划)的管理人,瑞高保理公司将包括上述应收账款以及票据项下的收益等若干项资产转让给东方财富证券公司,东方财富证券公司将以回收款为主要资金来源向专项计划的资产支持证券持有人兑付本金和预期收益。东方财富证券公司亦按照约定向瑞高保理公司支付了相应价款。

2016年4月,东方财富证券公司作为管理人、瑞高保理公司作为原始权益人签订《财盈二期资产支持专项计划票据质押协议》,约定东方财富证券公司作为专项计划的管理人,为专项计划享有该协议约定的权利、履行该协议约定的义务,瑞高保理公司以涉案票据设定质押,作为《购销合同》项下货款支付义务的担保。瑞高保理公司认可,东方财富证券公司有权为设立、保护及执行质押财产质权之目的委托票据服务机构对该协议项下的质押、解除、托收、转付等事宜进行服务。

2016年4月,东方财富证券公司作为质权人、管理人,瑞高保理公司作为出质人、原始权益人与中信银行共同签署了《财盈二期资产支持专项计划票据服务协议》,约定由东方财富证券公司委托中信银行作为票据服务银行,代表东方财富证券公司通过电子商业汇票系统对涉案票据进行质押签收,并对该票据的审验、保管和提示付款等事宜提供服务。2016年4月18日,中信银行通过电子商业汇票系统对涉案票据进行质押签收,并发出付款提示。2017年4月20日,涉案票据被拒付,理由为"承兑人不付款、开户行代拒付"。2017年6月12日,中信银行通过电子商业汇票系统向瑞高保理公司以及星瀚公司、齐星集团发出追索提示。

东方财富证券公司认为,我国《票据法》第31条规定,以背书转让的汇票,背书应当连续。持票人以背书的连续,证明其汇票权利;非经背书转让,而以其他合法方式取得汇票的,依法举证,证明其汇票权利。东方财富证券公司系委托中信银行作为代理人持有票据,属于该条规定的"以其他合法方式取得汇票",故其作为持票人、质权人提起诉讼,请求判令瑞高保理公司向其支付汇票票面金额100,509,300元及利息。

【审判】

法院经审理后认为,本案的主要争议焦点在于票据质权人记载为中信银行的情形下、东方财富证券公司是否享有票据权利,即东方财富证券公司与瑞高保理公司之间的票据质押法律关系是否成立。

我国《票据法》第5条规定:"票据当事人可以委托其代理人在票据上签章,并应当在票据上表明其代理关系。"即票据代理行为实行严格的显名主义,代理人在代理他人为票据行为时,必须以被代理人的名义实施。本案中,瑞高保理公司系在电子商业汇票系统中将系争汇票质押背书给中信银行,中信银行亦在该系统中予以接收成为质权人。从电子商业汇票系统中显示的信息看,并未表明中信银行系东方财富证券公司的代理人。对此,东方财富证券公司主张,依据三方签订的票据服务协议,瑞高保理公司明知也认可东方财富证券公司系实际质权人。然而,票据是完全的有价证券,票据权利的发生以票据作出为必要,票据权利的移转以票据交付为必要,票据权利的行使以票据持有为必要,换言之,在出票、背书、提示付款等票据流转的各个环节中均须以票据为媒介。而票据的便捷流通又进一步要求其适用严格的文义性,票据权利的内容以及与票据有关的一切事项均以票据上记载的文字为准。在票据法律关系中,票据当事人在票据之外的约定事项对票据权利本身没有影响,如果代理人未在票据上记明代理关系,即便其系真正被授权的代理人,被代理人亦不能因此享有票据权利。

综上分析,因系争汇票上并未记载代理关系,东方财富证券公司和中信银行之间并不成立票据代理关系。此基础上,东方财富证券公司主张其系以其他合法方式取得票据、即通过中信银行代表东方财富证券公司持有及行使票据权利的主张亦不成立。据此,法院于2019年4月29日作出判决,驳回东方财富证券公司的诉讼请求。判决后,双方均未提起上诉。一审判决已生效。

【评析】

本案所涉争议是当前电子票据资产证券化业务中出现的典型问题。受制于资产证券化行业监管和电子商业汇票系统(Electronic Commercial Draft System,ECDS)实际操作的双重因素,实践中出现大量电子票据"代持"景象,即在票载权利人的表象之外,直接前后手与第三方另行达成协议,约定票载权利人仅是代理第三方接受票据背书,第三方才是实质权利人。一旦产生纠纷,第三方能否据此享有票据权利不无争议。

一、"代持"原因之探——在证券监管与ECDS夹缝中的票据ABS

根据我国《票据法》第10条的规定,票据的签发、取得和转让,应当具有真实的交易关系和债权债务关系。在我国,票据产生之初更多的是作为一种结算工具而存在,不能脱离真实交易而直接买卖票据,否则可能被认定为非法贴现而被取缔。[①] 然而,对融资的迫切需求使市场主体寻求各种可能的路径实现票据的融资、交易或是投资功能。

本案中,东方财富证券公司作为管理人设计了一种资产证券化产品(见图1),通过设立专项计划自瑞高保理公司处购入基础资产(瑞高保理公司收购的对齐星集团的应收账款以及涉案票据项下的收益权,该应收账款的支付方式为出具涉案票据),并以基础资产产生的现金流作为偿付支持发行资产支持证券,投资人交付认购资金成为资产支持证券持有人,专项计划将其获得的认购资金作为基础资产购买价款支付给瑞高保理公司。同时,瑞高保理公司将涉案票据质

---

① 参见《非法金融机构和非法金融业务活动取缔办法》(国务院令〔1998〕第247号)第4条规定:本办法所称非法金融业务活动,是指未经中国人民银行批准,擅自从事的下列活动……(三)非法发放贷款、办理结算、票据贴现、资金拆借、信托投资、金融租赁、融资担保、外汇买卖……

押给东方财富证券公司作为增信措施,当然,其中亦有防止票据继续流转的考量。该产品结构也是当前票据资产证券化中普遍采取的业务模式之一。

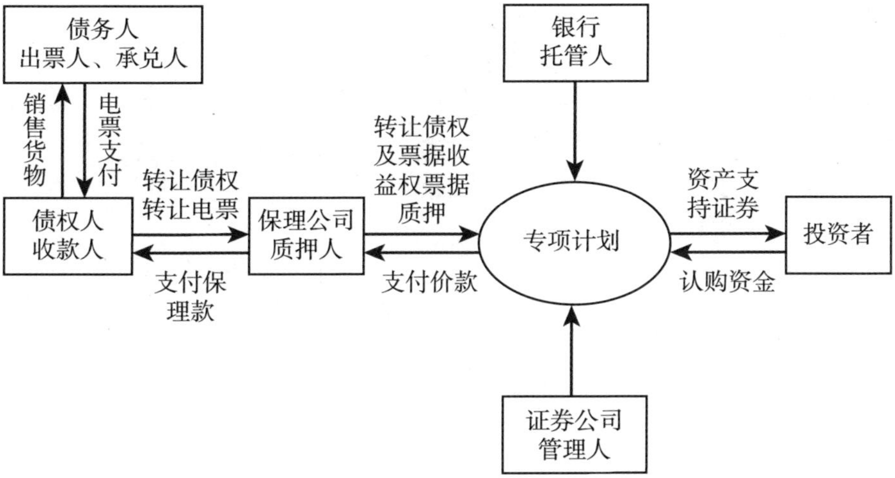

图1

然而,在ECDS中,无法将涉案票据质押背书给专项计划。虽然实践中可以看到大量银行账户以某某专项计划的名义开立,但《电子商业汇票业务管理办法》第7条规定,办理电子商业汇票业务应具备组织机构代码。专项计划并不是独立的民事主体,没有组织机构代码,故不能在ECDS中登记为质权人。那么,能否将涉案票据质押背书给管理人东方财富证券公司?如此则又违反了资产证券化业务的监管要求。根据《证券公司资产证券化业务管理规定》第3条的规定,因专项计划资产的管理、运用、处分或其他情形取得的财产,归入专项计划资产。专项计划资产必须独立于管理人的固有财产,故也不能将质权登记在东方财富证券公司名下。

于是,东方财富证券公司与瑞高保理公司找到中信银行,3方约定瑞高保理公司将涉案票据质押背书给中信银行,中信银行系代理东方财富证券公司持有票据,真正质权人为东方财富证券公司。在当前ECDS的实际操作中,系统无法标注代理关系,瑞高保理公司只能将票据要么发送给东方财富证券公司,要么发送给中信银行,而对于中信银行来说,只有“接受”或“拒绝”两个选项,故而从ECDS所登记事项看,中信银行系涉案票据的质权人,同样也是中信银行发起了涉案票据的提示付款和追索(见图2)。

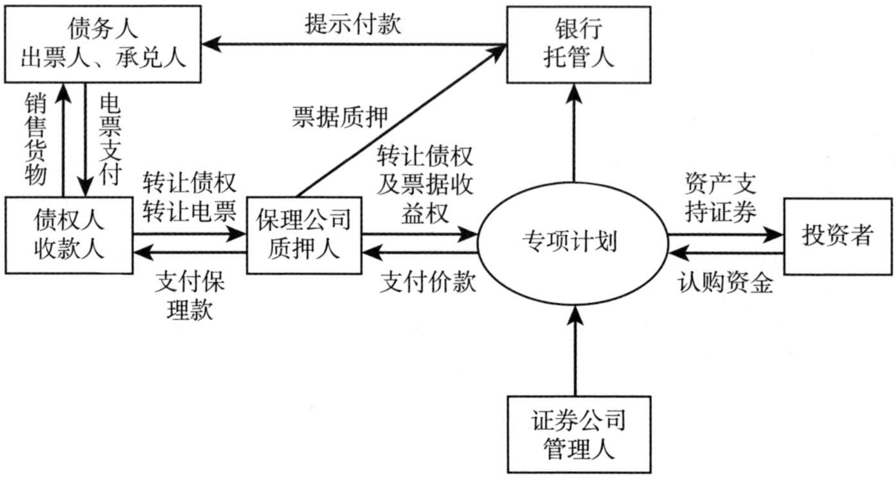

图2

二、观点之争——严守文义性抑或尊重当事人约定

对于东方财富证券公司能否行使票据追索权,一种观点认为,东方财富证券公司不享有票据权利。文义性是票据的基本性质,即持票人行使票据权利须以票据表面记载内容为准。按此原则,原告并未在涉案票据上签章,并非票据法意义上的持票人,故不享有票据权利。另一种观点认为,东方财富证券公司是实际质权人。本案系票据直接前后手之间的争议,而瑞高保理公司对于中信银行仅作为代理人持有票据、票据权利由东方财富证券公司享有是明知的,中信银行对此也予以确认,且从票据的流转来看,质权人为流转的最后一环,对于票据出票人来说,其承担的是最终的付款义务,确认何者系持票人并未额外增加其负担。故东方财富证券公司对瑞高保理公司主张权利并不影响其他票据当事人的权利义务。另外,如果认定中信银行为持票人,其可能因与瑞高保理公司无真实基础交易关系无法主张票据权利,如此则出现无人享有质权的僵局。

三、裁判观点——票据代理应适用严格显名主义

民事主体可以通过代理人实施民事法律行为。代理制度拓宽了民商事主体

活动的时间、空间、能力范围,是民商事领域不可或缺的一环。在我国,一般民商事法律关系中以显名代理为原则,[1]但并不禁止隐名代理。例如,我国《合同法》第402条规定,对于受托人以自己的名义、在委托人授权范围内与第三人订立的合同,第三人在订立合同时明知代理关系的,该合同直接约束委托人和第三人。有学者认为,这是从法律层级上承认了隐名代理,且隐名代理可转化为直接代理。[2] 但是,《票据法》第5条规定:"票据当事人可以委托其代理人在票据上签章,并应当在票据上表明其代理关系。"本案中,显然,涉案票据上并未标注代理关系,那么东方财富证券公司得否援引上述《合同法》的规定,主张瑞高保理公司明知代理关系从而要求其履行付款义务?笔者认为,与合同关系不同,票据代理应适用严格的显名主义,代理人在代理他人为票据行为时,必须以被代理人的名义实施。

首先,票据是完全的有价证券,有价证券并非仅仅是权利凭证,其所表彰的权利是当事人通过证券本身所创设的权利。票据权利的发生以票据作出为必要,票据权利的移转以票据交付为必要,票据权利的行使以票据持有为必要,换言之,在出票、背书、提示付款等票据流转的各个环节中均须以票据为媒介。而票据的便捷流通又进一步要求其适用严格的文义性,票据行为的内容以及与票据有关的一切事项均以票据上记载的文字为准,即使文字记载与实际情况不一致,也不允许当事人以票据文字记载以外的证据变更票据文义。[3] 虽然《票据法》出台之际针对的是纸质票据,但票据的文义性等基本原则同样适用于电子票据。

从票据流通性的角度来看票据代理,代理行为由代理人作出,但其行为后果由被代理人承担,这种行为和责任的分离应当在票据上加以体现,使票据当事人可以简便、高效、快捷地识别权利人或责任承担方,否则无法实现票据的便利流转。正因如此,各国立法也通常要求票据代理应当在票据上表明代理关系。例如,《日内瓦统一汇票本票法公约》第18条规定,如背书上有"为收款""为托收""委托代理"或其他表明单纯委托之记载,持票人得行使汇票上之一切权利,但仅

---

① 我国《民法总则》第162条规定,代理人在代理权限内,以被代理人名义实施的民事法律行为,对被代理人发生效力。

② 参见梁慧星:《中国民法典草案建议稿附理由(总则编)》,法律出版社2004年版,第228页。

③ 参见谢怀栻:《票据法概论》,法律出版社2017年版,第47页。

得以代理人资格背书。《美国统一商法典》第 3－403 条亦明确规定,经授权之代理人签名于票据之上而未在票据上记明被代理人,也未记明他是以代理人资格签名的,应自负其责。1988 年通过的《联合国国际汇票和国际本票公约》尚未生效,不过该公约对票据代理行为作了详尽而细致的规定,指出仅以票载内容判断是否存在代理关系,代理人虽经授权在票据上签字但未表明代理关系的,则应由签字人承担票据责任。该公约第 36 条规定,代理人经委托人授权在票据上签字,并且票据上显示他是以指名的该一委托人的代表身份签字,或经委托人授权由代理人在票据上签委托人的名字,则此签字应由委托人而非代理人承担责任。经授权签字的代理人在票据上签字但未在票据上显示他是以某一指名的人的代表身份签字,或虽在票据上显示他是以代表身份签字但未指明他所代表的人的姓名,则此签字应由在票据上签字的人而非他声称他所代表的人承担责任。票据上的签字是否以代表身份作出的问题,仅以票据上的内容为准。①

其次,与合同关系相比,票据法律关系有其自身特殊性。合同具有相对性,合同一方当事人在转让其合同权利或义务后即可自原合同关系中脱离出来,而票据当事人一旦参与票据流转,就应对后手承担票据责任,并不因其转让票据权利而免除担保义务。

具体到本案,虽然涉案票据经质押背书后不能再行背书转让,东方财富证券公司也仅向瑞高保理公司,即中信银行的直接前手主张票据权利,瑞高保理公司又与东方财富证券公司、中信银行签订了三方协议,似乎本案仅涉及直接前后手之间的权利义务关系,然而,票据流转过程中的其他票据当事人并未退出票据法律关系,在保护质权人权利的同时亦不能损害其他票据当事人的正当权利。由于在 ECDS 中,票据当事人并不持有附着于有形载体之上的票据,不存在空白背书的可能性,因而,当事人只能以系统记载事项来判断持票人。而一旦认定东方财富证券公司为持票人,则其他当事人将面临向票据记载当事人以外的市场主体承担义务的局面,如此则将不适当地加重了票据其他当事人甄别持票人的负担,也增加了票据的流通成本,与票据本义相悖。

基于以上考虑,本案认定,在电子票据代理法律关系中,代理人应在票据上

---

① 参见联合国公约与宣言检索系统:https://www.un.org/zh/documents/treaty/files/A－RES－43－165.shtml,最后访问日期:2019 年 6 月 10 日。

同时记载如下事项:第一,被代理人的姓名或名称;第二,表明为本人代理的意思;第三,代理人签名或盖章。三者缺一不可。在前述记载事项之外,票据当事人另行约定的事项对票据权利本身没有影响。如果代理人未在票据上记明代理关系,即便其系真正被授权的代理人,被代理人亦不能因此享有票据权利。本案中,因涉案票据上未记载被代理人和为本人代理的意思,东方财富证券公司与中信银行之间并不成立票据代理关系,故东方财富证券公司主张其系以其他合法方式取得票据、即通过他人代理持有及行使票据权利的主张亦不成立。最终,法院判决驳回东方财富证券公司的诉讼请求。

四、结　　语

票据与资产证券化的结合在一定程度上解决了中小企业融资难的问题,符合市场需求,其存在具有经济实益和商业合理性。而随着中国人民银行开通运行 ECDS、大力推行电子票据,①目前票据市场上 9 成商业承兑汇票系以电子形式开具,电子票据取代纸质票据成为大势所趋。在此背景下,如何改进金融创新模式,促进票据融资功能的回归,尚有待进一步探索。

---

① 2009 年 10 月,中国人民银行建成运行电子商业汇票系统,正式推出电子商业汇票。2016 年 8 月,中国人民银行发布《中国人民银行关于规范和促进电子商业汇票业务发展的通知》,要求自 2017 年 1 月 1 日起,单张出票金额在 300 万元以上的商业汇票应全部通过电票办理;自 2018 年 1 月 1 日起,原则上单张出票金额在 100 万元以上的商业汇票应全部通过电票办理。

预扣典当综合费情形下当金本金的计算方法及抵押权优先受偿范围之司法认定

——国盛典当公司诉中科公司、久之公司典当纠纷案[①]

吴峻雪[*]　楼雨薇[**]

【裁判要旨】

典当纠纷中,典当合同中关于可预先在当金中扣除当期内所有月综合费用的约定影响了当户使用当金的期限利益,计收月综合费用时,应按照实际发放的当金金额计算。当期超过一个月时,典当行有权在发放当金时预收第一个月的综合费用,该项金额可以计入当金本金,不当扣除的后续当期内的月综合费用不应计入当金本金。关于一般抵押权的优先受偿范围,当抵押合同约定及登记的担保债权数额超过主合同约定的借款本金金额但小于负债总额时,应认定该登记债权数额系被担保债权的限额,担保范围则依据抵押合同确定。

【案号】

(2018)沪 74 民初 774 号

---

① 本案入选上海法院 2019 年度“四个一百”精品案例。

* 法学硕士,上海金融法院综合一庭副庭长。

** 法学硕士,上海金融法院综合一庭法官助理。

【案情】

原告：上海国盛典当有限公司（以下简称国盛典当公司）

被告：中科建设开发总公司（以下简称中科公司）

被告：苏州市久之资产管理有限公司（以下简称久之公司）

2017年7月3日，国盛典当公司与中科公司签订《股权质押典当合同》，约定中科公司将其在中科久之置业上海有限公司的7000万元股权质押给国盛典当公司，向国盛典当公司借款1.5亿元。合同约定月综合费率为1.5%。同日，国盛典当公司与中科公司、久之公司签订《房地产抵押担保合同》，约定抵押人久之公司同意按协议约定将其拥有的协议列明房地产抵押给国盛典当公司，以为债务人中科公司基于《股权质押典当合同》等合同项下的债务进行担保，担保债权数额为2亿元。抵押担保合同列明抵押房产合计135套。同日，国盛典当公司与久之公司签订《不可撤销的连带责任保证合同》，约定久之公司就《股权质押典当合同》等项下债务向国盛典当公司提供连带责任保证。其后，各方办理了相应担保登记手续。每套房产在登记时各自列明了相应的担保债权数额。

国盛典当公司按约扣除3个月当期综合费后，实际发放当金143,250,000元，并于2017年7月14日向中科公司出具3张5000万元的当票，合计1.5亿元。后经多次续当，2018年5月14日续当到期，中科公司未按约归还典当借款本金，国盛典当公司遂提起诉讼，诉请中科公司返还典当借款本金1.5亿元，支付违约金等相应款项，并要求中科公司和久之公司按约承担股权质押担保、不动产抵押担保及保证责任。

被告中科公司辩称：(1)原告实际发放的当金为143,250,000元，当金本金应当以实际发放的数额为准。(2)对于原告主张的违约金计算方式予以认可，但应以143,250,000元为基数。(3)久之公司的担保责任虽然不涉及中科公司，但抵押担保债权数额应以2亿元为限。

被告久之公司辩称：(1)当金应认定为143,250,000元。(2)原告关于不动产抵押权的诉请与不动产登记证明不一致。根据不动产登记证明，每套房屋均登记了各自的担保债权数额，且合同约定总的担保债权数额为2亿元。鉴于原告坚持诉请，若合并认定抵押金额可能损害久之公司或房屋可能存在的权利人的利益,应对原告该项诉请予以驳回。(3)中科公司股权质押与久之公司无关,久之公司不发表答辩意见。

【审判】

法院经审理后认为,本案主要争议焦点有二:(1)典当本金金额认定。(2)房地产抵押担保是否以《房地产抵押担保合同》中约定的2亿元担保债权数额为限,且是否需要分项认定每套房产的抵押担保债权数额。

关于争议焦点一,根据《典当管理办法》关于综合费用的相关规定,国盛典当公司有权在发放当金时收取一定比例的综合费作为服务和管理费用。但无论是根据上述规定还是合同约定,典当行收取的是月综合费,应按月收取。国盛典当公司在《股权质押典当合同》约定典当行有权预先扣除所有综合费用,该约定影响了当户使用当金的期限利益,不发生法律效力。国盛典当公司仅有权在发放当金前收取第一个月的月综合费。因此,第一个月的月综合费可以计入本金,不当扣除的月综合费不能计入本金额度。国盛典当公司实际发放当金143,250,000元,加上可以收取的第一个月综合费,即为本案的典当本金金额。根据合同约定,月综合费为本金的1.5%。由于本案典当本金金额发生变化,相应月综合费金额也应作出调整。设应收取的月综合费为X,则根据(X + 143,250,000元) × 1.5% = X的方程式,可以计算出应收取的月综合费为2,181,472.08元。加上实际发放的当金143,250,000元,可以得出本案典当本金为145,431,472.08元。

因对当金进行了调整,则相应合同履行金额亦需做相应调整:(1)第一个月的月综合费应收取2,181,472.08元。(2)当期内第二个月和第三个月的月综合费合计4,362,944.16元,该金额非中科公司到期未付所致,故中科公司不必承担该部分月综合费违约金或资金占用成本。(3)续当期间的月综合费,因在本案中无争议,故不予调整。(4)续当期间的月综合费,原告及中科公司均称已支付,且中科公司明确不在本案中主张多付部分,故本院不予调整。(5)本金违约金应以典当本金145,431,472.08元为基数计算。

关于争议焦点二,各方当事人均无为一定期间内将要连续发生的债权提供担保的意思表示,故涉案抵押性质为一般抵押。本案当事人在《房地产抵押担保合同》中自行约定"担保债权数额"为2亿元,在各方明知主合同本金约定为1.5亿元的前提下,难以根据抵押担保登记实践,直接将2亿元理解为仅指主合同本金。主合同债权除本金外,还约定有综合费、违约金等多种性质的款项,故上述"担保债权数额"约定应根据通常理解,作主合同约定的1.5亿元本金和不超过5000万元的主合同其他各项债权共计2亿元的解释。

因135套房产系分别办理抵押登记,且各他项权证上载明了每套房产各自担保的债权数额,故不能视为总体"一揽子"抵押。各套房屋各自登记的担保债权金额累加为2亿元超出了典当借款合同约定的1.5亿元本金的金额,故每套房屋登记的担保债权数额相应地包含本金及其他各项债权。综上,原告享有的抵押权应认定为每套房产各自登记担保的债权金额。

据此,法院判决:中科公司归还国盛典当公司典当本金145,431,472.08元并支付相应典当综合费、违约金、律师费等,中科公司按约承担股权质押担保,久之公司按约承担不动产抵押担保及保证责任。判决后,双方均未上诉,案件已经生效。

【评析】

近年来典当行业发展迅速,但实践中因立法供给不足,监管机构职能缺位等问题,导致典当纠纷处理时面临规范依据不足、法律适用不统一的裁判困境。本案主要涉及典当综合费一次性预先扣除情形下典当本金的计算方法、抵押合同约定及抵押登记的债权数额大于主合同债权本金时不动产抵押权的优先受偿范围的界定两个问题,具有一定的典型性和代表性,为今后此类问题的解决提供了可供借鉴的审理思路。

关于典当本金的认定。《典当管理办法》仅规定典当当金利息不得预扣,而没有明确综合费用是否可以预扣。实践中,典当行往往在发放当金时一次性预先扣除当期内的所有典当综合费,这相当于变相提高资金使用成本,会对当户使用当金的期限利益造成侵害。因此,典当本金应以合同约定的当金本金剔除不当扣除的金额后进行认定。本案中,原告发放当金时扣除了3个月综合管理费,其中对后两个月的管理费系不当扣除,故典当本金金额应为实际发放的当金加上可以收取的第一个月综合费。因典当本金金额发生变化,第一个月的月综合费金额也相应随之变化,如此即陷入本金金额和月综合费金额计算相互依赖,无法直接确定的循环。对此,司法实践中存在酌情确定当金本金金额做法,但在精确度上有一定缺憾。为确保司法审判的精确性和严谨性,本案创设性地提出典当案件不当扣除月综合费情形下通过列方程式的方法准确计算典当本金和月综合费的方法:设应收取的月综合费为X,根据方程(X+实际发放的典当本金)×合同约定月综合费率=X,计算出应收取的月综合费用,该应收取的月综合费加上实际发放的当金,即为应确定的典当本金金额。这一方法较好地解决了典当行对综合费用不当扣除后典当本金的精确计算问题,有效保障企业融资成本不至过高,对维护企业合法权利具有积极的现实意义。

关于优先受偿范围的认定。在不动产登记实践中,他项权证上仅可填写被担保的主债权数额,而无法登记利息、违约金等附随债权。为保障担保权利的有效实现,担保权人有时会在抵押合同中约定超出主合同债权本金的担保债权数额,并以此进行抵押登记,但抵押合同同时又约定担保范围为主债权及其附随债权,由此即导致抵押权优先受偿范围的争议。本案中,《房地产抵押担保合同》约定了担保范围为主合同项下所有借款、相应利息、罚息等,但同时还约定担保债权数额为2亿元,该金额超过了主合同约定的典当借款本金1.5亿元,在涉案主合同债权除本金外还有综合费、违约金等多项附随债权的情形下,2亿元担保债权数额应视为对所担保的主合同债权数额的限定,根据对涉案抵押合同条款的文义解释,涉案抵押房产担保范围应理解为主合同约定的1.5亿元本金和不超过5000万元的主合同其他各项债权共计2亿元。而且,原告于抵押合同中约定超过主合同本金的担保债权数额,应系其基于借款本金及主合同相关情况而对相应附随债权所作的预估,其对涉案附随债权在5000万元额度内受偿已有一定预期,故本案对抵押权优先受偿范围所作认定亦符合原告签订合同时的意思表示。本案他项权证登记的亦是2亿元债权数额。因此,本案抵押权优先受偿范围认定为以2亿元的债权数额为限,符合对涉案抵押合同条文的一般理解,亦与抵押登记的公示情况相一致。涉案135套抵押房产系分别办理抵押登记,各自登记的担保债权金额累加合计为涉案抵押合同约定的担保债权数额。鉴于抵押登记的公示公信效力,涉案房屋的抵押权应根据每套房屋的抵押登记情况分项确定,且每套房屋登记的担保债权数额相应地包括本金及其他各项债权。

证券从业人员违法"炒股"行政处罚的司法审查标准

——杨某诉上海证监局证券行政处罚案①

任静远*

【裁判要旨】

证券从业人员违法"炒股"行为具有时间跨度长,电子化证据多、证据隐蔽分散以及违法行为主体认定难等特点。在没有直接证据的情况下,若行政机关已经最大限度地合理收集了相关间接证据,该些证据之间能够相互印证,且足以证明违法事实成立具有高度可能性的,则可以推定认定违法行为成立。

【案号】

一审:(2018)沪0115行初246号

二审:(2018)沪74行终8号

① 本案获评2019年度人民法院十大民事行政及国家赔偿案件,入选上海法院2019年度"四个一百"精品案例。

* 法学博士,上海金融法院综合审判一庭法官,审判团队负责人。

【案情】

上诉人:杨某

被上诉人:中国证券监督管理委员会上海监管局(以下简称上海证监局)

中国证券监督管理委员会上海监管局在有关案件调查中发现上诉人杨某涉嫌违法买卖股票,经对涉案事实进行调查、举行听证程序听取相对人陈述申辩等程序后,对杨某作出行政处罚决定。行政处罚决定认定,2013 年 1 月 18 日至 2016 年 9 月 12 日,杨某在某证券公司营业部任总经理,为证券从业人员,尹某系杨某母亲。杨某在上述期间实际控制并使用其母尹某账户进行证券交易,期间累计买入股票成交金额 3.01 亿余元,累计卖出股票成交金额 3.17 亿余元,期末扔持有"同方股份"股票 151,000 股,已卖出股票累计盈利 1433.96 万余元。杨某作为证券从业人员,控制并使用尹某账户买卖股票的行为,违反了《证券法》第 43 条规定,构成了《证券法》第 199 条所述的违法行为。根据杨某违法行为的事实、性质、情节与社会危害程度,上海证监局依据《证券法》第 199 条的规定,责令杨某依法处理非法持有的剩余股票,没收已获违法所得 1433.96 万余元,并处以 4301.88 万余元罚款。杨某对处罚决定不服,向浦东新区人民法院提起行政诉讼。一审浦东区人民法院判决驳回杨某诉讼请求后,杨某向上海金融法院提起上诉。

上诉人杨某诉称:(1)被上诉人上海证监局对该案无管辖权。一审以中国证监会致函被上诉人要求调查"鼎立股份"异常交易案,同时可一并调查其他违法违规行为为由,即认定被上诉人对本案具有行政处罚管辖权,依据不足。(2)原审判决对有关事实认定不清。上诉人原审已举证证明另有他人操作尹某账户,原审判决对此并未论证,该节事实也影响对上诉人违法所得认定。(3)被诉处罚决定作出的执法程序不当。在正式立案之前被上诉人无权对上诉人进行调查,其所取得的证据也不能作为定案证据。(4)被上诉人作出被诉处罚决定超过法定追诉时效。即使被上诉人具有处罚职权,在上诉人早已停止违法行为的情况下,其对上诉人作出行政处罚也超过了法定的处罚时效。(5)被诉处罚决定缺乏合理性。对上诉人处以罚款金额如何确定,被上诉人并未说明。综上,原审判决及被诉处罚决定认定事实不清,适用法律不当,请求二审法院撤销一审判决及被诉处罚决定,支持上诉人原审诉讼请求。

被上诉人上海证监局辩称:(1)被上诉人具有作出被诉处罚决定的法定职权。根据《证券法》第7条及第179条,以及《派出机构职责规定》第25条、第29条规定,被上诉人可以根据中国证监会授权对违法行为进行调查,并对其调查的违法行为作出行政处罚决定,该调查权并未仅局限在辖区之内行使,故本案中被上诉人具有作出被诉处罚决定的法定职权。(2)认定上诉人一人操作尹某账户事实清楚。根据被上诉人调查,尹某账户下单手机和下单电脑均与上诉人有关,且关联度达到95%,对应资金账户内资金也由上诉人消费使用。同时,被上诉人所作调查笔录中,相关人员对尹某账户操作主体表述也均存在矛盾。综合上述事实分析,被上诉人认定上诉人一人操作尹某账户无误。(3)被上诉人调查取证等程序合法。针对尹某账户异常交易情况,被上诉人作出调查之前已经出具了调查通知书及执法证书,进行调查及制作笔录方式并无不当。之后被上诉人对此正式立案,又向中国证监会进行报备,并获得无异议批复,执法程序并无不当。(4)被诉处罚决定作出未超过法定期限。上诉人违法系连续行为,直至2015年6月上诉人仍在操作尹某账户,故对该违法行为进行调查并处罚未超过法定追诉时效。(5)被诉处罚决定确定的罚款数额具有合理性。根据《证券法》第199条规定,对从业人员违法买卖股票行为,除没收违法所得外,可以处以买卖股票等值以下的罚款。被上诉人根据上诉人违法行为性质及情节,确定对上诉人的罚款数额合理,也符合《证券法》上述规定。综上,被诉处罚决定及原审判决认定事实清楚,适用法律正确,请求二审法院驳回上诉,维持原判。

【审判】

上海金融法院经审理后认为,本案主要争议焦点为以下5项:(1)被上诉人上海证监局是否有权作出被诉处罚决定;(2)作出被诉处罚决定是否遵循了法定程序;(3)作出被诉处罚决定是否符合法定处罚时效;(4)认定被处罚对象违法行为证据是否充分;(5)认定违法所得及罚款数额是否合法、合理。对上述争议焦点依次分析如下:

1. 上海证监局具有作出本案被诉处罚决定的法定职权。根据我国《证券法》第7条及第179条规定,中国证监会依法对全国证券市场实行集中统一管理,根据需要可以设立派出机构,按照授权履行监督管理职责。中国证监会也可依法授权其下设派出机构对证券市场实行监管。根据《中国证监会派出机构监管职责规定》第 5 条、第 25 条规定,证券监管部门的派出机构可以负责对中国证监会相关职能部门交办的案件或者事项进行调查。本案中,根据中国证监会稽查局向被上诉人上海证监局出具的稽查局函〔2015〕59 号内容,中国证监会稽查局除要求上海证监局调查“鼎立股份”有关异动情况外,还要求如发现相关违法违规事项,一并调查。根据上述函件交办内容,上海证监局发现上诉人杨某涉嫌违法买卖股票,有权进行调查。另根据上述《派出机构职责规定》第 29 条规定,派出机构负责对本单位立案调查的证券期货违法违规案件的审理及处罚工作,依法对证券期货违法违规当事人实施行政处罚。基于上述分析,被上诉人上海证监局具有对上诉人杨某违法行为进行调查,并根据事实作出行政处罚的法定职权。上诉人杨某对上海证监局执法职权提出的异议,难以成立。

2. 作出被诉处罚决定已遵循相应的法定程序。本案中,被上诉人上海证监局针对上诉人杨某的违法行为进行了初步调查,并对杨某、其母尹某及其他相关当事人制作了询问笔录。相关证据显示,上海证监局进行调查及制作询问笔录过程中,均向被询问人员出示了相应执法证件,并有两名工作人员参与调查。2016 年 10 月 28 日,上海证监局对此正式立案,并向中国证监会进行报备,由中国证监会出具无异议回复。上海证监局向杨某告知拟作出处罚认定事实、理由及依据,并根据杨某的要求举行听证程序,听取了杨某的陈述申辩后,作出被诉处罚决定,并向其送达了行政处罚决定书,执法程序并无不当。杨某称上海证监局作出被诉处罚决定未正确履行执法程序,难以采信。

3. 作出被诉处罚决定未超过法定追诉时效。根据我国《行政处罚法》第 29 条第 2 款规定,违法行为具有连续或继续状态的,以行为终了之日起计算。本案中,上诉人杨某主张其违法行为已经结束,但根据被上诉人上海证监局所举证据证明,杨某直至 2015 年 6 月仍在违法操作其母尹某账户,故上海证监局于 2016 年对本案进行调查,未超过作出行政处罚的法定追诉时效,杨某关于超过追诉时效的抗辩难以成立。

4. 认定杨某实施违法行为的证据确实、充分。根据本案现有证据,杨某母亲尹某名下的证券账户交易中,来自上诉人杨某手机以及其所在证券营业部电脑下单的比例约为 95%,该证券账户对应的第三方存管银行账户交易也有 80% 以上与上诉人杨某手机及所在营业部电脑访问有关。杨某母亲尹某证券账户相关网银账户资金也来源于上诉人杨某,且账户资金也由杨某消费使用。此外,上诉人杨某对其母尹某的账户资金来源,手机、电脑下单情况,账户操作主体的表述,与尹某及其他相关当事人在询问笔录中表述存在明显矛盾。此外,尹某证券账户已有超过 3 亿元人民币的巨额交易,但尹某自述"其证券账户由其好友儿子操作,虽然从小看该好友之子长大但不知其姓名",这也与常理明显相悖。上海证监局认定,上诉人杨某是其母尹某账户操作主体,具有合理性。综合上述情况,被诉处罚决定认定仅有杨某一人操作其母名下账户这一结论,能够形成清晰的证据链条。杨某虽否认该事实,认为另有他人操作其母名下证券账户,但其未提供相应反驳证据,该主张难以成立。

5. 认定违法所得及处以罚款金额合法、合理。上海证监局自尹某的账户开户时间始,截至向证券交易所发函日止,计算该段时间内该账户获利情况及违法所得,具有合理性。行政主体有权在法律、法规已有规定,但规定的范围、种类、数额等有一定选择余地或一定幅度的情况下,根据具体情况作出适当决定。根据《证券法》第 199 条规定,被上诉人可以对上诉人违法行为处以买卖股票等值以下的罚款数额。被上诉人根据上诉人违法行为性质及情节,确定对上诉人处以罚款的数额,行使行政裁量权并无不当。

根据对上述争议焦点的分析,上海金融法院二审判决如下:驳回上诉,维持原判。

【评析】

本案为上海金融法院正式挂牌成立后首次公开开庭审理的涉金融行政案件,也是截至该案宣判时为止,中国证监会所有派出机构作出的标的额最大的行政处罚案件,庭审情况受到监管机构和市场主体等各方面的高度关注。证券从业人员违反禁止性规定,利用、控制亲属、朋友等账户违法"炒股"并获利的违法情形,一直以来是证券监管机构重点监管的范畴。对涉违规"炒股"行政处罚进行合法性审查,存在电子证据多、证据隐蔽分散、违法行为时间跨度长、违法行为主体难以认定等难点。本案中,二审法院从处罚机关是否具有法定职权、作出被诉处罚决定程序是否合法、是否超过法定追诉时效、认定违法行为的事实是否准确、完备,以及认定违法所得及处以罚款金额是否合法、合理等 5 个方面,全面分析了被诉处罚决定的合法性和合理性。本案的审理,明确了证券从业人员违法"炒股"行政处罚案件的事实证明标准,为如何审查此类处罚决定,提供了可资借鉴的思路和方法。同时,通过对该案的裁判,确立相关裁判规则,使证券从业人员对违反禁止性规定所导致的法律后果具有明确预期,推动从业人员执业的规范化、法治化。

网络盗刷的认定及发卡行与持卡人的责任承担

——丁某诉招商银行股份有限公司上海淮中支行储蓄存款合同纠纷案①

崔　婕*

【裁判要旨】

网银交易中，网络交易身份认证信息验证通过，一般可认定为持卡人本人或其授权交易；但持卡人提供证据足以证明案涉交易系他人冒用持卡人名义所为的，应认定系网络盗刷。发卡行主张持卡人违反信息保管义务的，应当承担举证责任；仅以信息验证通过为由，主张持卡人存在信息保管过错的，不能成立。在无证据证明持卡人自身存在违约行为等可归责事由的情况下，发卡行就被盗刷的款项承担责任。

【案号】

一审：(2018)沪0101民初1312号

二审：(2019)沪74民终200号

---

① 本案入选上海法院2019年度"四个一百"精品案例。

* 法学博士，上海金融法院综合审判二庭法官、审判团队负责人。

【案情】

丁某诉称:丁某在招商银行股份有限公司上海淮中支行(以下简称招商银行淮中支行)办理储蓄卡一张。2015年9月16日,收到招商银行发来的短信,查询发现账户发生3笔网银转账,而收款账户是原告并不认识的户名。随后原告向公安机关报警,公安机关侦破此案后查明,上述转账系犯罪分子在非法获取储户的网银用户名及登录密码后,使用扫号软件非法扫描银行网站,从而登录储户的网上银行而进行的。在原告严密保管自己的网银登录名及密码且从未向外透露的情况下,犯罪分子仍然能够轻易获取原告的登录名及密码并能够成功转账,说明被告对网上银行交易的安全保障存在严重疏漏,应对原告的资金损失承担赔偿责任。

招商银行淮中支行辩称:招商银行淮中支行不存在违约行为,取款密码等只有丁某本人掌握,说明其自身存在过错,而且本案损害后果是由犯罪行为所导致。

法院经审理查明:2011年4月,丁某在招商银行淮中支行处办理一张卡号6226××××××08的储蓄卡。2011年4月24日,丁某填写申请表申请开通该储蓄卡网上个人银行,并在"关联本行卡"选择框中划"√",在"申请移动数字证书"前选择框中划"×","申请文件数字证书""作废文件数字证书""作废移动数字证书""关联他行卡"栏均未填写。该申请表背面功能说明及责任条款载明,客户凭账号、密码和数字证书进行个人银行(专业版)网上交易。客户对网上交易指令及由此产生的结果承担一切经济和法律上的责任。客户需要妥善保管账号、密码和数字证书等资料,由本人泄露客户资料产生的风险及损失由客户本人承担。

2015年1月18日,丁某开通该卡的短信验证码转账功能,单日限额为20万元。短信验证码转账流程为:第一步,打开招商银行个人银行大众版首页;第二步,进入个人银行大众版登录页面,输入用户名(登录名/手机号/邮箱)、登录密码、附加码登录;第三步,进入转账汇款页面,输入收款方户名、账号、金额等相关信息;第四步,点击获取验证码,输入取款密码及发送至验证码收取手机号所接收的验证码,点击完成。

2015 年 6 月 28 日、7 月 7 日，丁某使用短信验证码转账功能进行过转账，短信验证码接收手机号为 189××××××69。2015 年 9 月 16 日，丁某账户在 7 时 29 分许、31 分许、35 分许，使用短信验证码转账功能向户名为章某，卡号为 6230××××××22 的卡分别转账 5 万元、5 万元、4750 元，招商银行淮中支行系统均将短信验证码发送至上述手机号中。此外，3 时 43 分许，招商银行淮中支行系统还向上述手机号发送一网通关联手机修改验证码。7 时 49 分许，丁某口头挂失该卡，招商银行淮中支行系统也向上述手机号发送短信告知口头挂失操作成功。2015 年 9 月 16 日 9 时 33 分，丁某将该卡中剩余款项取出，并更换新卡同时开通短信通知功能。10 时 46 分，丁某至上海市公安局黄浦分局经侦支队报警。

(2016)沪 0101 刑初 1072 号刑事判决查明：被告人童某、唐某经预谋和约定分成比例后，由唐某出资非法购买公民个人信息数据，并给童某提供住处。自 2015 年 9 月起，被告人童某用非法获取个人信息的大量数据，与被告人唐某一起对上述数据进行切割、整理，保留原始数据中的移动电话号码、身份证号、密码等内容，随后由被告人童某使用专门的扫号软件，在其租赁的服务器上用盗取的网银登录名和登录密码进行自动匹配，选取登录名和密码正确的信息，再使用变号软件用被害人的电话号码拨打通信运营公司客服电话，以被害人名义在被害人的移动通信功能中开通短信助手业务，增设短信过滤、短信保管、短信转移等功能，然后登录被害人网上银行主页，输入截取的银行发送的转账验证码等方式，将被害人银行卡中的存款转账后予以侵吞。2015 年 8 月 29 日至 9 月 21 日，共计从 7 名被害人的账户中转账或消费 1,728,261.50 元，所得赃款除部分由被告人童某替唐某归还债务外，余款化用殆尽。具体如下：……(5)被告人童某使用上述手法于 2015 年 9 月 16 日将被害人丁某名下银行卡(卡号 6226××××××08)中的资金 104,750 元转账至卡号为 6230××××××22 户名为章某的银行卡内……被害人丁某发现其名下招商银行卡于 2015 年 9 月 16 日凌晨被他人盗刷，遂向公安机关报案。经上海弘连网络科技有限公司计算机司法鉴定所鉴定：经去重，从被告人童某处查获 243,287 条公民个人信息，从被告人唐某处查获 5,162,101 条公民个人信息，从被告人杨某处查获 1,750,358 条公民个人信息，从被告人幸某处查获 202,250 条公民个人信息。(2017)沪 02 刑终 703 号民事裁定书，裁定驳回上诉，维持(2016)沪 0101 刑初 1072 号刑事判决。

【审判】

法院生效裁判认为,债务人必须向正确的债权人履行债务,否则不发生清偿的效果。本案根据丁某提供的询问笔录,涉案资金损失系网络盗刷所致。招商银行淮中支行主张,持卡人丁某自身存在泄露信息的过错,然就此并未提供有效的证据证明,不予采纳。同时,基于合同的相对性和合同严格责任,即便案涉资金损失是由合同以外的第三人造成的,与丁某存在合同关系的招商银行淮中支行,仍应对作为持卡人的丁某仍应当先行承担支付责任。而且,从风险分配和利益衡量的角度讲,将案涉银行卡欺诈的风险分配给招商银行淮中支行也更为合理。综上,丁某账户资金遭网络盗刷,在没有证据证明丁某存在违约行为等可归责事由的情况下,招商银行淮中支行对冒名者的付款行为不能产生清偿的效果,仍应当就被盗刷的款项对丁某承担全部支付责任。

【评析】

当丁某将货币存入招商银行淮中支行时,即不再对其享有所有权,而是获得依合同约定请求招商银行淮中支行支付本息的债权。虽然丁某的诉请表述为“赔偿损失”,但实为确认其与招商银行淮中支行之间就被盗刷部分的债权债务关系仍然存在,要求招商银行淮中支行承担继续履行的违约责任。本案二审争议焦点为:丁某账户遭网络盗刷,与丁某建立储蓄存款合同的招商银行淮中支行应否对被盗刷的款项承担支付责任。

一、网银交易中持卡人本人或其授权交易与网络盗刷的举证与认定

债务人必须向正确的债权人履行债务,否则不发生清偿的效果。对合同是否正确履行发生争议的,由负有履行义务的当事人承担举证责任。在储蓄存款合同的履行中,银行应采取措施识别银行卡的使用人是否为持卡人本人或经授权的人;在诉讼中,银行对系争交易是向持卡人本人或经授权的人履行负有举证

责任。网上银行业务不同于物理卡交易，银行无法凭借真实有效的银行卡来验证持卡人身份，而是通过卡号、登录及交易密码、动态验证码等持卡人网络交易身份认证信息的一致性来核实客户身份。银行提供的证据证明上述信息验证通过的，通常即认定构成具有受领权的权利外观、银行的给付属于适当履行。本案根据查明的事实，涉案银行卡的网上交易须输入正确的用户名、登录密码、附加码、取款密码及验证码，方能完成网银转账交易。招商银行淮中支行亦是以验证通过为由，主张其在债务履行过程中并不存在违约，而且个人银行证书申请表背面所载功能说明及责任条款亦规定，客户对网上交易指令及由此产生的结果承担一切经济和法律责任。然而，上述网银交易中债务履行适当性的认定，在性质上属于事实推定。即以相关验证信息的私密性为前提，推定系争交易由持卡人或其授权所为。如果持卡人提供证据证明相关交易系他人冒用持卡人名义、使用持卡人网络交易身份认证信息所为的，即可推翻上述事实推定。本案中，根据丁某提供的询问笔录，涉案资金损失系因案外人童某等人非法获取被上诉人的身份信息、账户信息后，通过使用变号软件截获银行发送的验证码，进而完成转账所致。在存在网络盗刷的情况下，招商银行淮中支行仍仅以验证通过为由主张属于适当履行，不能成立。

二、招商银行淮中支行主张丁某违反信息保管义务应当承担举证责任

我国《合同法》第120条规定，当事人双方都违反合同的，应当各自承担相应的责任。在储蓄存款合同关系中，发卡行负有向持卡人提供安全的用卡环境的义务，持卡人则负有妥善保管银行卡卡号、密码等银行卡信息的义务。持卡人未尽到妥善保管自己银行卡信息的义务，亦构成违约，可以减轻或免除发卡行的违约责任。本案中，招商银行淮中支行即主张，取款密码是丁某自行设置的，犯罪分子之所以可以撞库成功是因为丁某在其他网站使用了相同的用户名和密码，因此持卡人丁某自身存在泄露信息的过错。然而招商银行淮中支行的此主张是以取款密码等银行账户信息只有丁某知晓为前提的，而网银交易系统的安全性不高、银行对网银交易环境的管理不善等均有可能导致银行卡信息泄露。而且，即便丁某在其他网站使用了与案涉银行卡相同的用户名和密码，亦不能即得出

丁某未尽到妥善保管自己银行卡信息的义务。因此,招商银行淮中支行未提供相应的证据证明丁某未尽到适当注意义务导致银行卡信息泄露,应承担举证不能的后果。对其关于丁某自身也存在违约行为,并据此要求减轻或免除责任的主张,本院不予采纳。

三、招商银行淮中支行的安全保障义务及案涉银行卡信息泄露风险的分担

我国《商业银行法》第6条规定,“商业银行应当保障存款人的合法权益不受任何单位和个人的侵犯”。《电子银行业务管理办法》第38条亦规定,“金融机构应当采取适当的加密措施和采取适当的技术、识别与验证使用电子银行服务客户的真实、有效身份”。从利益衡量和风险防范的角度讲,将案涉银行卡欺诈的风险分配给招商银行淮中支行也更为合理。作为专业金融机构,招商银行淮中支行对其所提供的供客户选择的任何一种网上交易模式,均具有保障账户资金安全的法定义务。丁某之所以选择将案涉款项存入招商银行淮中支行,也正是基于对其作为商业银行的信任。为此,作为借记卡的发卡行及相关技术、设备和操作平台的提供者,应当对交易机具、交易场所加强安全管理,对各项软硬件设施及时更新升级,以最大限度地防范资金交易安全漏洞。尤其是随着电子银行业务的发展,商业银行作为从电子交易系统的开发、设计、维护者,也是从电子交易的风险中获得经济利益的一方,相较于持卡人而言,应当也更有能力采取措施防范风险和解决问题:一方面,可以通过发布警示案例,告知持卡人相应的风险隐患,还可以通过引入保险机制,分散相应的风险;另一方面,可以升级软件硬件等技术保障措施,增强防范银行卡违法犯罪行为的能力。

四、招商银行淮中支行不能以第三人原因为由免责

招商银行淮中支行另主张,丁某账户被盗刷是由于犯罪行为所致,手机运营商在涉案事件中亦存在过错,不应由其承担民事责任。对此,首先,丁某将款项存入银行后,账户资金的所有权已经发生转移,相应地该笔款项的风险也转移至招商银行淮中支行。犯罪分子冒丁某之名实施盗刷行为,侵害的是招商银行淮

中支行的货币所有权，而非丁某资金的所有权。丁某请求支付存款与银行资金被盗是两个独立的法律事实。其次，我国《合同法》第121条规定，当事人一方因第三人的原因造成违约的，应当向对方承担违约责任。我国《商业银行法》第33条规定，银行应当按时向储户足额支付本息，在储户没有可归责事由的情况下，银行应该无条件地向储户承担到期支付的责任。本案丁某提起诉讼的请求权基础为储蓄存款合同关系，基于合同的相对性和合同严格责任，即便案涉资金损失是由合同以外的第三人造成的，与丁某存在合同关系的是招商银行淮中支行，对作为持卡人的丁某仍应当先行承担支付责任。手机运营商是否存在过错以及招商银行淮中支行对丁某承担违约责任后向手机运营商追偿，均并非本案审理范围。

综上，丁某账户资金遭网络盗刷，在没有证据证明丁某存在违约行为等可归责事由的情况下，招商银行淮中支行对冒名者的付款行为不能产生清偿的效果，仍应当就被盗刷的款项对丁某承担全部支付责任。

争点效在“一事不再理”原则判断中的有限适用

——上海星火制浆造纸厂等诉中国银行股份有限公司上海市分行等确认合同无效纠纷案①

崔　婕*

【裁判要旨】

前后两诉的诉讼请求和当事人虽不尽相同,但后诉诉请事项在前诉中作为必要的争议焦点进行了充分审理,且后诉原告作为前诉当事人已经享有主张、举证、辩论机会的,后诉构成重复起诉。

【案号】

一审:(2016)沪01民初115号

二审:(2016)沪民终360号

【案情】

上海星火制浆造纸厂(以下简称星火厂)、上海造纸公司(以下简称造纸公

① 本案获评全国法院系统2019年度优秀案例分析二等奖。

* 法学博士,上海金融法院综合审法官、审判团队负责人。

司)、上海新伦纸业有限公司(以下简称新伦公司)、上海开伦造纸印刷集团有限公司(以下简称开伦公司)诉称:星火厂筹建处于1988年12月24日与中国银行股份有限公司上海市分行(以下简称中国银行上海分行)签订《关于利用瑞典混合贷款的转贷协议》(以下简称《转贷协议》),约定使用瑞典政府贷款8,170,459.25美元,最后还贷期为2003年12月31日。上海造纸公司为上述贷款提供担保。2004年中国银行上海分行与信达上海办签订《债权转让协议》,将上述《转贷协议》项下的债权转让给中国信达资产管理股份有限公司上海市分公司(以下简称信达上海办)。2007年6月20日,信达上海办又与投资2234海外第七号基金公司(以下简称2234公司)签订《单户资产转让协议》,将上述《转贷协议》项下的债权及保证合同项下的债权转让给2234公司。2008年1月4日,2234公司提起诉讼,要求星火厂偿还贷款本金3,317,787美元、利息3,073,892.80美元。中国银行上海分行、信达上海办、2234公司签订《债权转让协议》《单户资产转让协议》,将上述《转贷协议》项下由国家统借的瑞典政府出口信贷款项权益,实施无对价转让,显属主体不适格,且违法违规无效。中国银行上海分行明知上述转贷款使用人即星火厂系国有大型企业,明知国务院、上海市政府已将星火厂列入政策性破产试点,明知《转贷协议》项下资金系政府间借贷款且由中国政府指定的行政性国有企业提供担保不得另行转让,明知己方已实际同意上述《转贷协议》项下贷款由上海市政府批准被列入星火厂分立、重组之投资资金不得另行转让,却仍然实施《转贷协议》项下的债权转让,严重损害国有资产,并将造成国有资产的巨大损失。故请求确认中国银行上海分行、信达上海办、2234公司签订的《债权转让协议》《单户资产转让协议》无效。

中国银行上海分行、信达上海办、2234公司辩称:诉争事项已经法院审理,属于重复诉讼,而且两次债权转让均不存在无效情形。

法院经审理查明:2234公司诉星火厂、上海造纸公司、东方国际集团上海市对外贸易有限公司(以下简称东方国际公司)金融不良债权追偿纠纷一案,法院于2008年1月4日受理。审理中,根据当事人的申请,法院先后追加新伦公司、开伦公司为共同被告。2234公司的诉讼请求为判令:(1)星火厂偿还贷款本金3,317,787美元、暂计至2006年6月20日的利息3,073,892.80美元;(2)新伦公司对上述债务承担连带责任;(3)上海造纸公司、东方国际公司、开伦公司对上述债务清偿承担连带保证责任。星火厂和上海造纸公司在该案审理中对2234公司关于利息的主张提出异议,对债权转让协议的效力未提出抗辩。东方国际公司的辩称意见之一是,根据有关政府担保的债务不得对外转让的规定,中国银行上海分行和信达上海办对外转让债权无效。法院于2012年4月9日作出(2008)沪一中民五(商)初字第25号民事判决。判决认为,该案的争议焦点在于:(1)涉案债权形成、转让是否有效;(2)上海造纸公司、东方国际公司分别与星火厂之间是何种性质的保证关系,应否承担各自的保证责任;(3)新伦公司与星火厂之间是否系分立关系,新伦公司应否对星火厂债务承担连带责任;(4)开伦公司与上海造纸公司之间是何种法律关系,开伦公司是否应对上海造纸公司的相关责任承担连带责任;(5)本案贷款利息应如何计算。其中,关于涉案债权的形成、转让是否有效问题,判决认为,星火厂筹建处与中国银行上海分行签订的《转贷协议》,并未违反法律强制性规定并已实际履行,依法应受到法律保护;中国银行上海分行与信达上海办之间的债权转让亦与法不悖,应认定为有效;2234公司受让系争债权,并未违反法律强制性规定,亦应认定有效,2234公司是合法债权人。2234公司、开伦公司不服一审判决,向上海市高级人民法院提出上诉。上海市高级人民法院于2013年2月26日作出(2012)沪高民五(商)终字第14号民事判决。判决认为,东方国际公司称本案债权不具有真实性以及涉案债权转让无效等意见,因缺乏事实依据,均不予采纳。

【审判】

法院生效裁判认为,前述金融不良债权追偿纠纷一案,系2234公司基于债权转让提出的给付请求,本案系星火厂、造纸公司、新伦公司、开伦公司提出的债权转让效力确认请求,两案的诉讼请求密切相关,且后诉的诉讼请求实质上否定了前诉的裁判结果。在金融不良债权追偿纠纷一案中,债权转让是否有效属于先决问题。本案原告作为前案当事人,在前案审理中享有充分的主张、举证、辩论的机会,完全可以债权转让无效为由否认给付义务的履行。在前案审理中,两次债权转让的效力作为主要争议焦点已经进行了审理,一审、二审判决均认定,中国银行上海分行与信达上海办签订的《债权转让协议》、信达资产办与2234公司签订的《单户资产转让协议》有效。虽然本案当事人与前案当事人不尽相同,即本案两被告中国银行上海分行、信达上海办非前案当事人,但本案诉讼并非该两被告主动提起,两被告对前案判决并无异议,且提出本案诉争已经前案处理。综上,四原告提出确认债权转让协议无效的诉讼,属重复诉讼。

【评析】

“一事不再理”原则是现代民事诉讼的基本原则。由于立法缺失和不完善,我国审判实践中“一事不再理”原则的适用,长期以来多凭借审判人员朴素的理解,缺乏统一指引、标准不一。最高人民法院《关于适用〈中华人民共和国民事诉讼法〉的解释》(以下简称《民诉法解释》)第247条、第248条对“一事不再理”原则的内涵、判断标准进行了规定。然由于“一事不再理”与既判力、诉讼标的等诉讼理论密切相关,如何准确理解和适用该规定,仍需运用相关诉讼理论在个案件中进行具体分析。

一、“一事”的传统判断标准及其局限性

(一)传统标准:诉讼请求

按照传统既判力理论的制度设计,既判力的客观范围限于判决主文中的判断,判决认定的事实、理由等(抵消抗辩除外)作为支撑判决结论的判决理由则没有既判力。而在当事人主义诉讼模式下,诉讼请求、诉讼标的和判决主文具有相对应的关系。法院的判决主文必然是对应于当事人的诉讼请求而为的裁判结果,诉讼请求的范围就是判决主文的指向。通过赋予判决主文以拘束力,进而使既判力的客观范围和诉讼标的、诉讼请求相联系,从而发挥“一事不再理”的效果。王亚新教授将其概括为这样一个公式:请求→诉讼标的→判决主文→既判力的客观范围。大陆法系国家和地区立法上大多也对既判力客观范围的确定作了类似的规定。虽然各国的规定不尽一致,德国表述为“请求”,法国表述为“判决标的”,日本表述为“判决主文”,但它们之间并没有实质的不同,其本质都是规定既判力的客观范围局限于法院对诉讼标的的判断,因此司法实践中即以判决主文为界来划定既判力的客观范围。我国《民诉法解释》第247条正是基于传统既判力理论,采用实体法诉讼标的理论,将诉讼标的及诉讼请求的同一性作为“一事不再理”原则适用的判断标准。

之所以将既判力客观范围局限于判决主文中的判断即诉讼标的,而不承认判决理由中的判断有既判力,其依据在于:作为判决理由中判断的当事人主张,相对于判决主文中的判断即诉讼标的而言,处于一种手段性、次要性的地位,对于这些判决理由中的判断,当事人也许没有真正展开彻底的攻击防御。如果让这种争点也产生既判力,就难免对当事人造成突然袭击,也不符合处分权主义和辩论主义的要求。

(二)传统标准的局限性

判决主文有既判力从而禁止再诉没有争议,有争议的是既判力的客观范围是否仅止于判决主文。完全以诉讼标的来衡量是否一事的制度模式,存在一个致命的缺陷:当事人可以在后诉中对前诉判决理由中确定的事实理由再行争执,进而导致既判力定分止争的制度目的在某种程度上被架空。而且,在司法实践中,判决书的主文部分大多比较简略,通常是需要借助判决理由才能确定判决主文的具体内容。实务中,时常会出现仅从判决主文中无法辨别法院是依据何种法律上的请求权或形成权作出的判决。在判决主文的内容需要借助判决理由来确定的情况下,如果判决理由没有拘束力,就可能在后诉中被否定或推翻,从而影响判决主文的效力。因此,判决理由中判断的拘束力问题,成为诉讼理论和实务中亟待解决的问题之一。

二、争点效理论的引入

要实现"一事不再理",赋予判决理由以一定的拘束力是必需的。为了解决因判决理由中的判断不具有拘束力而导致的判决既判力丧失其制度功能的问题,各国民事诉讼理论及实践主要通过以下几种途径解决判决理由中判断的效力问题:(1)诉讼标的扩张论,即将诉讼标的的概念扩大到包括原因事实,由此既判力扩大到判决理由;(2)既判力扩张论,即将判决理由部分的判断作为传统既判力客观范围的例外直接赋予其既判力;(3)在既判力之外另设判决理由的拘束力——争点效;(4)通过诚实信用原则以及禁反言的方式限制当事人对判决理由中的判断再行争执;(5)以中间确认判决的方式赋予争点以既判力,从而限制当事人在后诉中对争点再行争执。在这些进路中,争点效以程序保障为前提,通过赋予判决理由中判断以一种不同于既判力的制度性效力，避免了既判力客观范围扩张论所存在的程序保障不足、诚实信用原则论的操作空洞化、中间判决和诉讼标的扩张论适用范围局限等缺陷，较好地平衡了判决终局性和当事人程序保障的关系，成为各种解决进路中相对最优的选择。

争点效的概念由日本新堂幸司教授最早提出，此后迅速获得了很多学者的支持，同时也有不少学者对之持批评态度。在赞成与反对的激烈论争当中，争点效理论不断地向前发展。其基本特征在于：在承认“请求 = 诉讼标的 = 判决主文 = 既判力客观范围”公式的基础上，同时主张以当事人在前诉中获得的程序保障以及由此而来的自我责任为根据，把与既判力相类似的法律效力有选择地赋予判决理由中的判断。目前，在日本学界解决既判力客观范围困扰的有力学说之一，司法实践中虽然支持适用争点效的态度还不完全明朗，但宽松对待适用争点效的倾向已有所显露。

而在英美法系，虽然诉讼理念的不同导致了其在判决效力制度设计的不同，但是其通过争点排除规则配合请求排除规则成功解决判决效力问题的进路，与大陆法系的争点效理论不无相通之处。美国民事诉讼中的判决效力规则包括两个部分：请求排除规则和争点排除规则。请求排除规则的目的在于限制针对同一诉因的重复诉讼，和大陆法系的既判力制度相对应；争点排除规则的目的在于限制对同一争点的重复诉讼，即防止在后诉中重复审理那些已在前诉中确定了的某些事实或法律问题。在美国民事诉讼中，争点排除规则比请求排除规则有着更加广泛的影响而居于判决效力制度的核心地位。

我国《民诉法解释》出台之前，对于判决理由中判断事项的效力问题，司法实践中是从证据的角度以“预决的事实”来处理的，即对于在判决理由中认定的事实，当事人无须在后诉中举证证明。该做法虽然一定程度上避免了矛盾判决的产生，但其以证据的形式出现已完全脱离了判决效力的层面，某种程度上造成了“领域错位”。《民诉法解释》第 247 条第 1 款第 3 项规定，“后诉的诉讼请求实质上否定前诉裁判结果”的，构成重复起诉。该条规定虽然相较于争点效理论，适用范围和效果具有一定的局限性，但仍是我国立法对判决理由拘束力的一次大胆尝试。本案前后两诉的诉讼对象即属于该项规定的情形。即后诉要求确认转让协议无效的诉请与前诉要求履行金钱给付义务的诉请虽然不相同，后诉诉请亦并非前诉判决主文的判项，但后诉诉请乃前诉的前提及必要审理事项。

三、争点效理论的具体运用

(一)争点效的适用要件

当事人的程序保障是争点效适用要件必须首要考虑的要素。借鉴英美法系争点排除规则的规定,[①]争点效的适用要件包括以下几个方面。

1. 争点的同一性。所谓同一争点,是指前后诉的争议事项具有重合性,即后诉中的争议与前诉相同,或者是前诉争议的一部分。在判断前后两诉的争点是否相同时,可以遵循这样的原则:第二次起诉当中提出的争议事项在各个方面与第一次诉讼当中决定的事项相一致,而且其中的基础事实和适用的法律规则没有发生改变。

2. 争点必须经过了充分争讼并被法院确定。只有在前诉中真正经过了当事人充分的攻击防御,进行了实质性对抗,并经过法院生效裁判固定下来的争点才能在后诉中被主张排除。对充分争讼的认定,应该是当事人围绕该争点展开过实际的攻击和防御。规定这一要件的目的,是为了尊重当事人的意思自治和避免当事人碍于争点排除规则而过分谨慎造成不必要的过度争讼。因此,在当事人自认、承认、缺席、和解等情况下确定的事实均不具有争点排除的效力。同时,争点效作为实现判决终局性效力的制度,当然要建立在该争点已经生效判决确定的基础上。

3. 前诉中对该争点的判断是前诉判决所必需的。这就要求适用争点排除规则的争点对前诉判决而言必须具有必要性或实质性,对诉讼的结果会产生实质性的影响。这种影响既可以是胜诉、败诉的差异,也可以是当事人诉讼请求的实现程度的不同,如给付之诉中给付金额的较大差异。规定此要件的理由在于:出于公平考虑,只有那些在当事人之间得到充分争讼和考虑的争点才应该从将来的诉讼中排除出去。非实质性争点,即便在庭审中曾经讨论过,也不应该具有约束效力,因为任何一方当事人或双方当事人对它们并没有太过留意,甚至对于该

---

① 《判决重述(第二版)》规定,适用争点排除规则应满足以下三个条件:本诉的争点与在前诉中争执过的是同一争点;该争点在前诉中确经实际诉讼并被决定过;前诉中对该争点的决定对判决来说是必要的。

事项法官也没有太留意。

(二)争点效的主观界限

前后诉当事人完全相同的情形下所有当事人都应受争点效的拘束并可利用争点效,而且争点效还及于当事人的继受人及实质上可视同当事人的人,这是没有问题的。争议在于:争点效对第三人效力的问题。

根据争点效主观范围可拘束对象和受益对象,争点效对第三人的效力问题可以类型化为以下考虑因素:(1)是攻击性适用还是防御性适用。防御性适用是指在后诉中,被告对在前诉中为当事人的原告主张适用争点排除规则;进攻性适用是指原告对在前诉中为当事人的被告主张适用争点排除规则。一般攻击性适用的限制要多于防御性适用,美国从联邦最高法院到各州地方法院,已经承认了争点排除规则的防御性适用和某些条件下的攻击性适用。(2)是拘束前诉原告还是拘束前诉被告或者是前诉原告援用还是前诉被告援用。一般拘束前诉被告的限制要多于拘束前诉原告,相应地,前诉原告援用的限制要多于前诉被告援用的限制。

(三)争点效理论在本案中的运用

本案中,作为前诉的金融不良债权追偿纠纷一案,系 2234 公司基于债权转让提出的给付请求,而后诉系星火厂、造纸公司、新伦公司、开伦公司对中国银行上海分行、信达上海办、2234 公司提出的债权转让效力确认请求。前后两诉的诉讼请求密切相关,且后诉的诉讼请求实质上否定了前诉的裁判结果。根据《民诉法解释》第 247 条第 1 款第 3 项的规定,诉讼对象具有同一性。然而,前后两诉的当事人并不尽相同,是否构成重复起诉?本案以当事人的程序保障为基本原则,结合大陆法系争点效理论和英美法系的争点排除规则,综合考量以下因素,认定后诉属于重复起诉,从而裁定驳回了原告的起诉。其一,作为前诉的金融不良债权追偿纠纷一案中,本案的争议事项,即债权转让是否有效,属于先决问题。本案原告作为前案当事人,在前案审理中享有充分的主张、举证、辩论的机会,完全可以债权转让无效为由否认给付义务的履行。且在前案审理中,两次债权转让的效力作为主要争议焦点已经进行了审理,一审、二审判决均认定中国银行上海分行与信达上海办、信达上海办与 2234 公司签订的债权转让协议有效。其二,虽然本案当事人与前案当事人不尽相同,即本案两被告中国银行上海分行与信达上海办非前案当事人,但本案诉讼并非该两被告主动提起,两被告对前案判决及债权转让的效力并无异议,且提出本案诉争已经前案处理。

科技赋能智慧法院在线调解

——北京某银行上海分行与某实业公司金融借款合同纠纷案[①]

徐　玮*

【调解要旨】

网上在线调解平台是将科技进步与法院发展深度融合的鲜活实例。通过网络在线调解平台,当事人无论身处何处,都可以通过互联网进入在线调解系统,参与调解,将大大减少当事人的时间成本和交通开销。法官也可以随时进入在线调解平台,见证当事人达成调解方案过程,并基于当事人申请进行司法确认。

【案号】

(2018)沪74民初9号

【基本案情】

某城商行上海分行(以下简称B银行)与某实业公司(以下简称H公司)订

---

① 本案获评最高人民法院、中国人民银行、银保监会联合评选的"金融纠纷多元化解十大典型案例"。

* 法学硕士,上海金融法院立案庭副庭长。

立借款合同,由B银行向H公司贷款人民币116,120,000元,双方就贷款利息、还款期限等进行了约定。H公司因未按时还款被B银行诉至上海金融法院,要求提前还清贷款本息人民币118,672,994.41元并支付逾期利息。上海金融法院委托上海银行业纠纷调解中心(以下简称银调中心)对该案进行调解。

【调解】

银调中心接受委托后,仔细查阅了相关合同资料和诉讼材料,发现此案调解存在两个难点:一是当事人和调解组织分处三地,B银行位于北京、H公司位于黑龙江、银调中心则在上海,如采用传统现场调解方式,沟通协调困难;二是案件标的大,H公司虽有意还款,但短期内筹措资金较为困难,B银行则因为H公司违约时间已超4个月,而希望H公司提前全额清偿借款。

针对第一个难点,银调中心组织各地当事人通过网络在线调解平台进行调解。虽然当事人和调解员身处不同地点,但可同时登录银调中心网络在线调解平台参与调解。登录网络在线调解平台后,调解员和当事人通过远程视频会议,实现了网上的"面对面"调解。银调中心的在线调解平台已顺利接入上海金融法院金融纠纷解决网上平台,法官也可进入网络在线调解平台,见证当事人达成调解方案的过程。

针对第二个难点,调解员依托此前在银行从业背景,凭借多年专业知识,努力寻求双方争议的平衡点,进而找到案件的突破口。一方面,考虑到涉案金额较大,H公司短期内筹措还款资金较为困难,调解员建议B银行在法规政策允许的范围内,对该笔争议贷款进行适当展期,在展期期间则根据行业惯例适当提高贷款利率。另一方面,调解员也给H公司分析,根据现有证据材料其败诉可能性较大,若被法院强制执行,对于企业的生产经营活动不利,建议H公司缩短展期时间。此外,针对B银行对调解协议效力的疑问,调解员介绍,双方达成的调解方案可申请上海金融法院进行司法确认,法院出具的民事调解书与民事判决书一样,具有强制执行力,及时调解还可节省诉讼费用开销和时间成本。很快,当事人之间达成了调解协议,上海金融法院经司法确认后,出具民事调解书,矛盾迎刃而解。

【评析】

该案典型意义在于通过网络在线调解方式，方便异地调解，提升调解便利度；同时针对银行、证券、期货等专业性较强的金融纠纷，充分发挥行业调解的力量，更快速地化解纠纷，对于如何运用科技手段、如何借助行业调解力量，将法院“最后一道防线”与调解“第一道防线”有机结合具有借鉴作用。该案同时也是上海金融法院完善多元化纠纷解决机制，借助行业调解专业力量，快速化解金融案件的具体体现。2018 年 10 月 10 日，上海金融法院成立诉调对接中心，并与中证中小投资者服务中心有限责任公司，上海市金融消费纠纷调解中心，上海银行业纠纷调解中心，上海市证券、基金、期货业纠纷联合人民调解委员会，上海市保险同业工会 5 家单位签署《诉调对接工作机制合作协议》，形成了银行业、证券业、保险业金融领域纠纷诉调对接的全覆盖，合力化解金融纠纷，有效防范金融风险，协力营造优质金融法治环境，提升上海金融法治软实力，为上海国际金融中心建设和经济社会发展提供有力司法服务和保障。

涉金融案件上市公司股份善意执行理念的具体实践

——中信证券股份有限公司申请执行兴源控股集团有限公司证券质押式回购纠纷案①

郑　岗*

【执行要旨】

在执行以民营企业为被执行人的案件时，应该避免机械单纯运用强制措施，而应充分考虑被执行人的具体经营情况，坚持善意执行理念，采取全面调查，积极协调，保全代位、案外纾困等多元执行方法，为民营企业的持续经营创造条件，从而切实解决司法执行与民营企业发展的现实矛盾。

【案号】

(2018)沪 74 执 16 号

(2018)沪 74 执 17 号

---

① 本案入选上海法院 2019 年度“四个一百”精品案例、上海法院 2019 年度破解“执行难”十大典型案例。

* 法学硕士，上海金融法院执行局法官助理。

【案情】

申请执行人:中信证券股份有限公司(以下简称中信证券)

被执行人:兴源控股集团有限公司(以下简称兴源控股)

中信证券与兴源控股开展股票质押式回购交易业务,双方于2017年10月10日签署了《中信证券股份有限公司股票质押式回购交易业务协议》(以下简称《业务协议》)及《交易协议书》。根据协议约定,兴源控股以其所持有的16,400,000股兴源环境股票(股票代码:300266,以下简称标的证券)流通股质押给中信证券,向中信证券分两笔融入初始交易金额人民币共计2亿元,期限为12个月,回购利率为年化5.8%(年/365天),兴源控股负有向中信证券依照约定标准支付资金、款项、费用的给付义务。为保障债务履行,中信证券与兴源控股共同向北京市精诚公证处申请办理上述协议公证并赋予强制执行效力,北京精诚公证处分别出具了(2017)京精诚内经证字第04066号、04450号《公证书》。后双方在2018年又进行了补充证券质押担保操作,截至2018年7月13日,兴源控股累计质押给中信证券的标的证券数量共计60,400,101股。

因兴源控股未依约履行购回义务,2018年7月9日,中信证券根据协议约定,向兴源控股发函宣布《交易协议书》提前到期,要求兴源控股不晚于2018年7月10日前完成购回,但兴源控股逾期未履行任何购回义务,构成违约。

2018年9月6日,中信证券向北京精诚公证处提出申请,就已赋予强制执行效力的《业务协议》及所附《交易协议书》对兴源控股签发执行证书。2018年10月10日,北京精诚公证处向中信证券签发了《执行证书》。因兴源控股未履行《执行证书》确定义务,2018年11月,中信证券向上海金融法院申请强制执行,要求兴源控股支付融资本金共计172,994,899.59元及相关利息、违约金、公证费等。

【执行】

2018年11月14日,上海金融法院立案执行。执行中,执行局依法向被执行人兴源控股发出执行通知书、财产申报令,责令兴源控股立即履行还款义务,并如实申报财产。同时,启动了对被执行人兴源控股的财产调查程序。经过初步调查发现,兴源控股的主要财产为质押给中信证券的股票,除此之外,其他财产并不足以偿付本案债务。执行中,申请执行人向法院提供了兴源控股对案外人上海趵虎投资管理中心(有限合伙)持有股权30,000万元的财产线索,2018年11月27日,上海金融法院依法冻结了该股权。鉴于标的证券数额巨大,若径行抛售标的证券,很有可能对上市公司股价产生重大影响,并可能导致被执行人陷入更多债务诉讼。为慎重起见,案件承办人多次召集双方当事人就债务履行情况进行沟通和了解,督促被执行人尽快提出替代履行的可行方案。2018年12月10日,被执行人与浙江余杭转型升级产业投资有限公司等案外人达成增资框架协议,由案外人对被执行人兴源控股进行增资,解决兴源控股的股票平仓风险。随后,经过多次沟通,中信证券与兴源控股于2019年3月4日达成了《执行和解协议》,约定在保全兴源控股对上海趵虎投资管理中心(有限合伙)持有股权前提下,由被执行人分两期履行还款义务,并附条件中止对质押股票的执行。2019年3月上旬,兴源控股依照和解协议约定支付了第一期款项5000万元,4月16日,支付了剩余款项122,806,292.9元。至此,中信证券与兴源控股之间的所有债务全部履行完毕。根据中信证券的申请,上海金融法院依法解除了对兴源控股持有的上海趵虎投资管理中心(有限合伙)30,000万元股权的冻结,案件顺利执结,双方当事人对法院执行工作表示高度认可。

【评析】

质押式证券回购纠纷是金融法院受理的主要案件类型之一,此类案件在执行中处置的主要标的物是被执行人质押给申请执行人的上市公司股票。由于质押的股票往往数量较大,直接通过抛售方式处置,很可能对上市公司股价乃至金融市场产生不利影响,同时可以引起被执行人财务状况的进一步恶化,陷入经营困境。

在本案的执行中,若按照传统执行思路,直接冻结并拍卖处置兴源控股集团提供的质押股票,即可变现清偿本案债务,但存在两个弊端:一是若质押股票被司法冻结,被执行人控股的上市公司将被迫发布相关的公告,其他债权人很可能会要求提前履行债务或采取其他保全措施,导致被执行人面临多重债务风险和诉讼风险,加剧恶化财务状况;二是若集中抛售大量股票,在当前市场行情下,势必引起上市公司股价的剧烈波动,影响市场稳定,不利于矛盾的妥善处理。

为此,金融法院执行局从优化营商环境,保障金融市场稳定角度入手,采取灵活而慎重的处理思路:一方面,对被执行人其他财产作全面调查,依法冻结了被执行人持有的在案外人上海趵虎投资管理中心(有限合伙)的出资额 3 亿元,为申请执行人的债权提供了一定保障,从而暂缓对质押股票的处置,并为被执行人兴源控股集团寻找资金注入赢得必要时间。另一方面,执行局积极与申请执行人和被执行人沟通,两次组织双方当事人就债务履行问题进行协调,最终,被执行人通过引入第三方纾困资金,就债务履行与申请执行人中信证券公司达成了执行和解协议,分两期履行债务。

本案的执行,充分考虑了当前的市场和经济形势,从维护金融稳定,促进民营经济发展,优化营商环境的角度,坚持善意执行的理念,采取全面调查,积极协调,保全代位,案外纾困的执行方法,既实现了执行目的,保障了申请人的胜诉权益,又兼顾了被执行人的利益,为其正常经营发展提供了机会,实现了法律效果和社会效果的统一。

金融案件执行中上市公司大宗股票司法处置的新方法

——中泰证券(上海)资产管理有限公司申请执行沈某证券质押式回购纠纷案①

黄　亮* 　郑　岗**

【执行要旨】

为促进金融案件中上市公司股票市场价值的充分实现,上海金融法院通过与证券交易所约定的信息渠道发布大宗股票司法处置公告,利用全新开发的证券交易所大宗股票司法协助执行平台,完成竞买申报、竞价匹配、结果公示等询价竞买相关事项的大宗股票强制变价措施,实现司法强制力与证券市场规则的有效衔接,确保上市公司大宗股票处置的精细化、科学化和规范化,为有效破解"执行难"及有序推进科创板并试点注册制改革提供制度保障。

【案号】

一审:(2019)沪74民初56号

执行:(2019)沪74执251号

---

① 本案获评2019年度人民法院十大执行案件。

* 法学学士,上海金融法院执行局法官。

** 法学硕士,上海金融法院执行局法官助理。

【案情】

原告:中泰证券(上海)资产管理有限公司(以下简称中泰证券)

被告:沈某

2015年12月7日,原告、被告与案外人中泰证券股份有限公司(以下简中泰证券股份公司)共同签订《股票质押式回购交易业务协议(三方)》,约定原告作为融出方,被告作为融入方,中泰证券股份公司负责初始交易、盯市管理及违约处置等事宜。此后,原告、被告与中泰证券股份公司又于2016年12月6日签订《股票质押式回购交易协议书(三方)》,约定被告以其持有的4900万股"瀚叶股份"进行质押,向原告融入资金2.6亿元。如被告质押股票数量超过其持有股数的96%,原告有权要求被告提前回购。上述合同签订后,原告依约向被告支付了2.6亿元,相应的4900万股"瀚叶股份"也办理了质押登记(后因发生约定的转股及补充质押情形,质押股票数量变更为9384万股)。在待回购期间,被告质押股票数量已超过其持有股数的96%,原告遂要求被告提前回购全部标的证券,但被告未能如约履行。2018年12月5日回购期限届满后,被告亦未按约支付回购金额,已构成严重违约,故原告提起本案诉讼。

本案审理过程中,当事人自行和解达成协议:被告沈某应于2019年5月15日之前,向原告中泰证券偿还本金人民币2.6亿元及相应利息、违约金、律师费等。如果被告沈某未按本调解协议规定按期足额支付债务的,原告中泰证券可以与被告沈某协议,以被告沈某所有的浙江瀚叶股份有限公司9384万股股票(简称:瀚叶股份,股票代码:600226)折价,或者申请拍卖、变卖,并就所得价款优先受偿。上述和解协议经双方签字确认后发生法律效力,上海金融法院于2019年4月17日出具(2019)沪74民初56号民事调解书。后沈某未按调解协议履行,中泰证券于2019年7月10日向上海金融法院申请强制执行。

【执行】

执行中,上海金融法院向被执行人沈某发出执行通知书,责令其履行上述民事调解书确定的义务,但沈某逾期并未履行。经调查发现,被执行人名下的不动产已被其他法院查封在先,可执行财产为质押给申请执行人的浙江瀚叶股份有限公司9384万股股票。上海金融法院随后作出裁定,对上述股票及证券账户、资金账户进行冻结。

2019年10月25日,申请执行人、被执行人双方到庭接受法院询问,被执行人称尚未履行本案债务,法院明确告知其若拒不履行,将依法处置质押的上市公司股票,双方当事人对此无异议。

2019年11月7日,上海金融法院再次传唤双方当事人到庭,再次询问被执行人如何履行本案债务,被执行人表示无力履行。法院随后询问双方当事人对于通过大宗股票司法协助平台处置质押股票的意见,双方当事人均无异议,对法院的处置方式表示认可。

鉴于被执行人逾期并未履行,上海金融法院于2019年11月26日发出《司法处置股票公告》,表示将于2019年12月12日在上海证券交易所大宗股票司法协助执行平台(以下简称司法执行平台),公开处置沈某持有的"翰叶股份"股票9384万股。处置起始单价为2019年12月12日前20个交易日该股票收盘平均价的90%,未超过处置起始单价的竞买出价无效。2019年12月12日,竞买账号A130707×××以每股单价人民币2.92元申报竞买9384万股,以总价274,012,800元的最高价竞买成交。2019年12月17日,上海金融法院裁定将上述股票扣划至竞买人名下。随后,上海金融法院将上述处置款在扣除执行费后,发还申请执行人。至此,申请执行人的债权基本得到受偿。

【评析】

上市公司股票的处置是民事案件执行程序中的常见项目,现有执行体系中,由于缺乏统一明确的处置规范,各地法院对上市公司股票的执行方法不一。本案的执行,是上海金融法院在建立大宗股票司法协助执行模式后,对上市公司股票执行实践的一次全新探索。无论从制度的创建,还是实际效果,本案的执行具有较强的示范意义和实践价值。

一、现有常规股票处置方式存在的局限及问题

上市公司股票指在证券交易所公开发行的上市公司社会流通股。作为一种

财产类型,上市公司股票在法院的执行中很常见,但与房产、汽车等传统财产相比,股票作为一种证券化资产又具有特殊的特征和属性,其所具有的公开流动性、市场传导性等特征,对司法执行的针对性和匹配度提出了更高的要求。由于股票的证券属性有别于不动产等其他财产,当前以网络拍卖为主的处置模式并不符合上市公司股票本身的资产类型特征,现有的处置方式的实际效果并不十分理想。据笔者统计,2016 年至 2019 年 3 年间,全国各地法院利用阿里司法拍卖网、公拍网、人民法院诉讼资产处置网这三大平台实施上市公司股票拍卖(含变卖)共计 407 件(其中阿里司法拍卖网 385 件,公拍网 13 件,人民法院诉讼资产网 9 件),成交 119 件,成交率仅为 29.3%;流拍 150 件,流拍率为 36.7%。总体而言,通过网络司法拍卖方式处置上市股票的实际成交率较低。

对金融案件而言,由于股票类财产更加普遍,这一问题更加明显。2019 年,上海金融法院共受理各类执行案件 591 件,其中涉及大宗股票处置的案件达 40 余件,涉及处置股票的总市值超过 80 亿元,相当比例的执行案件中待处置上市股票超过了总流通股的 5% 以上,部分案件待处置上市公司股票的比例已经超过 30%。在当前的上市公司股票处置模式中,存在以下难点:一是大宗股票自行处置因不符合监管规定难以过户成交;二是大宗股票强制卖出易影响股票价格,影响投资者和上市公司利益;三是网络司法拍卖成交率不高、效果不佳,且难以有效实施证券监管;四是法院强制处置的信息发布渠道不畅,价格发现不充分;五是缺乏统一的执行规范,处置方式选择较为随意,导致大宗股票的处置普遍存在成交率不高、处置价格偏低、股价大幅波动等问题,影响了金融执行案件的效果,如果处置不当,还有可能引发系统性金融风险。

为推动上市公司股票的司法处置工作,经过协商,2019 年 11 月 1 日,上海金融法院和上海证券交易所(以下简称上交所)签署《关于协助上海金融法院办理上市公司股票司法强制执行的备忘录》(以下简称《备忘录》),就上交所上市公司大宗股票的执行司法协助达成合作意向。随后,上海金融法院制定了《上海金融法院关于执行程序中处置上市公司股票的规定(试行)》,对上市公司股票的处置方式、流程进行了明确,重点对大宗股票司法协助执行方式作了详细规定。

二、大宗股票司法协助执行方式及其价值

大宗股票司法协助执行方式,是指通过与证券交易所约定的信息渠道发布

大宗股票司法处置公告,通过设置在证券交易所的大宗股票司法协助执行平台(以下简称大宗股票平台),完成竞买申报、竞价匹配、结果公示等询价竞买相关事项的大宗股票强制变价措施。

具体而言,大宗股股票司法协助执行方式主要包括“五大机制”和“四项规则”。所谓“五大机制”:一是设计了证券交易所参与协助的处置机制。将场外交易纳入证券交易所协助下的统一平台处置,为证券监管部门实施监管提供及时有效全面的信息渠道。二是建立了更为专业的处置信息发布机制。借助证券交易所的信息发布渠道,可以向所有的会员、机构投资者、高净值客户直接推送股票处置信息,全面提升处置信息发布的针对性与有效性。三是创立了追求标的物价值最大化的询价竞买机制。按照价格优先—时间优先—数量优先的原则自动匹配成交,并在大宗股票平台公布竞买结果,符合证券资产的定价机制,确保股票的处置价格维持在合理区间。四是提供了更加便利化的在线竞买机制。上交所配合上海金融法院研发了大宗股票平台,证券交易所会员、自有或者租用交易单元的投资者可以通过配置的账户登录大宗股票平台或通过证券交易所指定的报盘通道提交竞买申报。五是构建了完善的当事人和竞买人权益保护机制。在敏感的股票价格机制上设计了参照大宗交易模式的涨跌停幅度限制,并对保证金退还期限、股票过户期限等作了更为严格的规定,全面保护当事人和竞买人的选择权和知情权。

“四项规则”主要有:一是分拆式处置规则。以处置股票的数量、性质、市场价格、持股比例等相关因素确定是否分拆处置及分拆后的最小竞买申报数量。二是价格发现规则。明确无论首次处置,还是后续处置,均以竞买日或竞拍日前20个交易日的收盘均价为基准,确定处置保留价,并按处置效果合理安排再次处置的降价幅度。三是封闭式竞买申报规则。明确了在竞价匹配结果确认前,保证金缴纳情况、询价竞买情况均不得公开,有效防止因竞买群体范围小可能发生的压价、窜标。四是唯一有效出价规则。规定每个竞买人在竞买过程中可以多次出价,但每次股票处置的有效竞买时间内的最后一次出价为最终有效出价,进一步简化竞买匹配过程,防止争议纠纷。

从制度设计角度,大宗股股票司法协助执行方式旨在减少大宗股票处置对证券市场的影响,最大限度保护投资者和上市公司的合法权益,确保执法统一和执行效率、效果的提升。其价值主要体现在五个方面:一是股票处置价值最大化。有效降低申报竞买门槛,吸引更多竞买人参与竞买申报,提升处置股票的溢价率。二是股票处置便利程度最大化。通过互联网在线完成全流程工作,在方便执行和便利竞买人的同时,保证了处置全过程的公开、公正、高效。三是股票处置效率最大化。大宗股票每次处置时间控制在一个月左右,提升了执行处置效率。四是股票处置社会效果最大化。大宗股票处置的结果不计入该股票二级市场的交易价格和交易量、竞买匹配结果公示错开二级市场的交易时间等制度设计减少了对股票二级市场的影响。五是与监管部门信息共享最大化。实现了监管措施与执行处置措施的无缝衔接,为共同防范金融风险提供信息预警。

三、大宗股票司法协助执行方式的运行流程

(一)股票处置的前期工作

1. 查明被执行人财产情况

在处置上市公司股票前,应当查明被执行人可供执行的财产情况,并听取各方当事人对股票处置的意见,综合评估处置的必要性及市场风险。如果被执行人有其他更便利执行的财产,且可以抵偿主要债权的,应优先处置其他财产。本案中,法院在处置被执行人质押股票前,对被执行人名下财产情况进行了调查,发现其不动产已经被其他法院查封在先,也没有银行存款等其他更便于执行的财产,质押的股票为本案可执行的主要财产,遂决定启动股票的处置程序,并将处置的意向告知了双方当事人。

2. 查明持股情况

决定启动股票处置程序后,执行法院应对股票的权属、数量、性质、来源、权利限制信息、权利负担等内容进行查明,明确待处置股票的基本情况,防止不当处置或错误处置。本案中,上海金融法院向上交所、中国证券登记结算有限责任公司详细调查了被执行人持有的翰叶股份权属等情况,并对其证券账户、资金账户等提前做了冻结措施,为后续处置做好准备。

(二)确定处置方式及保留价

1. 确定处置方式

对股票的处置有多种方式,包括自行卖出、以股抵债、强制抛售、评估拍卖和

大宗股票处置。考虑到股票的特殊性,应听取当事人对处置方式的意见。若双方当事人无法达成一致意见,则执行法院应根据处置股票的数量、性质、对市场的影响程度及效率等因素,确定强制变价措施。根据市场惯例,拟处置的股票数量小于30万股或交易金额小于人民币200万元的,优先选择在二级市场直接卖出方式。拟处置的股票数量大于30万股或交易金额大于200万元的,若通过二级市场强制卖出可能对该股票价格产生较大影响,则优先选择适用大宗股票司法协助执行方式。判断强制卖出是否会对股票价格产生较大影响,一般可以根据拟处置股票的数量高低、成交量大小、占上市公司总股本的比例是否超过5%等来判断。本案中,拟处置的"翰叶股份"数量达9384万股,远超过处置日前20个交易日的平均成交量,故优先选择通过大宗股票司法协助执行方式。为降低入场门槛提高处置效率,对于拟处置股票数量较大的,可以综合考虑股票数量、价格、持股比例等因素后,采取分拆处置的措施,即将股票分拆为多个竞买申报数量。

2. 确定处置保留价

采用大宗股票司法协助执行方式处置股票的,需提前确定处置的保留价作为竞买出价的基准。上海金融法院的做法是,无限售流通股的处置保留价,首次不低于该股票竞买日前20个交易日收盘均价(M20)的90%,第二次不低于M20的81%,第三次不低于M20的72%。科创板上市公司无限售流通股处置保留价,首次不低于M20的80%,第二次不低于M20的72%,第三次不低于M20的63%。若连续三次处置均告失败,应按第三次处置保留价折价抵偿给申请执行人。限售流通股处置保留价不低于评估价的70%。"新三板"股票的处置保留价,若在3个月内有成交的,则不低于最近一次成交价的90%,若3个月内无成交,则不低于评估价的70%。

(三)处置公告、保证金及竞买申报

1. 发布处置公告

决定采取大宗股票司法协助执行方式后,应在交易所大宗股票平台发布司法处置公告,将拟处置股票的名称、证券代码、数量、权属、性质、保证金支付期限、处置起始单价、最小竞买申报数量、竞买时间等信息告知社会公众。

2. 缴纳保证金

为防止恶意竞买,对参与大宗股票处置的竞买人应设定一定比例保证金。

上海金融法院的做法是,保证金以拟处置股票的最小竞买申报数量为基数,根据处置公告日前20个交易日收盘均价的10%～20%确定,同时竞买人支付的保证金金额应与其拟竞买的最大申报数量相匹配。以本案为例,上海金融法院决定将9384万股股票分拆处置,最小申报竞买数量是1000万股,则竞买人需要缴纳的保证金最低数额为400万元。保证金缴纳后,执行法院对竞买人资格及最大竞买申报数量进行确认。

3. 竞买申报

因大宗股票平台开设于证券交易所,故竞买人须通过登陆交易所大宗股票平台进行操作。合格的竞买人通过平台登录后,在每次股票处置的有效竞买时间内进行出价,以最后一次出价为最终有效出价。竞买人出价完成后,平台系统会按照价格优先—时间优先—数量优先的原则自动匹配成交,并在平台上公布竞买结果。在竞买匹配结果确认前,保证金支付情况、询价竞买情况均不公开。竞买结果公布后,买受人应在5个工作日内将成交价款差额付至指定账户,否则将视为处置失败,并不退还保证金。买受人如期支付成交价款后,执行法院应在确认成交之日起15日内完成股票的过户手续,并向被执行人或执行担保人送达成交过户相关法律文书。大宗股票司法协助执行方式处置股票不收取交易费用,但股票过户的税费由买受人向证券登记结算机构自行付清。竞买人参与大宗股票的司法处置须符合合格投资者条件,并在竞买成交后遵守上市公司股票减持的规定,按要求履行信息披露义务。

4. 合规性审查

采用大宗股票司法协助执行方式处置股票可能导致上市公司实际控制人、大股东、董事、监事、高级管理人员等被动减持股份或者实际控制人、大股东等发生变更的,执行法院应在股票过户后3日内将处置信息告知证券监管部门、交易所和证券登记结算机构,由其进行金融监管的合规性审查。

第五编　会 议 综 述

“优化法治化营商环境下的金融审判与投资者保护”金融司法国际研讨会综述

为切实推动金融审判方式、金融诉讼机制以及金融法律制度改革与发展，更好地优化法治化营商环境，由上海金融法院、上海交通大学中国金融研究院联合举办的首届金融司法国际研讨会在上海召开。本次研讨会主题为“优化法治化营商环境下的金融审判与投资者保护”，来自国内外投资者保护领域的专家、金融监管部门、金融市场基础设施、金融机构以及高等院校和法院代表，分别就优化营商环境最新司法观点、金融司法面临的挑战、证券投资者保护法案下的投资者索赔等内容作了主旨发言，并围绕金融审判机制优化与投资者保护、侵权民事责任完善与投资者保护等议题开展了深入探讨。

2019年5月25日，由上海金融法院与上海交通大学中国金融研究院（以下简称交大金融研究院）共同举办的首届“优化法治化营商环境下的金融审判与投资者保护”金融司法国际研讨会在上海高级金融学院举行。全国人大财政经济委员会副主任委员刘新华，上海市人大常委会副主任、党组副书记沙海林，上海市高级人民法院党组书记、院长刘晓云，上海交通大学党委书记姜斯宪出席研讨会并致辞，上海金融法院党组书记、院长赵红主持开幕式并致欢迎辞。来自国内外金融界、法律界的著名专家学者与上海市各级法院的法官以及金融监管部门、金融市场基础设施、金融机构等相关专业领域的代表参加了研讨会。

与会嘉宾围绕“优化法治化营商环境下的金融审判与投资者保护”主题，从“金融审判机制优化与投资者保护”和“侵权民事责任完善与投资者保护”两方面展开研讨。

一、开幕式致辞

全国人大财政经济委员会副主任委员刘新华表示,建立起以法治化为核心的投资者合法权益保护的体制、机制和制度是市场监管有效性、公正性面临的新挑战。并提出四点建议:第一,适时制定专门的投资者合法权益保护法规,把保护投资者合法权益作为法定责任。第二,创新投资者合法权益保护的诉讼、救济和索赔机制,建立起衔接有效、便捷通畅的诉讼安排,加大监管对投资者损害赔偿制度的支持力度,营造全社会支持保护中小投资者合法权益的良好氛围,推进投资者保护向专业化、法治化方向发展。第三,推动《证券法》《公司法》《刑法》联动修改,以建立起符合我国资本市场实际并与国际成熟市场相衔接的处罚制度,建设投资者合法权益保护的良好法治生态。第四,不断创新执法手段,建立专业的执法体系,进行可持续性的有效执法,全力提升执法效能。

上海市人大常委会副主任、党组副书记沙海林表示,上海作为世界银行营商环境评估的样板城市之一,优化提升营商环境,进一步消除制约企业发展的各种障碍,营造更加便捷高效、稳定透明、公平竞争的法治化、国际化、便利化营商环境,巩固和提升中国在全球营商环境的排名,是改革开放再出发的一项突破任务。上海发布新一轮优化营商环境的实施意见,在更大范围、更宽领域,以更大力度持续优化营商环境。2019年4月,上海发起建立了全国首个优化营商环境法治保障共同体。人大作为这个共同体的成员之一,将与其他专业机构以及相关企业代表聚焦营商环境优化过程中的制度“瓶颈”和体制机制问题,协同开展工作。积极发挥立法对优化营商环境的引领和推动作用,认真落实宪法法律赋予的监督职责,完善监督工作机制,增强监督实效,积极发挥人大代表在优化营商环境中的主体作用。

上海市高级人民法院党组书记、院长刘晓云表示,人民法院作为国家审判机关,在推进法治化营商环境建设中发挥着重要的作用。金融法治环境是营商环境的重要组成部分。金融司法对于规范和引导金融交易行为,依法平等保护各类金融主体,促进金融市场法治化发展,具有十分重要的意义。近年来,上海法院紧紧围绕优化法治化营商环境、保护投资者合法权益的要求,全面实施金融审判精品战略,不断加强金融审判专业化建设,充分发挥金融审判职能作用,深入推进金融审判体制机制改革,积极发挥金融审判延伸职能作用,为上海国际金融中心建设提供了良好的司法服务和保障。上海法院将认真吸纳各位专家学者的真知灼见,促进金融审判理论与实践的有机结合,努力为上海打造国际一流营商环境提供一流的司法服务和保障。

上海交通大学党委书记姜斯宪表示,作为国家战略,上海国际金融中心和科创中心建设的双轮驱动势在必行。科创板的推出将使资本市场为科技创新发展提供强有力的推动,注册制上市机制会是资本市场改革的重要转折点,而强化投资者保护的理念十分重要。如何建设金融法治高地、金融制度创新高地和金融人才高地,形成国际一流的优良金融生态系统是我们面临的机遇与挑战。本次研讨会紧扣国家战略与区域发展时机,及时应对国家和上海市的重大金融司法需求,能够进一步促进金融司法领域的国际学术交流与合作并在政策界、学术界及实务界的共同推动下取得丰硕成果。

上海金融法院党组书记、院长赵红表示,本次国际研讨会,是 2019 年 4 月上海金融法院与交大金融研究院签署战略合作协议后首次共同举办的高端学术研讨会。随着上海金融市场的国际化进程不断加快,对完善的金融法治体系、优良的金融法治环境的需求日益迫切,也对金融司法的服务保障能力提出了更高要求,金融法治环境对营商环境的影响日益凸显。上海金融法院将借鉴境内外有益经验,推进我国相关司法实践的创新发展,为法治化营商环境的持续提升,上海国际金融中心建设和经济社会发展提供更加坚实的金融司法保障。

二、主旨演讲

中国金融研究院中国金融法治研究中心名誉主任张宁表示,营商环境既是一个国家和地区的重要软实力,也是核心竞争力。社会主义市场经济本质上是法治经济。法治既是市场经济的内在要求,也是其良性运行的根本保障,只有在法治环境下才能形成市场主体公平竞争的规则和活力,进而降低交易成本,维护信用关系,激发市场各主体的活力,保障各种经济活动顺利进行。在过去几十年中我国资本市场法治营商环境建设当中已经取得了一定的进步,但是仍然存在"瓶颈"制约,如何进一步优化法治环境,做好金融审判和投资者保护令人深思。

最高人民法院民二庭庭长林文学表示,为优化营商环境,最高人民法院 2019

年以来修改了最高人民法院《关于严格规范民商事案件延长审限和延期开庭问题的规定》,制定了《关于适用〈中华人民共和国企业破产法〉若干问题的规定(三)》《关于适用〈中华人民共和国公司法〉若干问题的规定(五)》。上海、北京、深圳三地设立了专门的破产法庭,强力推进破产审判的信息化能力,发布了最高人民法院强制清算和破产案件单独绩效考核通知,切实推进破产审判的市场化、法治化、专利化、信息化建设。法院将持续提供司法保障,切实、务实地推进、优化营商环境建设。

中国证监会法律部主任程合红表示,证监会正会同有关部门积极研究建立与注册制改革相适应的证券集体诉讼制度。第一,注册制改革为股票公开发行制度赋予了新的法律内涵。第二,强化民事责任法律追究。第三,实行注册制,更需要强化对欺诈发行等违法行为的民事法律责任追究,还需要有相应有效的民事诉讼机制来保障。第四,确保诉讼活动便民有效平稳有序。做好证券集体诉讼本身制度设计,应在借鉴国外成熟经验的同时,结合我国的实际情况和特点做好相应安排,重点是确保集体诉讼的便民有效和平稳有序,多管齐下,集体推动证券集体诉讼制度和其他机制的完善,发挥制度合力,多渠道、多方式保护投资者权益。建议发挥上海金融法院的优势作用,对科创板注册制试点中出现的案件由上海金融法院管辖。

新加坡高等法院资深法官艾迪德·阿卜拉杜(Aedit Abdullah)表示,新加坡这些年来的经验就是建立起强大的司法体系,包括通过审判支持商业和法律环境的不断发展和繁荣,保护投资本身和投资者权益,发挥法庭的重要作用,公正、审慎、开放审判。改善对案例的管理,进一步改善司法系统专业程度,加强多元化纠纷解决机制的使用,建立新的法庭结构。改善理论和实践,加强对技术的使用,尽快降低事件复杂性,确保快速高效处理纠纷事件。改善诉讼融资,包括改变民事诉讼程序等,以及进行一些民事司法改革。另外,进行跨部门的合作和协调,统筹政府各部门的利益方面,不仅涉及预算问题、人力问题,还需要立法上的改革,进行广泛的国际合作,争取获得更大范围的国际社区的支持。在整个司法的发展过程中,最重要一点就是推动法治并建立一个稳定的充满确定性的环境,这对于商业和投资的发展至关重要。在这个过程中法官起着关键作用,要和政府部门保持合作。确保及时、完整、公平进行审判,需要持久改善金融审判的各项制度。

美国证券投资者保护公司前总裁兼首席执行官史蒂芬·哈克(Stephen Harbeck)表示,法治的精髓在于给予法律至高无上的地位。审判的专业性主要是基于现有的法律,保证裁判结果的可预测性。尤其是受理复杂金融案件的过程都是可预测的,这是法治的精华。在投资者保护方面,法庭扮演至关重要的角色,具有重要作用。并通过雷曼公司的破产案例和麦道夫投资公司的案例介绍了美国证券投资者保护公司的功能和破产法院的职责。

上海市高院党组副书记、副院长茆荣华提出三方面的思考和探寻:第一,上海法院金融审判所面临的新形势和新要求。一是金融改革持续深入,当前中国金融监管体制改革深入推进,新一轮金融业对外开放持续深化,资管新规及配套细则相继落地,并对市场产生重大影响;二是法治化营商环境的持续优化;三是防范化解金融风险攻坚战;四是投资者保护司法需求进一步加大。第二,新形势要求不断更新完善金融审判的理念。一是树立保护金融债权与服务实体经济并重的理念;二是树立严格保护企业家合法权益的理念;三是进一步强化中小投资者保护理念。第三,上海法院创新完善金融审判机制的模式和实践。一是上海是唯一一个在三级法院都设立金融审判专业化机制的省级行政区,2018 年上海金融法院的成立,标志着上海法院金融审判体制机制改革进入新阶段;二是服务保障科创板并试点注册制顺利实施;三是积极推动金融纠纷多元化解机制;四是加强金融审判信息化建设。

三、关于金融审判机制优化与投资者保护

最高人民法院研究室副主任郭锋表示,上海金融法院标志着上海金融审判专业化改革发展到了新的阶段,得到了国内外金融界投资者的好评和高度认可。但是与上海国际金融中心建设的总目标相比,与国家对金融工作的部署要求相比,与金融机构和金融消费者投资者的期待相比,还有发展空间。在处置金融纠纷防范金融风险、维护金融安全等方面,司法理念需要进一步塑造,综合能力需要进一步提升,符合保障金融创新发展的专业化审判体制机制需要不断优化,为此提出两点建议:第一,要充分发挥专业化金融审判服务金融发展大局,维护金融安全、防范金融风险的作用,注重开展金融审判综合研究和智库建设。第二,要健全金融法院与外部机构的沟通协调机制。

中证中小投资者服务中心有限责任公司董事长郭文英认为,投服中心的设立开辟了投资者保护的新途径,示范判决制度将多元化纠纷解决机制推向新阶段。下一步投服中心重点推进以下三方面工作:一是探索公益诉讼,切实发挥公益作用。二是研究启动公益机构为原告的股东代表诉讼。三是研究内幕交易等问题,全方位保护中小投资者,发挥证券公益机构的职责,为营造更优良的法治营商环境多做贡献。

中央财经大学教授邢会强表示,现阶段中国的证券诉讼存在原告人数少、因果关系的证明难举证以及原告损失计算比较困难这三个问题,而利用大数据手段,用足、用好投资者保护专门机构,代替投资者决策制度,至少能解决原告人数少和原告损失计算难这两个问题。

新加坡金融管理局法律负责人 Paul Yuen 介绍了新加坡金融管理局的使命、功能,分享了新加坡的理念架构和经验总结。在投资者保护和金融服务业的信任方面,应设定明确的预期、采取基于风险的监管模式、鼓励行业中的最佳实践、向投资者赋权。此外,还有集体努力促进解决纠纷,降低跨境金融服务带来的风险,在监管方面进行更多探索。

上海金融法院副院长林晓镍表示,推进金融审判体制机制的改革和提高审判专业性是金融法院成立的主要目的之一。为解决群体性纠纷诉讼这一当务之急,上海金融法院制定发布了关于证券纠纷示范判决机制的规定。示范判决机制克服了传统的单独诉讼、共同诉讼无法适应群体性诉讼的特点,又具有较大的灵活性和便捷性,摆脱了当事人和代表人之间达成契约成本过高的困境。可以促进司法统一,提升审判效率,促进矛盾化解,节约思想资源,降低诉讼成本。

中国证监会稽查局处长张昊针对实践中出现的情况,提出四个可能性方面的建议。一是对于内幕交易和市场操纵案件,如若进行民事赔偿,则行政处罚决定可能需要更详细披露处罚决定针对违法行为的时间点;二是通过专门的投资者保护机构进行证据筛选,建立证据转化通道机制;三是在行政罚款收缴过程中,成立个案基金,先放罚款,等到民事结项之后,再确定是上缴国库还是用于赔偿;四是在立法上规定法定的投资者保护机构,给予其法定代表权,在内幕交易和市场操纵案件中,民事责任上对于诉讼设定赔偿限额,由法定的投资者保护机构提起法定最高额代表人诉讼,获取基本的赔偿金。然后根据掌握的大数据信息对投资者进行分配,其他投资者无须参加诉讼,只需向法定机构申请参与分配即可。按比例分配完毕后,如若觉得分配不够,可以单独提起私人诉讼。

四、关于侵权民事责任完善与投资者保护

清华大学教授汤欣表示,现有的证券法修改三审稿的规定并没有能够完整体现在资本市场上各种诉因而发生的民事赔偿案件的全貌,如证券期货纠纷多元化解机制和示范性诉讼,也没有提出未来中国证券集团诉讼制度的设想。建议可以在证券法草案中对民事诉讼法的代表人诉讼、示范诉讼 + 纠纷调解机制以及集团诉讼这三种诉讼途径进行丰富,并提出两种方案可供选择:一是由国家设立的投资者保护机构来作为首席原告提出诉讼,且不限于投服中心,至少应该包含投保基金,以及其他的投资者保护机构;二是暂时维持在证券诉讼中保留前置程序,要求对证券违法行为必须要有行政处罚结论或者刑事有罪判决,允许在上市公司中持股最少 1% 的机构投资者作为首席原告进行诉讼。

上海金融法院副院长肖凯表示,投资者保护最关键的在于投资者的损失在实际中能得到多大程度的填补。建议完善诉讼机制,针对损失填补机制,一是更加强调协同性证券违法行为的查处模式;二是出台与科创板和注册制相适应的民事诉讼机制,思考和大力推动在中国现有的法律框架中引入集团诉讼;三是在行政罚没款和行政罚金的执行上,设立投资者补偿基金,由专门的机构负责,一方面扩大赔付范围,另一方面通过公共机构甚至包括检察院,在后期的罚金执行上逐步填补投资者的损失;四是引入中介机构专业人士为诉讼提供支持。

中国金融研究院副院长、上海高级金融学院副院长严弘表示,科创板真正的成功实施是对现有市场进一步的推动,但是在整个实施过程中,对于现有市场体系,法律体系、监管体系都会带来挑战。而注册制并不能保证所有的上市公司都是好公司,但必须保证是真实的公司,以及信息真实性。否则会受到严厉的惩罚。保证信息披露的真实性,就需要具有严格的行政监管制度,也要有市场监督机制。保护中小投资者的利益就是市场监管和市场发展的根本指导。

上海纽约大学客座教授丹·古特曼(Dan Guttman)介绍了两种美国证监会举报法,一种是 FCA《虚假陈述法案》,另一种是 SEC《多德 - 弗兰克法案》。在不同方面,FCA 不仅可以代表政府出庭,即便政府不想要诉讼,举报人仍然可以自己决定是否要以政府之名起诉。SEC 针对的是违反美国证券法的公司或者个

人,适用范围不同。2010年SEC纳入了有关反国外行贿法的内容,如禁止贿赂、腐败、回扣、红包,同时要求必须要有良好的记录。举报制度的特点是举报人会拿到非常丰盛的奖赏。与FCA不同,证监会所有的记录都是保密的而不是公开的,包括案例的基本信息和举报人的信息,都是保密的。在FCA中第一个举报人要代表起诉完成这个流程。另外,还有针对举报人的保护,保护他们不受报复,即使举报人来自境外。

中央财经大学教授缪因知表示,证券民事责任中的操纵市场方面,知难行难,主要体现在:(1)因果关系难证明。(2)上限的问题,一是违法所得所有的赔偿额不超过违法所得,二是公式推定最大损失和实际损失之间的较小者。(3)投资者损失认定难,操纵的类型行为非常复杂,导致其规则十分复杂,赔偿计算也会非常复杂困难。建议通过其他方式保护投资者,如加大对投资人的行为规制,通过公平基金,通过罚没基金的补偿方式。

金杜律师事务所国际合伙人葛焱表示,在实务方面,证券集团诉讼是一个有效实现赔偿或者惩戒的机制,但是可能存在被滥用的倾向。并从被告的角度出发,结合现有中国的法律制度以及案例,从前置条件、共同性、典型性、代表充分性、依赖等阐述了集团认定的标准,以及被滥用的后果。

结　语

本次研讨会是一次交流金融审判经验、探讨投资者保护途径的盛会,汇集了国内外政府、金融机构代表,专家、知名学者,以及活跃在审判一线的法官代表,内容精彩丰富。理论与实践相结合,既有金融审判理论研讨,又有投资者保护的实践分享。成就与展望相结合,既有中外法治化营商环境优化成就的回顾总结,又有各自挑战和共同难题的研判与务实的建议。宏观与微观相结合,既有宏观层面的路径经验模式的分析诠释,又有微观视角的具体措施,特色经验的评述和解读。充分肯定了法治对营商环境的重要作用,即法治就是最好的营商环境;充分肯定了投资者保护的重要性,实施的挑战和健全法治的必要性;充分肯定了上海金融法治的成就和上海在金融审判方面积累的宝贵经验。

中国法学会审判理论研究会金融审判理论专业委员会"金融司法与金融改革开放"学术研讨会综述

为切实履行审判职能、规范金融市场秩序、引导金融风险防范,中国法学会审判理论研究会金融审判理论专业委员会学术研讨会在上海金融法院召开。本次研讨会主题为"金融司法与金融改革开放",来自全国法院金融审判领域的法官、金融实务界和理论界的专家学者以及获奖论文作者代表围绕"科创板及注册制相关法律问题""金融风险防范化解的司法应对"等议题进行了深入研讨。

2019年8月20日,中国法学会审判理论研究会金融审判理论专业委员会以"金融司法与金融改革开放"为主题,在上海召开2019年学术研讨会。本次学术会设置"科创板及注册制相关法律问题""金融风险防范化解的司法应对"两项分议题。最高人民法院审判委员会专职委员刘贵祥出席会议并讲话。中国法学会审判理论研究会金融审判理论专业委员会主任、上海市高级人民法院院长刘晓云,中国金融期货交易所董事长胡政在开幕式上致辞。上海金融法院院长赵红主持开幕式并致欢迎辞。外省市兄弟法院的法官、金融实务界和理论界的专家学者以及获奖论文作者代表约130余人参加了会议。

会议产生了新一届中国法学会审判理论研究会金融审判理论专业委员会组织机构及委员,并宣读了获奖论文名单。

一、开幕式致辞

最高人民法院审判委员会专职委员刘贵祥对进一步做好金融审判理论研究

工作提出三点要求:一是要紧紧围绕司法如何促进金融服务实体经济开展研究,把促进金融服务实体经济作为金融审判的出发点和落脚点,推动解决金融资本"脱实向虚",确保更多金融资源配置到经济社会发展的关键环节;二是要紧紧围绕司法如何防范和化解金融风险开展研究,在司法审判中建立起科学防范、早期识别、依法处置的金融风险防范机制,做好金融风险预警预防和化解工作;三是要紧紧围绕司法服务保障金融体制改革开展研究,充分发挥金融审判职能,加大金融审判专业化建设,继续推进金融纠纷多元化化解机制建设,促进金融风险行政处置与司法审判的有效衔接。

上海市高级人民法院院长刘晓云对上海金融法院成立一年来取得的工作给予充分肯定。并指出,近年来,上海法院紧紧围绕国家工作大局和上海发展战略,充分发挥金融审判职能作用,主动服务保障设立科创板并试点注册制,积极推进金融审判体制机制改革,不断完善金融纠纷多元化解机制,积极发挥金融审判延伸职能作用,为上海国际金融中心建设提供了优质的司法服务和保障。上海法院将认真吸纳专家学者的真知灼见,促进金融审判理论与实践的深度融合,努力为设立科创板并试点注册制改革提供优质的司法服务和保障,共同打好防范化解金融风险攻坚战。

上海金融法院院长赵红指出,上海国际金融中心建设已进入冲刺阶段,随着金融改革开放步伐的不断加快以及新的重大改革任务的逐项落实,金融市场日新月异的发展对金融司法的能力和水平提出了更高的要求。通过针对科创板相关法律问题以及防范金融风险司法应对机制建设的深入研究,将切实推动人民法院提升应对金融风险的能力,为服务保障上海国际金融中心和科创中心建设、推动中国资本市场法治化进程和经济社会发展提供坚实的理论支撑。

中国金融期货交易所董事长胡政指出,期货市场作为风险管理市场,是多层次资本市场的重要组成部分。目前,中金所的股指期货和国债期货产品运行稳健,为服务多层次资本市场、防范化解金融风险、推动上海国际金融中心建设发挥了积极作用。期货市场是一个规则导向的市场,法治是期货市场运行的基石,下一步需要积极推进期货法立法,建议法院在期货纠纷案件审判中充分考虑交易所业务规则的效力、保障交易所自律监管履职,维护投资者合法权益。

二、主旨演讲

最高人民法院民二庭副庭长关丽介绍了当前金融商事审判中争议较大的几个法律问题以及应对建议。一是关于金融纠纷案件的审判方法问题,应妥善审理金融商事纠纷需要在准确认定交易模式基础上探究当事人真实的交易目的,根据真实的权利义务关系认定交易的性质与效力;二是关于民间借贷利率的泛化适用问题,要坚持金融服务实体经济的原则,根据切实降低实际融资成本要求,区别对待金融借贷与民间借贷适用不同的规则和利率标准;三是关于场外配资的问题,目前,最高人民法院正在征求意见的民商事审判工作会议纪要中采用的是按照合同无效的一般规定处理的观点,但对这种裁决结果是否符合无效合同的损失按照双方的过错分担处理原则仍有待进一步研讨;四是关于金融不良资产处置的问题,要坚持问题导向,以市场化、法制化为原则;五是关于金融投资者与消费者保护的问题,优先保护中小投资者和金融消费者合法权益是金融审判的价值目标,但同时也要培育理性的金融消费人才,引导金融消费者买者支付理念,推动形成公开公平公正的市场环境和市场秩序。

上海金融法院副院长林晓镍认为,科创板并试点注册制对司法带来“五个进一步”的挑战,包括涉科创板纠纷法律供给需要进一步补足、证券交易所监管行为的性质需要进一步界定、中介机构权责边界需要进一步明晰、证券侵权民事赔偿诉讼制度需要进一步完善、司法审判与行政监管的联动需要进一步加强。并从提升涉科创板相关案件审理的专业化水平、支持证券交易所履行自律监管职能、明晰中介机构责任的司法审查标准、探索与注册制相适应的民事赔偿制度、加强与证券监管等机构的沟通协调机制、加大科创板案件的执行力度六个方面分享了司法应对上述挑战的一些思考。

华东政法大学教授吴弘认为,当前上海国际金融中心建设进入冲刺阶段,在金融方面有很多新的要求,特别是对资金自由流动和自由兑换提出了很多具体的要求。上海国际金融中心建设的行动计划明确提出要探索地方的金融立法,加快形成成熟定型的制度体系。要深化金融司法保障的实践:一是发挥上海金融法院更大作用,将刑事案件纳入管辖范围,建议设立上海金融检察院;二是建立审前的中立评估机制,探索金融司法面向国际的问题,统一长三角地区的裁判标准,服务保障上海国际金融中心的建设。

上海证券交易所首席律师卢文道认为,以信息披露为核心的注册制改革,就是要在资本市场发行上市领域中推进市场化改革,关键要处理好政府和市场的关系,让市场在资源配置中起决定性作用。为落实以信息披露为核心的基本要求,设立科创板并试点注册制,目前建立了五项配套制度:一是精简优化部分发行上市条件;二是调整充分发行上市当中信息披露的内容;三是与信息披露为核心相适应的审核责任配置;四是明确区分以信息披露为核心中有关主体的责任配置;五是推进以信息披露为基础的发行定价约束机制。

三、关于科创板及注册制相关法律问题

上海市高级人民法院金融审判庭副庭长宋向今认为,正确处理好涉及设立科创板并试点注册制纠纷案件应当遵循以下三点司法理念和司法原则:一是司法裁判和金融监管要相衔接的理念和原则,法院需要在具体案件中判断某一监管规则行为是否构成金融领域的公共秩序;二是尊重市场的司法理念和原则,尊重市场规律、交易规律,尊重自律监管是相关司法审判中应当遵循的基本准则;三是衡平保护各方市场主体的理念,维护公开、公平、公正这一资本市场赖以生存和发展的基石。

北京市第一中级人民法院行政庭庭长薛峰介绍了证券交易所的法律地位、交易所审核的法律属性、证监会和交易所之间在科创板注册制下的关系,并就如何平衡上交所和被监管主体等内容做了探讨。提出要实现交易所信息披露监管精细化,准确界定实际控制人的责任,为民事赔偿提供坚实基础;明确操纵行为量化标准,为打击操纵行为提供规范依据;进一步明确违法行为证明标准,完善关于行政监管和民事赔偿、刑事处罚的有效衔接。

上海市嘉定区人民法院法官助理张文瑾从科创板并试点注册制改革的背景下科创板试行规则的角度出发,认为上市公司信息披露的质量正在提升,差异化是科创板的重要特征。注册制下推行差异化信息披露是当前改善已有信息披露问题的有效途径,证券发行和交易制度需要更加突出信息披露的灵活性、适应性、主动性、匹配性和有效性。建议从信息披露语言表述的可理解性、明确信息披露的重大性标准、构建发行人和中介机构的双层责任架构等方面进一步推动

信息披露的制度创新。

上海证券交易所法律部副总经理谭婧介绍了证券交易所业务规则的法律属性与法律效力。证券交易所业务规则主要源于证券交易所和市场参与主体之间的契约文件,特殊情况下源于法律法规的直接授权或者是证监会的行政委托。关于交易所业务规则的效力认定,司法主要限于合规性审查,应秉持有限谨慎介入的理念,如果交易所业务规则制定程序是合法合规且不违反法律法规强制性规定的,应当认定就是合法有效的。

国泰君安证券有限公司合规总监张志红认为,一是要明确保荐机构的法律责任机构,确保市场参与主体归位尽责;二是要严守投资者权益保护权限,促进资本市场健康发展,建议最高人民法院民商事审判工作会议纪要公开征求意见稿中对证券公司适当性管理义务的举证履行要求等事项进行适当调整,要平衡处理好卖者有责与买者自负之间的关系;三是要建立和推广示范判决机制,提高司法效率,防止滥用司法资源;四是要充分发挥多元化解纠纷解决机制的作用,提高解决证券纠纷。

同济大学教授倪受彬认为,科创板并试点注册制本身的推出就是向社会预示市场在资源配置中的决定性作用需要和更好地发挥政府作用相结合。上市公司的信息披露需要中间机构介入,加重中介机构责任,提高专业性。金融消费者保护的边界需要考虑公募和私募的特殊性,区别于公募,私募制度有合格投资人的屏障,合格投资人可以依赖获得的信息披露判断。证券交易所实际上是一种市场参与者的自律治理机制,参与市场愿意接受规则治理并“一揽子”认可交易所规则的。监管和司法要保持一定距离,法院可以通过个案以及类案的裁决获得对市场的间接稳定负责任,不应当对长远市场负责任。

国浩律师上海事务所律师朱奕奕建议探索建立证券集团诉讼制度,完善与科创板注册制相适应的诉讼制度。集团诉讼制度有着贴合市场自治、有效提高上市公司违法成本以及良好的指引功能等优势,在我国现行情况下引进或者发展相关集团诉讼制度需要完善相关的配套机制。一是要进一步加强法院的审判职能;二是要进一步发挥律师的作用;三是要强化多元化证券纠纷解决机制。

四、关于金融风险防范化解的司法应对

上海市司法局副局长罗培新指出:首先,科创板是在推行以信息披露为基础

的注册制改革,目的在于对资本市场进行结构性重塑。就投资者的角度而言,投资者是否在意信息披露的质量和数量,根据目前数据呈现的特征,相较于问询,投资者更加关注政府的信用背书。其次,促进信息披露制度更好地发挥作用,不仅需要上交所的推进落实和主动作为,更需要发行人主动承担主体责任以及中介机构进一步加强职业伦理和职业操守。再次,监管部门要引入最佳的治理技术,对上市公司和中介机构违法违规行为及时问询和答复披露在网上,不要等事后其他部门提各种要求。最后,上海金融法院出台的司法保障意见提出对科创板的企业在不同阶段确立合理的审查标准,希望能在司法裁判中加以实施。

上海期货交易所党委副书记、监事长陆文山认为,对金融的理解要回归金融的初心,不忘市场的本源,一切要围绕金融的功用、金融市场的功能、金融立法的宗旨、金融司法的未来等方面进行分析,处理好市场的效率、运行的成本与系统的安全三方面的关系。司法对金融的支撑,要坚持客观中立的立场。在上海国际金融中心建设的过程中,要特别发挥金融司法立竿见影的特点,营造良好的营商法治环境。

深圳金融法庭庭长袁银平对法院在金融风险防范化解中的角色定位进行了分析,认为要进一步做好金融风险防范化解工作,需要完善金融风险识别预警机制、畅通金融执法司法机构之间协调联动、提高金融司法专业化水平:一是树立正确的金融司法理念,二是加大对违规违法行为的惩戒力度,三是在谋求共识的基础上强化合作,四是健全金融纠纷多元化解机制,五是强化金融司法的专业水平。

南京市中级人民法院金融审判庭庭长黄德清分析了当前审判工作中遇到的金融风险的特点,并针对性地提出了加强资本运行的全流程监管、处理好审判与行政监管的关系、营造良好的法治化营商环境、重点解决融资难等四点建议,既要防止资本在逐利性的驱使下跑偏,又要避免压抑金融行业的正常发展。

成都市中级人民法院民二庭副庭长吴爽介绍了成都法院全面推进金融审判专业化、国际化、智能化改革和服务保障成都国家西部金融中心建设,防范化解金融风险方面的工作经验:一是对上争取引导,建立金融风险防控司法保障机制,建立重大金融案件和事项的报告机制;二是对下整合力量,建立金融审判改革统筹协调机制;三是夯实根基,建立以专业化为基础的金融审判分流机制;四是对外聚集合力,建立金融审判溯源治理与多元解纷机制。体现了"六个强化":

强化服务保障实体经济,打造金融案件绿色生命通道;强化金融风险信息共享,常态化运行金融风险信息共享;强化金融风险防范处置;强化金融创新的司法保护,加强金融创新的司法甄别,依法支持金融创新行为。

中国社科院法学所研究员赵磊认为,金融风险的防范和化解是一个系统性的工作,不能简单依赖法院,需要监管部门、司法部门在内的许多部门协同应对。一是金融司法与金融审判之间的关系,要处理好宏观与微观、整体与部分、多元与单一的关系;二是稳定压倒一切的价值追求;三是金融审判中法官的思维,要有简单化思维而不是复杂化思维、个案思维而非整体性思维、法律思维而非政策思维,做到专业化。

复旦大学法学院教授季立刚认为,金融是跨界的,在金融审判过程中要有多元化的思维,要有民法的思维、商法的思维,可能还有其他别的思维。

后　记

2018 年 8 月 20 日,上海金融法院挂牌成立。作为全国首家也是唯一一家金融审判专门法院,建院以来,上海金融法院高度重视金融审判理论应用型研究,取得了丰硕成果。

2019 年,上海金融法院围绕金融司法实务中的前沿热点问题,依托中国法学会中国审判理论研究会金融审判理论专业委员会这一学术交流平台,面向全国发布相关课题,并围绕“金融司法与金融改革开放”主题进行征文,得到了全国法院系统、科研院所、金融及法律界专家的积极响应,相关成果经专家学者匿名评审后,于 8 月在上海金融法院承办的中国法学会中国审判理论研究会金融审判理论专业委员会 2019 年学术研讨会上进行了交流。此外,上海金融法院还围绕“优化法治化营商环境下的金融审判与投资者保护”与上海交通大学中国金融研究院合作举办了首届金融司法国际研讨会,为金融审判服务保障上海国际金融中心建设,优化法治化营商环境提供理论支撑。

本书系“上海金融法院文库”之《金融审判前沿》(第 1 辑),是上海金融法院在总结 2019 年调研成果的基础上,遴选部分优秀课题、论文、案例汇编而成的。其中既有上海金融法院干警撰写的调研成果、典型案例,也有院外专家学者围绕金融司法热点、难点问题撰写的优秀研究成果。全书围绕当前金融审判在理论及实务中的前沿问题,对金融改革开放和创新过程中的法律问题进行了深入探讨,以期对金融审判理论研究及实务工作有所裨益。

本书的编写得到了法院系统、科研院所、金融及法律界专家的指导和帮助,谨此表示衷心感谢!本书的顺利出版也有赖于法律出版社法治与经济分社沈小英社长及编辑们的辛苦付出,谨致谢意!

受篇幅、内容等限制,尚有一些优秀成果未能入选,实为遗憾。因编辑时间较为仓促,加之编者学识所限,书中如有疏漏或不当之处,恳请批评指正。

谨以此为记。

编者

2020 年 8 月

图书在版编目(CIP)数据

金融审判前沿 ：第1辑 / 赵红主编. -- 北京 ：法律出版社，2020

ISBN 978-7-5197-4739-8

Ⅰ. ①金… Ⅱ. ①赵… Ⅲ. ①金融法—判例—上海 Ⅳ. ①D927.510.228.05

中国版本图书馆CIP数据核字(2020)第121358号

金融审判前沿(第1辑)
JINRONG SHENPAN QIANYAN (DI 1 JI)

赵　红 主编

策划编辑 沈小英
责任编辑 刘晓萌
装帧设计 李　瞻

出版 法律出版社
总发行 中国法律图书有限公司
经销 新华书店
印刷 中煤(北京)印务有限公司
责任校对 马　丽
责任印制 吕亚莉

编辑统筹 法治与经济出版分社
开本 710毫米×1000毫米 1/16
印张 26.5
字数 452千
版本 2020年8月第1版
印次 2020年8月第1次印刷

法律出版社/北京市丰台区莲花池西里7号(100073)
网址/www.lawpress.com.cn
投稿邮箱/info@lawpress.com.cn
举报维权邮箱/jbwq@lawpress.com.cn
销售热线/400-660-8393
咨询电话/010-63939796

中国法律图书有限公司/北京市丰台区莲花池西里7号(100073)
全国各地中法图分、子公司销售电话：
统一销售客服/400-660-8393/6393
第一法律书店/010-83938432/8433　西安分公司/029-85330678　重庆分公司/023-67453036
上海分公司/021-62071639/1636　深圳分公司/0755-83072995

书号：ISBN 978-7-5197-4739-8　**定价：**126.00元